“双一流”建设专业学位研究生教学案例

国际商务教学案例精选

主　编　孙志贤

副主编　孙　瑾　王立勇

中国财经出版传媒集团

中国财政经济出版社

图书在版编目（CIP）数据

国际商务教学案例精选 / 孙志贤主编. --北京：
中国财政经济出版社，2021.10
（“双一流”建设专业学位研究生教学案例）
ISBN 978-7-5223-0852-4

Ⅰ.①国… Ⅱ.①孙… Ⅲ.①国际商务-研究生-教案（教育）-汇编 Ⅳ.①F740

中国版本图书馆 CIP 数据核字（2021）第 209507 号

责任编辑：孙 琛　　责任校对：徐艳丽
封面设计：陈宇琰　　责任印制：党 辉

国际商务教学案例精选
GUOJI SHANGWU JIAOXUE ANLI JINGXUAN

中国财政经济出版社 出版

URL：http：//www. cfeph. cn
E-mail：cfeph@ cfeph. cn

社址：北京市海淀区阜成路甲 28 号　邮政编码：100142
营销中心电话：010-88191522
天猫网店：中国财政经济出版社旗舰店
网址：https：//zgczjjcbs. tmall. com
北京时捷印刷有限公司印刷　各地新华书店经销
成品尺寸：185mm×260mm　16 开　24 印张　447 000 字
2021 年 12 月第 1 版　2021 年 12 月北京第 1 次印刷
定价：98.00 元
ISBN 978-7-5223-0852-4
（图书出现印装问题，本社负责调换，电话：010-88190548）
本社质量投诉电话：010-88190744
打击盗版举报热线：010-88191661　QQ：2242791300

总　序

专业学位研究生教育是培养高层次应用型专门人才的主渠道。中央财经大学自2003年开始实行专业学位教育以来，逐步构建了具有财经特色的高层次应用型专门人才培养体系，为经济社会发展做出重要贡献。截至2021年9月30日，学校在校硕士研究生5652人，其中，学术型硕士1751人，专业学位硕士3901人，分别占在校硕士研究生比例为31%和69%，专业学位研究生已经成为学校研究生教育的主体。

中央财经大学专业学位研究生教育始终坚持“质量优先、特色发展”的原则，目前已经形成了较为完备的、有一定特色的专业学位研究生培养体系。学校基本形成了以优质课程引领的课程体系和以案例教学为突破口的实践教学体系，促进科教融合和产教融合，加强国际合作，着力增强研究生实践能力、创新能力，取得了一定的成效。

但是面对新时代的新要求，当前专业学位研究生教育还存在着“培养方案不够优、案例教学不够深、专业实践不够实、教学师资不够专、论文标准不够明”等问题。专业学位硕士与学术硕士培养方案在课程设置方面差异不明显，同质化现象仍普遍存在。专业学位硕士案例开发与教学虽取得一定成果，但仍有较大提升空间。专业实践教学流于形式，组织不力。实践基地挂牌的多，发挥实效的少，管理和规范力度不够，远未形成产教融合发展的格局。专业学位硕士“双师型”导师队伍建设不够完善，校内外导师未能建立有效的沟通协调与合作指导机制。专业学位硕士学位论文写作和评判标准不够明确，大多参考学术硕士论文的评审标准，难以发挥学位论文评审对培养过程和学位论文写作的导向性作用。

针对上述问题，尤其是专业学位研究生案例教学方面的短板，近年来，学校坚持“科学规划、突出特色、鼓励创新、择优资助”的原则，高度重视研究生教材和案例集建设工作。学校围绕立德树人根本任务，以一流学科建设为目标，设立专项资金资助研究生教材和专业学位研究生案例集建设。推动习近平新时代中国特色社会主义思想和社会主义核心价值观念融入教材建设、融入课堂教学，培育学生经世济民、诚信服务、德法兼修的职业素养，初步建立了具有中央财经大学“财经黄埔”品牌特色的研究生精品教材体系。鼓励校内外教师、行业专家合作建设高质量教学案例库，推动编写案例教材、开展案例教学方法研究、加大案例教学比重，着力组织建设一批国际化、高水平的专业学位研究生教学案例集。

呈现在读者面前的专业学位研究生教学案例集由经济学、管理学、法学等学科的教学案例集构成，均由教学经验丰富、学术研究能力突出的一线教师组织编写。编者中既有国家级教学名师等称号的获得者，也不乏在专业领域造诣颇深的中青年学者。本系列教学案例集的出版得到了“中央高校建设世界一流大学（学科）和特色发展引导专项资金”的支持。我们希望本系列教学案例集的出版能够为专业学位研究生培养提供一线的案例素材，打造以专业能力训练为导向的案例教学体系，提高专业学位研究生的培养质量。

在编写专业学位研究生教学案例集的过程中，我们虽力求完善，但也难免存在不足，恳请广大同行和读者批评指正。

专业学位研究生教学案例集编委会

2021 年 10 月于北京

前　言

国际商务硕士专业学位是伴随着开放条件下中国经济发展需要和我国研究生教育改革而诞生的，是高级国际商务应用型人才培养的重要方式。国际商务硕士专业侧重于从微观视角研究企业的跨国经营活动，研究领域包括国际贸易实务、跨国经营管理、国际商务营销、国际投资管理、国际经济法律、国际商务谈判等。与学术型硕士的培养目标不同，该专业以培养高层次、复合型职业应用能力为主线，为研究生构建适应经济发展与对外商务活动需要的"专业知识＋应用能力＋综合素质"的三位一体培养体系，致力于坚持培养热爱祖国，遵纪守法，心身健康，具有良好的思想品德和学术道德，积极为社会主义现代化建设服务，具有扎实的经济学理论基础和系统的国际贸易、国际投资、国际营销、国际经济法律和跨国企业管理等专门知识，具备全球视野和跨文化沟通、管理、组织、协调能力，可熟练地从事国际商务预测分析、项目运作与经营管理工作，就职于外向型企业、跨国公司、金融机构、政府部门的高层次、应用型和复合型专门商务人才。

中央财经大学是国内最早进行国际商务硕士教育探索的院校之一，2009 年进行国际商务硕士教育改革的试点，在国际贸易学硕士专业下设立国际商务方向并招生。2010 年教育部正式设置国际商务硕士后，中央财经大学成为首批学位授权点并正式招生。目前国际商务硕士依托国际贸易学以及校内金融与财务等经济和管理相关学科群形成独具特色的培养优势，培养质量深受社会好评。

为了全面贯彻全国研究生教育会议精神，提升国际商务硕士专业学位研究生的实践创新能力，提高案例教学水平和研究生培养质量，以更好服务于专业学位研究生的培养目标，在学校研究生院和学院的积极推动下，中央财经大学国际经济与贸易学院教师们编写了本案例集，以充实国际商务案例教学内容。

本案例集共包含 18 个案例，涉及 6 个方面：企业国际战略管理、企业国际供应链管理、企业国际营销管理、企业跨文化沟通和管理、企业国际贸易发展和企业海外直接投资。除案例正文外，每一案例都附有案例使用说明，配有案例分析思路和课堂计划建议等，可以帮助学生全面细致了解案例，也可以帮助教师合理组织案例教学。

参与本案例集编写的老师有孙志贤、孙瑾、王立勇、张硕和符大海，孙志贤任主编，孙瑾和王立勇任副主编，其中，王立勇负责整体框架设计、案例集统稿和定稿工作。在案例集编写过程中，陈洁、陈敏、董雯雪、高璐、齐俊清、刘洁、刘妍希、罗越、王佳琪、王杰镭、王磊、王世豪、王雪、熊健、闫圣新、殷雅琪、张娜、周梦婷等同学在资料收集、文字校订方面给予了极大支持，在此表示感谢！由于时间仓促，本案例集难免存在不足之处，恳请各位读者批评指正！

孙志贤

2021 年 9 月

目　录

第一部分　企业国际战略管理

第二部分　企业国际供应链管理

第三部分　企业国际营销管理

第四部分　企业跨文化沟通和管理

第五部分　企业国际贸易发展

第六部分　企业海外直接投资

第一部分

企业国际战略管理

案例 1

苏宁并购家乐福中国*

家乐福中国曾经在中国快速消费品连锁百强榜中位居前十，苏宁并购家乐福中国的这次“联姻”是本土零售走向国际化的一次果断尝试，也是中国零售企业“走出去”的大手笔。本案例描述了苏宁和家乐福的发展过程，从苏宁和家乐福的角度分别分析此次并购案的动因，并得出苏宁并购家乐福的积极效应和消极效应，希望通过此次并购案引发零售行业发展方向的新思考。

---

* 本案例由中央财经大学国际经济与贸易学院孙志贤、董雯雪撰写。

案例正文

2019 年 6 月 23 日，苏宁易购官宣拟收购家乐福中国 80% 的股权，8 月 26 日通过反垄断审查。9 月 27 日，苏宁易购发布公告称，已经完成收购家乐福中国的股权交割手续。从官宣收购到收购落地，前后仅三个月时间，在张近东看来，之所以如此高效，是因为双方的合作有着时代的必然性。在苏宁集团董事长张近东给家乐福中国员工的一封内部信中，有这样一段话："时代需要苏宁和家乐福这样在各自领域对零售本质有着深刻理解、拥有核心能力的企业走到一起，积极探索零售发展的新道路，为消费者提供更好的产品和服务。"这段话很好地解释了苏宁高效收购家乐福的原因，也体现着张近东对零售行业前景的判断。

此外，信中也提到了未来苏宁协同家乐福的发展方向，即未来要从推动中国零售数字化发展、夯实零售核心能力以及深化智慧零售生态的开放赋能三个方面展开融合创新，推动行业发展。为了实现目标，双方需要尽快实现业务、管理、团队、文化等方面的全面融合，并打通资源，因此苏宁和家乐福都有很长的路要走。

一、背景介绍

（一）苏宁集团简介

1990 年 12 月 26 日，张近东在江苏省南京市创办了第一家苏宁，当时的苏宁还只是一家空调专营店。1999 年，张近东决定带领苏宁全面切入综合电器领域，并率先提出了全国连锁的发展模式，带领苏宁走向全国。1999 年 12 月，第一家苏宁自建店在新街口开业。

2004 年 7 月，苏宁电器在深圳证券交易所上市，成为 IPO 家电连锁第一股。凭借可观的业绩，苏宁电器得到了投资市场的认可，成为全球家电连锁零售业市场价值最高的企业之一。

2009 年，苏宁电器网上商城全新改版升级并更名为苏宁易购。2010 年，苏宁易购有已经形成集品牌优势、采购规模优势、持续创新优势为一体的发展模式，其售后服务中心遍及全国 30 多个省市。2011 年苏宁在南京举行全球供应商大会，在大会上苏宁向来自全球的 500 余家家电供应商及其他领域的合作伙伴阐述了苏宁的十年发展计划。

2012 年，苏宁推出全新的主力型门店——Expo 超级店，并在门头上去掉“电器”两字，这标志着苏宁线下实体门店超电器化经营步伐加速。同年 4 月，“云集苏宁，易购天下”苏宁易购总部基地奠基仪式在集团总部举行，国家工信部、商务部等主管部门，江苏省、南京市各级政府，全球供应商、互联网与 IT 领域、金融界、投行、规划设计、传媒等各界合作伙伴共 700 多人参加，共同见证世界级电子商务总部建设的启动。

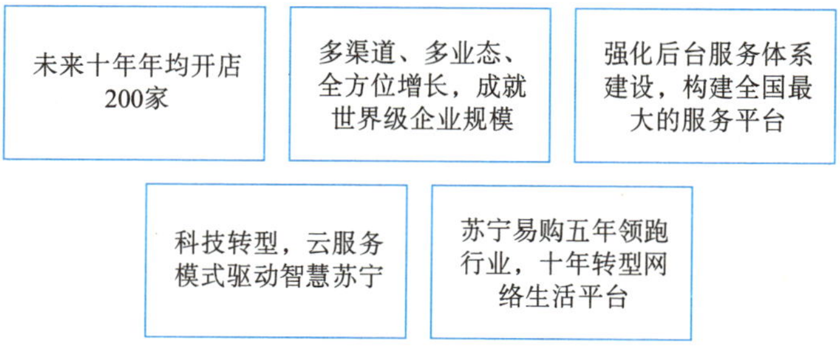

图 1－1　苏宁 2011—2020 年十年发展规划与实现战略

经过十年的发展，《财富》杂志公布 2018 年度世界 500 强榜单，苏宁易购集团再度入围，并以 487.8% 的利润增长率在所有上榜的中国企业中位列前三。

2019 年 6 月 23 日，苏宁易购发布公告，全资子公司苏宁国际拟出资人民币 48 亿元收购 80% 的家乐福中国股份。到 9 月，苏宁易购完成家乐福中国股权交割手续，收购正式完成。

（二）家乐福集团简介

1959 年，付立叶和德福雷家族创建了家乐福集团。家乐福集团成为大卖场业态的首创者，是欧洲第一大零售商、世界第二大国际化零售连锁集团，其经营理念是以低廉的价格、卓越的顾客服务和舒适的购物环境为广大消费者提供日常生活所需的各类消费品。家乐福对顾客的承诺是在价格、商品种类、质量、服务及便利性等各方面满足消费者的需求。家乐福力争通过自己的努力成为当地社区最好的购物场所，为消费者带来更多的实惠和便利，并携手和各商业伙伴为当地经济的繁荣作出贡献。

（三）家乐福中国简介

家乐福（中国）一直采用国际先进的超市管理模式，致力于为社会各界提供物美价廉的商品和优质的服务受到广大消费者的青睐和肯定，其“开心购物家乐福”“一站式购物”等理念已经深入人心。同时家乐福也不忘对其经营模式进行本土化，不仅

表1-1　　家乐福大事记①

时间	事件
1959年	傅立叶和德福雷家族创建家乐福集团
1963年	家乐福在法国开设世界上第一家大型超市，大卖场作为一种全新的业态走进人们的生活
1970年	家乐福股票在巴黎证券市场上市
1989年	家乐福大卖场在中国台湾开业，这意味着家乐福开始进军亚洲市场
1995年	家乐福在中国大陆开设第一家大卖场
1999年	家乐福与普美德斯合并，成为欧洲食品零售的巨人
2001年	家乐福成为最国际化的零售企业，截至2001年，在全球已开设超过9200家门店，遍及31个国家及地区
2004年	家乐福在波兰收购13家大卖场，成为当地第二大零售商 家乐福（中国）被国内媒体评为“在华最有影响力的企业”之一
2005年	家乐福宣布改变公司管理结构
2015年	家乐福中国公司和微信支付在深圳共同宣布，将基于O2O战略达成深度合作，将在北京、上海、沈阳、成都、杭州、武汉、重庆等城市逐步上线微信支付，覆盖家乐福全国237家门店
2018年	家乐福已经开始采用区块链账本技术去追踪鸡肉、鸡蛋和西红柿从农场送到商店的全过程，并将在未来几年在其所有生鲜产品线上部署这种技术 在世界品牌500强排行榜中，家乐福排名142位
2019年	苏宁易购发布公告称，已完成家乐福中国的股权交割手续 智慧零售潜力TOP100排行榜，家乐福排名第41位
2020年	全球最具价值500大品牌榜发布，家乐福排名第211位 家乐福名列2020福布斯全球企业2000强榜第374位

在当地大量聘请员工，实现本土化管理，而且各门店95%以上的商品都是在当地采购，以保证产品的新鲜度以及产品种类贴近当地居民的生活习惯。

在采购系统上，家乐福不仅实现了本土化，以迎合当地居民的口味，还是实现了全球采购，以丰富居民的餐桌和生活。2002年，家乐福全球采购中国总部正式落户上海，与设在其他10个城市的区域性采购中心（北京、天津、大连、青岛、武汉、宁波、厦门、广州、深圳、昆明）共同构成家乐福集团在中国的采购网络，负责在中国境内的直接采购业务，推动中国产品纳入家乐福全球销售网络。

家乐福带给中国的效应不止供应商方面，通过多年的经营，家乐福向中国的商业界输入了大型超市经营管理方面的技能和先进经验，并对商品采购、营销管理、资产管理以及人力资源开发等各方面实现现代化和本地化，为当地经济发展做了积极的贡

① 资料来源：根据苏宁百度百科整理。

献。同时家乐福不忘自己所肩负的社会责任，致力于保障产品的质量和安全，不遗余力在中国推广家乐福质量体系，和各地农户共同开发绿色产品和有机食品，并从产品的设计、包装和物流等方面充分考虑到环保的因素。另外，家乐福还踊跃参与中国的公益事业和社区活动，积极支持并参与北京申办奥运和上海申办世博会，并以多种形式向受灾地区、希望学校、社会福利机构捐资捐物。

二、苏宁—家乐福并购案动因分析——从苏宁集团的角度

（一）新零售——转型中的零售产业

在数字经济方兴未艾的背景下，零售业将呈现全新面貌，通过技术赋能，以数字化驱动零售全流程的变革升级，企业运作效率、服务功能和价值创造能力将显著提升，世界将迎来“第四次零售变革”——新零售时代。

1. 新零售的主要特征

（1）以消费者为核心。新零售的本质是以顾客体验为核心，实现线上线下物流的同品同质同价。将线上线下资源充分整合，利用物流的酶解作用，依靠先进技术手段，带来顾客的极佳体验，实现价值消费。

首先，基于消费者行为变化的经营理念现代化。互联网技术的进步对消费者的购买行为有着很大的改变，其中第一大改变体现在时间管理上，即在互联网不发达的时代消费者需要在商场开业时间范围内购物，而移动互联网的出现使消费者实现了全天购物；第二大改变体现在信息来源渠道上，即在互联网不发达的时代商家拥有更多的消息来源渠道，消费者处于被动接受和选择的境地，而移动互联网的出现使消费者能够更容易实现“货比三家”，并且能够在多个商家中实现选择，以更好地满足自己的消费需求。

其次，基于消费结构升级的经营内容品质化。商家经营内容的品质化不仅在于商品本身的质量保证，其还包括购物环境、消费体验、服务水平等的高品质化。随着消费者生活水平的不断提高，其不再仅仅满足于功能性消费，更加注重后购物的体验、产品质量以及多元化的服务需求。随着移动互联网的年龄段普及天花板上升，网购不再是年轻人的专属生活习惯，很多中老年人也加入其中，而“物有所值”“物超所值”这样的消费观念在中老年群体中更加受青睐。但是早期网购平台的运营模式出现弊端，无法保障商家出售商品的质量，与注重商品品质的消费者需求格格不入。这就需要一些电商平台作出战略调整，以适应这样的消费升级。

（2）企业经营模式的多元化。零售企业不仅在组织形式上越来越多样化，在经营模式上也越来越多元。随着电子商务平台的崛起，越来越多的传统零售企业走上了“线下＋线上”双重经营模式的发展道路。比如永辉超市在2014年1月试运行“永辉微店APP”，“永辉微店”对永辉超市和消费者来说，是一个全新的O2O商业平台，将线上微店选购和线下实体店结合起来，为消费者带来更加简单、快速、便捷的掌上购物新体验。

除此之外，一些零售企业也通过业务下沉的方式，来实现电商经营模式的多元化，即在保证消费者线上购物体验的基础上，建立实体门店，通过搭建线上数据系统，线下引流带动消费者线下消费，打造“线上体验，线下下单”的商业模式，如苏宁易购成立“苏宁小店”。电商企业经历了迅速发展的增长期后，逐渐开始寻求多元化的经营模式，这使多业态相互融合，向着全渠道零售的方向发展。

（3）零售产业链数字化。数字经济时代的到来对零售业的冲击和变革不仅体现在市场和销售这一环节，还体现在对整个零售产业链的价值重构和资源整合方面。首先，各种短视频平台、直播平台“带货”层出不穷，影响着零售业的营销模式。越来越多的零售企业选择互联网直播带货以及宣传网红爆品，来吸引消费者的注意力。其次，物联网技术、大数据技术等密切了供应链活动之间的各方数据联系和信息沟通，面向消费者的一站式库存管理和配送服务不断完善，供应链的智慧化水平、协同效应和自动化效率显著提升。最后，基于大数据等技术的消费者心理研究、需求预测和偏好分析日益被应用到新产品开发、产品运营与监控以及原材料采购与生产环节，产品的研发效率和顾客参与度得到提升，进入市场的周期缩短，消费者画像趋于精准化、具体化。

2. 传统零售转型的“领头人”——苏宁

作为传统零售企业，在面对电商时代的冲击，苏宁选择运用大数据、互联网等技术，实现精准营销，积极推动企业的转型。自2016年以来，很多传统零售企业将目光转移到了线上，这意味着线上线下融合发展的趋势已初步显现。2017年苏宁开始在一线城市的核心商圈，采用互联网营销模式，打造中国最大的“品质生活体验基地”，主要针对的是中高端消费者。除了城市市场，苏宁也致力于开发乡村市场。2017年起苏宁开设了1000多家苏宁易购直营店，大部分都落址乡村，加速乡村店铺覆盖率。

可以预见，未来新零售的发展趋势为线上线下统一化、生产消费相互融合以及社区化零售和无人零售。而苏宁的核心竞争力来自不断建立和完善的物流系统、大数据技术、信息化以及供应能力，这些优势会推动苏宁不断发展壮大。

（二）苏宁战略转变——开放与聚合

经过 30 年的发展，苏宁已形成以零售为核心，金融、置业等产业协同发展的智慧零售大生态。2019 年，苏宁完成对万达百货和家乐福中国的收购，补齐快消和百货发展的短板，全场景、全品类的布局正式成型。2020 年苏宁面临从规模数量扩张向质量效益提升的进化，重点体现在两大业务导向——开放即从 1 到 N，聚合即从 N 到 1。

从 1 到 N 是指苏宁将以零售为核心，发展多渠道、多端口，全场景、全品类，并实现零售核心能力和资源的输出，赋能行业与社会。从 N 到 1 是指旗下所有场景的打通与供应链的整合，聚合到互联网平台，聚焦零售本质，为消费者提供聚合多元的服务。

在战略转型之际，苏宁决定收购家乐福，进一步拓宽智慧生态的覆盖面，主要有以下几个原因。

（1）完成其快消品类的突破发展，实现低频向高频产品的覆盖。以家电发家的苏宁，之前的主要产品是冰箱、洗衣机等，而这些产品的消费频率相对较低，也就是说没有人会每天买家电。而以大卖场发家的家乐福不同，其产品主要是生活必需品，从蔬果到零食、从洗发水、沐浴露到牙刷牙膏，这些产品的消费频次高，拿蔬菜和水果来说，每家每户几乎每天都需要吃。

消费者对高频产品使用周期较长，因此苏宁可以将其演变成纯消费性平台，这就使低频产品出现一个突破口，根据这个突破口苏宁可以拓宽低频产品的场景覆盖面。同时大卖场的品种繁多与家电能够形成互补关系，从而实现为家电产品引流的目的。

苏宁通过输出智慧零售场景塑造能力，将家乐福门店进行全面的数字化改造，可构筑起线上线下融合的超市消费场景。与此同时，苏宁线下拥有超过 6000 家的苏宁小店，借助家乐福的门店，完善最后一公里配送网络，从而提高到家模式的效率并节约物流成本。

（2）借助家乐福的产品供应链、仓储运营能力来构建全场景消费生态。家乐福在进驻中国市场之初，将门店多开在一二线城市的核心位置，且目前家乐福全球采购已经与 1425 家中国供应商建立起了业务往来。从门店分布来看，家乐福显然拥有大量优质且稀缺的网点资源，从供应网络来看，分布在全国各省市的供应商完全能够满足产品供应的要求。苏宁旗下的家电、家居、红孩子、苏宁极物、苏宁金融、苏宁小店即时配送等业务，都可以与家乐福的商超业态进行对接，为消费者提供更多的产品选择、更场景化的购物体验以及更便捷高效的服务体验，为门店打造全新的核心竞争力。如果一家企业能够构建自身丰富的业态以及品类，未来其在品牌开发、供应链等多方面都将会拥有更大的发展空间。

苏宁在收购家乐福中国后，全场景、全品类实力将大大增强，尤其是在零售板块，家乐福200多家大卖场和仓储中心会使苏宁小店的线下生鲜、日用品等产品供应链大大增强。此外，双方在后台、用户方面的融合也会降低苏宁小店线上订单的履单成本，提升配送时效，真正地打造1小时生活圈。

通过收购家乐福中国，苏宁对于智慧零售战略的构思已基本清晰，即门店多样化发展、商品精细化运营以及数字化能力全面落地。然而苏宁的战略革新并非仅仅局限于零售行业，早在2019年年初，苏宁宣布成立家电、消费电子、快消、时尚百货和国际等五大商品集团，已推动商品的专业化、精细化运营。因此，并购家乐福中国也是苏宁总体战略转变的一个重要举措。

（三）竞争对手——互联网巨头进驻零售行业

1. 京东与沃尔玛达成战略合作关系

2016年6月20日，京东和沃尔玛宣布达成一系列深度战略合作，京东将向沃尔玛新发售1.45亿股A类普通股，交易完成后，沃尔玛将持有京东约5%的股份；根据合作内容，京东将拥有沃尔玛圈子控股的1号商城主要资产，包括“1号店”的品牌、网站、APP；而沃尔玛将持续经营1号店自营业务，并入驻1号商城，并将在中国的实体门店接入京东集团投资的中国最大的众包物流平台“达达”和O2O电商平台“京东到家”，并成为其重点合作伙伴，以通过整合双方在电商和零售领域的巨大优势，共同打造全球领先的融合线上线下的零售商业模式。

2016年10月，沃尔玛宣布增持京东A类普通股至10.8%，并获得京东董事会观察员资格。2016年“双11”前，沃尔玛旗下山姆会员商店独家入驻京东，全球官方旗舰店也入驻京东全球购，并以5000万美元战略投资京东旗下即时物流和生鲜商超O2O平台“新达达”，以整合双方在O2O到家服务、物流和零售领域的优势。这一系列举动意味着双方在业务层面开展一系列实质性深度合作，京东向山姆开放了其在仓配一体、O2O、冷链等全方位的物流资源，在专仓存储、24小时实施管控等方面制订了山姆专属仓配解决方案，这也是京东物流首次为零售商提供最高标准的个性化服务。

2017年8月8日，沃尔玛和京东联手打造首个线上线下联动大型活动“8.8购物节”，当天24小时内，沃尔玛、沃尔玛全球购、ASDA全球购三家官方旗舰店的总销售额创新高，对比之前最高日销售额高出13倍。11月8日，山姆会员商店宣布其京东旗舰店上线一年即实现销售额同比三倍增长。同时，经过一年的发展，沃尔玛全球购官方旗舰店成长为京东全球购平台上品类最齐全的店铺，商品数量增至6万多种，8月单月销售额是2016年10月开业时的近8倍。“8.8购物节”实现了线上线下深度融合，门店、库存、用户的打通，是对双方优势资源的整合。这种整合的目的是让双方在各自擅长的领域进一步提供更加专业、更加精确的服务，最终给所有顾客带来超越以往的真正线上线下无缝链接的便利购物体验。

京东与沃尔玛的强强联合，对双方来说都是有利的。对沃尔玛来说，中国电子商务的蓬勃发展使其在中国遭遇较大压力，同时新零售业态的发展对沃尔玛传统卖场模式冲击较大，加上内部物流成本过高使沃尔玛竞争力趋于下降。从与京东的合作可以看出，沃尔玛希望通过这次战略联盟解决以上困境，以实现业务的长久发展。

对京东来说，与沃尔玛合作不仅是为了对抗竞争对手，也是为了进一步在生鲜、杂货两个商品种类领域站稳脚跟。2015年8月，阿里巴巴与苏宁结成战略同盟关系，这次联盟的矛头直指京东。阿里巴巴入股苏宁更多是为了在家电领域拉入一个盟友，进而形成对京东的战略牵制，减少京东对阿里巴巴核心业务的威胁。以3C起家的京东在发展过程中逐渐发现这类商品存在消费频次低、用户粘性不高、毛利率低等缺点，所以京东在上市前一直在“去3C化”，扩大其他商品种类的销售比例。在电商领域，“去3C化”有两种渠道，一种渠道是扩大服装鞋帽的销售比例，在这方面，淘宝和天猫走在行业前列；另一种渠道是扩大生鲜、杂货的销售比例，在这两个商品种类上，阿里巴巴与京东几乎处于同一起跑线，这也是京东能够超越阿里的途径之一。因此，京东通过与沃尔玛的战略合作，来重塑生鲜、杂货的市场格局，从而在与阿里的竞争中取得先机。

2. 阿里巴巴入股高鑫零售

2017年11月，阿里巴巴宣布将投入约224亿港币（约28.8亿美元），直接和间接持有高鑫零售36.16%的股份。

作为我国零售界规模最大的零售公司，高鑫零售旗下的欧尚、大润发两大品牌在全国29个省、自治区、直辖市都开设有大量的大型超市、大卖场，市场份额连续多年保持国内零售行业第一。这次收购意味着阿里入股大润发和欧尚两大零售巨头，这对阿里来说是一次全新的机会，对其他零售企业来说也是一次前所未有的挑战。

中国电商巨头近几年来加速布局线下，推进“新零售”革命。阿里作为中国电商行业领头羊，在线下的战略布局最早、版图最完善，至今已经投资/收购的线下零售企业包括银泰商业、苏宁、三江购物、百联股份、联华超市、新华都等。

表 1－2　　阿里巴巴的投资布局的线下零售企业①

时间	事件
2014 年 3 月	向银泰商业进行 53.7 亿元港币战略投资
2015 年 8 月	以 282 亿元人民币投资苏宁 19.99% 股份；苏宁以 140 亿元入股阿里
2016 年 3 月	投资盒马鲜生
2016 年 11 月	投资 21.5 亿元收购三江购物 32% 的股份
2017 年 2 月	宣布与百联股份战略合作
2017 年 5 月	投资 126 亿港币完成银泰商业私有化，持股比例达到 74% 收购联华超市 18% 的内资股股权，成为其第二大股东
2017 年 9 月	入股新华都 10% 股份，成为第二大股东
2017 年 11 月	投资 224 亿港币，收购高鑫零售 36.16% 股份

显然阿里与大润发的结合对双方都是有利的。对于阿里来说，中国的电商渗透率已达 14%，流量和用户增长面临瓶颈，双线融合的趋势开始显现。因此，阿里布局线下零售业的目的有两点：一是通过线下的流量入口捕获更广谱的用户群，二是通过线下数据，对消费者的行为进行更精准的刻画。从品类维度来看，阿里作为互联网企业的领头羊，与各品类的龙头企业都进行了强强联合，百货品类合作银泰、百联、三江，家电品类合作苏宁，快消品类入股大润发、新华都，生鲜品类拓展易果鲜生、盒马。这说明阿里意识到全品类覆盖对于拓展用户意义重大。从区域维度来看，阿里较为青睐网点密集的快消品零售商，通过与国内最大的快消品采购企业高鑫零售合作，阿里的触角渗透到了全国 446 个网点、各级城市的用户群体。从供应链维度来看，零售行业虽然在经历巨大的变革，但商业的本质从来没有离开过“人、货、场”，其中货就是指供应链和仓库，线下零售企业拥有数量庞大、分布范围广的实体门店和物流体系，线上线下的融合可以共享物流体系。而“场”则是门店，线下零售在物理空间的门店占据着周边人群的活动时间和空间，实时触及日常生活的购买需求，且体验性更佳，可拓宽线上零售企业的流量渠道。

对于大润发来说，与阿里巴巴展开合作之后，借助阿里的先进技术和互联网经营思维，大润发线下超市全面开展新零售大改造。门店数字化、供应链升级、大数据营销驱动等举措，让这个传统超市重新焕发活力。根据高鑫零售 2019 年的财报，截至 2019 年 12 月 31 日，公司收入 953.57 亿元，同比减少 4%；毛利 257.31 亿元，同比增长 2.4%；经营溢利 48.9 亿元，同比增长 4.1%；公司股东应占溢利 28.34 亿元，同比增长 14.4%。2019 年，高鑫零售新开 7 家综合性大卖场，关闭 5 家亏损门店，截至

① 资料来源：根据阿里巴巴百度百科整理。

2019 年 12 月 31 日，高鑫零售门店总数为 486 家。可以看到，新零售全方位融合线上线下，为高鑫零售的发展带来了不少增量成果。

3. 腾讯入股永辉

2017 年 12 月，腾讯宣布入股永辉超市，并分为两步完成其计划。第一步是腾讯拟通过协议转让方式受让永辉超市股份有限公司 5% 股份；第二步是在 2018 年 1 月，永辉超市发布公告称，拟同意永辉云创科技有限公司新增注册资本共计 2.5 亿元，其中林芝腾讯科技拟认购 1.875 亿元。增资完成后林芝腾讯科技将持股 15%，永辉超市持股 46.6%。至此，腾讯入股永辉尘埃落定。

对于腾讯来说，入股永辉超市更多是对标阿里巴巴，通过入股永辉超市，腾讯可实现在实体零售市场的布局，腾讯和阿里的竞争范围会进一步扩大，形成全领域的竞争格局。可以看出，腾讯和阿里在业务上有一定的重合，比如腾讯有微信支付，阿里有支付宝。如果腾讯忽视新零售，任由阿里发展，那么将来在商超支付入口、数据入口、流量入口等方面都会受到阿里的局限。移动互联网的支付壁垒一旦形成，阿里将会垄断很大一部分的市场份额，即使腾讯在社交软件领域有很强的人气和流量，也无法获得收益。“永辉云创”于 2017 年 1 月 1 日推出的“超级物种”是永辉超市在新时期对新零售业务布局发展的主要表现。在新零售发展的新时期，用户超级物种创新采用“零售 + 餐饮 + APP”的商业模式，以自建的八大工坊为核心促进产品的销售，创新了新零售发展的业务模式。从永辉超市超级物种的地区分布来看，其区域布局以华东和华南地区为主，现阶段主要分布在福建、广东、江苏、四川、北京、上海、浙江和重庆 8 个省市，以福建省为主要的店面布局区域。未来，随着新零售的发展及人们对新的销售模式认可度的提升，作为新零售代表势力的超级物种店面数将会继续增加。对于腾讯来说，将资本大部分集中在“超级物种”是一种明智的选择，能够利用腾讯在 AI、大数据、云计算等方面的技术，进一步推动微信支付、小程序、腾讯云、腾讯优图实验室四大服务。

对于永辉超市来说，作为曾经被视为零售行业最具“互联网范儿”的线下零售企业，自己组织运作了大量互联网模式的项目。在 2014—2017 年，永辉超市进行了大规模的互联网化布局投入，但声势浩大是一回事，能否有收益又是一回事。从永辉超市的财务数据可以看出，永辉云创自创立以来就一直处于亏损，2016 年亏损了 1.16 亿元，2017 年亏损了 2.67 亿元，到了 2018 年前三季度，云创业务已经亏损了 6.17 亿元。显然，这与坐拥全国 1000 多家门店的大型零售企业的身份极其不匹配，也与永辉超市近些年的高曝光度不相配。因此，腾讯的入股不仅是拯救永辉超市于水火之中，更多的是永辉在走投无路时寻求的一根救命稻草。

表 1-3　　永辉超市的“互联网化”布局投入

时间	事件
2014 年	推出永辉微店 APP，互联网运作开始大规模布局和实施。引入亚洲第一家“JOYA”自助购物系统、自助收银系统、自助会员卡建卡发卡系统、自助查价机等。引入微信和支付宝支付
2015 年	开始推动 O2O 项目的上限，发展“实体店 + 互联网应用”，并开始支持各种创新业务，包括海淘和“中央厨房”等。明确 2016 年重点实施互联网 + 数据化管理战略，推动系统互联网化和平台化
2016 年	陆续推出永辉生意人、永辉到家、永辉管家等多款网络化服务产品，分别上线了 APP。上马“永辉数据中心”“供零在线”、运维监控平台“Zabbix”。入股福建第一家民营银行——福建华通银行
2017 年	今日资本投资永辉云创，获得资金后，永辉开始加速孵化“超级物种”、打造云创生活、链接优空间等项目。腾讯入股永辉超市 5% 股份
2018 年	腾讯对永辉云创增资完成，获得 15% 股权

综上所述，以腾讯、阿里为代表的互联网巨头已经深度介入零售行业的发展，这不仅会对传统零售企业有巨大的冲击，还会对其他互联网企业产生影响。对于苏宁来说，为了应对互联网巨头的竞争，收购家乐福或许会成为最好的选择。

三、苏宁—家乐福并购案动因分析——从家乐福集团的角度

成立于 1959 年的家乐福集团是大卖场业态的首创者，也是欧洲第一大零售商、世界第二大国际化零售连锁集团。1995 年，家乐福在中国大陆开设大卖场。进入中国市场后，家乐福采用国际先进的超市管理模式，致力于提供物美价廉的商品和优质的服务，受到广大消费者的青睐和肯定，“开心购物家乐福”“一站式购物”等理念深入人心。2018 年，家乐福中国营业收入接近 300 亿元，在中国快速消费品连锁百强榜中位居前十。就是这样一个零售巨头败走中国市场，似乎让人难以相信，而其背后的原因也令人深思。

（一）电子商务平台的兴起冲击传统零售行业

2011 年，阿里巴巴、京东等电子商务平台相继出现在民众的视线，新型商业业态、新营销模式伴随着互联网和智能手机的普及，逐渐改变着中国消费者的消费习惯。这一变化使传统零售行业始料未及，难免会受到一些冲击。根据数据显示，2015 年开始，我国大型超市的门店数在逐年下降，2017 年较 2016 年减少了 2297 家门店，降幅达到 27%；相反，根据《2019 中国电商半年报》，中国网上零售额在 2019 年前 5 个月

已经达到 3.86 万亿元，在社会消费品零售总额中占比超过 1/5。

面对电商平台发展壮大的严峻形势，各大传统零售企业都开始积极应对，比如京东与沃尔玛达成战略合作关系、阿里巴巴入股高鑫零售。反观家乐福，反应却略显迟缓。2015 年，家乐福推出网上商城，进军电商平台，尽管互联网化迈出了第一步，但是几乎没有任何优势。首先 APP 运行速度缓慢，这就使很多消费者失去了使用线上方式购物的兴趣；其次，商品种类有限，很多地区不支持生鲜配送；再次，物流效率底下，北京地区最快次日送达，上海极少数地区能够享受到 3 小时急速送达服务；最后，包邮门槛高，用户需要购买 129 元的商品才能享受包邮，而在天猫超市 88 元即可销售包邮。无论是从产品种类，还是配送时间、价格上看，家乐福都完败。尽管后来家乐福与美团外卖、饿了么联手，为消费者提供线上购物服务，但是这些平台每天仅仅几百个的订单对一家大型零售企业来说无疑是杯水车薪。

为了缓解危机，家乐福不仅推出了 APP，还开设了便利店业态——Easy 家乐福。2014 年，家乐福在上海推出“Easy 家乐福”便利店，并于次年将部分门店的营业时间调整为全天，但是事实证明 Easy 家乐福并没有找准市场定位。便利店和大卖场的经营模式是完全不同的，主要体验在经营风格商，前者偏向精致化，后者则相对粗放。家乐福用大卖场的低价优势，社区标超的营业面积，做着便利店的就近收益。遗憾的是，家乐福在中国并没有很好地解决规模和效益的均衡问题，尽管其在欧洲有着 4000 家便利店，经验丰富，但是显然其他国家的经验在中国市场上水土不服。

（二）家乐福的市场反应机制迟缓，错失转型良机

1995 年家乐福进入中国大陆市场时，中国本土的零售企业尚未有很好的发展。广阔的市场、竞争对手能力不足，家乐福在这一阶段几乎是躺着赚钱，一度成为本土零售企业追捧和模仿的对象。然而随着时代的更迭，零售行业也发生了巨大的变化。经过多年的发展，业内其他竞争对手逐渐壮大，大润发、永辉、沃尔玛等纷纷走进大众的日常生活中。家乐福害沉浸在旧日辉煌中，没有意识到创新的重要性，而是不思进取，错失了几次转型的绝佳机会，最终导致无法建立起良好运转的供应链和物流体系。

2016 年，线上流量红利增速放缓，很多互联网巨头将目光放在线上线下融合发展，开始布局新零售战略。而家乐福此时沉浸在开拓线上业务，没有意识到打通线上线下的重要性。在大润发、物美等传统零售商纷纷尝试“餐饮 + 零售”的新业态后，家乐福才在沈阳和武汉两家门店分别开张了“渔夫厨房”和“极鲜工坊”。

家乐福对自己固有的商业模式守旧的理念以及对过去的成绩过于依赖，使其在新零售布局中落后竞争对手，最终不得不败走市场。

（三）管理模式隐患重重

进入中国后，家乐福采取的管理模式是“店长集中制”，给了店长很大的自主权，店长不仅可以自行决定一家门店的采购、配送、调价等多个环节，甚至可以决定一家门店的选址。这种管理模式优点在于有利于店长充分运用自己的管理才能，更加灵活地适应行业竞争以及对消费者需求作出最快的反应，但缺点在于不同门店之间的价格、布局不同，难以统一管理。此外，店长权力过大，也容易产生腐败现象，从而使家乐福的企业形象大打折扣。发现问题后，家乐福中国的高层企图结束这一混乱现象，将店长手上的权力大大削弱，但是权力的丢失使家乐福流失了一大批管理人才。内部管理制度的混乱导致了家乐福对外部市场环境的变化反应迟钝。

（四）供应链体系出现了致命之处

对于大卖场来说，建立自己的配送中心和运输体系有利于降低成本、提高效率，但是家乐福一直没有补齐这块短板。由于对供应链体系建设的忽视，家乐福因供货速度太慢影响了购物体验和整体销量；再加上错过物流体系的建设以及本土供应链的打造，家乐福没有实现与合作企业建立一体化的目标，也没有并购或参股优质企业，消费者慢慢流失到其他大型商超。

反观其他零售企业，大润发进入中国后就在学习家乐福的经营模式，在发现了其在供应链和物流系统上的短板后，大润发在 2012 年完成了四大主要地区的物流配送中心建设。沃尔玛则采用供应商送至全国配送中心的模式，所售蔬菜全部由生鲜配送中心进行冷链配送。永辉超市选择供应链端的买断和直采模式，建立了自己的生鲜壁垒。面对竞争对手对供应链和物流体系的建设，家乐福无力应对，只能退出中国市场。

四、苏宁并购家乐福效应分析

（一）积极效应

1. 经营协同效应

（1）从整体战略来看，苏宁并购家乐福能够实现补齐线下零售矩阵的目标。在门店的空间布局上，家乐福的门店更多覆盖大中城市的优势低端，不仅地理位置优越，客流量较大，物业空间也大；而苏宁小店、苏宁零售云店与其具有明显的错位竞争特点，这使苏宁在未来布局零售业可以免去选址的麻烦。

在消费场景上，苏宁在线上搭建了苏宁易购电商平台，在线下家乐福的3千米日常生活圈与苏宁小店的1千米社区近零售、万达百货的5—10千米的一站式商业中心形成互补，真正实现一站式购物的零售战略发展。

（2）从经营业态来看，苏宁转型战略具有显著的“多业态融合发展”特征——通过铺设线下全场景零售，使个品牌门店数据关联，将顾客群体交叉融合起来，提高顾客价值。在这次并购中，苏宁对家乐福门店进行全面的数字化改造，一方面是对“智慧零售”理念的相应，加速构建线上线下全场景的百货业态，加速实现全场景融合，推动转型升级，另一方面也是将苏宁线下6000多家苏宁小店与家乐福门店联合起来，实现“苏宁大店+小店”协同作用，打造线上线下综合超市消费场景。

苏宁可将苏宁易购天猫旗舰店、苏宁易购主站、苏宁小店、苏宁拼购、零售云等平台和场景与家乐福的商品、服务嫁接，形成完善的闭环生态，从而实现场景数字化升级和O2O模式的发展。

（3）从供应链和物流系统来看，以家电起家的苏宁在零售行业经验不足，凭内生动力推动转型费时费力，且可能无法超越其他零售巨头，风险较大。家乐福以大卖场形式进入中国市场，线下运营经验丰富，在零售行业的品牌知名度和认可度较高，此外家乐福在其他国家供应链运营经验丰富，在中国也与1425家供应商建立了业务往来，与苏宁在快消品、食品采销方面形成较好的互补。苏宁近年来发展战略逐渐向全品类靠拢，供应链体系如果单纯依靠自身将无法适应行业的激烈竞争，在并购家乐福之后，两家企业的供应链进一步打通，苏宁供应链体系的重构速度将大大提升，有利于降低采购成本，提升市场竞争力和盈利能力。

在物流系统上，借助家乐福丰富的快消商品仓储、物流经验，建立快消品类全国仓储供应链基础设施，可进一步降低物流成本。苏宁可借助家乐福的门店选址、供应链布局等基础性优势资源和丰富的快消经营思路，将家乐福中国打造成社区到家服务的供应链前端平台，并与苏宁小店联手，完善“最后一公里”配送网络，提高到家模式的效率，节约物流成本。

2. 管理协同战略

苏宁本身具有优秀的管理能力，而家乐福在海内外供应链能力和仓储运输管理方面具有丰富的经验。在中国，家乐福深耕中国市场10余年，在国内作用大型综合超市210家、便利店24家、仓储配送中心6座，覆盖全国22省市。此次并购项目中，苏宁统一继续保留家乐福中国现有的组织架构和业务组成，并保证在一段时间内家乐福中国的人员结构不会发生重大的调整。这不仅是为了稳定家乐福高层的情绪，让并购能够继续进行，更是希望双方能够在人员、物流、仓储等方面互通有无，以大大降低苏宁全场景零售布局战略的实施成本。

3. 财务协同效应

在并购案发生前，家乐福中国的财务状况不容乐观。本次交易完成后，家乐福中国2018年实现营业收入299.58亿元，占苏宁2018年营业收入的12.23%。可以预见，苏宁并购家乐福中国有助于扩大苏宁易购的销售规模，也能够维持家乐福中国现金流量的稳定和资金良性运转，以推动现有业务的良好发展。

此外，家乐福中国连年亏损，导致经营出现困难，资产估值缩水，这有利于降低苏宁的并购成本，并且并购成功后，家乐福中国的亏损可用来抵扣苏宁的税前利润，从而降低整体税负，实现财务协同效应。

4. 市场经营效应

当前，家乐福中国拥有会员3000万，并购后即可将其纳入苏宁零售体系的会员群中，以实现会员互通，扩大消费群体，并充分运用苏宁的数据挖掘和分析能力，提高用户活跃度、增强用户黏性，进一步提升用户价值。

近年来互联网巨头强势入驻零售行业，O2O模式开始崭露头角，先有京东与沃尔玛达成战略合作关系，再有阿里巴巴入股高鑫零售，与欧尚、大润发达成新零售战略合作，后有腾讯入股永辉，加入新零售争霸。在此背景下，苏宁提出的“智慧零售”理念与阿里、腾讯等互联网巨头倡导的“新零售”布局高度重合，势必会产生激烈的竞争，并购家乐福能够有效应对同行业巨头的竞争。

5. 积极效应的举例

2019年9月28日，家乐福门店入驻的200多家苏宁易购电器店正式运营，拉开了家乐福加入苏宁的序幕，当日就获得超过10万人次的客流，重新开业期间家乐福累计订单量突破18万单，销售增长152%。

2019年10月，上南京的部分家乐福门店上线“履约中心”，逐步承接家乐福小程序、苏宁小店APP及第三方平台的订单，进一步加强苏宁和家乐福中国的信息互通和共享，提升O2O业务的履约效率。

2019年11月29日，家乐福旗舰店在苏宁易购正式上线，消费者通过苏宁易购网站或者APP即可进入家乐福店铺下单；在会员体系上，已打通两者原有的线上和线下会员体系，实现会员权益和资源的共享，推动融合营销、互相导流；在选址和选品上，苏宁依托前期积累的海量数据，对不同地区的消费群体、商品属性、消费场景、消费偏好进行深入分析，提高内部运营效率，打造家乐福特色。

2019年“双11”期间，家乐福中国以苏宁“1小时场景生活圈”新成员身份亮相，在部分门店试点上线升级板块拣仓，全面升级前置仓，并借入家乐福小程序、苏宁小店APP及第三方平台。2019年11月11日当天，家乐福中国累计销售达31.2亿元，同比增长43%，到家业务订单2014万单；“双11”期间，家乐福销售额同比增长103%，到家服务订单量增长310%，51%门店突破单日销售纪录。

2019年11月底12月初，苏宁与家乐福中国联合采购200万斤赣南脐橙、100吨智利车厘子等生鲜，通过苏宁线上超市、苏宁小店、家乐福、苏鲜生等线上线下平台同步销售，进一步降低采购、物流和销售成本。

2019年“黑色星期五”，家乐福旗舰店上线苏宁易购并试运营。截至2019年年底，苏宁海外购商品销售额始终保持200%的增速，已成为家乐福增速最快的商品类目之一，凸显家乐福数字化改造和线上线下融合升级的效果。

（二）消极效应

1. 财务压力

首先，在并购家乐福之前，苏宁还进行过几次大型的并购事件，主要包括2012年并购红孩子、2013年并购PPTV、2014年并购满座网以及2017年并购天天快递。多项并购活动使苏宁的财务压力增加，导致资源分散。

其次，如果在并购交割日后，家乐福中国仍然无法改善亏损的现状，将会进一步增加苏宁的财务风险。

最后，为了保证并购的长期性、战略性目标的实现，并购双方对彼此的股权都作出三年内禁止对外转让的承诺，这将会限制双方通过股权转让的形式以降低并购风险的能力。

2. 整合风险

首先，并购案的一方是世界知名零售公司的中国子公司，另一方是家电行业知名的企业，双方在各自经营过程中早已形成了自身独特的经营管理理念、企业文化和行事作风。如果不能进行有效的文化、人员整合，势必会造成不同企业之间员工的冲突，最终导致工作效率低下，一旦出现内部管理混乱，很可能会造成并购的失败。

其次，家乐福大卖场一贯都有的“大而全、多而杂”特征与新零售所崇尚的精细化分类有所冲突，苏宁能否带领家乐福改善大卖场的经营理念，使其更好地融入苏宁电商体系，还有待时间的考证。

五、结语

随着消费需求的持续增长、消费结构的进一步优化升级，中国社会正在步入一个新的消费时代。在这个时代，一二线城市的居民已由最初追寻低价产品转向追求品牌、个性化消费，三四线城市的消费能力被进一步开发，消费群体由原来的“80后”占多到“95后”群体崛起。无论是马云提出的“新零售”，还是张近东提出的“智慧零售”，在新的消费时代更多地体现为零售行业与互联网行业的深度融合，不断释放消费红利，这对任何一个企业来说都是机遇，也是前所未有的挑战。

对苏宁来说，如何将家乐福与苏宁的文化和人员进行整合，以发挥最大化的优势，是首先要考虑的一个问题。其次，在竞争激烈的零售行业如何开辟出一片属于自己的天地，也是苏宁需要考虑的问题。最后，“智慧零售”战略已迈出一大步，如何走好接下来的路，在市场中进一步站稳脚跟，也需要时间去回答。

无论如何，这次“联姻”是本土零售走向国际化的一次果断尝试，也是中国零售企业“走出去”的大手笔。并购对任何一家企业来说都是在激烈的市场竞争中采取的必要手段，是调整和优化企业经营和战略结构的重要方式。对于苏宁来说，这次并购仅仅是开始，并非终局，后续的整合还需要更大的勇气和更强的能力。

案例使用说明

一、教学目的与用途

1. 本案例主要适用于“国际商务”课程，也适用于“国际企业战略管理”“跨文化沟通”等相关课程。

2. 本案例教学目标：本案例描述了苏宁和家乐福的发展过程，从苏宁和家乐福的角度分别分析此次并购案的动因，并得出苏宁并购家乐福的积极效应和消极效应，希望通过此次并购案引发零售行业发展方向的新思考。

二、启发思考题

1. 简要梳理苏宁与家乐福的发展历程。
2. 对苏宁来说，此次并购案的动因是什么？
3. 对家乐福来说，此次并购案的动因是什么？
4. 此次并购案的积极效应和消极效应都有哪些？
5. 面对消极效应，苏宁应当如何做？

6. 思考中国新零售未来的发展方向。

三、分析思路

首先了解苏宁和家乐福的发展历程。进而思考：苏宁并购家乐福中国的动因是什么？有什么效应？最后思考中国新零售未来的发展方向。

四、理论依据及分析

1. 了解苏宁和家乐福的发展历史。
2. 从苏宁和家乐福的角度分别分析此次并购案的动因。
3. 分析此次并购案的积极效应及消极效应。

五、关键点

1. 苏宁和家乐福的发展历史。
2. 并购案的动因。
3. 并购案的效应分析。

六、建议课堂计划

1. 引入案例（20 分钟）

教师通过多媒体，以图片、视频等形式，向学生简要介绍苏宁和家乐福的发展历史及并购过程。

2. 分组讨论（30 分钟）

将学生分成若干小组进行讨论，得出此次并购案的动因及效应。

3. 案例交流（30 分钟）

各组根据得出的结论进行交流。

4. 案例点评（10 分钟）

针对学生得出的结论予以点评，并对案例的关键点进行重点分析。

5. 案例总结（10 分钟）

总结案例，启发学生对跨国并购的动因和效应更深入思考。

参考文献

[1] 陈岳峰．家乐福中国为何花落苏宁［J］．时代经贸，2019（8）：94－95.

[2] 郝宇申．沃尔玛在中国发展转型分析［J］．市场周刊，2018（8）：17－18.

[3] 李靖．2020 苏宁战略：开放从 1 到 N，聚合从 N 到 1［J］．中外管理，2020（3）：117－118.

[4] 李阳，汤尚颖．我国零售业转型升级的特征与动因［J］．商业经济研究，2020（6）：22－25.

[5] 梁栋．腾讯入股永辉新零售市场再迎大鳄［J］．上海信息化，2018（1）：40－42.

[6] 刘忻．家乐福“卖身”背后的商超进击史［J］．四川省情，2019（8）：28－30.

[7] 庞晴，查贵勇．苏宁易购并购家乐福中国效应分析［J］．产业创新研究，2020（3）：1－3.

[8] 秦知东．苏宁收购家乐福中国腾讯阿里苏宁快消品形成“三国杀”［J］．计算机与网络，2019（7）：10－11.

[9] 任慧媛．家乐福撤出中国的启示［J］．中外管理，2019（7）：104－106.

[10] 孙浩宇．论数字化转型中的新零售［J］．现代企业，2020（5）：107－108.

[11] 吴三林．浅析苏宁易购并购家乐福中国［J］．经营管理者，2019（10）：94－95.

[12] 徐梦迪．为什么苏宁重金“娶回”家乐福［J］．销售与市场（管理版），2019（8）：54－56.

[13] 徐翔．苏宁收购家乐福中国［J］．中国储运，2019（11）：75－76.

[14] 徐阳，胡杨子．京东与沃尔玛跨国战略联盟效应与风险分析［J］．市场周刊，2018（9）：25－26.

[15] 张军智．以大致胜的家乐福缘何败走中国市场［J］．企业观察家，2019（8）：76－80.

[16] 张利军．浅析新零售的发展模式［J］．现代商业，2020（5）：27－28.

[17] 张锐．苏宁收购家乐福面向新零售的清晰对标［J］．上海企业，2019（7）：37－38.

案例 2

吉利“蛇吞象”并购沃尔沃*

2008 年美国爆发的金融危机，使美国汽车产业面临巨大危机。美国福特公司决定出售旗下沃尔沃轿车业务。中国吉利汽车公司抓住机遇，2010 年成功完成并购。这个被业界称为“蛇吞象”的海外并购案例，成为年度最热门话题。不过对吉利而言，更为关键而紧迫的事情，是如何成功整合沃尔沃。本文重点分析了吉利并购沃尔沃的风险和整合措施，尤其是跨文化整合，以期为中国汽车企业进军海外发达国家的汽车市场提供借鉴。

* 本案例由中央财经大学国际经济与贸易学院孙瑾、王磊撰写。

案例正文

2010年3月28日，中国浙江吉利控股集团有限公司与美国福特汽车公司在瑞典哥德堡正式签署协议，以18亿美元收购沃尔沃100%股权。此协议正式签署4个月后，便通过了中国政府部门的批准，标志着此项交易已接近交割日期。至此，这起中国最大的收购海外整车资产案画上句号。这次整合被业界称为“蛇吞象”，通过海外收购，吉利全资控股沃尔沃，用较低的成本获得了梦寐以求的汽车国际品牌、核心技术和国际营销渠道，实现了我国在自主品牌发展历史上的突破，是实现技术跨越的一个捷径。

但是成功并购只是第一步，杠杆收购作为一种以小博大的并购方式，在成功并购目标企业后，并购方仍然面对着巨大的运营风险与财务风险。并购之后，吉利与沃尔沃如何相互融合、交叉持股、技术共享，是吉利和沃尔沃需要重点关注的，也是中国汽车行业发展所关注的。

一、背景介绍

（一）并购双方集团概述

1. 吉利集团概述

吉利集团全称浙江吉利控股集团有限公司，曾经被评为我国汽车行业内的十强企业，同时，也是十强中唯一一家民营企业。该企业于1986年成立，经历了30多年的建设和发展，在汽车、摩托车、汽车发动机、变速器、汽车电子电气及零部件方面获得辉煌的成就。吉利集团凭借自身的经营机制和不断的创新，连续进入全国500强企业的名单，被评为我国汽车行业50年里发展快速和成长最好的企业。

2. 沃尔沃概述

沃尔沃，瑞典著名汽车品牌，曾译为富豪。该品牌的创始人是古斯塔夫·拉尔松和阿萨尔·加布里尔松。沃尔沃集团是全球领先的商业运输及建筑设备制造商，主要提供卡车、客车、建筑设备、船舶和工业应用驱动系统以及航空发动机元器件；并提供金融和售后服务的全套解决方案。1999年，沃尔沃集团将旗下的沃尔沃轿车业务出售给美国福特汽车公司。2010年，中国汽车企业浙江吉利控股集团从福特手中购得沃尔沃轿车业务，并获得沃尔沃轿车品牌的拥有权。

（二）并购双方企业文化

1. 吉利的企业文化

吉利的愿景是“让世界充满吉利”。该愿景的含义就是希望吉利所产的汽车和它的先进技术能够走向国际，走遍全球，同时，也是把大吉大利的祝福送给每一个人。吉利的目标是造出最安全、最环保、最节能的好车。吉利很注重企业精神的培养，吉利不断地创造汽车行业内的奇迹正是因为吉利拥有独特的企业精神，吉利的企业精神包括团队精神、学习精神、实事求是精神、顽强拼搏的精神以及精益求精的精神，这种吉利精神，也是保障吉利走向持续经营的精神态度。吉利一直依靠着企业的“元动力”这一核心理念经营和壮大，这里所指的元动力便是企业员工的动力。企业的员工是否能够积极进取，决定了企业是否能够保持旺盛的生命力经营和可持续发展下去，离开了员工的努力，企业便会黯然失色，也就不可能形成企业的战斗力。吉利希望自己的品牌可以享誉世界，得到所有人的认可，找出汽车出口的方式、提高企业汽车的销量。

2. 沃尔沃的企业文化

沃尔沃将企业文化看作企业的特殊资产形式。沃尔沃的企业文化主要是为了实现其品牌价值以及员工的价值。沃尔沃的核心理念是品质、安全、环保。沃尔沃非常看重顾客的需求和愿望，其目标就是使客户的期望值达到最大。沃尔沃一直致力于为人们制造出世界上最安全最可靠的汽车，并为这一理念进行奋斗，这也是沃尔沃的名声能够在国际传播的一个重要原因。在企业员工管理上，沃尔沃认为上司对员工要有责任心，要让员工认识到自己的价值。上司还应当积极听取下层员工的建议，平等地对待每一个员工、对员工保持信赖的态度。这些管理政策，使沃尔沃的员工从内心觉得公司的经营状况和繁荣发展与员工自己的利益息息相关，相应地激发了员工的工作热情。沃尔沃还很注重员工的个人发展问题，沃尔沃每年对员工发展的投资会占到公司总支出的10%左右。沃尔沃还拥有一个重要的员工培训方式——相互教育，即一些有成功经验的员工拿出自己的观点与其他的员工进行分享，互相学习，这是员工之间一种很好的交流和沟通方式。

（三）吉利杠杆收购沃尔沃

1. 吉利“蛇吞象”并购沃尔沃

（1）中国民营企跨国并购。我国企业的跨国并购始于20世纪80年代，企业海外并购发展大致可以分为两个阶段。第一个阶段（1999年之前）：这阶段进行跨国并购的企业几乎全部是国有企业。第二个阶段（1999年之后）：1999年我国确立了“走出去”战略后，企业的海外并购开始普遍出现，这个阶段我国一些优秀的民营企业开始积极进行海外并购，并且崭露头角。我国民营企业的海外并购具有以下4个特点：①并购数量少、交易规模小；②并购行业相对集中；③并购对象集中在发达国家；④并购动机主要是获取无形资源。近年来，中国企业的跨国并购活动显得非常活跃。在这些并购中，吉利并购沃尔沃在规模上是首屈一指的。

（2）吉利并购沃尔沃的背景。自2008年开始的美国次贷危机引发全球金融危机，不仅使全球资本市场发生了重大的动荡，而且全球经济衰退、需求减弱，使世界主要汽车市场的汽车销量均出现了大幅度的下降。中国汽车工业经过50多年的发展，基本建立起了比较完整的汽车工业生产体系，已成为世界第二大汽车生产国。国际化道路似乎成为中国汽车企业寻求进一步发展的途径，美国金融危机也给中国企业在世界范围内进行资源整合带来了较好机遇。

2010年3月28日21时，浙江吉利控股集团有限公司与美国福特汽车公司正式签署了对沃尔沃汽车公司的股权并购协议，中国民营企业吉利以18亿美元成功并购了拥有近90年历史的豪华汽车品牌沃尔沃轿车公司100%的股权以及相关资产（包括知识产权），这是中国跨国并购历史上重要的里程碑。

沃尔沃是瑞典最大的轿车公司，即使在金融危机严重的2008年，仍保持了147亿美元（约合1000亿元人民币）的销售收入，但是总利润亏损14.65亿美元。而吉利集团进入汽车行业不过十余年，总资产只有230亿元人民币，利润十几亿元人民币，吉利是如何凭借一己之力完成这样庞大的海外并购的呢？

2. 吉利并购沃尔沃的资金来源

吉利并购沃尔沃是杠杆收购的典型范例，吉利以18亿美元并购沃尔沃100%股权，后续运营资金大约9亿美元。如图2-1所示，并购中国内的资金来源50%是吉利的自有资金，另外50%来自银行贷款、地方政府资金。吉利与中国进出口银行、中国银行等都签订了贷款协议。被业界惊呼“蛇吞象”的吉利，此次成功并购的主要方式就是杠杆收购，外界融资在其中发挥了重要的作用。

3. 吉利并购沃尔沃的原因

（1）福特巨额亏损，卖掉沃尔沃以实现资金迅速回笼。1999年，美国福特汽车在其全盛时期，花费了64亿美元并购了沃尔沃，让这个总部位于瑞典的豪华乘用车品牌成为福特旗下一个全资子公司。沃尔沃汽车销售额在过去数年来一直下滑，随着2008年全球金融危机的蔓延，沃尔沃轿车出现巨额亏损。

随着全球金融危机爆发，美国福特汽车出现巨额亏损，不得不卖掉那些不挣钱的

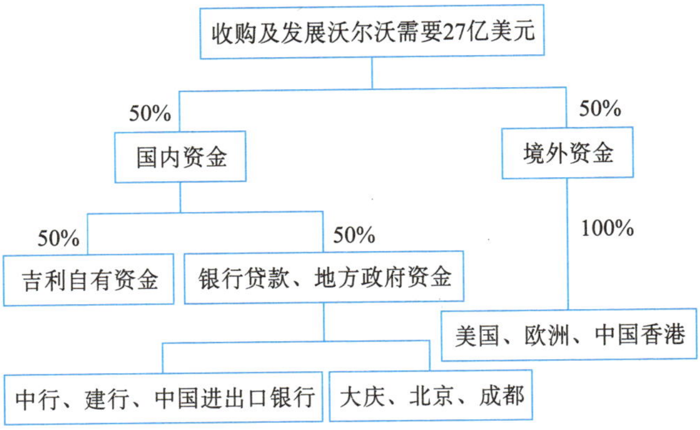

图 2－1　吉利杠杆收购资金来源

品牌。在把捷豹和路虎两个品牌卖给印度塔塔汽车集团后，福特汽车又决定出售沃尔沃业务缩减生产成本，全力保证福特品牌的开发及运营工作。2008 年年底，福特公司汽车业务债务为 258 亿美元，减债后仍然有 100 多亿美元的缺口，卖掉沃尔沃能迅速回笼资金，避免福特进一步陷入困局。

（2）沃尔沃有吉利想要得到提升的价值。沃尔沃的价值主要在于以下四方面：①中高端汽车的生产线及技术能力；②百年历史和高端品牌形象；③完备的经销商团队；④知识产权通行证。吉利作为一个国内民营草根企业，它希望在以下四个方面进行提升：①国际品牌价值；②操控核心技术；③从研发到制造再到国际市场渠道等价值链；④中高端车型及其技术体系能力。由此可见，吉利想要的东西沃尔沃恰好都能提供，这是吉利成功并购的基础。并且从并购的结果可以看到，吉利确实得到了自己想得到的东西：沃尔沃轿车品牌、9 个系列产品、3 个最新车型平台、2000 多个全球经销商、供应商体系、沃尔沃知识产权。

（3）吉利欲借沃尔沃实现战略转型。从 2001 年吉利汽车拿到轿车生产资格的“准生证”开始，董事长李书福为吉利定下的口号为“造老百姓买得起的车”，吉利汽车以低价策略与国内市场上的主要竞争对手——合资车企们实现差异化竞争。吉利在消费者中的形象和口碑就是低端制造的代名词。沃尔沃具有丰富的产品线和高端的品牌形象，在安全性和可靠性方面一直为外界好评。对于现阶段的吉利集团而言，并购沃尔沃是其摆脱低端品牌形象、实施战略转型中的一颗重要棋子——利用沃尔沃多年沉淀的技术体系与“最安全车”的品牌形象，来打吉利汽车的“安全牌”，从而实现吉利旗下品牌的重新定位。

二、吉利并购沃尔沃后的风险

吉利并购沃尔沃成为中国企业成功进行跨国并购具有里程碑意义的事件。但成功并购只是第一步，在众多的杠杆收购案例中，大多数的杠杆收购失败最终都归因于杠杆收购背后所隐藏的巨大的风险。作为一种以小博大的并购方式，在成功并购目标企业后，并购方仍然面临着巨大的运营风险与财务风险。吉利集团同样也面临着巨大的不确定因素，杠杆收购后在经营方面和财务方面存在着不可避免的风险，只有充分认识与分析，采取正确的防范控制措施，才能使这次鼓舞人心的杠杆收购最终取得真正的成功。

（一）运营风险

1. 运营资金困境

作为以小博大的并购方式，杠杆收购的并购方往往资本实力比较弱小，而并购目标企业后需要进行产业调整，品牌与生产线建设以及一系列的后续投入都需要大量的营运资金。杠杆收购方资本实力一般与被并购企业悬殊较大，如若没有后续足够的资金支持，在并购成功后的经营风险不可预测。

由表2－1可见沃尔沃2007—2009年的经营出现持续亏损，吉利并购后仍需承担弥补其亏损的职责。从表2－2中可以看出吉利集团2009年的营业收入不过141.5亿元，净利润仅12.5亿元。

表2－1　　沃尔沃营业利润

年份	2009	2008	2007
营业利润（亿美元）	－6.53	－14.65	－1.64

表2－2　　吉利集团净利润

年份	2009	2008
营业收入（亿人民币）	141.5	97.2
净利润（亿人民币）	12.5	4.3

尽管吉利宣称为沃尔沃的后续发展准备了9亿美元的运营资金，但是据估计，并购后仍将要弥补几十亿美元的持续经营资金缺口，才得以完成沃尔沃国产化的进程，这使人不得不担忧吉利并购后资金链的可持续性。

事实上，对运营资金困境带来的风险，2011 年 7 月在一定程度上得到了印证，吉利集团宣布启动一项 10 亿元的企业债券融资计划，其中将有 3 亿元用于补充集团营运所需资金。可见资金链紧张带来的风险对杠杆收购后的吉利是不容忽视的。

2. 销售业绩风险

目标企业的未来经营现金流量是企业进行杠杆收购后偿还巨额借款的保障。杠杆收购的对象往往是发展相对成熟稳定的企业，但是其并购后的经营仍然面临着很大的不确定性。

无论从宏观环境、自身所处的行业环境还是自身的产品策略的影响来看，吉利杠杆收购后未来的销售业绩仍存在着众多的不确定性。一方面，由于沃尔沃庞大的资产与高昂的运营费用，沃尔沃的销售业绩波动对吉利所带来的影响都是巨大的；另一方面，吉利自身产品的销售业绩将直接影响到对沃尔沃未来发展的保障。现实中这样的风险也已经显现出来，2010 年吉利的总销量增幅低于中国乘用车市场平均增幅 7 个百分点，吉利汽车并未能跑赢大市。

沃尔沃 2010 年以来的盈利和销量状况有明显好转，实现扭亏为盈，而这与 2010 年以来全球车市好转有关。2011 年上半年，在中国销量为 2.177 万辆，同比增长 36%，但这样的销量和增幅与宝马、奔驰等竞争对手 60.8% 和 59.0% 的增长率相比却并不出众。

3. 品牌风险

诸多不确定性因素会影响并购后实现协同效应，如品牌的保持与融合。低端产品目前仍是吉利的主销产品，如自由舰、远景、熊猫等。沃尔沃并不能解决吉利所面临的整体品牌定位不明确的问题，吉利的整体品牌文化形成仍需一段路要走。而在吉利“蛇吞象”的并购之后，品牌若不能实现正确的定位，沃尔沃作为豪华汽车的品牌定位将遭到损害，很可能使其脱离包括奔驰、宝马和奥迪在内的豪华汽车阵营。定位的降低非但不会提升沃尔沃轿车的销量，反而会加速沃尔沃品牌的衰败。

4. 质量风险

为使沃尔沃快速实现扭亏，吉利充分利用中国国内的低价格原材料降低成本，使沃尔沃轿车取得价格上的优势，但中国化采购带来无法回避的质量风险，这一风险在其后的一年里已经在某种程度上从人们的心中转变到现实中。沃尔沃向来以“最安全的汽车”闻名世界，但仅在 2011 年上半年就发布了 4 次召回公告，中国汽车召回网召回公报信息显示，从 2010 年到 2011 年 1 月 2 日，沃尔沃召回案例为 10 起，位居豪华车品牌召回案例之首，品牌形象大打折扣。

（二）财务风险

财务风险是指因融资方式不合理或财务结构偏差而使企业财务成果受到影响的现象。进行杠杆收购的企业资本应呈现倒置的金字塔结构，顶端是以企业资产为抵押借到的一级银行贷款，占其全部资金的30%—70%；中间层是次级债，占杠杆收购资金的10%—20%；最下一层是并购者自己投入的股权资本，仅占并购资金的5%—10%。杠杆收购的结果是使并购方企业的负债比率急剧上升，进而引发了一系列财务风险。

1. 偿债风险

杠杆收购给并购企业带来了沉重的债务负担，定期的利息和本金偿付占用了并购企业大量的流动资金，杠杆收购中最大的危机来自短期的债务风险。此外，企业并购所需的长期资金和短期资金、自有资本与债务资金的投入比例也因目标企业的资本结构不同而存在差异，若长短期债务比例不合理，还款期限过于集中，企业到期还债压力陡增，可能面临到期无法偿还的风险。

并购沃尔沃以来，吉利集团的偿债压力十分明显。据统计，由于沃尔沃本身负担着35亿美元的债务，吉利并购的同时也接管了这一债务，这使吉利集团的负债总额由2009年的160.5亿元攀升至2010年的710.7亿元。2010年吉利集团的资本负债率达到了73.47%，相比同行业最高的也不过60%，可见吉利集团将面对长期的偿债压力（见表2-3）。

表2-3　　吉利集团2008—2010年偿债能力分析

年份	2010	2009	2008
流动比率	0.83	1.15	0.8
速动比率	0.59	1.07	0.66
负债总额（亿元）	710.7	160.5	47.8
资产负债率	73.47%	69.99%	64.30%

从短期来看，吉利集团的短期资金压力也越来越严重。根据吉利集团公布的财务数据，其流动负债在其710.7亿元负债中占至近70%。吉利集团在完成并购后的流动比率和速动比率也迅速下降。流动比率从2009年的1.15降至2010年的0.83，速动比率从1.07降至0.59。再加上一年内到期的非流动负债在2010年末也上涨至了108.85亿元，更为偿债增添了压力。

2. 高息债券偿还风险

在吉利杠杆收购沃尔沃的资金中，约有13亿元的境外资金，而高利息是这些国外资金愿意支持一家中国民营车企的主要原因。大量的高息债券为吉利带来的是极大的财务压力，并且当出现高息债券偿还危机时，往往会由于承载的风险过大而偿债能力有限难以快速寻得资金来源，从而造成违约，面临无法偿还到期高息债务的风险。

3. 再筹资风险

由于在杠杆收购中大举借债，势必影响到目标企业的财务状况，企业的资产负债率、流动比率、速动比率、销售利润率等经济指标变差，这些都会降低企业的信用评级水平，影响企业的再融资能力，增加其再筹资成本。

如表 2-4 所示，代表吉利集团偿债能力的两个指标，产权比率和资产负债率都大幅增加，使其对债权人资产的保护能力受到质疑。吉利集团再通过银行贷款的方式融资已经非常困难且会进一步增加财务风险。

表 2-4　　吉利汽车偿债能力指标　　单位:%

年份	2010	2009	2008	2007	2006	2005
产权比率	275.9	164.95	112.25	14.66	75.64	6.76
资产负债率	73.47	62.26	52.89	12.78	43.06	6.33

而资产负债率过高的问题也将加大吉利集团在股票市场上的融资难度。相比在中国 A 股上市的一汽轿车、长安汽车、东风汽车、上海汽车、江铃汽车的资产负债率，吉利集团 73.4% 的负债率已经偏高，这对旗下上市公司吉利汽车的融资前景是不利的。吉利集团的再融资难度将会非常大。

4. 汇率风险

在我国资本市场不够发达的情形下，企业杠杆收购融资，大都是通过跨国银行和财团进行长期外币融资，由于借款和还款之间存在时间差，企业的偿债规模或因货币增值和贬值而增大或缩小。吉利集团的资金来源业已依赖国际融资，2009 年 9 月，通过与高盛资本合伙人（GSCP）的合作，GSCP 认购可转债以及认股权证，对吉利的总投资达 3.3 亿美元。在可转换债券未兑换成股票前，吉利需以 3% 的年息支付给 GSCP 利息。吉利并购沃尔沃的 50% 的资金来源于国外，美元、欧元、港币等的汇率变动严重影响着吉利的经营稳定和财务安全。可见汇率风险将给吉利带来巨大的财务负担。

（三）文化冲突

中西方文化的差异会直接影响到沃尔沃被并购后的经营战略与发展路线，协调好两者之间的关系非常关键。文化差异有多种表现形式，包括世界观、价值观、行为、心理等各方面的差异。差异导致企业的管理风格的不同。从宏观角度来看，吉利是我国的民营企业，具有我国本土企业的大部分特质，而沃尔沃本身是在瑞典生存的历史悠久的企业。吉利集团的企业文化与沃尔沃的企业文化具有相同点，同样也具有不同点。相同的地方是两个企业都是以人为本，强调人文关怀，员工团结友爱。但是两个企业的文化差异也较大，文化差异导致文化冲突，这种文化差异主要表现为以下四个方面。

第一点是在集体主义和个人主义上。中国是个民族凝聚力和团结奋斗精神强大的国家，因此，对于任何事情都主张跟随团体，不主张个人的行为。而瑞典却正好相反，是个强调个人主义比较强的国家。因此，瑞典虽然追求个人低调，但是还是鼓励追求自我、追求个人，以自我为中心的理念，而我国是强调舍己为人的思想，一切服从集体的观念。因此，两个国家在个人与集体利益方面还是存在较大差异的。

第二点是在权利方面，我国是权利集中度较高的国家。这是我国文化中比较典型的部分，从古时候的孔孟提倡的君臣制度到现代社会的尊敬师长，都充分体现了中国社会是个讲究等级的社会。而瑞典则是一个主张人人平等的国家，因此，权利和贫富差距也相当均衡。因此，在权利方面也存在着巨大的差异。

第三点是在产品偏好方面，如在生产中国人偏好的大车还是西方人推崇的环保经济的小车问题上所产生的分歧；在产品系列快速发展与稳步发展之间的争论等。这些问题将在很大程度上影响到并购企业协同效应的产生效果。

第四点是在工会方面，沃尔沃轿车出身于北欧高福利国家，北欧社会高福利带来的必将是高成本，这也是沃尔沃轿车连年亏损的主要原因之一。吉利承诺沃尔沃轿车在瑞典总部地位、生产设施、研发机构不变，也承诺不会裁员。这意味着，高成本将成为吉利的一大负担。

三、吉利并购沃尔沃后的整合措施

在吉利董事长李书福“放虎归山”战略的清晰指引下，沃尔沃 2013 年实现了扭亏为盈，并且呈现出了快速复苏的态势。在经过长时间的整合之后，吉利已然以一匹黑马的姿态进入我国汽车市场，其整合策略与措施很值得我们学习和研究。

1. 品牌及市场战略

沃尔沃被誉为“世界上最安全的汽车”。吉利并购沃尔沃后，首先要维护好沃尔沃本身的品牌形象，在此基础上开拓创新，建立一个能够更好地适应当前经济情况下品牌形象。其次，要稳固好沃尔沃已占有的汽车市场份额，要积极开拓以中国为代表的新兴市场。最后，由于目前吉利品牌处于中国汽车产业的低端，而沃尔沃则是高端品牌，为了能够使沃尔沃品牌形象不受影响，沃尔沃与吉利各自独立运营。同时，吉利应当逐步提高自身的品牌形象，由低端向高端不断迈进，并且利用好中国市场，采用市场发展战略，提高产品品质，使之得到用户的认可，也可以通过品牌移植，利用旗下沃尔沃的高端品牌形象、技术以及完备的经销团队来提升吉利的本土品牌价值。具体做法包括以下两点。

第一，创建服务品牌，在售前和售中服务方面，通过对销售服务中心的详细综合规划，融合沃尔沃独特的北欧建筑设计风格和先进的技术工艺，建造具有统一外观的汽车展厅和工作车间，通过对销售、维护和保养等多功能组合，让用户在购车和保养维修等各个环节都可以体验到沃尔沃“以人为尊”的品牌理念。在售后服务方面，提高服务标准，以沃尔沃服务品牌为核心，制定细致的服务流程，涵盖服务过程中的各个关键细节，用标准化的操作提高服务质量和效率。从主动接触客户到预约、从互动式体验到目录式报价等各个步骤都要有详实的工作内容描述作为依据，切实可行地提高消费者的满意度。

第二，客户关系管理，客户关系管理旨在通过长期与消费者的沟通，不断发展消费者的个性偏好，并不断调整品牌的产品和服务策略，最终达到满足消费者个性需求的目的。随着我国汽车市场逐步走向成熟，车主们的个性偏好将呈现结构多样，层次复杂的状况。客户关系管理是一种以消费者为核心的营销策略，这也是我国汽车行业发展的必然趋势。客户关系管理是对以往4P营销的超越，是以消费者为中心的全新的管理方法。通过为消费者与企业之间创造多种交流渠道或方式，达到提升企业形象的目的。

2. 技术整合战略

虽然我国已成为全球第一大汽车消费市场，但是，我国汽车行业的生产技术和工艺水平与发达国家相比还有很大的差距，汽车动力系统和安全系统水平迫切需要提高。在全球金融危机和欧美汽车企业困难重重的大背景下，我国企业通过海外并购，以相对较低的成本获得国外先进的研发团队和核心技术，是实现国产汽车技术跨越的良好时机。

为进一步缩小与先进汽车企业之间的差距，提高产品质量和性能，为实施品牌战略奠定基础，吉利集团必须加大科研投入，坚持自主创新，同时充分吸收利用沃尔沃的核心技术，以全面提升自身技术实力。在进行科研创新时，吉利集团可以充分利用国家在政策层面对于自主创新给予的鼓励和优惠政策，同时可以尝试更多地与具有共同战略目标的汽车企业结成联盟，分担研发成本。采用技术融合的整合模式随着双方在各领域交流合作的加深，吉利为最终吸收和消化沃尔沃的先进技术，采取了技术融合的整合模式。具体做法包括以下三点。

第一，加强自身技术整合能力。对内实行“千名研究生培养计划”，对这些员工进行业务、外语、国际文化、国际法律等方面的培训，为整合的顺利进行提供人力资源保障；对外聘用专业的整合咨询顾问罗兰贝格公司，由该公司负责吉利对沃尔沃技术整合的可行性研究与方案指导。

第二，促进技术要素的融合。吉利先在中国设立了一个与瑞典总部并行的沃尔沃总部；将自己优秀的技术人员和优良的生产设备有选择地安排到沃尔沃的技术要素中，实现双方技术要素的融合与重组。

第三，双方共同研发新产品。吉利并购沃尔沃后，更加注重对技术平台和品牌形象的打造。吉利与沃尔沃共同研发一款全新车型，归入吉利品牌当中，该车于2016年在日内瓦车展首发，2016年年底正式上市。通过“并购、融合、学习、再创新”，吉利将保持持续的高水平创新能力。

3. 人力资源整合战略

企业在跨国并购后往往会出现员工离职的情况，主要是很多员工无法适应企业新构建的制度环境和文化环境，而采用离职这种方式来结束这种对自己不利的条件。人才是企业中最重要的无形资产之一，没有人才的企业就是空壳，因此只有稳定人才、留住人才才能够更好地面对企业文化整合中遇到的阻碍。良好的人力资源策略是解决企业人才稳定性的关键所在，只有通过好的人力资源政策，才能够缓解员工在新的企业文化中面临的压力感和浮躁感。主要表现在以下三个方面。

（1）设立并购过渡团队。企业在并购中会面临很多的信用危机，而在并购时，管理层总是过多地关注与在财务和资产上的整合，忽视了人力资源管理的重要性。

管理层总是过多地把经理集中在财务和战略方面，造成人力资源管理的缺乏。并购越是秘密地进行，越会使员工和部门之间产生隔阂，造成不信任。这就要求并购时能够在企业中组建一个专门的过渡团队来增加员工的参与度。员工会因为对团队的信任而感觉不被忽视，更加能够理解公司的行为，也会比较有参与感。而且员工也可以更加了解自己的处境，便于主并企业双方的员工之间进行有效的沟通。

（2）留住核心人才。越是优秀的员工，在公司发生重大变动时，越是容易对自己的未来和公司发展的不确定性产生怀疑，因此，如果竞争对手在此时借机挖走人才，则会造成企业的重大损失。对公司的整个并购整合也会产生不确定的负面影响。因此，建立良好的人力资源整合策略是留住核心人才的关键。为了能够留住人才，首先要让人才对企业未来的发展充满信心，并且制定好的政策来鼓励他们，让他们看得到以后自身的前途和利益，从而为企业创造价值。

（3）制定新的人事制度。在整合过程中，员工离职的不确定性情况明显，且并购企业双方容易出现职位重复的冲突，因此很有必要确立新的人事制度来对管理层进行调整。吉利要想在并购后实现双方的有效整合，使整合工作顺利进行，要挑选出一批优秀的高层管理者，以身作则，以自身强大的感召力吸引和影响沃尔沃员工对吉利文化的认同，树立新的企业文化经营价值观念。当然，高层管理者并不限于在吉利内部挑选员工，还可以在海外招聘一些熟悉瑞典文化和沃尔沃企业文化的海归人才，他们了解双方的文化差异，具有语言上的优势，把这种复合型人才直接加以利用，能很大程度提升整合团队的素质和整合能力。

（4）形成统一价值观的企业文化。企业的文化背景不同会产生不同的企业价值观，大部分人总是认为自己企业文化是优秀的，不认同别人的企业文化。因此，对对方的企业文化要给予尊重和理解，以平等的姿态来对待。为新的企业确立全新的价值观，发挥出并购企业双方共同的文化优势。

如果企业无法形成自身的企业文化价值观，那么企业就不可能在一个拥有多种文化背景的环境中形成共同的价值观，很难培养出员工的归属感和共同奋斗的目标。建立了统一的价值观后，企业的管理层应根据企业的发展战略来进一步修正价值观，尽量使修正后的价值观不带有本国的偏见且结合双方的优秀文化，从而产生并购文化的协同效应，最终使双方员工能够互相接受、互相理解、互相融合。

四、解决跨国并购文化冲突的对策

文化整合能否顺利实施下去，关系到企业跨国并购能否真正获得成功，也关系到并购后企业的经营业绩是否能够改善或者提高。而跨国文化整合成功与否取决于能否解决企业之间的文化冲突，并寻求一种适应企业的文化整合模式，以期在我国特殊的国情下顺利地实施跨文化的整合。将跨国文化整合作为跨国并购活动的关键因素进行研究，有利于我国企业在国际市场上进一步拓展和壮大。

吉利与沃尔沃完成并购之后作为一个团队，相互之间的沟通和理解是非常重要的，是解决双方矛盾冲突的有效手段，也是管理层文化整合的关键，此时具有健全的沟通机制和体制就显得尤为重要，能增强团体的凝聚力，增进彼此的信任和了解。

（一）识别并购企业双方的文化冲突

吉利集团的管理层想要解决双方并购后的文化冲突就要先正确识别企业的文化冲突。在识别文化冲突上，首先应从企业的表层文化开始，识别国家之间、民族之间文化的根本差异。然后，根据差异的程度对双方企业的内在文化进行分析和调整。当然企业越想深入分析就困难越多，这就需要吉利集团的管理层拥有足够的耐心和信心，并且与沃尔沃的员工建立有效的沟通模式，加强对沟通信息的处理和分析，最后达到对并购文化冲突的识别。这是解决企业冲突的关键步骤之一。

（二）实施有效的文化沟通途径

跨国并购面临的最直接的文化整合问题就是语言不同的问题，在并购中首先面临的是企业员工之间的沟通障碍。只有建立了有效的沟通方式才能够顺利消除部分沟通障碍。

1. 理解跨国文化沟通的特质

首先，沟通需要耐心和信心。其次，沟通是双方的、互相的行为。相比单方的沟通来说，双向沟通是一个提高效率的办法。因为沟通是连续的、相互的、动态的过程，沟通双方不仅要发送信息，还要接受信息。最后，沟通要注意环境和时间。在进行跨国并购的沟通时，由于不同的文化背景，跨国并购的主并方往往会特别重视沟通的环境和时间等要素，正是因为不同的民族文化背景才决定人们的不同兴趣和习惯，因此，注重这些要素才能提高沟通的效率。

2. 区分不同文化语境的含义差别

人与人之间的沟通主要依赖于语言的表达。但是，文化的差异会造成相同的语句在不同的语境下的不同含义。在低语境的环境下，双方之间的沟通简明扼要，即人通过交流希望能够直接获得语句的重点。而高语境的文化则是通过间接的环境信息和不明确的语言来进行交流。西方国家通过多语境进行交流。因此，企业并购整合在不同的语境文化背景下，容易产生冲突和摩擦，造成双方的误解。中国和瑞典就是高语境和低语境的结合。因此，在整合中就需要管理层能够准确地掌握双方交流的重点，让沃尔沃的员工明白和理解吉利所传达的信息，避免不必要的冲突和误解。

3. 掌握多种沟通技巧

第一，最基础也是最重要的一点是在沟通中应当尊重对方。只有充分尊重对方，才能在不同的文化背景下建立较好的人际关系。每个人都有自尊心，但是，在不同的文化背景下的人们所表达尊重的方式是不同的，想要对他国文化背景下的人表示尊重并且被对方认可其实是非常难的。表示尊重可以通过不同的方式来体现，比如说话的方式和身体语言等。

第二，沟通中应当学会倾听他人的想法和意见。有时候倾听往往比表达更重要。在跨国文化沟通上，倾听可以减少双方沟通中的误解，倾听所表示的尊重会积极地作用于信息传达的有效性和肢体语言交流的程度。

第三，换位思考。跨国并购是不同文化背景下的企业进行并购，因此，每个人都会以自己的文化背景为立场来吸收信息。学会换位思考即站在对方的角度思考问题，可以在一定程度上避免并购双方因沟通不畅产生的误解和冲突。换位思考还能够在言语上和行为上更加理解对方，增加沟通的效率和舒适度，从而使沟通效果达到最佳。

第四，忍受新环境的不确定性。参与跨国并购的双方都要面临一个全新的文化环境。新环境对员工来说是新鲜的、不确定的。因此，在处理问题和接受新信息的时候可能会碰到难以预料的情况，比如不理解对方的意思，会产生挫败感，不利于良好关系的形成。在面对新的文化环境的不确定性时要学会控制情绪，适应新的新环境。

第五，接受反馈。大部分的无效沟通都是由于误解对方传递过来的信息而产生的。因此，管理者如果敢于接受沟通中不顺畅的问题，就会采取措施从而减少误解的产生。问题的表达方式可以直接也可以间接，尽早面对问题可以使问题更好地解决。

4. 对员工实行跨国文化培训

跨国文化培训是实现跨国并购中文化融合的重要措施，不仅可以使人们适应不同背景的文化，而且可以促进双方员工之间的沟通和理解，使后续的沟通交流顺畅，减少因文化差异产生的冲突和误解。跨文化的培训主要包括三个方面的培训。首先是对文化知识的培训。吉利集团应当尊重沃尔沃所处国家的悠久历史文化背景，并且充分考虑到沃尔沃在其影响下成长的历程。了解和识别的过程可以通过多种方式共同进行，例如网络和书籍。其次是对员工进行文化适应能力的培训。员工在并购初期可能会很难在短时间内接受一个完全不同的企业文化，因此，可以开设吉利集团员工对他国文化的尊重和理解的课程，并且培养员工主动分析和学习他国文化的态度。

学习一定的文化技巧能够指导员工在了解和自身不同文化后自然地面对。这种技巧主要包括：为他人着想，理解他人的需求，体现出对他国文化的尊重和认同；在评判他国人的行为时学会换位思考；以积极的态度消除文化差异所带来的烦恼。

总之，在跨国并购整合过程中能否顺利解决双方的文化冲突是确定并购成功与否的重要因素之一。只有化解双方企业文化冲突，才能进一步形成新的共同的企业文化。这样一来，企业员工之间就能够团结合作，实现共同发展，利益共享，风险共担的状态。从而减少了冲突成本，对企业的生产经营也具有积极的影响。

五、结语

吉利“蛇吞象”的并购案例给予其他企业很多启示，企业在进行跨国并购时，应当注意做好以下几项工作。

1. 企业在并购前阶段做好全面的调查

传统的企业并购整合侧重对并购双方财务状况的分析和调查。为了能够更全面地实施并购重组，企业需要组建专门进行并购活动的团队，以期更好地完成企业并购目标以及分析工作，并且以此来更好地进行企业并购整合。在并购完成之前，并购专业团队应制订一个完善的计划，并且不断进行修正；在并购完成后，应尽快将目标公司的文化以及主并公司的文化与新的企业文化进行融合。

对于并购计划的制订和实现是在选择了目标并购对象，并且规避了并购风险之后，影响并购成败的关键因素。同时需要借助专业团队的力量，其中包括金融机构、法律机构、咨询公司、会计师事务所等，利用他们的优势，全面了解被并购方所在国的文化背景、经济形势和政策规定，以及目标公司的相关信息。这样可以消除不必要的阻力，实现并购的成功。

在跨国并购中，能否解决国与国之间的文化差异问题决定了跨国并购能否成功进行。了解主要并购企业所属国家的文化之后，有助于企业制定并购后的沟通方式，能够建立有效的管理团队来实施整合计划。把以前所做的文化调查结果与企业并购的整合战略和计划进行综合分析。如果分析后显示两个企业能够实现整合计划，那就可以并购，否则就放弃并购。

2. 跨文化培训是实现文化整合的基本手段

大部分的跨国公司都认为中国的管理层具有较强的分析能力，并且能够快速接受和掌握新的技术，但是却不懂得企业为何以既定的方式运作。因此，我国的管理层需要把解决问题、沟通技巧、思维创造和谈判技巧等列为应学习的重要技能。同时，主并企业应对并购双方的国家文化和企业文化进行一定程度的了解，这有助于加强双方的信任和理解，以便推动文化的整合。

跨国培训包括六个方面的内容：

第一点是对被并购方的民族文化和企业文化的了解和评估，主要通过开展研讨会、课程、语言培训、网站和模拟训练等方式展开和实施。跨国培训主要侧对不同国家的文化的认识、语言的学习以及如何进行跨文化的沟通，如何解决跨文化的冲突。这样可以缩小文化差异的距离，使员工尽快适应环境。

第二点是文化的敏感性培训。训练员工对当地文化的分析能力，搞清当地文化是如何决定人们行为，掌握当地文化的核心理念。良好的文化敏感培训可以使减少员工对新文化产生的失落感，使其更加自如的面对文化的冲击。

第三点是文化的适应性的训练。可以派遣部分的员工到目标公司的国家进行工作和生活体验，以此了解国外文化的背景，当然也可以让员工和来自不同文化背景的人进行沟通和合作，同样可以达到好的效果。

第四点是语言的培训。

第五点是跨文化沟通的培训。

第六点是关系建立。引导具有不同文化背景的员工建立工作和生活关系，使员工快速适应不同的文化。该类培训的目的是减轻被派遣的工作人员的压力和可能遇到的文化差异的障碍；另外，可以促使员工加强沟通和关系的构建；保持企业的信息能够快速的被员工所了解；增加团队的凝聚力。通过跨文化培训，企业员工能够提高其对文化的鉴别以及适应的能力，在拥有对同一种文化的共性了解的情况下，可以建立起一个统一的价值观。在文化整合方案实施的过程中，不断的修正原有的计划，以期得到大家的理解和认同。在许多并购案例中，由于并购双方没有达到一致的目标和愿景，而使得企业的并购最终以失败告终。

3. 选择适合企业双方的文化整合模式

文化差异的解决模式一般分为消亡、注入、隔离等。

消亡指将一种文化的地位凌越到其他文化之上。在这种方式下，这种文化的主导力决定了企业的决策能力和行动方向，而另一种文化背景下的员工对企业的影响微乎其微，这种模式多出现在主并企业的文化较为强势的情况下；

注入是指对双方的文化进行折中，对于有文化差异的部分就求同存异，以达到促进组织稳定的发展的状态；混合是指双方互相在并购文化中选取优秀的部分，舍弃糟粕的部分，在相互融合中促进组织的稳定和发展；

隔离是指在主并企业的文化差异较大，而采用彼此的文化保持独立，互不干扰的方式。通常情况下，并购双方都难以对对方的文化进行包容，因此为了避免更大的冲突，往往在财务上选择相互独立的措施来保障企业整体的和谐。

目前，我国的并购大多选择欧美的成熟的企业，并希望得到文化上的认同。但是，与国外的相比，中国企业的文化还不够成熟。因此，在并购后的文化整合中，我国企业在并购整合中应积极吸收对方企业的优秀的文化特点，从而实现更好的整合。

案例使用说明

一、教学目的与用途

1. 本案例的适用课程和对象

本案例主要适用于“国际商务”课程，也适用于“国际企业战略管理”“跨文化沟通”等相关课程。

2. 本案例的教学目的

本案例通过对吉利集团基本情况、对沃尔沃的收购案的分析，引导学生运用国际商务的理论方法及分析工具对案例中的收购案和企业文化融合进行深入分析，从而加深对于国际商务理论和分析框架的理解与运用。

二、启发思考题

1. 吉利集团是如何实现对沃尔沃的收购的？沃尔沃最后为何选择了吉利集团？
2. 吉利收购沃尔沃后面临什么问题？收购企业后如何进行文化融合？

三、分析思路

首先分析吉利集团的基本情况，是如何实现对沃尔沃的收购，又面临怎样的问题和挑战？吉利收购沃尔沃后存在什么样的风险，解决的具体措施有哪些？如何进行不同企业文化的融合？运用国际商务的理论和框架对收购案进行深入分析。

四、理论依据与分析

1. 对企业收购案进行分析。
2. 收购企业后企业文化融合和企业整合。

五、关键点

1. 吉利收购沃尔沃的过程。
2. 收购企业后存在的风险。
3. 收购企业后的文化融合。

六、建议课堂计划

1. 引入案例（10分钟）

教师可以通过多媒体，以图片、视频等形式，向同学简要介绍吉利集团对沃尔沃收购案的基本情况和特点。

2. 分组讨论（30 分钟）

将学生分为若干小组，对设立问题进行分析讨论。

3. 发表观点（30 分钟）

各组学生派出代表对问题进行回答，其他同学可以补充回答。

4. 案例点评（10 分钟）

针对同学们的回答情况予以点评，并对案例的关键点进行重新分析，

5. 案例总结（10 分钟）

总结案例，启发同学们对国际商务的更深入思考。

参考文献

[1] 孙巍，张笑晨．海外并购的模式比较及建议［J］．中国证券期货，2019（1）：67－71.

[2] 刘林．财务分析视角下的吉利收购沃尔沃案例探讨［J］．市场研究，2017（6）：62－63.

[3] 王金荣，项楠．上市公司并购融资实证研究——基于吉利并购沃尔沃的案例分析［J］．中国集体经济，2015（31）：94－95.

[4] 贺峥．浅析民营企业跨国并购的风险——以吉利收购沃尔沃为例［J］．中国商贸，2011（21）：214－215.

案例 3

中国工商银行并购南非标准银行案[*]

本案例以工商银行并购南非标准银行为例介绍了工商银行的海外并购战略，从并购背景、并购动机、并购风险、并购进程、并购绩效以及并购成功的原因等方面再现了整个并购过程。该案例启示了我国内资企业或银行在海外并购之前应该综合考虑自身实力、行业背景、政策支持以及目标情况等因素，要具备战略的眼光进行并购战略决策。

* 本案例由中央财经大学国际经济与贸易学院孙志贤、齐俊清撰写。

案例正文

中国工商银行自承接国家政策建立以来，高度重视发展战略的制定与执行，坚持以战略指导业务发展。如今，其资产总额位于国内银行业之首，不仅在国内同业中保持了综合竞争优势地位，其国际化程度、综合化发展也不断实现新突破，跨境跨市场服务能力不断增强，竞争力明显提升，主要竞争指标跻身国际先进银行之列，在 Brand Finance 发布的 2019 全球银行品牌 500 强中排名首位，市场影响力不断增强。中国工商银行的国际化发展战略对于国内其他银行顺应经济全球化发展具有重要的借鉴意义。

一、背景介绍

（一）中国工商银行海外并购的整体情况

中国工商银行起源于 1978 年的改革开放政策。1984 年 1 月，中国工商银行（以下简称“工行”）成立，2005 年 10 月，工行整体改制为股份有限公司，2006 年 10 月，成功在上交所和香港联交所同日挂牌上市。目前工行经营板块主要包括公司金融业务，个人金融业务，资产管理业务，金融市场业务，互联网金融，渠道建设与服务提升，国际化、综合化经营，信息科技板块，风险管理板块等。曾连续七年蝉联英国《银行家》全球银行 1000 强、美国《福布斯》全球企业 2000 强及美国《财富》500 强商业银行榜首，并连续四年位列英国 Brand Finance 全球银行品牌价值 500 强榜单榜首。在海外拓展方面，截至 2019 年年末，工行在 48 个国家和地区建立了 428 家机构，通过参股标准银行集团间接覆盖非洲 20 个国家，与 143 个国家和地区、1445 家境外银行建立了代理行关系，服务网络覆盖六大洲和全球重要国际金融中心，其中，工行在“一带一路”沿线 21 个国家和地区拥有 129 家分支和机构。

中资银行国际化有两条路径：一是以中行为代表的申设分支机构方式，工行早期便是如此，在新加坡、日本、美国、德国等以建立办事处的方式进入当地市场，而后视实际情况升格为分行；二是申设分支机构与海外兼并收购并举，工行是这一方式的主要践行者。工商银行是我国商业银行中海外并购数量最多、单个并购项目规模最大的银行，自 1998 年到 2015 年共完成 13 例海外并购。

（二）南非标准银行简介

1962 年，标准银行在南非注册成立，但当时是作为英国标准银行在南非的分支机构在运营。1969 年，标准银行集团成立，成为南非标准银行的控股股东。当年南非标准银行与渣打银行合并，成立了标准渣打银行。1987 年，渣打银行把持有的 39% 的股份出让，自此南非标准银行开始独立运作。自 1998 年以来，南非标准银行不断实施并购战略，通过广泛收购非洲商业银行和不断建立新的分支机构，在非洲建立起一个复杂的金融网络。从那时起，标准银行市场份额迅速增长，逐渐成为非洲最大的商业银行。后来经过多次并购，经营业务不再局限于阿根廷等发展中国家，而且在发达国家如欧洲，美国也设立有数百家分支机构。南非标准银行在约翰内斯堡证券交易所和纳米比亚证券交易所上市，上市后，资产规模和总利润在非洲银行业中排名第一。

二、并购动机

（一）拓展工行在南非的业务范围

南非标准银行拥有多元化业务结构、完善的网络体系、充足的投资经验，工行收购南非标准银行是中国与非洲两地最有实力的两家银行的携手合作，有利于双方充分利用彼此的客户资源，优势互补，发挥协同效应。工行通过此次收购可以促进自身实现资源的全球化配置，利用新兴市场为桥梁，推进全球范围发展。

（二）优化资金配置

作为金融机构的商业银行仍然以追逐利润为主要目标，所以合理规划资金投放，使之产生更多的收益也是情有可原，因此工商银行并购标准银行也是出于此目的。到了 21 世纪，工商银行的存款总额继续增加。近年来，各类贷款稳步增长，贷款风险防控体系不断完善。中国工商银行有足够的资金，因此向标准银行合理投资是提高资金流动效率的有效措施。

（三）创新新兴业务模式

由于我国政策限制，商业银行多采用分业经营的模式，分业经营即专业化经营，指一国之内的商业银行只能经营比较传统的存款、贷款、结算和汇兑等业务，不能经营与证券、保险或者是信托行业有关的业务，不允许跨业经营。这种方法固然资金安全性得到保障，经营风险降低，但这也是以牺牲收益为代价换取来的。南非标准银行采用的是不同于工商银行的混业经营模式，可以经营与证券、保险以及信托等有关的业务，为客户提供比较全面的金融服务，工行另辟蹊径并购南非标准银行，避开政策管束的同时，又能够促进自身多元化混业经营的发展，学习其产品创新经验，提供差异化产品，创造新的利润点，为成为世界级银行而努力。

（四）跟随国内企业“走出去”步伐

随着中国增强与非洲的合作，许多国内企业都选择到非洲进行投资，工行的企业客户资源里有许多都到非洲谋求发展，为了便于向国内企业“走出去”以及为中非建设项目提供金融服务，坚持服务客户的原则，工行决定采用并购目标地域的本地银行的策略迅速入驻非洲市场，这也是形成这次并购发生的直接因素。

三、并购实施方式及进程

工商银行收购标准银行股权的实施方式包括：（1）标准银行向工商银行定向发行相当于扩大后股本总数10%的新股，发行价格为每股104.58南非兰特；（2）工商银行按比例向标准银行现有股东协议收购相当于扩大后股本总数10%的股份，收购价格为每股136南非兰特，两种方式互为前提条件。交易实施后，工商银行将拥有标准银行届时股本总数的20%。

在2007年10月25日，工行发布正式宣告要并购南非标准银行，工行准备出资54.6亿美元完成购买南非标准银行20%的股份，以最大股东身份正式加入南非标准银行。整个收购从提出到结束历时不到半年，两家银行管理层在2005年时就已经对于此次并购有初步计划；在2007年6月的一次国际银行会议上，双方战略合作的概念在之前基础上初步落实。两队随后就合作核心条款进行一系列讨论，并初步完成了战略合作协议，经过一系列正常并购流程后双方最终在2008年3月3日完成股权交接，并购正式完成。

四、并购风险

（一）政治风险

无论企业还是银行，海外并购的过程中政治风险都是绝对不容忽视的。实际上，每个国家的金融业和企业在海外并购过程中都有可能会受到当地政府的政治抵制，这种政治抵制是基于保护本国金融市场的安全和稳定的考虑。因此一旦有国外机构并购本地企业或银行，他们会通过严格地审批、不断加价等方式来加大并购难度。由于政治风险在海外并购案例中非常常见，工行在并购南非标准银行时也应该对于政治风险这一方面充分调研。

（二）法律风险

法律风险是影响并购成败的重要因素之一。例如许多国家制定有一套非常严格的反托拉斯法，并相对应的设立专门的管理机构，还有证券法以及州立法等多种法令的管束。这些金融壁垒很可能给外资银行并购带来种种限制，增大并购成本或者产生一些违规罚款或巨额保障金等，并购风险巨大。同样，南非国内的法律规定外资银行持股比例上限不得超过20.5%，所以此次工行的并购项目只获得了南非标准银行20%的股份，成为其第一大股东，虽然不能达到对南非标准银行的完全控制，但相比其他法律限制来说，工行的此次收购由于法律风险导致的额外成本较小。而工商银行收购泰国ACL银行的交易就曾因当地“新商法”而受阻，当时泰国政府正在制定而尚未出台的“新商法”，这是一部正在制定而尚未出台的、规范外国人在泰国从事商业经营活动行为的法律，其中涉及类似工行外资银行并购中持股上限问题，这不得不使工行暂缓收购泰国银行的一系列计划。

（三）信息不对称风险

信息不对称风险是指银行在全球化布局之前，对影响其在当地经营的各方面信息掌握不足或者有错。首先，如果并购方银行在并购前未能仔细地调查目标银行，对他们的实际经营状况、管理能力、现有资金规模、负债数目、运营情况等没有深入了解就急于收购，这存在巨大的财务隐患，有可能导致最终并购失败；其次，如果对当地法规政策、风俗习惯、地理位置等客观因素调查不够深入也会导致目标银行信息不实的问题，从而导致并购方银行和目标银行之间的信息不对称的产生。

（四）并购后的整合风险

商业银行在海外并购之后的整合行为至关重要。然而并购活动并不简单，它不仅仅是简单地扩大规模，而是想实现利润翻倍，不断增加收益。这就要求并购方银行在第一时间进行并购后的整合行动，包括客户与业务整合，人员整合、文化整合、组织架构整合等，任何一方面的整合都不容小觑，稍有不善，都有可能导致并购后银行经营业绩不断下滑，最终并购活动失败。因此，并购方银行要储备足够的优秀人才应对这一整合带来的方方面面的问题。

五、并购后的双方合作项目

自2008年以来，中国工商银行投资55亿美元收购南非标准银行20%的股权，成为后者的第一大股东。从那时起，两家银行联手为中国和非洲企业提供金融支持和服务。表3－1显示了自2008年至今双方银行在诸多领域完成或进行中的项目。

表3－1　　中国工商银行与南非标准银行的合作项目

时间	项目
2008	工商银行和标准银行专门成立了战略合作委员会，将在包括贸易融资、国际结算、投资基金、大宗商品、全球市场、投资银行等方面开展深度合作
2009	工商银行与标准银行共开展合作项目65个，其中已完成项目9个；中国电工设备总公司作为该项目发电部分的总承包商，将为其提供9.7亿美元的电力设备出口。此项目是至今非洲最大的电力项目
2010	合作与中铁集团签约为非洲铁路及基础设施项目提供融资便利；为总金额为18亿美元的中国国家电网并购巴西第七大电网公司的项目提供融资和咨询服务
2011	合作为津巴布韦、尼日利亚、加纳等多国项目提供服务，累计为基础设施项目融资超50亿美元；南非标准银行同意将阿根廷标准银行80%股份转让给工行；工商银行在非洲成立第一个代表处；合作为中投公司收购南非煤矿投资公司山杜卡25%股权以及金川公司竞购南非铜矿 Metrox 提供服务
2012	持续推进为中国和非洲之间的贸易和投资项目进行合作，工商银行协议在标准银行 IT 系统方面进行合作
2013	在公司业务、现金管理、贵金融等多个领域累计合作了143个项目，签约了总金额数约为111亿美元的非洲融资协议
2014	两边保持互利共赢的合作精神，在公司与投行、国际清算结算、贵金属等多领域继续保持良好的合作状态
2015	双方共同签订了《关于推进全面战略合作伙伴关系的五年行动纲要》，意味着双方的合作进入了一个新的台阶
2016	工行持续推动标银打造专职的中资客户营销团队，目前标准银行已在15个非洲国家为中资客户配备了专职华人客户经理，设立非洲首家“中国非洲银行业务中心”
2017	双方还启动了员工交流项目。首批交流人员29人，基本涵盖了两行的前、中、后台部门，推动了风险模型验证、非洲国别开发等7大合作项目的落地
2018	共同响应联合国环境规划署金融倡议组织（UNEP FI）号召，在南非约翰内斯堡与来自世界各地的26家银行共同参与制定《责任银行原则》。该倡议旨在为银行提供清晰和明确的指引，将可持续发展理念融入银行业务

六、并购绩效

（一）盈利能力

由图3-1我们可以看出，南非标准银行的三个盈利能力指标ROE、ROA、PM在2006—2017年有相同变化的趋势。2006—2009年下降幅度较大，股权收益率（ROE）从31.25%下降到19.66%，资产收益率（ROA）从1.48%下降到0.84%，利润率从29.06%下降至10.59%，表明在并购后受到2008年金融危机的影响，标准银行的总资产大幅缩水。但是从2009年之后，总资产开始逐步回升，截至2017年总资产从14928.29亿兰特上涨至20279.38亿兰特，翻了将近一倍。数据内容表明这次并购取得了一定的成效，盈利能力上升。从图3-2的趋势变化可以得出，2009—2012年的利润率呈上升趋势，说明并购之后的标准银行得到工行大量现金支持，短期内提升自身实力，使经营业绩改善；随后到2013年和2016年均有所回落，是因为标准银行的两家子公司在前一年被工商银行并购，标准银行内部业务结构调整使利润率下降，但是之后都通过合理规划成本等使收益率逐年上升。

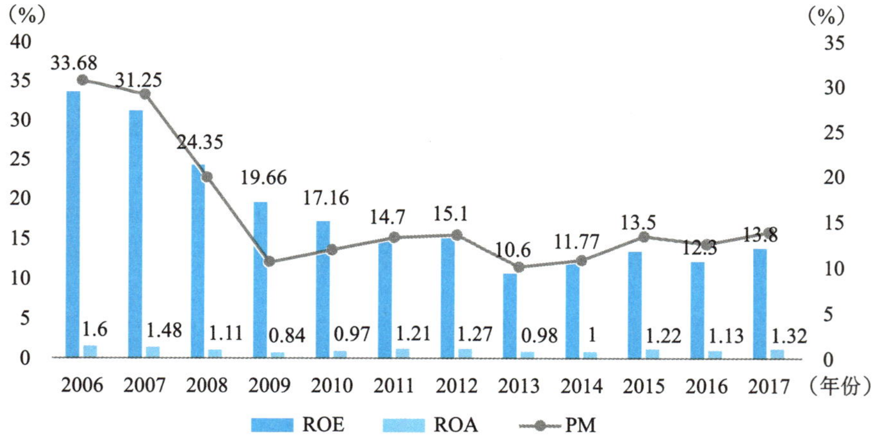

图3-1　南非标准银行2006—2007年盈利能力分析

（二）偿债能力

银行作为企业的一种特殊形式，经营目标就是追逐利润最大化，而EM（权益乘数）就是衡量银行盈利能力的指标之一。它的数值越小表明企业负债比率越小，资金储备越充足和预防风险能力越强。我们可以看到2008年并购发生后标准银行负债比率也在逐年下降，EM 也在逐年下降，说明银行的自由资金充足，偿债能力增强，应对风险的能力也在逐年增强。

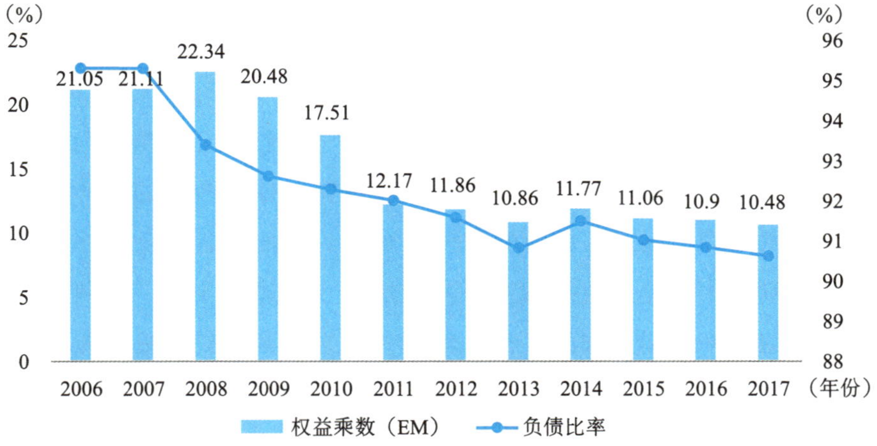

图 3－2　南非标准银行 2006—2017 年偿债能力分析

（三）营运成长能力

从图 3－3 可以看出，南非标准银行的总资产增长率基本呈 V 字结构，在并购后一年到达谷底，随后上升，同时利润增长率并购前出现负增长，并购后一年增幅明显，资产周转率仍保持稳健发展。同时数据显示出，资产周转率（AU）几乎一直都是上升趋势，说明业务效率一直在提升，并提升了标准银行资金运作效率，增加了其价值。综上所述，并购后增强了南非标准银行的资产规模，银行资金得到有效利用，营运能力得到显著提升，应对危机能力也增强。

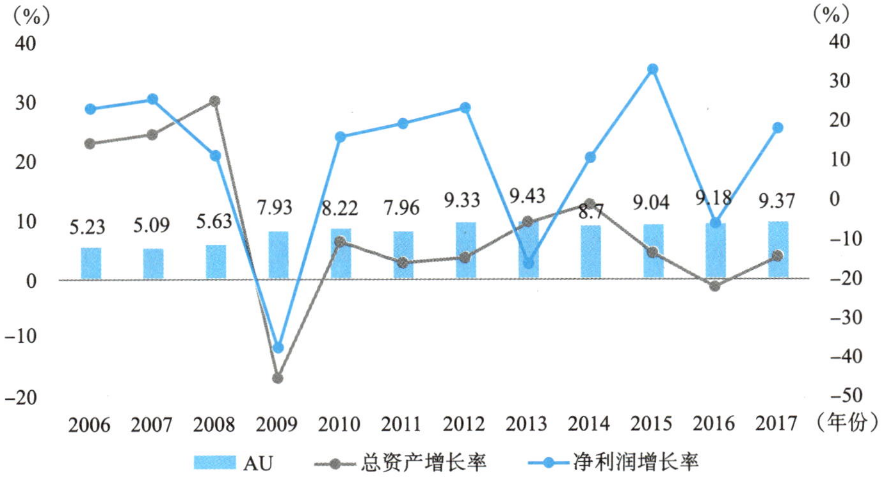

图 3－3　南非标准银行 2008—2012 年运营能力分析

七、并购成功的原因

（一）此次并购对于并购双方符合双方共同的利益

中国工商银行收购南非标准银行20%股份，双方有意建立互惠互利的长期战略合作伙伴关系通过战略合作，工商银行将进一步优化在全球范围内的资产配置，进而为客户提供更优质的跨国金融服务，为股东创造更高的价值。这一合作符合双方共同的经济利益，也有助于中非经贸关系的进一步发展，在通过多业务、宽领域、全方位的深度合作，最大限度地利用双方的互补优势，为双方的客户提供更优质、更全面的金融服务，给双方带来最大的协同效应和价值提升，双方还可以携手在增长前景良好的其他国家拓展业务，扩展盈利空间。

（二）资金流动性强

2006年，工行完成了股份制改革，作为国有商业银行在21世纪，工商银行的存款总额持续增加，各类贷款稳步增长，贷款风险防控体系不断完善。中国工商银行有足够的资金，因此向标准银行合理投资是提高资金流动效率的有效措施。

（三）做到了详尽调研，规避风险，抓准了并购时机

工行在实施并购计划时，并没有盲目选择并购企业，而是综合考虑了可选对象的具体市场条件，首先对该银行的营业情况进行摸底，查清其分支机构，分析并购该银行的优势和劣势。在有一个大致的判断之后，工行又借助专业的评估机构来帮助其进行可行性分析，包括公司财务情况、公司的客户群体等，明确并购可能的风险以及未来的方向，因此保证了工商银行能够正常开展并购并取得丰厚的收益。

同时，工商银行抓住了次贷危机这个欧美经济低迷的时期，当时欧美国家的很多银行陷入危机，我国商业银行受到波及较小，对我国商业银行来说正是走出去的好机会，而工商银行在2008—2011年三年的时间里并购了加拿大东亚银行、南非标准银行、美国东亚银行、泰国ACL银行、阿根廷标准银行等，同时悉尼分行、纽约分行、工银中东、多哈分行、越南河内分行、法国巴黎、荷兰阿姆斯特丹、意大利米兰、西班牙马德里、巴基斯坦卡拉奇分行和伊斯兰堡分行、印度孟买分行等一众分行陆续建立并营业。2015年在“一带一路”被提上议程之际，工商银行抓紧与土耳其银行合作并成功收购，保证了其分行机构的顺利运营开展。可见，不仅收购南非标准银行股权

这一个项目，工行的每一个并购项目都十分注重并购时机。

（四）中国工商银行自身实力雄厚，具有品牌优势

中国银行业协会发布的“2019 中国银行业 100 强榜单（以核心一级资本净额排序）”中，中国工商银行排名第一，核心一级资本净额达到 22320.33 亿元，比位居第二名的中国建设银行多出 3246.43 亿元，此外在资产规模和净利润方面均位居榜首。2019 世界银行排名中，中国工商银行以品牌价值 478.32 亿美元位居跃居榜首，并连续四年位居榜首。我国工商银行已经具备非常雄厚的资产实力和品牌实力，这直接推动了工商银行品牌的飞速发展。2018 年国内 100 家上榜银行企业品牌价值的增速已经达到了 25 个百分点，远远高于美国同产业的品牌价值增长速度，尤其是工商银行，这一数值更是高达 32 个百分点。这一巨大飞跃也吸引了英国《银行家》杂志对其进行报道，报道指出，产生这一提升的最主要原因是工商银行及时抓住“走出国门”的机遇，通过选择合适的地区并购海外银行来获取高收益，该银行也逐渐获得全球行业的关注和认可。

（五）中国工商银行持续推进金融科技创新，走在世界前沿

工行在金融科技方面强化顶层设计，制定金融科技发展规划，快速推动智慧银行战略转型，成立工银科技有限公司、金融科技研究院，构建“一部、三中心、一公司、一研究院”金融科技新布局，实施科技创新研发机制变革，进一步提升研发效率和研发质量，秉持培育复合型金融科技人才和领军人物的理念，多元化强化金融科技队伍建设。发布智慧银行生态系统 ECOS，以新科技构建新生态，赋能全行业务转型发展。2019 年年末，本行累计专利公开量 615 项。2019 年度获得专利授权 54 项，累计获得专利授权 603 项，居银行业第一。

在互联网金融方面，2019 年，网络金融交易额 633.05 万亿元。融 e 联、融 e 行、融 e 购三平台不断进行服务升级。2019 年年末，融 e 行网络银行客户 3.61 亿户，客户规模、客户黏性和活跃程度持续行业领先。融 e 购用户 1.46 亿户，融 e 联注册用户 1.67 亿户，同时，企业手机银行动户数 205 万户，活跃度同业第一。

在“智慧银行”建设方面，工商银行建立了互联网、大数据、人工智能、区块链等“七大创新实验室”，加大对新兴科技创新领域的资金和人才投入。目前互联网金融、大数据、云计算等领域已进行企业级应用，区块链、人工智能、物联网、生物识别等也已开展应用，2017 年成功推出智能投顾“AI 投”服务，同时加快网点智能化改造。

工行金融科技的快速发展，为其国际化发展的成功打下了良好基础。

（六）坚持战略导向

工行的国际化发展不以财务投资作为主要目的，而是从自身的国际化和综合化战略大局出发，有针对性地选择发展方式、地理区域、并购模式和对象，通过适度的区域扩张和合理的资源调配，充分发挥系统性协同效应，适时加快海外扩张的步伐。这启示其他商业银行在进行跨国投资时要具有战略性眼光。

（七）坚持“跟随客户”原则

工行在全球化布局之初，目标区域选择上并非聚焦于不是那些欧美金融中心等大城市，而是在跟随客户“走出去”的前提下，积极寻找与中国有密切经贸往来的新兴市场。工行在国外的企业客户中，中国的跨国企业，如中石油、中海油、华为、中兴等占有重要的地位。这种战略比较适合刚刚开始推进国际化的中资银行，在缺乏跨国经营管理银行业务的经验和人才时，坚持“跟随客户”原则能够在一定程度上保证海外扩张的稳健性和风险可控性。

（八）实行完善有序的并购后整合工作

一项并购项目的成功不仅仅依赖于并购之前的详尽调查，更有赖于并购之后的管理整合。统计发现，“财富500强”中，74%的公司由于并购后整合失败，在并购5年之后又重新剥离并购目标，可见合理整合的重要性。由于工行只收购了南非标准银行20%的股份，并没有获得管理权，所以并不涉及并购后的整合工作。但除此之外，工行其他并购项目都已获得管理权和业务权。所以本小节以工行并购土耳其银行为例，土耳其地跨欧亚大陆，是“一带一路”的重要节点，2015年工商银行并购的是土耳其当地一家中小型商业银行，2018年，该行在当地获评土耳其唯一“年度国际银行”和“最佳投资银行”；被母行授予“优秀境外机构转型发展奖”，并获得“并购整合的典范”“文化融合的名片”等高度评价。通过“解剖麻雀”为其他中资商业银行跨境并购整合提供实践经验和规律总结。

首先，改革优化公司治理。工行对土耳其银行进行了战略转型，根据当地市场定位，形成“立足本地、辐射周边、联通欧亚”的发展思路，进而立足于集团网络，将目标客户从中小企业调整为“大客户、大同业、大项目”，并对原有信贷结构做战略性调整。在组织再造方面，为保证顺利交接和业务延续，在第一个三年内，该行保留了前身全部分行和总部内设部门，并根据转型发展的需要通过增设、重组，最终形成四大法人营销部门和一个个人营销部门，业务拓展能力大幅增强，随着业务发展，又设立项目融资审批部和信贷与投资管理部。在机制改革方面，建立董事和中土管理层成员共同构成的管理委员会，对重大事项进行集体讨论决策；营销环节实行公司客户分层营销，总部各前台部门直接营销服务大客户，引入部门间的适度竞争；审批环节，建立信贷集体审议机制，集合专家智慧。在贷后管理环节，成立专户清收小组，加强潜在风险化解。

其次，整合提升人力资源。整合伊始阶段，工银土耳其保留了原有800多人的当地员工队伍，从母行仅选聘了36名外派员工。为促进团队整合，外派员工除高管外全部编入各职能部门，在各个层级的岗位上发挥业务骨干、培训教练、沟通桥梁作用。随后逐步从当地市场“引智”，延揽特定专业人才，提高团队整体业务水平。在员工考评方法方面，建立业绩导向的考评体系，并打通内部晋升通道，促进本地员工有序流动，形成一潭活水。在薪酬分配方面，提高绩效收入的占比，强调“多劳多得”进一步调动本地员工的主动性，新体系下，员工的职业发展空间得到有效拓展，劳动积极性进一步提高。

再次，促进企业内文化交流融合。经营理念是企业文化的重要组成部分；理念的统一依赖于对每一个具体的经营议题的讨论、解释。为此，工银土耳其充分发挥各专业委员会职能，促进员工的讨论沟通，保障决策的合理和可行。在企业文化整合方面，充分尊重土耳其的文化习俗，从而为文化融合创造了有利条件。另外，该行也向本地员工积极传播中国文化。例如在工银土耳其设立图书室和中国书架，组织多批次当地员工参加母行的全球雇员培训，支持当地员工直接与母行或集团内兄弟机构开展业务沟通，努力增强当地员工在工商银行的归属感和主人翁意识。

最后，集团网络业务协同。工银土耳其自成立之初就积极践行集团“一体化”发展策略，通过与兄弟机构合作，联合提供综合化、高效率的金融服务，有效克服了自身劣势，同时也为兄弟机构提供了重要业务机会。在管理方面，以信贷业务为例，工银土耳其按照母行的要求，分三年“三步走”实现跨境关联法人客户纳入集团统一授信管理，从而在最大程度上融入母行的信用风险控制机制，有力地保证了该行的稳健发展。

八、结语

从工商银行并购南非标准银行的双方的经营成果来看，此次并购十分成功，工行借助标准银行进入了新兴国家市场，标准银行获得充足资金支持，保持了非洲银行届霸主的地位。工行的海外并购对于我国商业银行走出国门进行海外并购活动有以下几个层面的启示。

（一）提升自身的品牌影响力

商业银行在并购之前应该重视提升自身的品牌优势，在确定品牌核心价值时需遵循以下原则：一是客户价值原则；二是独特性原则；三是持续性原则，银行所有运营、系统、服务都将围绕品牌的核心价值展开，与核心价值保持高度一致。只有拥有自己的品牌优势，我国商业银行才能在国际化道路上受到重视，减小国际化的阻力，提高国际化的成功率。

（二）紧跟时代步伐，重视金融科技创新

工行金融科技的快速发展，为其国际化发展的成功打下了良好基础。金融的科技化是基本趋势，其促进我国金融行业发展进入一个全新的时代，2017 年，中国人民银行成立金融科技委员会，旨在加强金融科技工作的研究规划和统筹协调。金融科技是技术驱动的金融创新，为金融发展注入了新的活力，这启示其他商业银行和金融机构应加大力度进行金融科技创新应对互联网金融、第三方支付带来的问题。我国政府也提出“三步走”战略目标，致力建设创新型国家，金融科技创新带来的收益和成本的节省是巨大的，也是未来银行应该重点发展的方向。

（三）合理选择并购区域，重视“跟随客户”原则

工行在进行海外并购初期并非首选非洲作为并购区域，而是选择首先进入港澳地区，就是因为港澳地区是我国特别行政区，且地理位置处于中国关境外但距离大陆很近，文化隔阂小，而且之前由于被发达国家殖民，所以港澳地区银行也具有先进的管理经验和业务水平，在积累了并购经验之后进而进击东南亚国家市场，紧接才是由于非洲、中东等资源丰富、还鼓励外商资本进来投资的新兴国家，最后其海外并购业务步伐才迈入发达国家。这对我国商业银行的海外并购路径选择的启示在于，当银行本身实力不够强大又想参与银行业的国际分工时，在海外并购初期阶段，首先可选择港澳和东南亚地区作为突破口，积累并购成功经验，然后坚持“跟随客户”原则，近几年中国与非洲经济往来越来越密切，且非洲新兴经济体拥有极大发展潜力并且往往自身资源都很丰富，中国商业银行能从积极推行对外经济政策中获利。最后，再稳步扩大欧美发达国家市场，不仅拓展了市场，还能利用其先进的经营理念、管理方式提升自身实力。

（四）谨慎选择并购目标，并购之前详尽调研

工行收购时选择的大多数金融机构规模相对较小，大多数都是本地银行，且在目标市场并购对象的选择是有所考量的，首先，它大多数是当地经营规模居于前列的优质银行，在当地的影响力较工商银行大得多；其次，若工行是初次进入此市场，并没有设立分支机构，对于并购目标会考量其规模是否适度、经营是否稳定等问题，根据自身定位选择规模适中、经营稳健的企业。

因此给予国内商业银行甄选并购目标的启示就是，应该选择收购那些能够与自身业务产生协同作用的企业，有助于实现多元化经营目标，提高银行的经营绩效。此外并购活动实施之前要详细调研，包括目标公司雄厚的财务实力；目标公司相当规模的业务渠道和能力出众的营销团队；目标公司与我国商业银行是否存在互补性，互补的两家银行可以更好地实现并购的协同效应；目标公司是否有较强盈利能力，如果其他商业银行像工行一样使用现金收购，可能会导致并购后流动资金不足，若并购对象的盈利能力不足会降低并购后的绩效，不利于银行未来发展，因此考察目标公司的盈利能力也必不可少；调研并购对象所在国家和地区的政治制度和文化背景，评估文化壁垒风险和政策管制风险等。

（五）重视并购后的各方面整合工作

工行并购南非标准银行并未取得管理权，所以不涉及整合工作，但是工行其他并购案例的整合工作十分有序和有效率，这不仅需要公司的战略目标和管理模式统一，也需要在文化和组织架构等方面的整合，文化整合成功的企业员工的归属感、主动性和效率会很高。总之，双方企业要秉承和谐共赢的理念共同发展，使两个不同公司你中有我，我中有你，共同进步，更好地发挥整合后的协同作用。

案例使用说明

一、教学目的与用途

1. 本案例的适用课程

本案例主要适用于“国际商务”课程，也适用于“国际企业战略管理”“跨文化沟通”等相关课程。

2. 本案例的教学目标

本案例详细介绍了中国工商银行的海外并购战略，并以工行并购南非标准银行为例，从并购背景、并购动机、并购风险、并购进程、并购绩效以及并购成功的原因等方面深刻再现了整个并购过程，意在通过具体案例启发学生思考内资企业或银行在海外并购的过程中应该综合考虑的风险、战略、管理等因素，要认识到海外并购是一项复杂且庞大的商务活动，并购前要做充足的调研，并购后更要重视整合与管理工作，培养学生全面思考问题的能力以及战略的眼光。

二、启发思考题

1. 你如何理解工商银行的海外并购大部分是控股权和管理权收购?
2. 工商银行在并购南非标准银行的动机是什么?
3. 工商银行在并购南非标准银行之前面临哪些风险?
4. 如何评价工商银行并购南非标准银行这项商务活动的绩效?
5. 分析工商银行并购南非标准银行成功的原因。
6. 试分析工商银行海外并购策略的战略眼光。

三、分析思路

首先了解工商银行发展的历程以及其海外并购的战略布局，进而分析工商银行并购南非标准银行的行业背景以及并购动机，南非标准银行当时是整个非洲最大银行，针对其特殊性了解工商银行并购南非标准银行具体方式。然后从并购风险、并购进程、并购绩效以及并购成功的原因等方面整体把握工商银行此次并购活动，最后整体思考和把握工商银行海外并购的战略眼光。

四、理论依据与分析

1. 将工商银行并购南非标准银行视为一个企业战略性国际化发展的过程。

2. 从政治、经济和文化等方面考虑和分析工商银行并购南非标准银行可能会面临的风险。

3. 从盈利能力、偿债能力和营运成长能力等方面分析并购绩效。

4. 从地理区域选择、并购模式、并购对象挑选、自身发展定位规划等方面分析工商银行海外并购的战略眼光。

五、关键点

1. 工商银行发展的历程和海外并购的特点。
2. 工商银行并购南非标准银行的背景。
3. 工商银行并购南非标准银行的动机、风险、进程、绩效以及成功的原因。
4. 工商银行海外并购的战略眼光。

六、建议课堂计划

1. 引入案例（10分钟）

教师通过多媒体，以图片、视频等形式，向学生简要介绍工商银行的发展历程，以及其13例海外并购案例。

2. 角色扮演（10分钟）

将学生分为若干小组，分别扮演工商银行行长、工商银行国际化部门领导、南非标准银行负责对外部门领导、工商银行其他岗位员工等角色。

3. 分组讨论（20分钟）

各组针对启发思考题进行讨论，将小组讨论结果进行总结以方便阐述。

4. 分组阐述（30分钟）

各组对组内讨论结果进行阐述。

5. 案例点评（20分钟）

针对学生分组讨论的情况予以点评，并对案例的关键点进行重点分析。

6. 案例总结（10分钟）

总结案例，启发学生对企业战略性国际化发展更深入全面的思考。

参考文献

[1] 张嘉桐. 中国工商银行国际化问题研究［D］. 黑龙江大学，2015.

[2] 王俊. 中资商业银行国际化路径研究——以中国工商银行为例［J］. 华北金融，2012（3）：35-38.

[3] 彭建刚. 利率市场化导致商业银行利差缩窄吗——来自中国银行业的经验证

据．金融研究．2017

［4］张珂．中资商业银行跨境并购整合之道——以中国工商银行（土耳其）股份有限公司为例［J］．中国城市金融，2019（9）：50－52.

［5］刘文斌．中国工商银行国际化经营策略研究［D］．山东大学，2013.

［6］陈凤．商业银行海外并购的案例分析［D］．河北大学，2018.

［7］焦婕．中国工商银行国际化发展研究［D］．河北大学，2014.

［8］陈玲．中国工商银行跨国并购案例研究［D］．江西财经大学，2016.

第二部分

企业国际供应链管理

案例 4

电子制造服务巨头鸿海集团全球供应链整合方案*

鸿海集团最初由一家生产塑料制品的小厂，成长为全球 EMS 巨头，背后重要支撑力量之一便是其用于整合全球供应链的 eCMMS 模式。面对全球代工市场的激烈竞争，鸿海集团通过 eCMMS 模式将零组件、模块、动态响应机制、服务以及信息流几个维度有机结合，从而达到根据下游需求迅速整合全球资源、快速响应市场以制造新产品、进而实现量产的效果。本文重点关注鸿海集团如何结合自身禀赋及发展目标，以客户需求为导向搭建独特的全球供应链管理模式，从而为制造业企业通过供应链管理将外部资源内化提供思路。

---

* 本案例由中央财经大学国际经济与贸易学院孙志贤、闫圣新撰写。

案例正文

鸿海集团从最初的代工发展至今，成为世界电子制造服务巨头。可以说，其独创的 eCMMS（e-Component Module Move & Service）模式，即零组件模块化快速出货服务模式，是助力鸿海集团实现辉煌成就的第一要素。鸿海通过其特有的供应链干预模式来整合全世界各地的优良资源，使某一区位所特有的资源充斥于整个体系之中，从而增强供应链整体的竞争力，为下游客户提供更加优质和快速的产品及服务。

一、背景介绍

鸿海科技集团简介

1. 集团基本情况

鸿海科技集团成立于 1974 年，创始人为郭台铭，是全球最大的电子制造服务集团，也是台湾地区最大的企业。其中，富士康（Foxconn）是鸿海旗下代工品牌，承接台湾以外的代工订单。鸿海科技集团是全球 3C（电脑、通信、消费性电子）代工领域规模最大、成长最快、评价最高的国际集团，集团旗下公司不仅于台湾、香港、伦敦等证券交易所挂牌交易，更囊括当前台湾最大的企业、捷克前三大出口商、大中华地区最大出口商、福布斯及财富全球五百大企业，及全球 3C 代工服务领域龙头等头衔。

鸿海集团以“两地研发（Time to market）、三区设计制造（Time to volume）、全球组装交货（Time to money）”作为集团布局策略，并创造出“IIDM-SM”（整合、创新、设计、制造、销售、行销）整体解决方案的 3C 电子商业服务模式。长期来看，鸿海集团资产规模及营业收入规模呈波动上升趋势，至 2019 年鸿海集团实现营业收入人民币 12438 亿元（见图 4-1）。此外，集团还获得《财富》杂志评比为全球百大企业第 23 名，《福布斯》2018 年全球 2000 大企业中名列第 105 名，并分别名列“顶尖跨国企业榜”第 8 名、“全球最佳企业雇主榜”第 215 名（见表 4-1）。

作为科技服务的领先者，近年来鸿海集团积极运用“硬软整合、实虚结合”，深度布局“云、移、物、大、智、网+机器人”，掌握工业互联网产业 DT（Data Tech）、AT（Analytics Tech）、PT（Platform Tech）、OT（Operations Tech）四大关键技术，投资并充分利用鸿海集团在云计算，移动设备、物联网、大数据、人工智能、网络、机器人及自动化方面的专业知识。全力构建“8K+5G”生态系统，应用在八大生活领域，

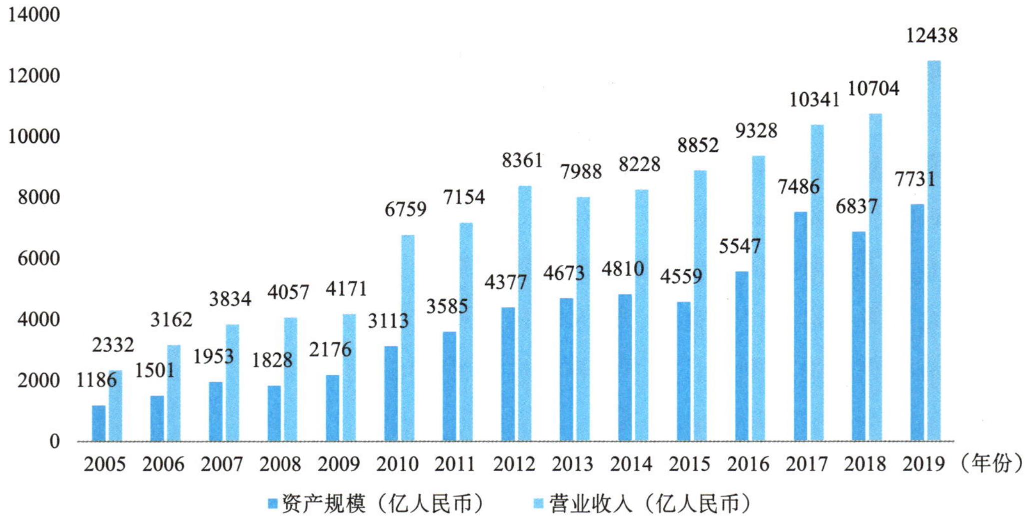

图 4-1　鸿海集团近年资产规模及营收规模

资料来源：公司年报。

表 4-1　　鸿海集团所获荣誉情况

年度	美国《财富》全球 500 强	台湾《天下》台湾 2000 大调查·制造业排名	香港《亚洲周刊》全球华商 1000	中国海关总署中国内地企业出口 200 强
2000 年		第 10 名	第 9 名	
2001 年		第 2 名	第 9 名	第 2 名
2002 年		第 2 名	第 10 名	第 1 名
2003 年		第 2 名	第 8 名	第 1 名
2004 年		第 2 名	第 7 名	第 1 名
2005 年	第 371 名	第 1 名	第 5 名	第 1 名
2006 年	第 206 名	第 1 名	第 2 名	第 1 名
2007 年	第 154 名	第 1 名	第 3 名	第 1 名
2008 年	第 132 名	第 1 名	第 3 名	第 1 名
2009 年	第 109 名	第 1 名	第 3 名	第 1 名
2010 年	第 112 名	第 1 名	第 3 名	第 1 名
2011 年	第 60 名	第 1 名	第 3 名	第 1 名
2012 年	第 43 名	第 1 名	第 3 名	第 1 名
2013 年	第 30 名	第 1 名	第 3 名	第 1 名
2014 年	第 32 名	第 1 名	第 3 名	第 1 名
2015 年	第 31 名	第 1 名	第 3 名	第 1 名
2016 年	第 25 名	第 1 名	第 3 名	第 1 名
2017 年	第 27 名	第 1 名	第 3 名	第 1 名
2018 年	第 24 名	第 1 名	第 3 名	第 1 名
2019 年	第 33 名			

将鸿海集团发展为六流（讯流、金流、技术流、人流、过程流、物流）科技公司。鸿海集团取得如今的辉煌成就的重要原因之一就是其利用独创的 eCMMS 模式对于全球供应链的整合。

2. 鸿海集团发展历程

鸿海集团由一家生产塑料制品的小厂，成长为全球 EMS（电子专业制造服务）巨头，在其近 50 年的发展历程中既有机遇，也存在挑战。

1974 年，郭台铭创办“鸿海塑胶企业有限公司”，生产塑料制品；

1975 年，公司更名为“鸿海工业有限公司”，主要生产电视机高压阳极帽组件，之后，公司又成立了塑胶模具制造及开发部门，建立了标准生产线；

1980 年，公司新增设备生产家电产品零组件，并成立了化学电镀部门；

1981 年，鸿海开始从“制造导向”时代，走向“市场导向”时代，顺应计算机发展趋势，进入计算机连接器市场；

1982 年，公司更名为现在的“鸿海精密工业股份有限公司”；

1985 年，郭台铭创立了自有品牌富士康（FOXCONN），作为鸿海旗下代工品牌，承接台湾以外的代工订单；

1988 年，在深圳宝安区建立了中国大陆的第一个生产基地——深圳海洋精密电脑接插件厂；

1993 年，鸿海继续扩张深圳生产基地，并在苏州昆山建厂；1996 年，开始建设深圳龙华科技园；

2002 年，鸿海精密跃居中国内地企业出口 200 强榜首，此后多年保持出口第一的位置；

2004 年，鸿海成为全球第一大 3C（计算机、通信、消费性电子）代工厂；

2005 年，鸿海首度跻身《财富》全球 500 强，居第 371 位，并成为全球第一大手机代工厂；

2016 年，以 3888 亿日元的价格收购夏普，换取夏普 66% 股权，夏普成为鸿海子公司。

3. 集团全球化布局情况

在全球化布局方面，鸿海集团持续提升研发设计和工程技术服务能力，逐步建立起以亚洲为中心，延伸发展至世界各地的国际化版图，在发展历程中逐步确立“两地研发、三区设计制造、全球组装交货”的发展战略。具体来看，“两地研发”是指以大中华区与美国为两大重要战略支点；“三区设计制造”的布局重点，是以中国大陆为中心，亚美欧三大洲至少设立两大制造基地；“全球组装交货”是指在全球范围内进行组装，保证“适品、适时、适质、适量”地把货物交到客户指定的地点。迄今在亚洲、美洲、欧洲等地拥有200余家子公司和派驻机构（见图4-2）。

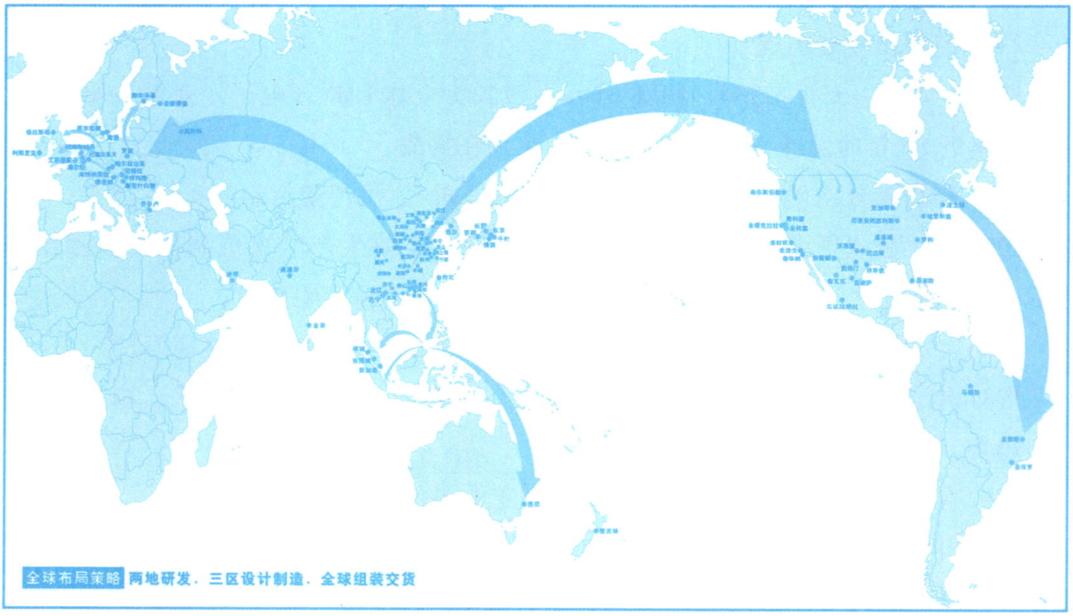

图4-2 鸿海集团全球布局

资料来源：公开资料。

二、鸿海集团的供应链整合

eCMMS模式运作的背景

早在20世纪80年代，鸿海便开始了全球电子专业制造服务的征程，利用台湾地区的劳动力成本优势，大量承接计算机连接器订单，随后成立富士康，将部分生产基地迁至劳动力资源更为丰富且价格更为低廉的大陆地区，并且尽享快速发展的经济环境及众多优惠政策的福利，业务规模持续扩张。但另外，即便拥有众多的利好因素，但鸿海的发展也并非一帆风顺。具体来看，可以从政治法律因素、经济因素、文化因素、市场竞争因素四个方面来探讨鸿海集团eCMMS模式的运作环境。

1. 政治法律因素

鸿海集团的主要投资目的地在中国大陆，且中国大陆地区也是鸿海集团最大的生产基地，因此中国大陆的政治稳定性对于其整体业务的稳定性有着极大的影响。中国大陆的政治环境一直处于十分稳定的状态，政策制定和执行也具有长期性，并且改革开放之后不断出台相关法律法规文件，在私有物权保护、吸引其他国家或地区投资、知识产权保护、政策透明度等方面实现了极大的进步。此外，中国大陆近几十年来在两岸经济文化交流方面一直秉持开放、鼓励、促进的政治态度，特别是“九二共识”后，两岸之间经济文化交流日益增多。

具体到鸿海集团个体来看，鸿海集团与当地政府之间始终保持着密切的关系，这主要得益于鸿海集团生产基地的庞大规模以及集团本身对于维持当地政府关系的重视。以深圳龙华工厂为例，鸿海集团在此设厂不仅解决了30万人的就业问题，更重要的是带来了庞大的产业链，综合效益突出。而鸿海集团内部也拥有专司与政府交流的公关部门，其董事长还曾直接拜访中国海关总署，说服中国海关总署将中国海关设在工厂门口，在节省了两天报关时间的同时还减少了报关异常事件的发生。

这些方面的政治法律因素十分有利于鸿海集团利用eCMMS模式进行供应链整合，不断提高供应链效率，扩大业务规模。

但另外，随着中国大陆居民生活水平的提高、权利意识的增强以及保护劳动者权益法律法规的完善，鸿海集团迫于压力不得不进一步重视劳动者的权益问题，这带来了部分成本的上升，而鸿海集团以往的依靠大量廉价劳动力、赚取产业链条中最微薄加工利润的模式亦难以为继。

2. 经济因素

鸿海集团的主要客户以欧美企业居多，而主要代工厂则位于中国大陆及其他国家或地区，因此考虑鸿海集团经营所处的经济环境，既要考虑中国大陆，也要考虑全球因素。

20世纪末至21世纪初，全球经济仍处扩张阶段，技术领域的不断进步也催生着全球消费者对于3C产品的旺盛需求，加之鸿海集团的大本营——台湾地区外向型的经济特征以及“亚洲四小龙”时代经济的快速增长，种种利好因素驱动着鸿海集团的初期发展。但2008年金融危机席卷全球，欧美主要经济体均受到了不同程度的打击，受此影响，鸿海集团当年的订单量及营业额均出现下滑。但作为鸿海集团主要代工厂所在地的中国大陆在此期间一直保持着稳健的经济增长，这在很大程度上规避了世界经济波动给鸿海集团带来的危害。在此之后，虽然受益于智能手机的快速迭代，全球订单量基本保持稳定，但世界经济仍存在边际恶化的趋势，并且鸿海集团的代工服务始终位于3C产品产业链的底端，大部分利润被研发设计端切走，长期来看，这一因素将成为制约鸿海集团进一步发展的主要瓶颈。

总体而言，全球经济的不稳定和边际恶化趋势，以及所处产业链环节的天然劣势是鸿海集团采用 eCMMS 模式整合全球供应链以提高利润、转型升级的激励因素，而中国大陆稳定的经济环境则是其得以实行 eCMMS 模式的坚实土壤。

3. 文化因素

在文化方面，中国大陆地区和台湾地区自古以来便是不可分割的，两岸之间文化传统及价值观念相通，如两岸同用汉语、同属儒家文化圈、均推崇辛勤劳动的价值理念等。这种文化层面的相似性，也有利于鸿海集团在大陆地区设置代工厂后进行文化融合，便于台湾地区的经理人与大陆地区的雇员进行交流、管理，规避因文化冲突而给公司运营带来的各种负面因素。这种先天的文化相似性，为鸿海集团得以顺利实施 eCMMS 模式提供了管理效率上的保障。

但外，鸿海集团的 eCMMS 模式并不仅扎根于中国大陆和台湾地区，更涉及对全球资源的整合。鸿海集团在欧洲、亚洲、美洲均设有研发和制造中心，不同地区有各自不同的文化特征，难免出现与鸿海集团所提倡的辛勤工作、责任感、团结合作、有贡献才有所得等企业文化相矛盾之处。而即使在中国大陆和台湾地区，新生代群体对于个性化与自我价值追求意识的觉醒，也会对鸿海集团长期以来秉持的统一化的文化理念产生冲击，如 2010 年的“十二连跳”事件便使鸿海集团陷入极大的舆论漩涡之中。这些因素会在不同程度上形成对鸿海 eCMMS 模式运作的阻碍。

4. 市场竞争因素

鸿海集团相对较早地进入了 3C 产品代工市场，并由此形成了一定的规模优势及先行者优势。在鸿海集团几十年的积累沉淀中，其与上游供货商以及下游客户之间都形成了稳固的合作关系，拥有其他竞争对手难以匹敌的渠道优势。此外，生产基地的全球化布局也使主营代工业务的鸿海集团拥有丰富廉价的劳动力资源，并且形成了与投资目的地政府之间的良好关系。

但即便存在诸多利好因素，鸿海集团仍面临着后来者追赶的压力。以大陆地区的比亚迪为例，比亚迪同样开展手机部件生产及组装业务，该板块业务收入总体呈逐年递增态势，且近 10 年间该板块业务收入占其主营业务收入比重从未跌破 30%。除此之外，比亚迪在产品价格方面具备竞争优势，一般同比价格低 20%，这也使许多鸿海集团的原客户纷纷转向比亚迪（见图 4 - 3）。

比亚迪造成的危机来自多个方面。自从比亚迪开展手机代工业务以来，便不断有原富士康集团的人员大规模跳槽至比亚迪，有时人数甚至多达上百人。2006 年 6 月富士康集团状告比亚迪涉嫌盗用其商业机密，造成对其的不公平竞争。而这场官司一直到 2007 年 12 月才以富士康胜诉而终结。然而，虽然名义上鸿海赢得了这场诉讼，但实际上受到的损失却难以弥补。根据审判结果，鸿海集团起诉的专利窃取案件最后定

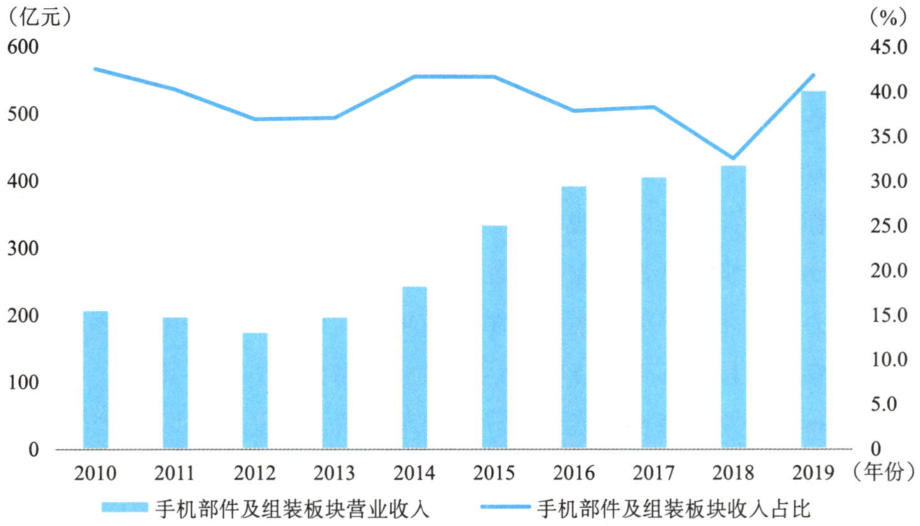

图4－3　比亚迪手机部件及组装营业收入及收入占比情况

资料来源：比亚迪年报。

性为员工的个人行为，甚至给了比亚迪反诉鸿海集团存在贿赂行为的机会。更为严重的是，由于比亚迪的价格优势，当时包括摩托罗拉在内的鸿海集团诸多大客户甚至都成为了比亚迪的客户，这带来的影响不仅仅是直观层面的订单量减少，更为严重的是，对于客户来说鸿海集团不再是唯一的选择了，鸿海集团同上下游的议价能力受到了极大的打击。

综合来看，鸿海集团无论是为了巩固自身的市场优势，还是面对后起者的追赶与挑战，都需要强力执行作为其核心竞争力支撑的eCMMS模式，实现供应链的进一步高效整合。

三、鸿海集团核心竞争力——eCMMS模式综述

（一）“三T之道”

在深入探究鸿海集团的eCMMS模式之前，需要对鸿海集团长期以来的经营策略——“三T之道”进行剖析。“三T之道”，是指“Time to market，Time to volume，Time to money”，即“快速上市、快速扩产、快速周转”。

具体来看，“Time to market”就是指当一件新产品问世，鸿海集团要做到在最短时间内将其从概念模型转变为可以实际交付至消费者的现实产品。不仅如此，还要实现核心产品及相关产品的量产，以满足新产品正式上市的需求。例如，当英特尔公司

新推出一代 CPU，鸿海集团的连接器设计中心便即时从 CPU 形状脚位设计出与之相匹配的连接器支架，如此一来便保证了鸿海集团始终掌握市场上最新技术，从而得以最快速地满足客户的需求。

“Time to volume”是指鸿海集团的产量扩充能力。在新产品问世期间，由于新产品的市场认可程度需要一段时间的市场检验，因此下游客户对上游供应商所下的订单量并不稳定。如此一来，诸多供应商未能在客户加大订单之前做足准备，不具备强大的产量扩充能力，往往难以满足客户的增量需求。而鸿海集团在对接客户新产品订单时相对则更具有前瞻性，甚至在订单下达之前便已搭建好相应生产线，当客户订单下达之时，便从布局于全球各地生产中心寻找资源，最大限度地满足客户需求。

“Time to money”是指鸿海集团最大限度地加速现金流通。通过其“e－HUB”战略，以最快速度将产品交付客户，将响应速度提升至最高。而更快速的交货也意味着更快速地回收货款，并通过其集团内部的经管部门大大提高现金流通速率，将资金流的效用发挥至最大。

（二）eCMMS 模式基本概念

通过上述简要探析，我们对于鸿海集团“三 T 之道”的优势有了初步的了解。而支撑这一经营策略使其得以实现，并且难以被竞争对手模仿的幕后功臣，即鸿海集团独创的 eCMMS（e－Component Module Move & Service）零组件模块化快速出货服务模式。通过该模式，鸿海集团实现了全球供应链的深度整合，具体来看：

C（Component，零组件）：鸿海 eCMMS 模式的基础就在于零组件。零组件是产品的基本组成单元，不同的产品所需要的零组件的类型和数量也不同，在鸿海 eCMMS 模式中，首先要实现的就是为不同客户的不同产品量身定做不同的零部件，并迅速投入批量生产。要满足这一目标，需要厂商具备精确生产的能力，而精确生产又是以技术为支撑。当这种掌握核心零组件的精确生产能力被供应商掌握后，便可以大幅提高下游客户的忠诚度以及与客户的议价能力。随着鸿海集团代工产品涉及的领域越来越多，零部件生产对应的技术要求也越来越高，鸿海集团设置在全球各地的研发中心即在保持技术先进性方面扮演了核心角色。

第一个 M（Module，模块）：模块化生产是整个 eCMMS 模式的核心所在。模块化生产的理念即将复杂的最终产品拆分成数个模块，根据不同生产条件下的实际需要来调动不同的细分模块或组件进行生产，从而实现在减少总组件的使用数量的同时灵活生产、提高生产效率。具体到实际操作中，实现模块化生产的前提是进行模块化设计，即通过标准化和合理划分两大指导思想将产品功能单元打造成为不同的模块，并且各模块之间可自由组合替换，每个模块拥有自身的实际效用，当进行生产时，可以使用最契合的数个模块进行组合生产，保证了产品质量并排除了冗余成本，而模块标准化的特性又保证了它们之间组合的可实现性。最终达成利用尽可能少的模块生产最多的产品的理想生产状态。模块化设计关键在于模块结构标准化和模块的合理划分，进而保障模块化制造系统的运作。对标准化制造系统模块进行重构迅速得到符合定制产品要求的制造系统，利于高效生产和柔性制造。在这一制造系统中，需要遵循精确标准来加工原材料、使用标准化的机械设备、建立用于传达指令和操作程序的信息网络来进行生产控制。通过模块化，鸿海集团将其全球研发人员的智慧及经验进行了汇总，克服了来自不同区域的人与人之间交流的局限性。设计人员可以实现直接在原有模块基础上发展新的功能模块，不论是时间上，还是效果上都可以最大的优化，缩短了研发的时间，大大地缩短了从设计思想到产品上市的时间。

第二个 M（Move，动态速度）：指的是鸿海集团所要实现的一种基于模块化的动态快速响应机制。其核心内涵在于当鸿海集团拿到订单后，首先由设计中心进行模块结构与细节设计和自动化程序撰写，然后由模具加工中心开出模具，采购或生产相关零组件后进行模块化生产，最后进行系统组装，通过鸿海特有的“e－HUB”物流中心将产品快速运送至客户处。这种动态快速响应机制可以保障鸿海集团在接到订单后迅速调动全集团资源，以最快的速度生产处最高品质的产品，帮助客户抢占竞争激烈的电子产品市场先机。为了确保这种快速响应机制的畅通，保证产品能以最快速度投放到指定市场，鸿海集团在全球多地设立了研发办事处、生产工厂、物流中心等职能部门，为客户提供低成本、高质量的供应链服务。

S（Service，服务）：在追求极致的精确生产能力、模块化结构、快速响应机制的同时，鸿海集团也致力于为客户提供多元化的综合服务。具体来说包括与客户共同进行产品研发设计、提供零部件加工生产及组装、提供运输销售终端渠道以及全方位的产品售后服务。鸿海集团也通过与供应商和客户的密切合作，串联起了整个供应链上的活动，实现全球供应链管理。具体来说，不同客户对鸿海集团所提供的服务的需求程度也不同。如苹果只需要鸿海集团提供零部件制造和产品组装的服务，而禁止鸿海集团对产品设计和生产用料进行更改；但戴尔则需要鸿海集团提供零部件制造、产品组装以及部分的产品设计服务。鸿海集团正是通过提供不同程度的多样化服务赢得了更多不同需求的客户。

e（信息流）：上述四个部分实现了 CMMS 模式，而在前述 CMMS 的基础上进一步整合信息流，便成为鸿海集团独有的 eCMMS 模式。鸿海集团在 20 世纪 90 年代便开始在集团内部建立系统化的信息体系，通过运用全球联机的 ERP 系统实现集团内部信息实时传递，包含存货监控与报关系统，实现物流和信息流同步，进一步保证 eCMMS 模式的高效运作，更好地实现供应链管理。

在日趋激烈和全球化的竞争中，代工企业只有做到以客户导向为中心，在全球范围内综合调动企业内外部资源，满足客户对产品速度、品质、成本、弹性、技术以及附加值等方面的要求，才能获得更多的客户订单。鸿海集团独创的 eCMMS 模式就是一种对全球资源进行高效运作的供应链整合管理模式，通过该模式，鸿海集团能够在提供与竞争对手品质相同甚至更优的服务与产品的同时，实现总成本的降低。精确来说，在全球化竞争趋势中，通过 eCMMS 模式，鸿海集团取得了在综合了生产成本、物流、捕获信息能力、文化差异、客户需求反应时间、新产品打样上市到快速爬坡生产达到最大产能需求的能力等指标后的企业综合竞争能上的比较优势。

由图 4－4 可知，OEM、ODM、EMS、CMMS 所涉及服务领域的不同深入程度，鸿海集团的 CMMS 模式可以提供从产品设计开发到服务维修全方位服务，CMMS 模式还可以细分为 JDVM 共同开发制造和 JDSM 共同设计服务制造。鸿海集团通过对自身服务范围和服务能力的拓展，改变了最初单纯代工的狭隘局面，深入供应链上更多环节，在全球供应链中取得优势，从而使企业取得了更强的竞争优势，并拉长了企业的生命周期。

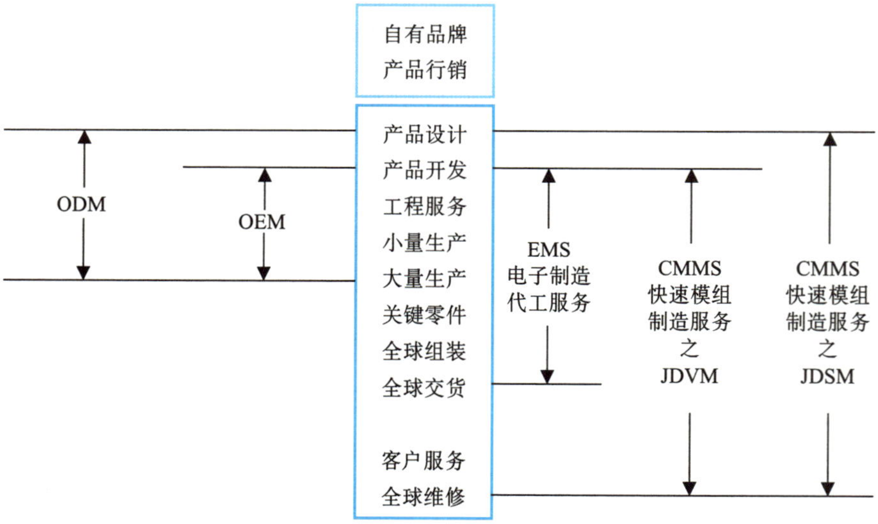

图 4－4　模式范围

资料来源：《虎与狐》。

（三）eCMMS 模式具体运用案例

以鸿海集团在美国芝加哥及中国深圳的研发中心完成的“鸿海全球客户新品响应48小时接力赛”为例，来直观呈现鸿海集团是如何通过 eCMMS 模式整合全球资源，以做到快速响应市场需求并拿出新产品，实现量产（见图4－5）。

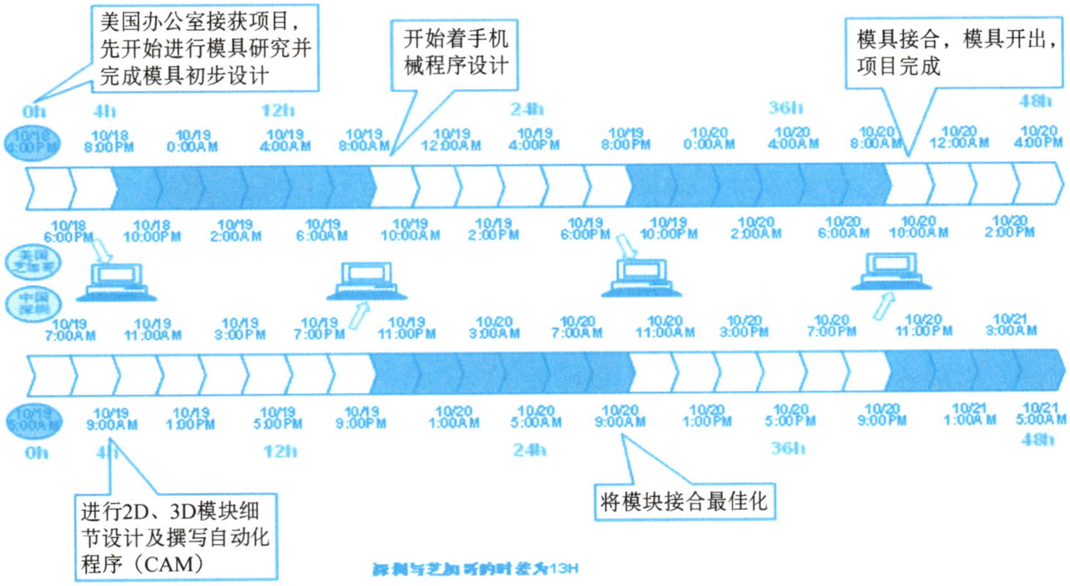

图4－5　鸿海全球客户新品响应48小时接力赛流程图

资料来源：公开资料。

芝加哥与深圳的时差为13小时，当芝加哥是5月1日下午4点的时候，深圳时间是5月2日上午5点。

（1）芝加哥办事处由于贴近客户，于5月1日确认接到订单，于是立即根据客户要求进行模具研究并完成模具初步结构设计，于1日晚8点通过网络发送到中国深圳研发团队；

（2）深圳研发团队5月2日上午9点（此时美国芝加哥时间为1日晚8点）在收到文件后进行2D、3D模块化设计并撰写自动化程序，于当日晚9点通过网络发送到芝加哥研发人员；

（3）芝加哥研发人员于5月2日上午8点收到尚未确定的设计图和指令后继续开始进行机械程序设计，于当晚8点将结果发送至深圳研发人员；

（4）深圳项目人员收到指令后将相关模块结合并进行优化处理设计，于当日晚将结果发送至芝加哥项目人员；

（5）芝加哥项目人员收到完整的设计和工艺图后立即在模具加工中心进行加工，模具开出，项目完成。

以上只以深圳与芝加哥的新产品研发接力赛为例来说明鸿海集团 eCMMS 模式对其供应链的整合效果。在实际运用中，会根据客户的具体需求与地理分布进行实际调整。鸿海集团在深圳、台北、休斯顿、德国、波兰等地都设有研发中心、生产中心、物流服务中心等职能机构，以做到对客户在产品设计、量产投放、物流运输等方面需求的快速响应。这种快速响应机制也是鸿海集团“两地研发，三地制造，全球组装交货”的经营措施的集中体现。

四、鸿海集团供应链整合具体措施分析

（一）内部整合

1. 业务整合

鸿海集团对于业务的整合，始终将提高作为代工企业核心竞争力的生产制造能力为主要着力点。自鸿海集团成立以来，不断追求模具和生产技术上的精益求精。伴随着生产技术的不断提高，其承接订单的业务范围也在不断扩大，不仅承接传统 3C 产品的代工生产，还在汽车零组件、新材料开发应用、数位内容等新领域开拓业务。鸿海集团从最初生产黑白电视机旋钮到现在的 6C 产品王国，所代工的产品已经更新换代无数次。在竞争激烈、产品更新换代速度不断增加的电子科技产品领域，众多未能保持生产能力紧跟潮流的企业黯然离场，而鸿海集团却始终与最新产品保持统一步伐，总是能够迅速地大规模生产潮流产品。发展至今，鸿海集团从生产微小的零部件到核心部件甚至整机，从单纯代工生产组装到参与设计开发，如今已经形成十大事业群，分别从事不同产品生产，应用不同的专业技术，并在地域选择上进行全球各区位集群化布局，以发挥当地比较优势及规模效应（见表 4－2）。与十大事业群中庞杂的产品种类相对应的是在产品研发、模具设计制造、自动化等方面多种技术的创新，并强化核心产品的设计能力、软件应用的开发能力以及电子商务的运营能力，保持着开模快速化、加工自动化、管理系统化、技术专利化等优势。逐步涉及产品的研发、制造、物流、维修以及营销等各环节，将集团涉及领域概括为“八屏一网一云”，建立云到端的垂直整合生态系统。与此同时，鸿海集团也十分注重对于下游电子终端产品销售环节的拓展，其着眼点并不局限于传统客户——来自欧美的科技企业；相反，鸿海集团多次尝试进军电子商务领域，直接面向全球终端消费者。

表 4－2　　十大事业群

事业群	主要产品
消费电子产品事业群 Consumer & Computer Products Business Group	笔记本电脑、液晶电视、游戏机、手机、光驱、数码相机、投影机、光学组件、印刷电路板、新型介面材料、模具等由零组件到整机的垂直整合经营
资讯系统整合与服务产品事业群 Component Module Move Service Group	PC 准系统、主机板、机箱、零组件及 Server 主机板、机箱、零组件的研发与生产，产品遍及整个计算机领域，2009 年拓展至打印机、墨水盒及笔记本电脑等生产领域
通讯网络产品事业群 Communication & Network Solution Business Group	交换器、路由器、滤波器、无线网络设备 PON 、 VoIP 、机顶盒、 xDSL 、 CableModem 、 WiFi 模组、 SmartPhone 、 M2M 、智能电网等网络通讯产品的研发与生产
数位产品事业群 integrated Digital Product Business Group	主要从事时尚移动通讯终端设备，影音数位产品的研发与生产
创新数位系统事业群 innovation Digital System Business Group	时尚平板电脑、便携式台式电脑、台式电脑及服务器等多类产品的研发、制造和组装
网络连接产品事业群 Network Interconnection Business Group	电脑、通信、消费性电子、汽车电子等领域的连接器、精密线缆与线缆装配产品的研发与生产。拥有集成型、线缆押出、冲压、电镀、组装为一体的高度垂直整合的制造体系
企业资讯系统产品事业群 Personal Computer & Enterprise Product Business Group	个人电脑及零组件、工业电脑、电子板卡、消费性电子、销售终端（POS）、ATM、工业自动化（IA）、车载管理系统等产品的研发与制造，同时涉足塑件样品设计、自动化技术、软件开发、电子商务运营等多元化高新技术
鸿超准产品事业群 Super Precision Mechanical Business Group	精密模具、光通产品、3C 产品机构、自动化设备、自动化机器人、精密刀具、光学产品的研发与生产
科技整合服务事业群 Technology Merging Services Business Group	以研发为主的事业群，也是集团实现科技转型的关键点，以打造“互联云服务”为宗旨，引领集团进行由“工＋技＋贸”转为“贸＋技＋工”的产业转型
无线通讯产品事业群 Wireless Business Group	手机零组件、整机研发设计与生产，是集团在无线通讯领域全球布局最完整的事业群

2. 流程整合

对于流程方面的整合，鸿海集团将宏观战略到流水线上的每一个生产动作都进行了预先设计，并在实际生产过程中不断进行优化。以各个职能部门为基础搭建模块，再根据部门活动进行分解，并将模块转化成流程链，规定流程链中具体工作要素的标准和规定动作，同时对工作要素运作时的数据进行记录以便于后续分析。

针对微观层面来看，鸿海集团对于整个流程链中每个工作要素或者多个要素的组合都进行了较为精密的分析，确保单个要素效用最大化，并减少冗余要素，降低成本提高效率。另外，鸿海集团增加新的要素进行控制，例如在采购时增加市场调查这一环节，在市场调查、供应商选择、合同草签、合同审批等节点上都设置不同的工作人员，以保证采购到性价比最高的物料并防止拿回扣等腐败行为的发生。针对生产车间，鸿海集团也进行了标准化控制作业，及时给一线员工下达明确具体的标准化指令，确保产品的精确度和生产效率。

鸿海集团通过对全流程的介入干预，搭建了标准化和精细化程度极高的内部生产流程，确保了流程中每个具体环节的精准和效率，实现高效有序的运转。

3. 库存物流整合

对于电子科技产品来说，投放市场的速度在很大程度上决定着产品的竞争力。因此，哪家代工生产商可以在最短时间之内将客户需要的产品进行量产并迅速交货，哪家生产商就更易受到客户的青睐。归纳而言，决定代工企业与客户关系亲疏的两个要素——迅速量产和迅速交货。鸿海集团通过业务整合和流程整合已经在很大程度上具备了迅速量产的能力，那么接下来要如何将生产出来的产品快速交付至客户，就是鸿海集团下一步的整合方向。在这一方面，鸿海集团采用 JIT 将库存总量及废品量压缩至最低，尽量降低零件和装配件的运送成本，同时与供应商合作实行 VMI 库存管理模式，降低供应链的总成本。同时，集团的采购端和生产端也需要定期召开例会对库存进行分析，监控库存管理的目标是否达到，及时处理异常库存，防止呆滞库存的产生。

在对于物流的整合方面，鸿海集团选择了从原材料物流、制造物流和成品物流三个方面切入。具体而言，在原材料物流管理方面，除了采用 VMI 库存管理模式，鸿海集团还采用集团采购的方式，汇总各部门需求进行统一采购，在节省采购成本的同时提高了采购的效率；在制造物流方面，为了减少在产品的流转成本，鸿海集团将相同或类似的产品划归到一个事业部下，并将各事业部的仓库和生产车间集中在一个区域内，尽量保证产品从零部件到成品的生产过程都在一个园区内完成；在成品物流方面，鸿海集团在亚洲、美洲、欧洲等地均设有制造基地，根据客户所在地区安排生产，生产完毕后利用距离优势迅速将产品交付客户，以保证客户的最终产品可以先于其对手投放市场，赢得先机，这便是鸿海集团的“e-HUB”战略。鸿海集团借助 ERP 系统中 MRP 模块对物资资源进行实时有效的管理，更好地进行实现了零库存和物流的快速响应。

（二）外部整合

1. 与上游供应商之间的整合

如前文所述，在库存方面，鸿海集团采用 VMI 和集团采购等方式进行管理，以最大限度实现库存总量的降低和存货周转率的提高。仅仅做到这些尚有不足，因为在实际运营中，受产品设计变更、订单总量调整等多方面因素影响，计划用料与实际用料之间总会出现错配的情况，这时便需要与上游供应商之间进行及时有效的沟通以纠正这种用料上的错配。在 VMI 模式中，信息准确地在制造商和供应商之间传递需要先进的信息技术的支持和相关人员的及时跟进和监督。VMI 的有效实施是建立在供应商和制造商互相信任基础之上，并要求双方都有进行 VMI 管理的能力，鸿海集团在多年的经验积累下对供应商建立了自己的评价机制和数据库，在全球范围内选择综合条件最好的供应商进行长期合作，并定期对供应商进行评价和监督，在鸿海集团分布在全球各地的工厂周边建造仓库，提高响应速度并有效实现了成本降低。

鸿海集团在与全球各供应商之间的长期合作中，掌握了各家供应商的比较优势和比较劣势，并定期对全球供应商进行评价及考察，以保证供货质量和供货价格的稳定，同时在很大程度上避免了因供应商出现突发状况而造成本集团出现生产问题的风险。为了实现绿色供应链的管理目标，鸿海集团还邀请供应商定期参加集团举办的供应商会议，设立 SER 网站为供应商提供在线 EICC 规范及鸿海集团相关标准的学习，对供应商进行不定期的 SER 稽核，确保供应商参与绿色供应链的建设。

2. 与下游客户之间的整合

鸿海集团不仅将上游供应商纳入自己的供应链体系进行整合协调，面对分散在世界各地的下游客户，鸿海集团同样通过各种行之有效的措施将其纳入自己的流程整合范围内。

3C 电子产品存在很大的一个特点，即迭代速度非常快，这就要求各家企业必须将新产品以最快速度投入市场以赢得短暂的市场先机。为了满足客户的这一刚性需求，鸿海集团在全世界的客户周边地区设立研发、信息和物流中心，以最快的速度将客户要求传达到公司内部相关部门，利用互联网和地区时差在全球建立了接力式的远程设计体系，例如美国的客户将新的产品订单发给当地的鸿海集团团队后，美国的工程师在当天工作时间内进行初步设计后在当晚立即发到中国设计师电脑上，由于时差的存在，此时中国正值白天，中国设计师便将初步设计进一步细化，随后将详细的设计方案交给美国客户确认同意后便迅速投入生产。1996 年获得康柏的订单时，鸿海集团迅速在康柏旁边建立了成型机厂，确保在 24 小时内作出符合康柏产品设计的样机，帮助康柏以最快的速度将新产品投放到市场上。

作为一家代工企业，鸿海集团虽然将战略重心放在了满足客户需求，以提高其忠诚度这一层面，但在其供应链的外部整合方面，鸿海却并不止步于此。在与客户建立良好关系之后，鸿海集团提出以共同开发的方式与客户进行更密切的合作，即除了批量生产和组装以外，鸿海集团还提供产品设计、物流和协助分销等服务，将自身职能嵌入客户的运作流程中，与苹果、IBM、惠普、索尼等客户结成长期的战略同盟。这样一来，即便鸿海集团的客户分散世界各地，但通过将自身拆分成数个小的拥有完整生态链的集团体系，在全球各客户所在地布局，实现与后者的全流程对接，从而极大地提高了客户对其的依赖度和黏性。

此外，鸿海集团还一直致力于避免过高的客户集中度带来的突发性风险。如果其订单大部分来自世界某个区域或者某几家客户，那么当出现区域性经济危机或者企业自身的经营危机时，作为供应商的鸿海集团必然也要因此而受重创。所以鸿海集团一直竭尽所能在世界各区域开拓更多的客户，使每一个业务板块都尽可能服务于多个客户，避免下游某个大客户撤单所带来的系统风险。

3. 产业链延伸覆盖

除了在集团内部对业务、流程以及库存进行整合，在集团外部将上游供应商、下游客户纳入供应链体系中进行整合之外，鸿海集团还在全球寻找相关优质资源，通过合资、并购以及合作等方式实现外部资源内化，从纵向及横向两个角度对产业链进行延伸和覆盖。

从纵向来看，为了保证原材料的供货稳定性和质量，从材料源头控制产品质量，鸿海集团不断向上游产业进行资源整合，2004 年国碁电子加盟并入鸿海集团网络通讯产品事业群，生产计算机与通讯电子设备所需的关键元组件与配件，并进行相关生产技术的研发；通过与内地企业合资，鸿海集团向上游延伸至镁铝合金产业，最终实现从初始材料到关键零件生产、加工组装甚至整机生产的一体化生产模式。

从横向来看，鸿海集团在规模做大之后，便逐渐开始向多元化发展，在全球范围内对企业外部资源进行横向整合。如 2005 年与奇美通讯合作，进行手机共同设计、开发；同年与安泰电业合作，借力进入汽车产业，踏上 6C 之路；2009 年收购地处墨西哥蒂华纳日系大厂所属的一家液晶电视厂，开辟消费性电子产业发展新局面；并购从事液晶面板与液晶模块生产的台湾群创光电，顺利进入液晶显示产业。

特别值得一提的是 2016 年鸿海并购夏普，获得夏普先进的的 IGZO（氧化铟镓锌）液晶显示技术，而 IGZO 则被视为唯一可与三星的 AMOLED 相比拼的技术，此次收购会迅速拉近鸿海集团与三星之间的技术差距，用于鸿海在台湾地区和大陆地区的液晶面板工厂。

鸿海集团布局穿戴装置、手机、平板计算机、笔电、一体成型机、可携式电视、大电视、户外广告牌、九宫格、机器人、智慧汽车等 11 种终端产品，这些产品都会用到面板屏幕。而全球制作面板的核心专利，大部分掌握在夏普手上，鸿海设在大陆的公司富士康是苹果电子产品的主要生产商，基本采用夏普的液晶面板，而苹果电子产品业务占富士康收入的一半以上。并购夏普将强化对苹果从面板到代工的一条龙供应服务，更可提升对苹果的议价能力。加上原有产能，鸿海可控制的面板产能面积将一口气超过韩国两家面板厂，技术产能将冲向世界第一的位置。除了液晶之外，鸿海也将获得夏普的电视机等消费电子业务，拓宽其在 3C 电子领域布局的同时，也增加了鸿海在日本等地的品牌影响力。此次对外并购是鸿海集团整合全球资源，将外部资源内化的重要战略性举措。

（三）鸿海集团供应链整合对同类企业的启示

鸿海集团独创的 eCMMS 模式使其对于全球供应链有着超强的整合能力，通过对于全球资源的整合，使鸿海集团相比竞争对手有着更快的响应速度、更全面的客户服务、更先进的信息技术运用等优势。这种对于通过供应链对企业内部资源和外部的全球资源进行整合利用的能力，对于同类跨国制造业企业来说有着极强的借鉴意义。对于同类企业来说，至少应该从以下几方面入手，搭建完善自己的供应链体系，实现企业全球资源效用的最大化。

（1）根据自身资源禀赋以及发展目标搭建独特的供应链管理模式。鸿海集团在供应链整合与管理方面所取得的成就，归根结底在于其底层的 eCMMS 模式设计得当。鸿海集团自身拥有一定的规模优势和区位优势，在全球多地设立了研发办事处、生产工厂、物流中心等职能部门，拥有来自世界不同区域的人才、技术、劳动力优势；同时，大量的订单不仅为其积累了足够支撑供应链整合的资金储备，还在与上下游厂商进行的长期合作中积攒了大量的渠道资源。这些鸿海集团所具备的比较优势以及其由 OEM 升级为 EMS 的战略目标是其构建 eCMMS 模式进行供应链整合的基本条件。对于其他跨国的制造业企业来说，同样合理审慎地评估自身的优势及劣势，并且结合企业未来发展方向，制定针对性强的供应链管理模式。但无论个体企业之间如何存在差别，对于全球资源的有效利用及整合是进行供应链管理模式设计时必不可少的基本要素之一。因为世界各地拥有的区位条件不同，各自的比较优势也不一样，如鸿海集团便对于东亚地区的劳动力资源优势、欧洲北美的技术资源优势，以及世界各地所特有的邻近相应客户的交通优势进行了充分高效的利用。

（2）以客户需求为导向进行供应链的整合与管理。对于身处电子制造业的企业来说，一个或者几个大客户可能就为其贡献了一个经营年度的大部分订单。因此，如何提升客户满意度及忠诚度，使自己在客户的供应体系中扮演着不可或缺的重要角色，是每个企业都需要深入思考的问题。

而对于全球性 IT 企业来说，响应速度是其挑选供应商的核心衡量指标。例如鸿海的大客户戴尔这样的全球性客户，不但要求供货商快速响应，更要求供货商具有“高速产能”。戴尔寻求供货商的关键指标之一，就是所谓的“弹性”。全球市场的快速变化，让 IT 产业必须像戴尔一样采取“直销模式”，卖计算机的速度愈来愈快，让产品在市场停留的时间愈来愈短。因此，为全球品牌服务的代工型供货商也必须跟上这样的脚步。

对于鸿海来说，则是通过简化运营环节的方式来提升效率。鸿海在“物流”和“信息流”结合的基础上，提出了“e－HUB”的战略概念。“HUB”主要是指发货的中心仓库，也就是通常所理解的物流中心。不同之处在于，鸿海把“HUB”直接建在客户旁边，一方面为客户提供快速服务，另一方面使客户不用增加存货的负担，需要时就直接下单，由鸿海快速提供。这样做的结果是使经营成本得以降低，同时使风险也降到了最低。HUB 本质上就是一个小型的物流渠道公司，靠出货、进货的周转来独立核算。生产线只要拿到零件，几乎就等于出货，库存方面，等于“零负担”。另外，鸿海的“e－HUB”也可以发货给其他组装厂，使下游厂商也可以避免零部件价格波动的压力。鸿海的全球布局，加上“e－HUB”的观念，让供货商几乎和市场零时差，也让鸿海与戴尔这样的大客户结合得更为紧密。

推广来说，企业应该根据客户需求在整个产品生命周期中进行管理，采用市场导向的拉动式代替传统的推动式供应链，在一个买方市场为导向的市场环境中，只有保持与客户同步，才能避免盲目生产，降低库存，以综合成本优先考虑，才能在最终的竞争中获胜。

（3）企业还需要将信息化进程尽早提上日程。供应链之内资金流、信息流、物流的流畅程度决定着供应链的质量，信息化可以有效地提高决策速度和水平，而企业资源计划可以快速提升企业的竞争力，同时与供应链上下游的联系也应该通过信息化的方式降低交易成本。

（4）对于符合企业战略目标的外部资源要进行内化，充分予以利用。科斯交易成本的学说指出，当交易成本大于内部化成本的时候，企业通常选择内部化的方式。通过一系列的并购合作，鸿海集团将代工所需要的零件几乎全部纳入企业内部生产范畴。通过垂直整合，连材料都自行生产，让鸿海集团成为世界代工之王。而且，鸿海的代工范围已超越了一般电子代工企业的经营范围，除了零件研发之外，研发重点向上游延伸，包括镜头等光学仪器的制造技术、汽车零件的制造技术、生产线的无人化技术、夏普的IGZO技术等。此时，鸿海可以将模具、计算机外壳甚至于硬盘整合在一起统包代工。我们可以看出，鸿海集团一直试图将整个供应体系都纳入自己内部的供应链之中，从而减少上游供应端的不稳定因素给自己的正常生产制造带来冲击；而对于并购夏普等活动则是出于对战略性外部资源的获取需求。对于企业的供应链管理活动来说，首先要满足下游客户的需求，而为了给下游客户提供更优质、更稳定的供应，则需要对上游供应端拥有较强的掌控力。实现这种掌控力的最优手段就是将上游纳入自身的供应链体系进行统一整合，同时，面对企业未来发展所需的优良战略性资源，也要提前将其内化。由于这种需要进行内化的外部资源多来源于世界各地，因此企业要提前对于并购、合资等跨国合作形式进行了解，组建专业团队进行多角度分析和运作，以多种方式保证外部资源内化的顺利实现。

五、结语

通过对鸿海集团全球供应链整合的分析，我们可以直观地看到一家企业通过行之有效的供应链管理对全球资源进行整合之后所带来的一加一大于二的协同效应。我们认为，对于电子制造业企业来说，是否拥有一条高效的供应链是衡量其核心竞争力优劣的关键指标之一。一家优秀的制造业企业，可以通过其特有的供应链干预模式来整合全世界各地的优良资源，将各类资源打包，并通过供应链中各环节之间的业务和活动进行资源的传递，使某一区位所特有的资源充斥于整个体系之中。如此一来，即使该企业供应链中的不同环节位于不同的区位，也都能同时享受到来自全世界的比较优势，从而增强供应链整体的竞争力，为下游客户提供更加优质和快速的产品及服务。

案例使用说明

一、教学目的与用途

1. 本案例主要适用于“国际商务”课程，也适用于“国际企业战略管理”“跨文化沟通”等相关课程。

2. 本案例教学目标

本案例通过剖析和展示鸿海集团以 eCMMS 模式为核心的供应链整合措施，启发和引导学生运用国际商务中全球供应链及全球价值链相关理论和方法，来探究跨国企业如何设计和运营供应链以整合全球资源、提高生产效率，从而加深学生对于全球供应链本质的理解和感悟。

二、启发思考题

1. 鸿海集团构建全球供应链的基础是其生产基地的全球布局，那么鸿海集团最初的全球布局选址在哪些地方？有哪些因素促使鸿海集团在该地选址设厂？

2. 鸿海集团 eCMMS 模式的运作环境可以从政治法律、经济、文化、市场竞争四个方面进行讨论，那么你认为这四方面因素中，哪一种或者哪几种因素对于 eCMMS 模式的诞生起到了相对更大的促进作用？

3. OEM、ODM、EMS、CMMS 四种模式所覆盖的服务范围不同，请思考一家企业需要具备什么能力才能够满足向下一阶段转变所需的条件。

4. 鸿海集团供应链的内部整合和外部整合分别解决了什么问题和痛点？

5. JIT 在最大程度压低库存量的同时，也会带来面对紧急情况而企业无库存储备的风险，针对这种风险有何化解办法？

三、分析思路

首先分析鸿海集团是在什么情况之下才能够并且必须去进行供应链整合的，其次需要思考作为电子制造企业，其供应链上各环节所需要的生产要素都有哪些。还需要结合这些所需的生产要素来思考鸿海集团的全球研发中心、生产基地的选址依据。鸿海集团构建起以 eCMMS 模式为核心的供应链体系之后，思考它是如何对全球资源进行合理调配和高效利用的。

四、理论依据与分析

1. 根据资源禀赋理论和全球化理论对鸿海集团的全球布局情况进行解释。

2. 结合供应链管理的 4R 目标（即 Right Product——正确的产品、Right Place——正确的地点、Right Time——正确的时间、Right Price——正确的价格）来阐述鸿海集团 eCMMS 模式的合理性。

3. 运用全球价值链理论对鸿海集团供应链整合全球资源的过程及合理性进行分析。

五、关键点

1. 鸿海集团全球布局的逻辑。
2. 鸿海集团在推出 eCMMS 模式之前所面临的发展瓶颈。
3. 围绕 eCMMS 模式构建的全球供应链的运作模式。
4. 全球供应链对于企业内部资源和外部资源进行整合利用的能力的分析。

六、建议课堂计划

1. 引入案例（10 分钟）

教师通过多媒体，以图片、视频等形式，向学生简要介绍鸿海集团的发展情况、鸿海集团全球供应链的搭建历程及现状等。

2. 角色扮演（10 分钟）

将学生分为若干小组，分别扮演鸿海集团芝加哥办事处工作人员、鸿海集团深圳研发团队工作人员、下游客户等角色。

3. 分组讨论（20 分钟）

各组经过讨论，将鸿海集团以 eCMMS 模式为核心的全球供应链管理对于全球资源整合路径写在黑板上。

4. 分组辩论（30 分钟）

各组根据扮演的角色进行公开辩论。

5. 案例点评（20 分钟）

针对学生分组辩论的情况予以点评，并对案例的关键点进行重点分析。

6. 案例总结（10 分钟）

总结案例，启发学生对跨国企业全球供应链的构建问题进行更加深入的思考。

参考文献

[1] 潘毅．富士康：全球产业链低端企业的生态环境［J］．经济导刊，2014

(5)：67－71.

［2］刘红．富士康集团竞争战略研究［D］．西南交通大学，2012.

［3］夏源．供应链整合措施在OEM企业中的应用研究［D］．广东省社会科学院，2015.

［4］孙红燕，张先锋．国际代工企业升级模式研究［J］．国际贸易问题，2012(6)：135－142.

［5］吴今今，徐天一．鸿海（富士康）转型升级之经纬［J］．广东科技，2013，22（17）：13－15.

［6］邓勇兵．鸿海OEM升级为EMS的关键因素研究［J］．管理案例研究与评论，2013，6（6）：461－469.

［7］廖玫，李翔宇．鸿海集团跨国产业组织网络模式分析［J］．经济论坛，2009(1)：97－99.

［8］雷冬利．全球价值链视角下富士康的转型升级研究［D］．北京交通大学，2015.

［9］任桂淑．商业传奇鸿海："代工之王"如何炼成？［J］．商业文化，2014(26)：30－34.

案例 5

中国邮政何以通过国际物流突破“大而不强”困局*

作为物流的“国家队”，中国邮政成为国际快递量的冠军，但“大而不强”的问题长期存在。整个物流业仍处于低端和成本导向的粗放型发展阶段。如何克服中国物流业“大而不强”的问题？“一带一路”倡议可能会带来新的机遇。前所未有的市场规模带来的经济规模，国际物流巨头带来的激烈竞争，国家政策和组织变革带来的发展机遇，以及中国邮政为应对新的市场而作出的战略调整，这些因素使大改革成为可能。本文重点分析了中国邮政“寄递翼”深入“一带一路”沿线国家的布局，中国邮政占领沿线市场的短板以及规划中国邮政国际速递业务蓝图，以期为中国物流业突破“大而不强”困局提供思路。

* 本案例由中央财经大学国际经济与贸易学院符大海、高璐、熊健撰写。

案例正文

2015年3月，《推动共建丝绸之路经济带和21世纪海上丝绸之路的愿景与行动》出台，意味着“一带一路”倡议将全面铺开，包括政策沟通、设施互联互通、贸易、资本整合、人员沟通等。并将为许多行业带来新的机遇。此外，在5月14日举行的“一带一路”国际合作论坛上，中国政府与30个国家签署了经贸合作协议。这些都为中国邮政开拓潜在市场奠定了坚实的基础。

一、背景介绍

（一）“一带一路”下的物流行业

1. 物流业率先“一带一路”倡议

在实施“一带一路”倡议中，物流业受到了极大重视。“一带一路”本身就是一个物流倡议计划，通过改善物流基础设施来促进经贸发展。为此，中国政府在国内和国际物流体系建设方面投入了巨大的投资和支持。2014年，国务院颁布了《物流业中长期发展规划》（2014—2020），提出“加快交通物流公共物流平台建设”，提出了多式联运、电子商务物流、物流标准化等12个重点项目。地方政府也积极参与“一带一路”倡议。安徽省地处长三角经济区，为快速衔接“丝绸之路经济区”，开通了连接新亚欧大陆桥的货运列车；作为“21世纪海上丝绸之路”的桥头堡，福建也在不断完善铁路、公路和机场的运输网络；作为“一带一路”入海之门，连云港致力于打造双向开放的“丝绸之路经济区”，整合运输网络体系，打造加工和生产贸易后勤基地。显然，物流业在“一带一路”倡议中处于领先地位。在此背景下，中国基于陆海物流基础设施的物流业将实现历史性发展的新高度。

2. 物流业的发展机遇

“一带一路”连接了中国的东、中、西部，形成了以中国领土为核心的双向国际辐射空间布局。在陆地上，我们依托国际通道，以中心城市为依托，以贸易产业园为合作平台，建设新的欧亚大陆桥、中国与蒙古、中国—中亚—西亚、中国—印度支那半岛等国际经济合作走廊；在海上，我们以重点港口为节点，共同建设畅通高效的运输通道和中巴、孟中印两大经济走廊。物流业依托陆海一线城市，构建双向辐射的物流大格局，将迎来前所未有的市场机遇。据统计，“一带一路”沿线总人口约为44

亿，经济总量约为21万亿美元，分别占世界的63%和29%。中国与“一带一路”沿线的这些国家保持着良好的关系。2007—2016年，中国对“一带一路”沿线国家的出口增长率达到10.34%，这导致基于经贸合作的物流需求日益扩大，物流市场容量变得空前庞大，再加上2016年G20峰会，信息流、物流和业务流高度融合，跨境电子商务也越来越流行，所有这些都为中国物流业带来了巨大的商机。在多种政策下，物流业将港口作为“一带一路”的连接点和重要的国际物流枢纽，打造畅通、高效、便捷的国际物流通道，实现国内与国际交通物流的互通，满足国内与国际物流需求，这将迎来中国物流业的巨大发展。

3. 物流企业“大而不强”的困难

中国拥有强大的物流能力。铁路货运量和周转量、港口吞吐量、公路货运量、港口集装箱吞吐量、电子商务市场份额、高速铁路和高速公路里程居世界第一，航空货运和快递业居世界第二。据统计，2014年中国快递业务量140亿跃升至世界第一，同比增长52%。最高日处理量超过1亿。然而，在这一大背景下，中国物流企业“大而不强”的问题长期存在。整个物流业仍处于低端和成本导向的粗放型发展阶段。很少有公司有能力拓展国际市场。行业集中度相对不高。如今，“大数据”“材料关联”等应用还没有普及。虽然物流成本和物流效率近年来有所提高，但仍存在诸多问题。据中国物流信息中心统计，2015年中国社会物流总成本达到10.8万亿元，占国内生产总值的16%。就物流成本而言，发达国家的物流成本仅占成品最终成本的10%—15%，而中国的物流成本却高达生产成本的30%—40%，这无疑削弱了中国物流业的竞争力。无论是中国邮政还是另外四家物流公司，都面临着“大而不强”的问题，中国物流业尚未形成大规模的国际竞争力。物流行为是单一的，服务标准不统一，缺乏合作与交流，正成为制约中国物流企业走向世界的重要因素。

如何克服中国物流业“大而不强”的问题?“一带一路”倡议可能会带来新的机遇。前所未有的市场规模带来的经济规模，国际物流巨头带来的激烈竞争，国家政策和组织变革带来的发展机遇，以及中国邮政和顺丰物流企业为应对新的市场而作出的战略调整，这些因素使大改革成为可能。中国物流企业可以抓住“一带一路”的机遇，扭转“大而不强”的局面，做大做强。

（二）中国邮政介绍

中国邮政有100年的悠久历史。中国邮政快递物流公司已遍布31个省份，在中国香港、澳门和台湾等200多个地区、国家开展业务，共拥有26架波音737、757货机；中国邮政已交付23000多辆汽车，近23000辆电动车（包括三轮、两轮）13条线邮

（包），近 5000 个自营网络。2015 年，邮政快递物流总收入为 289.6 亿元，增长率 3.84%。

作为国内第一个发展国际快递业务的物流公司，中国邮政目前的国际快递业务主要包括国际快递、国际信函和国际包裹，其国际快递分为国际快递邮件服务（EMS）、快件业务和 e 邮包裹，并推出了邮政海运外包、邮政海外仓库、邮政跨境电子商务信息平台。目前，中国邮政正在积极开展国际快递业务渠道和海外拓展布局。国际 e-packet 已经以 32 种方式开通，业务增长率超过 70%；2015 年年底，19 个商港和 9 个保税港建成并投入使用，口岸通关能力明显提高。进出口邮件、商业快递业务量分别增长 70% 和 160%；中国邮政还与亚马逊、京东等多家大型商业平台进行对接，为客户提供一揽子跨境物流解决方案；积极实施“走出去”战略，在香港和美国设立分支机构，扩大邮政海外仓库，向美国、德国、日本、中国台湾等国家和地区提供海外采购服务，稳步推进全球战略布局。

（三）中国邮政“寄递翼”深入“一带一路”沿线国家

作为物流的“国家队”，中国邮政成为国际快递业务的冠军。凭借万国邮联框架下的全球邮政网络，环管系统已覆盖 200 多个国家和地区。面对跨境电子商务市场的快速发展，它成为跨境配送市场的主要渠道。中国邮政的生产系统包括国际包裹、特快专递、中速快递、e 邮包裹、电子快递、电子包裹等 e 系列产品。还推出海外采购、海外仓库、跨境电子商务市场信息平台等。在此基础上，“一带一路”倡议的提出为中国邮政开拓海外市场带来了新的历史机遇。因此，除了依赖万国邮联之外，中国邮政如何在“一带一路”周边国家开展特快专递业务？中国邮政能否在现阶段突破“大而不强”的困境？

1. 国际 e 邮宝广泛渗透沿线各国

自 2010 年 7 月中国邮政首次推出 e 邮包裹以来，已与海外邮政、易趣、阿里巴巴、亚马逊等多个电子商务平台开展合作愿望，服务 20000 多个卖家。中国邮政正在逐步发展和推广 e 邮包裹，它已经成为跨境电子商务推荐的第一物流品牌，打破了中国邮政在规模和数量上的历史纪录。基于多年的运营经验，EMS 团队着手加快 e 邮包裹模式的复制。2014 年 7 月，在美国、英国、澳大利亚开通线路后，国际 e 邮包裹成功开通俄罗斯线路，刷新了俄罗斯服务纪录。2015 年 3 月，中国邮政开通了以色列、沙特阿拉伯和乌克兰航线，并与之设计和开发了新的 e 邮包裹业务。2016 年 10 月，国际 e 邮包裹拓宽了与 20 多个国家和地区的线路，包括新马、匈、波、土，与“一带一路”并列。截至 2016 年 10 月底，e 邮包裹的总体布局是 32 个国家和地区，包括“一带一路”旁边的9个国家。

2. 哈尔滨对接俄罗斯，辐射东北亚

基于黑龙江省的区位优势和中俄跨境电商业务的物流需求，中国邮政充分利用“一带一路”倡议和中俄蒙“经济走廊”建设。

在布局之初，中国邮政成立了哈尔滨国际邮件交换局。在渠道建设上，中国邮政适时构建了“空中通道”，2013年，它向俄罗斯开放了国际航空包裹邮寄，开创了跨境运输的先例。中国邮政充分利用这一有利条件开通陆路运输通道，2016年，他们测试了从哈尔滨到莫斯科的火车驿道，现在已经开始运营。为了成功铺设空中通道，自2013年6月以来，中国邮政与俄罗斯邮政就扩大邮政通道达成共识，随后，成功谈判开通哈尔滨至叶卡捷琳堡的航线，解决了引入北方电商物流仓库的现场问题，最终制定了哈尔滨至俄罗斯的建设方案，成立了专门的销售部门。2013年11月7日，成功完成了从哈尔滨到叶卡捷琳堡的首航，这意味着从哈尔滨到俄罗斯的国际航空包裹邮递道路正式开通。2013年11月12日，哈尔滨至新西伯利亚的邮政公路开通。2013年11月下旬，哈尔滨至叶卡捷琳堡的专机开通，服务覆盖整个俄罗斯。这一创新解决了传统国际邮件交换局中转不便、中转能力有限的问题。哈尔滨国际邮件交换局的开放使时间从60天缩短到25天成为可能，提高了效率。哈尔滨邮件处理中心是一个现代化的生产基地，集仓储、收发、分拣和配送、海关检查和客户查询于一体，设有24小时开通的“绿色通道”供投递。俄罗斯获准在叶卡捷琳堡国际邮件处理中心接收哈尔滨国际包裹邮件，负责俄罗斯境内的邮件运输和投递（24小时运营，日处理能力28000件）。

中国邮政哈尔滨国际邮件交换局的成功在于它抓住了自己作为万国邮联成员的优势。中国邮政利用经认可的国际邮件交换局，成功地在联盟成员之间实施了国际邮政免费邮件，它可以直接发送到莫斯科、叶卡捷琳堡、新西伯利亚和其他城市。在此基础上，中国邮政不断利用优势，创新管理体制和理念。中国邮政利用邮政之路形成的产业链，优势互补，实现了双赢，改变了邮政“大而不强”的弱势地位。

3. 搭中欧班列进军新势进军中亚、欧洲

面对“一带一路”跨境电商业务的蓬勃发展，中国邮政预见到传统的海空联运国际邮路运力有限、耗时长、运量小、价格高。因此，在“一带一路”倡议的背景下，努力建设中欧国际铁路运输，开辟一条符合国际物流发展需要的经济高效的国际邮政之路。

“新欧洲重庆”列车载有来自重庆的139封测试邮件，途经新疆、哈萨克斯坦、俄罗斯、白俄罗斯、波兰，最终到达德国杜伊斯堡，然后由汽车转运至法兰克福邮件处理中心。全程耗时 15 天 11179 公里。使用锁直接存储和读取邮件详细信息、邮件列表、邮件方式等相关海关信息，实现了不分拣、不改变运输方式的出境海关，让规定邮件从原箱、原车出境。此后，2017 年 1 月，中国邮政正式向德国推出“新欧洲重庆”实体邮件。

这是世界上第一次也是独一无二的创新行动。借助《中欧列车建设发展规划》，中国邮政获得了广阔的发展空间。然而，由于中欧国际铁路运输邮件只是一个新兴的领域，中国邮政在重庆的成功模式需要进一步提炼和推广。例如，同样在新疆这也是一个重要的地方，国际邮政仍然侧重于卡车、空运方式，因此如何将重庆模式推广到新疆仍然需要深入思考。此外，中国邮政需要将“路过”的概念转变为“腹地”，深入挖掘铁路物流市场能力，而不仅仅局限于线路的两个终端。

4. 联手 LAZADA，布局东南亚

东南亚电子商务市场规模不断扩大，预计 2025 年市场规模将达到 2380 亿美元，这将不可避免地导致跨境电商物流需求爆炸式增长。随着阿里巴巴、亚马逊等电子商务平台的加入，这种巨大的竞争势必会蔓延到物流和支付等领域，从而形成一个完整的电子商务生态系统。因此，东南亚电商市场释放的物流需求对中国邮政来说将是一个机遇。

自 2012 年成立以来，LAZADA 集团一直运营着东南亚最大的电子商务购物网站。它已经开发了六个东南亚市场：印度尼西亚、马来西亚、越南、菲律宾、泰国、新加坡，并在这些国家的电子商务市场保持第一。主要买家位于泰国、印度尼西亚、马来西亚、越南、新加坡和菲律宾，数量为 5.5 亿人，卖家主要来自当地的东南亚、欧美、中国香港和中国内地。因此，2016 年 7 月，中国邮政以 LAZADA 为重要合作伙伴，在新加坡与 LAZADA 签署了合作协议。双方在东南亚等地区开展了深入的跨境物流合作，共同推出了“中国—东南亚”跨境投送服务，旨在不断提高服务质量和客户体验。为实施合作，“中国—东南亚”跨境投寄服务已在深圳付诸实践。

2016 年 12 月，双方为客户提供的战略合作服务正式启动，这意味着中国邮政和跨境电子商务平台 LAZADA 将优化现有的跨境物流配送服务。通过数据对接，实现网上订购，为客户提供更好的投寄服务。在此基础上，他们将把合作拓展到仓储、金融、教育培训、市场开发等领域，与客户共同开启新的客户服务模式。

二、中国邮政为什么瞄准“一带一路”沿线的国际物流市场

（一）国内市场增长疲软，中国邮政走出去能力增强

1. 国内市场增势见顶，本土企业放眼海外

国内市场增长正日益见顶。中国物流企业需要走出国门，寻求海外物流市场。据中国物流信息中心统计，2005—2015 年，国内物流市场需求扩大，2015 年社会物流总量达到 219.2 万亿元，比 2005 年增长近 3.55 倍，但是需求增长率普遍在下降。特别是在“十二五”规划中，经济增速大幅下滑，从 2011 年的 12.3% 降至 2015 年的 5.8%。“十二五”期间，我国社会物流总收入达到 34.4 万亿元，是“十一五”期间的 1.8 倍，但物流市场增速从 2011 年的 20.9% 下降到 2015 的 4.5%。总之，国内物流市场的需求和增长呈现触底趋势，国内物流市场陷入“瓶颈”。虽然中国目前是世界上最大的物流市场，但国内物流企业在努力保持国内市场份额的同时，也要走出去拓展海外物流市场，这已逐渐成为行业趋势。

2. 本土企业实力提升，强势布局海外

物流企业的竞争越来越激烈。一方面，虽然国内物流市场增长乏力，但同时企业结构调整也引导其进行内部优化，走出去的能力正在提高。受传统产业转型升级步伐加快、新兴产业发展加快的影响，物流需求结构不断优化。钢铁、煤炭、水泥等大宗物流需求增速放缓，而民生和消费需求保持快速增长。工业物流总量的年增长率从 2008 年的 21% 下降到 2015 年的 6%，而居民物流总量的增长率从 2008 年到 2015 年持续上升，2013 年首次突破 30% 大关，2015 年达到 36%。显然，国内物流业的重组，促进了物流企业打破单一的仓储、运输、配送等服务功能，并通过物流协调、整体规划、供应链管理实现了从单一服务向包括快递、冷链物流、绿色物流、供应链管理在内的深度整合的转变。另一方面，物流成本的增幅下降，物流运作效率稳步提高，也意味着国内物流企业运作效率和质量的提高，这增加了其在海外市场的竞争力。

（二）国际市场形势分化，目标市场定位一带一路沿线

1. 国际市场分化，发达经济体市场波动且巨头盘踞

国际物流市场的容量是相当大的，但是由于国际市场的低迷，以及市场贸易的下滑，依靠进出口贸易的国际物流市场容量近年来有所下降。市场呈现分化趋势：作为中国主要海外市场的美国、日本和欧洲等发达经济体也出现波动。2015 年，进出口总

额在金融危机后首次负增长，总额为3.953亿美元，增速为-8.1%；2016年，进出口总额仅3.686万亿美元，负增长6.77%。在低迷的国际市场环境下，市场分化明显。2016年，中国与欧盟、美国和日本三大贸易伙伴的双边贸易额分别为5470.2亿美元、5149.9亿美元和2777.9亿美元，其贸易额约占我国贸易规模的35%。然而，中国与三大主要经济体的贸易增长率并不乐观，自2014年以来一直处于低增长水平。2015年中美双边贸易增长率接近于零，2016年继续下降至-6.74%；中欧贸易增长率波动最大，从2014年的10%降至2015年的28.2%，下降18.2个百分点，2016年继续下滑3.1%；中国和日本的贸易增长是三者中最低的，自2012年以来一直保持负增长，2015年-10.8%的增长率创下新低。2016年，中国经济出现反弹，但仍处于贸易萎缩状态。可见，近年来以美国、日本和欧洲为代表的发达国家海外市场不尽人意，市场预期不确定，加之联邦快递、联合包裹等欧美领先企业的高度成熟的物流网络，使中国物流企业在发达经济体拓展市场难度加大。然而，发达经济体增长率的下降促使我们更加关注新兴经济体，并在“一带一路”的引导下促进了国际物流市场差异化的形成。中国邮政其他中国企业也跟随这一趋势，将注意力转移到“一带一路”沿线国家。

2. 定位一带一路沿线，利好政策引燃周边市场

自“一带一路”倡议提出以来，中国与“一带一路”周边国家在商业物流方面保持着良好的关系。据海关统计，2007—2016年，沿线出口年均增长率达到10.34%。2016年出口总额为5817.27亿美元，是2007年的2.22倍，占中国出口总额的比重逐年上升。2016年，出口总额达到27.73%的峰值。尽管2015年、2016年的增长率出现小幅下降，但2015年中国对印度、泰国、越南和孟加拉国的出口分别增长了7.4%、11.6%、3.9%和17.93%。2016年，中国对俄罗斯、印度、孟加拉国、波兰和巴基斯坦的出口分别增长7.41%、0.28%、2.91%、5.21%和4.78%。其中，俄罗斯、印度分别占中国出口的1.78%和2.78%，同比分别增长0.24%和0.22%。总体而言，中国、新兴市场和“一带一路”沿线国家之间的贸易物流势头不错，因此吸引了许多中国物流企业的目光，中国邮政也是如此。

此外，“一带一路”国际物流优惠政策频繁出台，点燃了周边物流市场。2014年10月，国务院发布《物流业长远发展（2014—2020年）》，强调积极推进国际物流发展：加强与周边国家和地区的跨境物流体系和走廊建设；支持有竞争力的物流企业强强联合；建立国际物流服务网络；打造具有国际竞争力的跨国物流企业。2016年9月，国家发展和改革委员会公布了《物流产业降本增效专项行动方案（2016—2018年）》，提出结合“一带一路”建设、京津冀协调发展、长江经济来研究编制全国物流

枢纽设施布局和建设规划。2017 年 2 月，商务部等部门公布了《贸易物流发展“十三五”规划》，明确推进贸易物流发展国际化，支持建设“一带一路”沿线国际通道、沿线中心城市、重点港口、重点海外经贸合作区，推进对外经济贸易合作区贸易物流发展。中国邮政等物流企业以“一带一路”沿线国家为目标市场，在国家贸易物流良好势头和配套政策的基础上，获取先行者优势。

3. 跨境电子商务开启“一带一路”物流新蓝图

在中国对外贸易低迷的背景下，跨境电子商务逆势而上，有望成为扭转贸易经济下行趋势的新引擎，作为支撑跨境电子商务的物流业必将得到空前发展。据中国电子商务研究中心统计，2010—2015 年，中国跨境电商业务市场交易规模逐年扩大，增长势头强劲，年均增长率达到 32%。交易规模 2015 年达到 5.4 万亿元，增长 29%，是 2010 年的 4.15 倍，跨境出口量达到 4.49 万亿元，同时跨境进口规模达到 9072 亿元，预计 2016 年将达到 6.8 万亿元。与此同时，跨境电商占进出口总额的比重进入上升通道。那么，当跨境电商业务遇到“一带一路”时，中国邮政在选择目标市场的过程中会带来什么样的市场机遇呢？

“一带一路”沿线市场在跨境电子商务的冲击下释放出前所未有的物流市场容量，成为中国邮政等本土企业开拓物流市场的重点领域。其中，在“新丝绸之路经济区”，中东和北非拥有 1.1 亿互联网用户，有 3000 万人进行过网上购物。电子商务规模从 2012 年的 90 亿美元增长到 2015 年的 150 亿美元；欧洲大陆上的土耳其大桥也在推动丝绸之路沿线的“中间走廊计划”与中国的“一带一路”倡议进行主动对接。双方在基础设施建设、汽车、纺织等领域有很大的合作潜力；俄罗斯位于最北部，拥有大片地区和消费者群体。2012 年，其互联网用户超过 7000 万，首次超过德国和英国，成为欧洲最大的互联网国家。在“21 世纪海上丝绸之路”中，东南亚是最具活力和最具潜力的消费市场，仅次于美国、欧盟、中国，其持续快速的经济增长培育了大量中产阶级和巨大的消费需求。预计到 2025 年，东南亚电子商务市场规模将达到 2380 亿美元。

总之，“一带一路”倡议与跨境电子商务的融合，将为沿途物流市场带来巨大的发展空间，使“一带一路”沿线广阔的跨境电商业务市场交流活跃起来，为中国邮政在目标市场发展跨境电商业务物流提供新的机遇。因此，中国邮政可以积极进入“一带一路”沿线国家，全面开拓跨境电子商务物流市场，同时为目标客户推出适合当地需求的相关业务和产品。

4. 目标市场量体空前，跨境电商物流市场潜力巨大

从出口角度来看，自 2010 年以来，中国对“一带一路”沿线 64 个国家的出口大

幅增长，2012 年后，增速放缓，进入“稳定增长期”，2007—2016 年的年均增长率保持在 10% 以上，高于中国出口总额的年均增长率。显然，“一带一路”沿线的物流市场比其他地区具有更大的发展潜力，这为中国物流企业提供了可观的国际物流发展市场容量。其中，出口贸易主要集中在东南亚、东北亚、俄罗斯和南亚、印度等地区。2016 年，前十名国家的出口紧随其后，分别是越南、印度、新加坡、马来西亚、俄罗斯、泰国、印度尼西亚、阿拉伯联合酋长国、菲律宾、沙特阿拉伯。因此，由于存在巨大的国际物流需求和增长潜力，上述国家可能成为中国邮政在“一带一路”沿线地区的目标市场。

从进口角度来看，自 2010 年以来，中国与“一带一路”沿线国家的进口大幅增加。虽然，“一带一路”沿线的物流市场不如出口市场表现出整体稳步增长的趋势，但整体市场容量仍相当可观，市场仍具有开拓发展潜力。中国与“一带一路”沿线国家的商品进口主要集中在中东、东北亚、俄罗斯和东南亚等地区。2016 年，进口额前十名的国家是马来西亚、泰国、越南、俄罗斯、新加坡、沙特阿拉伯、印度尼西亚、菲律宾、伊朗和阿曼。由于越南等国家存在一定的国际物流需求和增长潜力，有可能成为中国邮政等国内物流企业的目标市场。

三、中国邮政占领沿线市场的短板何在

“一带一路”倡议使周边物流市场大受欢迎，因此，大型电子商务企业纷纷瞄准“一带一路”的巨大市场。在国内市场，顺丰等物流企业已经完成了与国外邮政和物流企业的合作，迅速打入国际市场。在国际市场上，许多国际巨头企业都想利用“一带一路”来拓展市场，如联邦快递和美国邮政等。此外，已经建立了自营物流系统的大型电子商务企业也盯着“一带一路”市场，如亚马逊和阿里巴巴。在这种背景下，中国邮政如何如何确保其市场份额不被侵蚀？在这些挑战下，中国必须找到它为什么大而不强的原因，同时挖掘出它的缺点，这样才能对症下药。

（一）百年邮政“最后一公里”问题严峻

由于其“国家队”的身份，中国邮政可以使用由“万国邮政联盟”建立的全球邮政网络。在这个网络下，中国邮政可以通过国际邮政合作进入全球市场，然而，中国邮政也因为网络而陷入困境。以邮政合作为基础的国际快递业务是指中国邮政将货物运输到目的地国家，并利用外国物流企业进行配送。因此，中国邮政失去了对“最后一公里”的控制，这增加了货物能否交付给东道主的风险。让我们以 e 邮包为例，如

前所述，中国邮政与周边国家进行了合作，当包裹进入目的地国家时，由外国邮政负责最终分配和投递工作，双方使用邮政快递信息系统交换数据。目的地的“最后一公里”不是由中国邮政完成的，其服务质量取决于外国邮政系统的工作能力，这使中国邮政处于被动地位。一些海外邮政企业建立了覆盖整个网络的物流跟踪系统，顾客可以随时查看包裹的位置。相比之下，虽然中国邮政的信息系统已经覆盖了大部分的物流节点，但是网络数据的交互程度和人工交互的交互程度都比较低。因此，其内部信息无法完美共享，向客户提供实时跟踪检查服务仍停留在施工阶段。与竞争对手相比，信息化程度低使它只能提供个性化或细分化的物流服务，这不能成为自身的竞争优势。

（二）作业模式囿于传统，大数据理念有待注入

随着现代物流业的快速发展，客户享受的服务取决于大数据和“互联网+”模式。客户追求的高质量服务越来越注重物流企业的时间效率，而准确评估客户需求和产品质量都是基于企业自身的运营水平。长期以来，中国邮政的运营模式过于传统。尽管它尝试了许多新模式，如技术创新，但新模式似乎也很保守，缺乏大数据的概念。包裹递送组织仍处于传统模式，原来的生态链如打包业务、汽车取货、分拣、封箱转运、运输、二次分拣、二次取货、二次交货等严重影响了物流时限。与之形成鲜明对比的是，一些国家的邮政企业一直走在大数据发展的前列。法国邮政与软件公司 Weboram 合作，利用其数据管理平台实现广告和客户数据系统数字化；德国邮政正在使用 EPC 超高频射频识别技术向客户提供货物到达或离开法兰克福分拣中心的相关信息。

毫无疑问，大数据已经成为物流企业发展的新引擎。因此，作为落后者，中国邮政必须改进传统的运营模式，并在其模式中引入大数据和“互联网+”的概念。此外，中国邮政将整合自己的核心数据资产，并适当引入外部数据。

（三）技术创新落后于劲敌

我国已经出台了许多政策来提升我国的技术创新能力，如“互联网+”“一带一路”“公共创业与创新”等战略。中国邮政在政策变化的情况下做了大量的创新工作。例如，中国邮政把“邮政科学研究规划院”作为智囊团，积极寻求和开发“物流集成系统”“核心设备”等技术支持。此外，“中国邮政跨境电商业务综合服务平台”“中国邮政海外仓储系统”新产品荣获“2015 中国物流与采购联合会科技奖”二等奖。然而，中国邮政的技术创新速度仍然落后于竞争对手，特别是在信息系统、移动终端、自助服务包柜等方面；另外，中国邮政缺乏业务创新的紧迫感，缺乏技术创新的前瞻性。而其他竞争对手则非常重视技术创新，例如，联邦快递允许用户通过手机或平板

电脑和其他移动设备查询最近的服务站、投递箱、授权托运、全球服务中心和其他信息，他们还可以支持资费和托运查询、提货安排和其他功能。此外，电子商务平台也走在技术创新的前沿，如京东有“亚洲第一”的仓库，有着自动存取的功能，机器人采摘、自动化采摘、智能任务分配等技术，实现操作自动化和智能化。相比之下，中国邮政在技术创新方面的速度却落后于他们，我们认为这就是为什么中国邮政虽然已经有一百年的历史，却很难突破“大而不强”的问题。

（四）战略布局步伐有待提速

中国邮政的战略调整符合“一带一路”时代的方向，然而，这个有着百年历史的邮政企业也无法回避国有企业的一个共同问题——“控制不便”“机构臃肿”“反应迟钝”“思想僵化”等。所有这些都导致市场敏感度低、灵活性差，并且在战略布局上略有局限。因此，他们的步伐需要加快，根据2015年“世界博览会”和“世界经济论坛”的统计，在G20（欧盟除外）国际邮政服务排名中，中国邮政是最后，美国是第一。此外，在海外仓库建设方面，尽管中国邮政已经在美、英、德、澳等国采取行动建设海外仓库，但“一带一路”沿线的市场仍处于规划和建设阶段。在东南亚的布局上，中国邮政远远落后于世界上的强国。例如，2016年，中国邮政与LAZADA合作进入东南亚市场，但在此之前，阿里巴巴和其他实力强大的企业早已瞄准该地区。因此，作为一支国家队，中国邮政迫切需要扭转国有企业的经营模式，不要被国有企业模式束缚太多。应该加快战略布局的速度，作为“一带一路”的市场先行者，中国邮政需要改变“大而不强”的问题。

四、中国邮政国际速递业务蓝图

“一带一路”促进了沿线国家物流市场的发展，中国邮政可以抓住机遇，利用自身在周边市场的优势发展国际快递业务。然而，中国邮政未来要如何设计才能克服自己的缺点和解决“大而不强”的问题？

（一）创新配送方案解决“最后一公里”问题

中国邮政在解决“最后一公里”问题上，迫切需要创新方案。其中，中国邮政可以借鉴顺丰的海外自主模式，加强“一带一路”沿线国家的自主分支机构布局，在提高运营效率的同时提升自主模式。当然，海外自我模式并不是解决问题的唯一途径，中国邮政应该遵循“因时因地、因时而异”的原则，去寻找周边国家的“最后一公里”问题解决方案，而不是盲目模仿或照搬他人的自我模式。对于具有一定运营经验的海外市场，如俄罗斯，中国邮政在现有运营模式的基础上学习了当地的文化、生活方式、风俗习惯等，引入自主经营模式的思想可以提高当地用户的体验满意度。对于中国邮政没有进入的海外市场，或者当地运输系统不发达的地区，或者中国邮政不了解当地文化的地区，自我模式可能不是最好的解决办法。如越南市场，存在明显的物流壁垒，交货时间较长、不稳定；印度缺乏高效和完善的交通系统，文化习俗对当地的商业风格也有较大影响。基于此，中国邮政可以借鉴海外邮政物流跟踪系统，为本地用户提供实时查询物流信息；使用无人机、众包物流、自助投递点、智能快递柜台等终端投递方式，以及相应的自助设备布局，如大型邮件、社区储物柜等，为客户提供独立的服务选项。中国邮政还可以在快递方面与当地快递企业合作，多方面利用资源解决配送问题，克服物流“最后一公里”问题，包括运输人员稀缺、交通不畅、成本高、效率低、时间不匹配等其他痛点。与此同时，雇佣当地劳工负责分配能够减弱当地居民对外国企业的敌意，并减少由错误率引起的文化不相容。

（二）注入智能物流思维，以高科技颠覆传统作业模式

面对自身的不足和国际环境的变化，中国邮政迫切需要关注未来科技发展趋势，提升自身科技实力。目前，机器人、大数据技术已经应用于物流行业，随着5G的发展，物联网、无人化、云、虚拟化等技术将加强人与人、人与物、物与物之间的联系，形成物与物之间的互联互通，并将融合在工作与学习、休闲与娱乐、社会互动、工业生产等方面。中国邮政可以提前布局，及时融入智能物流思想，在收集、整理、扫描、传递、配送、签收等一系列物流环节中，确保各环节的高效运作，运输记录可追溯，物品可追踪等。例如，在分拣会话中，智能分拣中心的建立，将改变人工分拣模式。在分配环节，利用配送路线优化系统，充分考虑车辆资源、成本信息、客户时间、交通限制等因素，以确定最优路线方案；精细化、移动化和集成式云解决方案，为驾驶员设计最佳运输路线。

（三）紧随跨境电商，打造“互联网＋国际电商”

综合服务平台中国邮政应积极构建“互联网＋国际电商”全球战略，打造多元化在线服务平台。首先，中国邮政应该更加重视合作，包括联合易趣、阿里巴巴、亚马逊、敦煌等，将在线和离线资源紧密结合，创建一个包含“信息服务＋交付服务＋金融服务＋代理服务”等内容的快速互联网生态系统。其次，中国邮政应进一步构建跨境电子商务综合服务平台，在现有电子商务平台的基础上，建设国家邮政国际交流局，

提供网上信息的多元化服务平台。然而，这些还需要与海关总署、质量监督总局和其他监管部门的合作。该平台可以同时提供“一般出口”“保税出口”“直接进口”和“保税进口”服务，它还可以为用户提供一般出口退税、保税进口货物等特定服务。最后，注重信息共享，建设大型数据分析服务平台。如数据采集、快递邮件收件人信息、购买商品信息、购买模式、交通流量、产品类别动态条件共享、国家进出口邮件分析等数据，并成为中国邮政国际信息数据库服务平台。中国邮政可以利用“一带一路”沿线的相关数据进行深度挖掘和专题分析，并为其产品提供分析资源和工具，根据分析结果提供对外服务。

（四）加速战略布局，利用区位优势打造对接窗口

在海外运营的历史上，哈尔滨国际邮件交换局发挥着独特的作用。中国邮政充分利用毗邻俄罗斯的地理优势，凭借中俄政策红利，因地制宜地开辟空中、水上、陆地等多种物流渠道。现在，中国邮政不仅在俄罗斯提供服务，还可以利用其产业链和运输能力影响东北亚。在此基础上，中国邮政应及时作出下一步战略布局，并借鉴现有海外市场对接窗口建设的成功经验。此外，中国邮政还应利用其独特的国际邮件处理中心，将“哈尔滨模式”复制到其他城市，与面向西亚的新疆、面向东南亚的广东、面向东北亚的安徽、面向东南亚和南亚的福建形成新的海外格局，为下一步的战略布局奠定基础。

五、结语

为了寻求国内物流企业成功布局“B&R”市场的成功路径，本文以中国邮政为典型案例进行了深入分析。作为物流业的“国家队”，有百年历史的中国邮政有自己的竞争优势。中国邮政拥有覆盖全球200多个国家和地区的邮政网络；“EMS”和国际电子包等邮政品牌在海外享有盛誉；作为中国最早、最大的物流服务提供商，在抢占跨境电子商务物流市场方面具有明显优势；中国邮政拥有便捷的邮政通关通道和50多个海陆空口岸，具有较高的通关能力。此外，中国邮政获得了沿线市场的高度认可和接受，国家政策带来的便利形成了优势的内化，中国邮政独特的港口资源和地理优势吸引了沿线频繁的交流，物流市场空前庞大，等等。所有这些构成了中国邮政的核心竞争力。

然而，随着对中国邮政内部结构和市场策略的深入分析，我们发现“大而不强”的问题仍然突出，其重要的短板包括：“最后一公里”问题严重，经营模式有限且传

统，技术陈旧，战略布局平淡。中国邮政需要努力克服短板，坚持“因地制宜”的原则，权衡海外自营和本地化两种模式，以克服“最后一公里”问题；采用机器人技术、数据实时记录共享、自动化仓库等高科技改变传统运作模式；顺应跨境电力业务发展趋势，建设“互联网＋国际电力”综合服务平台，并在海外设立仓库；改变“固步自封”的保守管理思想，以哈尔滨国际邮件交换局的成功模式为典范，开发重庆、新疆等国内许多新窗口对接市场；加快战略布局，打破现有国际快递业务分省管理模式，建立西北、东北、西南、沿海和内陆的区域化体系国际快递运营机制。

在“一带一路”倡议的背景下，中国邮政的“投递联队”已经开始布局市场，预计将逐步解决其“大而不强”的问题，凭借地方政策优势和庞大的网络优势，相信中国邮政可以实现华丽转身。

案例使用说明

一、教学目的与用途

1. 本案例主要适用于“国际商务”课程，也适用于“国际企业战略管理”“跨文化沟通”等相关课程。

2. 本案例的教学目标

本案例通过对中国邮政基本情况、业务发展、竞争力和在“一带一路”机遇下新发展的分析，引导学生运用国际商务的理论方法及分析工具对案例中的企业进行深入分析，从而加深对于国际商务理论和分析框架的理解与运用，

二、启发思考题

1. 中国邮政是如何在“一带一路”背景下获得新发展的？

2. 中国邮政是如何布局国际物流市场的？

3. 中国邮政未来的将符合发展，又面临哪些挑战？

三、分析思路

首先分析中国邮政是如何进军国际物流市场的，在进入国际物流市场中国邮政具

备哪些优势，又面临怎样的挑战，从而引出企业国际化的过程。综合分析在企业国际化的过程中的理论支持。

四、关键点

1. 中国邮政的基本情况分析。
2. 中国邮政的竞争力分析
3. 中国邮政进军国际物流市场的过程。
4. 中国邮政的未来发展。

五、建议课堂计划

1. 引入案例（20分钟）

教师可以通过多媒体，以图片、视频等形式，向同学简要介绍中国邮政的基本情况和特点。

2. 分组讨论（30分钟）

将学生分为若干小组，对设立问题进行分析讨论。

3. 案例交流（30分钟）

各组学生派出代表对问题进行回答，其他同学可以补充回答。

4. 案例点评（10分钟）

针对同学们的回答情况予以点评，并对案例的关键点进行重点分析。

5. 案例总结（10分钟）

总结案例，启发同学们对国际商务的更深入思考。

参考文献

[1] 曹国，刘露，应可福．上市物流企业生产效率的实证分析［J］．统计与决策，2016（16）：184－188.

[2] 王芊慧．浅议中国邮政速递物流发展存在问题及对策［J］．经贸实践，2015（7）：253.

[3] 隋秀勇，金淑娴，王璀一．本土快递如何走出低端竞争走向国际市场?［N］．现代物流报，2013－07－23（A03）．

［4］梁晓杰，刘芳，东朝晖．政府推动物流业发展的国外经验借鉴［J］．中国流通经济，2012，26（1）：33－38.

［5］姚娟，杨琴．我国制造企业与物流企业联动的物流交易模式分析——基于 FDI 型物流企业［J］．软科学，2011，25（10）：113－116.

［6］Keyu Jin. Industrial Structure and Capital Flows［J］．American Economic Review，2012，102（5）．

第三部分

企业国际营销管理

案例 6

海信集团的海外营销*

海信集团是我国著名电子信息产业制造企业。在国际化经营过程中，海信采取了稳健的发展战略，国际化经营保持良好势头。但是伴随着国内人力、原材料成本上升，产品竞争激烈以及科学技术产品迭代的加快，在未来的发展中，正处于国际化加速阶段的海信还将面临诸多挑战。本案例着重探讨了海信集团国际营销战略和得失，以期为我国制造企业走出去提供借鉴。

* 本案例由中央财经大学国际经济与贸易学院孙志贤、刘妍希撰写。

案例正文

海信集团从 1985 年开始涉足国际贸易，历经以代工为主的商品进出口贸易，建立海外销售渠道及海外生产基地，推动自主品牌国际化，目前位列全球电视机出货量前三。海信集团在国际化发展过程中找准品牌定位，准确地分析用户需求、竞争环境和企业自身条件，找到能够形成竞争优势的市场划分；依靠扎实的技术研发和运营管理能力，推出质量好，价格适中的产品和星级售后服务；通过多渠道营销策略和品牌效应，在出海的 26 年中，海信获得了海外用户的信任，树立了良好的品牌形象，在国际市场中收获巨大利润。

一、背景分析

（一）海信集团历史沿革

总部位于山东青岛的海信集团是我国著名电子信息产业制造企业。1969 年，海信前身“青岛无线电二厂”成立，生产半导体收音机。1984 年，引进当时世界一流彩电生产线，第一代青岛牌彩色电视机问世。1993 年 5 月，中美合资青岛 AT&T 通讯设备服务有限公司成立，海信正式涉足通信技术领域，开始布局 3C 产业格局。1996 年 10 月，南非海信成立，跨出国际化的第一步，同年，海信在国内高起点地引进变频技术，成立空调公司。2001 年，海信完成 HiCon 自适应交通信号控制系统，填补了中国交通信号控制系统高端产品的空白，并由此确定了海信在国内智能交通的技术领先地位，同年公司涉足冰箱、彩屏手机等多个产业。2002 年，海信与日本日立公司合资成立海信日立空调系统有限公司，开始涉足大型商用空调市场。2005 年 9 月，科龙与海信签署了股权转让协议，海信最终以 6.8 亿元的出价收购科龙。2012 年围绕“智能化战略”进行一系列产业布局：先后斥巨资投资建设江门产业园、扩建平度产业园、开工新研发基地、新建南非产业园以及深圳南方管理总部。2018 年海信正式接管东芝映像解决方案公司（TVS）。作为唯一的电视合作品牌，海信成功赞助 2018 俄罗斯世界杯；收购斯洛文尼亚白电制造商 Gorenje。经过 50 多年的发展，海信已经成为横跨家电、通信、智能服务等众多行业的特大型跨国集团。

（二）产业格局

海信拥有海信视像和海信家电两家上市公司，海信、科龙、容声、东芝电视等多个品牌，已形成了以数字多媒体技术、智能信息系统技术、现代通信技术、绿色节能制冷技术、城市智能交通技术、光通讯技术、医疗电子技术、激光显示技术为支撑，涵盖多媒体、家电、IT 智能信息系统和现代地产四大产业的多元化产业格局（见表 6－1）。

表 6－1　海信全球布局

工业园区（14）	中国：青岛、扬州、湖州、佛山、贵阳、江门、成都 欧洲：杰克比尔森、斯洛文尼亚 美洲：墨西哥蒂华纳 非洲：南非开普敦
研发中心（18）	中国：青岛、TVS、上海、德顺、深圳、贵阳、长沙、武汉、西安 亚洲：以色列 欧洲：德国、荷兰、瑞典、欧洲研发中心、斯洛文尼亚 美国：光器件研发中心、硅谷、亚特兰大
海外公司	日本、泰国、马来西亚、印度尼西亚、印度、迪拜、俄罗斯、荷兰、比利时、英国、波兰、德国、乌克兰、波斯尼亚、法国、捷克斯洛伐克、罗马尼亚、保加利亚、匈牙利、哈萨克斯坦、奥地利、西班牙、塞尔维亚、西班牙、萨格勒布、斯洛文尼亚、意大利、加拿大、美国、墨西哥、巴西、智利
产品出口	远销 130 多个国家和地区

1. 多媒体产业

电视机与显示设备：海信电视在黄岛、贵阳、江门、南非、墨西哥、捷克拥有生产基地。

互联网电视运营：聚好看科技股份有限公司是海信集团下属的一家以云平台和大数据驱动为基础的互联网技术型服务公司，为实现传统终端企业产业升级，建立“互联网＋终端＋服务＋用户”的新的产业形态，提供云平台基础服务和各项基于互联网的增值业务服务。

移动通信设备：青岛海信通信有限公司成立于 2001 年 5 月 10 日，集智能移动终端的研发、制造、销售和服务为一体，产品线涵盖 3G、4G 等智能终端。

光通信器件：海信芯片在青岛、江门拥有生产基地，在青岛、武汉、美国设有研发中心。

2. 家电产业

冰箱：在顺德、平度、扬州、成都、南非等设有生产基地；拥有海信、容声两个中国驰名商标；国内市场占有率排名第二。截至 2015 年，冰冷产品已连续四年出口行业第一。

空调：在青岛、广东、湖州拥有三大生产基地；1997 年推出中国第一台变频空调。

冷柜：拥有先进的设计技术、精良的生产设备和一流的检测设备，在国内率先采用标准化管理体系，是国内冷柜行业最专业的生产厂家之一。

洗衣机：2009 年海信惠尔浦合资公司在湖州工厂全面运行并批量投产；2016 年，全球首创三筒洗衣机登顶美国时代广场，让世界见证中国智造。

3. 全球布局

作为一家大型跨国企业，海信重视产业和产品的全球化布局。海信在全球拥有 14 个工业园区和 18 个研发中心，同时在亚、欧、美等多个洲建立自己的分公司、子公司或代理机构。

4. 发展战略

海信坚持“技术立企、稳健经营”的发展战略，以优化产业结构为基础、技术创新为动力、资本运营为杠杆，持续健康发展。

上市公司海信视像 2019 年年报中表示，公司致力于成为全球高清智能显示产品及内容服务的优秀提供商，2020 年计划通过推动显示技术、云平台技术、交互技术、人工智能技术的持续创新，以个性化场景服务打造屏幕小生态，打造顾客满意的高技术含量产品。而海信家电则紧紧围绕“做高质量的好产品”战略，紧抓消费升级、细分市场的机遇，以产品的持续迭代创新赢得市场，实现规模和效益的稳步提升。

二、海信集团国际化历程

在所有国内企业的行动策略里，都有两个维度——国际市场和国内市场。这是一种绝对的战略组合：如果获得国际市场的认可，将会为企业在中国的生存带来重大利好。如果能成功地走出去，又有赖于品牌在中国市场的良好表现，有赖于中国经济发展整体向好的大平台。

海信是沿着这样的路线图扩张的：在全球范围内建设包括以美国为中心的北美市场，以巴西为中心的拉美市场，以比利时为中心的西欧市场，以俄罗斯为中心的东欧市场，以澳大利亚为中心的澳洲市场，以南非为中心的非洲市场等市场网络。根据海信国际化的实际情况，将其国际化历程分为两个阶段：出口阶段（1985—2002 年）和

海外投资与扩张阶段（2002 年至今）

（一）出口阶段（1985—2002 年）

海信早在 1985 年就开始了出口业务，1994 年海信集团成立后，通过山东省外贸公司代理出口产品，到 1997 年每年都能创造 1000 万美元左右的收入。到 1997 年，海信海外总收入为 10163.8 万美元（见图 6－1）。此时，海信海外市场上由于没有自己的出口权，所以海信这一阶段的实际出口额不大，仅仅依靠外贸出口企业的订单来开发海外市场，另外，这一阶段海信产品设计也没有自主性，而是完全按照外商订单的要求研制。

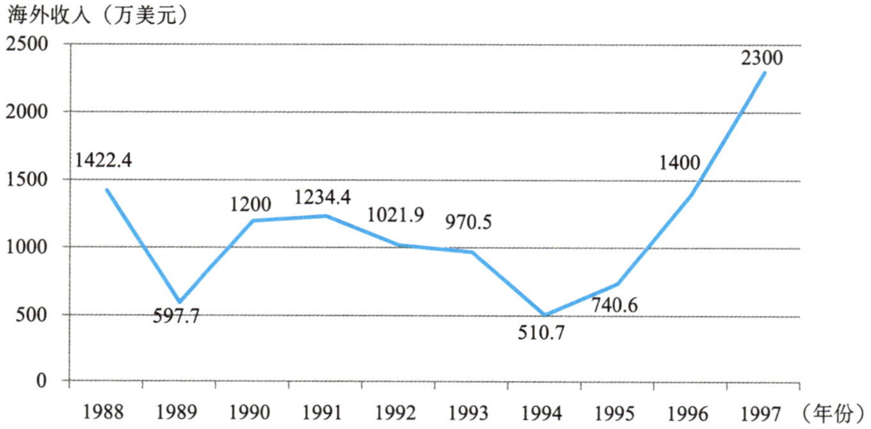

图 6－1　1988－1997 年海信海外收入

1997 年，海信获得自主出口权，海信集团内部统一管理出口业务的公司——海信进出口有限公司于 1998 年成立。此后，海信开始直接面对客户，这一阶段的海信的主要客户是印度尼西亚、南非、意大利以及一些东南亚、非洲和南欧的国家。2000 年，海信海外总收入为 2768 万美元，其中海信对这些国家和地区的出口总额分别占到了 37%、32%、28%。

在此阶段，家电行业跨国公司的制造能力逐渐向中国转移，加剧了行业产品组合和整合，形成了一批本土优势企业，中国制造的产品凭借高质量和低成本逐步在全球市场形成优势，很多中国家电品牌开始在国际市场上进行激烈的价格竞争。而这一时期，海信专注于国内市场，其国际业务资源分配相对较少，重点建设本土品牌，积蓄竞争力量，而没有进行大规模的海外扩张。

（二）海外投资与扩张阶段（2002 年至今）

经过前一个阶段的探索，海信发现国际市场上存在的机会，坚定了进军海外市场，走国际化道路的决心。在全球经济一体化进程不断加快的背景下，借助中国加入WTO的契机，海信开始越来越主动地进行国际化，在国际市场上开始崭露头角。在国际化初期，海信只是国内名牌，在国际市场上知名度并不是很高。这一时期，海信明显的劣势就是总体规模不足，从而引发的成本劣势成为海信海外品牌建设的瓶颈。欧美国家的贸易壁垒、国内家电市场趋于饱和、产能过剩等压力促使海信积极寻找新市场。这一阶段，海信选择了迅速提升产能规模和海外投资建厂的策略。

2001年，海信通过与巴西华侨联合出资的方式成立了主要生产变频空调的海信巴西有限公司。

2002年6月，海信集团与美国著名的Ligent International Inc.公司合成立了Ligent Photonics Inc.，同时，两公司合资的青岛海信光电科技股份有限公司也在青岛成立。

2002年7月，海信集团与日本住友商事株式会社合资成立了海信住商（日本）股份有限公司，开始进军日本国内市场。

2004年4月，总部设在美国的FLEXTRONIC（伟创力）公司成立，海信提供技术、质量、品牌及设备支持，双方合作在匈牙利建成年产能达到100万台的彩电工厂以开发欧洲市场。

2004年，在品牌、技术以及设备的支持下，海信与巴基斯坦纺织和空调大王AAA公司合作建成了产能达到100万台的彩电生产线，并借此契机，海信迅速建立能够起辐射中东大多数国家的市场网络。

海信于2004年6月主办“海信全球平板电视发展研讨会”，邀请了世界各地的消费电子的生产商以及供应商代表参加，会后海信启动了全球范围内的全新的平板电视市场推广策略——“Hisense Anyview”，并且针对不同的市场以及不同层次的消费者，推出了具体分为欧洲版、美洲版和亚洲版的大小从15英寸到63英寸的全系列平板电视产品。

2007年，能够面对整个欧盟市场的海信匈牙利电视机生产厂正式投入运营，加快了海信在欧盟市场实现研发、生产和营销一体化的国际化经营步伐。

海信将其国际市场划分为四个大区：美洲、非洲、欧洲、亚太，将澳大利亚、中东、北美、非洲地区作为其自主品牌的首站，而且海信将发展基础最好的澳大利亚和非洲作为完全自主品牌运作的地区。

在澳大利亚，2006—2009年三年的时间中，海信在澳洲市场年增长率达到了158.74%，并成为了澳大利亚排名前五的家电品牌。特别是在金融危机影响严重的2009年，海信在澳大利亚的自主品牌产品的销量与销售收入分别比2008年增长108.36%、156.23%，实现了逆势增长。尤其是海信液晶电视在澳大利亚的销量增长了224.35%，超过了松下和索尼，成为了前三名。在澳大利亚自主品牌运作的成功经验可以复制到加拿大、墨西哥等中等发达国家，从而进一步开发发达国家市场。

在非洲，南非是海信发展基础最好的市场，自 1996 年海信在南非建厂至 2000 年海信收购韩国大宇在南非的电视生产线，2006 年海信在南非已经完全实现了自主品牌的运营，到现在为止，海信电视在南非一直占有 10% 的市场份额，有超过 500 万户的南非家庭使用海信的电器，是南非家喻户晓的著名国际家电品牌。布局在南非、北非的 4 家工厂，也是海信制胜非洲、中东及辐射欧洲的重要法宝。同时，在北非市场，海信一直居于当地家电品牌生产商的第一名。中东地区，海信在 2011 年成立了海信迪拜办事处，以在中东地区进行其自主品牌的推广。在中东与非洲地区，海信基本上成为当地居民首选的家电品牌，因此，海信在这些地区的自主品牌国际化比较顺利。

在北美地区，海信积极与美国大客户开展合作，并与美国主流渠道商形成战略合作，可以有效利用其营销渠道，从而扩大海信在北美地区的自主品牌营销。美国作为世界上最先进的发达国家，海信在美国的自主品牌国际化，也就意味着海信在全球的初步的自主品牌国际化。

同时，海信也很重视在欧洲的发展。在欧洲，海信不断扩大市场营销网络，在意大利、英国、西班牙、比利时和匈牙利等国都分别设立了办事机构和分公司，并在 2010 年建立了德国区域的总部，这就为海信在欧洲的自主品牌运作开拓了渠道，奠定了良好的基础。

这一阶段，海信海外收入由 2007 年的 7.1 亿美元增长到 2011 年的 14.3 亿美元，自主品牌收入由 2009 年的 2.6 亿美元增长到 2011 年的 5.2 亿美元，自主品牌在海外收入中所占的比例也由 2007 年 10% 上升到 2012 年的 43.7%（见图 6－2）。

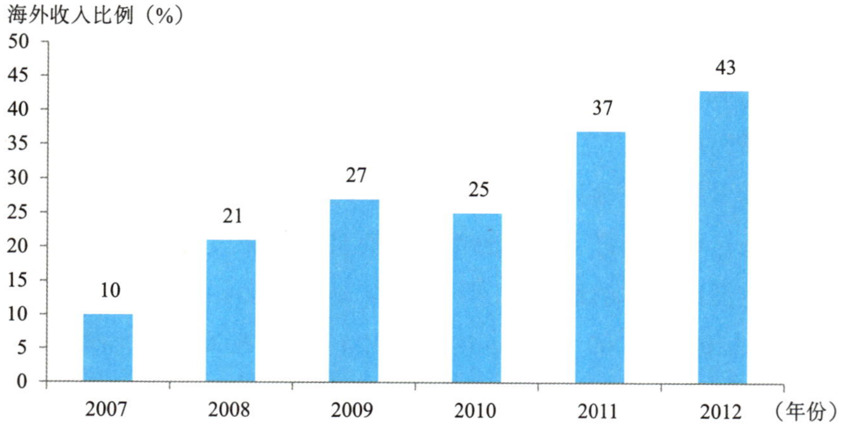

图 6－2　2007—2012 年海信海外自主品牌海外收入占比

（三）出海成果

如今，海信凭借优异的国际化经营与海外营销，在海外拥有大量知名度和市场。

在2018年，海信海外收入逆市增长30%，达到378.38亿元，而且在海外市场的自主品牌占比已经达到60.9%。在消费者最为挑剔、国外家电品牌最难攻克的日本市场，海信已成为除日本本土品牌之外市场份额最大的品牌，与索尼、松下一较高下；在南非，海信电视已连续三年稳坐第一，冰箱也是蝉联两年第一；另外包括美洲、欧洲、澳洲等国际市场，海信均有不菲成绩。

市场占有率不断扩大的同时，海信的海外知名度同样提升迅速。如2019年3月，全球消费者投票选出了“BrandZ中国出海品牌十强”，海信位居第6，在上榜的家电品牌中排名第一，与腾讯等品牌一起，成为增长最快的五大品牌；在中国外文局对外发布的《中国国家形象全球调查报告》中，海信排名仅次于华为；在另一份“海外民众最熟悉的十大中国品牌”榜单中，海信已连续四年入选；在WPP发布的《中国出海品牌50强报告》中，海信位居十强之列。

三、海信集团国际营销战略分析

（一）明确产品定位

海信正处于加速国际化发展阶段，在品牌影响力上暂时还不能比肩日韩欧美等老牌家电企业。因为人力成本因素较低，海信产品的价格通常比国际品牌低20%—40%，但低成本战略不是可持续发展的方式。经过多年的技术进步和国际化经营，海信已经不满足于仅依靠低端产品抢占市场份额，而是要在各层次产品线与国际品牌展开竞争。明确适合国际市场和企业自身条件的产品定位是在竞争中取胜的关键。

1. “物美价廉”的产品定位

许多顾客在购买产品和服务时有很高的期望，一般顾客希望买到低价又有高质量及有一定差异化的产品。考虑产品质量、价格定位、创新设计和先进技术建立起独特的优势，提出“质高价中、星级服务”的概念，以相对较低的价格提供高质量、先进技术、时尚设计的产品，满足顾客需求，形成差异化来实现独特价值，以高效的生产、精细化管理和基于全球范围的供应链运营保持低成本，形成价格优势。同时关注成本和差异化两种竞争力，需要对外部环境变化和新技术发展不断作出调整，这要求企业有较强的技术研发实力，高效的成本控制管理能力，这些要素与海信的能力能很好地匹配。如此，可以保证海信可以以相对较低的成本生产差异化的产品，在国际市场中获得竞争优势。

在国际市场中强调塑造高端产品形象。在国内市场上，海信将“突出高端”已经列入经营方针多年，并在关键节点改变了海信的市场地位，如2004年海信电视跃居中国彩电第一，依靠的就是坚定平板战略走高端。可以说，没有高端战略的坚持，就没有海信的今天。在国际市场开拓过程中，海信也应树立高端产品形象，推出技术含量高、品质有保障、外观设计时尚以及功能强大的产品，配套星级售后服务，改变大部分中国产品在国外消费者心中是低价低质量的印象。

产品高端的内涵不仅仅体现在对外宣传，还体现在对企业内部的管理以及各项工作标准、目标追求、产品、客户结构、工艺追求、质量要求等均要与高端产品标准相符。国际化经营中需不断提高产品水平，增加高端产品销售，提高毛利率、优化产业和产品结构，提高产业高端和高端产业产品的规模和份额，大力拓展盈利空间。

在国际市场推进中高端产品战略，需要以满足用户需求的优质产品为基础，结合营销和市场推广，从质量、服务、价格三个方面建立竞争优势，快速提升市场份额。技术研发方面不断突破创新，拥有自主知识产权的ULED以及激光电视等高端产品，凭借高清画质已在海外市场广受好评。

2. 突出高端形象产品

海信的国际化战略目标是自主品牌国际化。要在大牌云集的国际竞争中树立形象良好的自主品牌，就离不开高端产品。需要制定聚焦精品战略，打造产业高端，在国际市场上成功建立了高品质、高技术的产品形象。

国际营销公司需要始终贯彻执行高端战略。新产品规划要突出高端意识，提升产品品质和精细化水平，打造精品明星机型；销售端坚定推出高端产品的决心，借鉴标杆企业和国内市场做法持续开展终端推广工作，在国际市场上敢卖高端，卖好高端。明确高端产品销售目标，坚决压缩低效机型，摒弃机海战术，力推高端产品。

首先，海信提出明确的研发规划。实施重视高端产品的战略，并设立明确的目标，计划未来三年高端产品型号占比同比提高5个百分点，电视、冰箱、空调高端产品销售额同比提升幅度高出整体20、20、30个百分点以上，积极从标杆企业引进领军人物和高水平专家，并通过调整激励机制激发研发人员创新热情。从自身的产业发展和行业前瞻的角度组织梳理颠覆性技术和关键共性技术，并落实到三年研发计划中实施预研，对多个产业共用的图像处理、结构与新材料、充动与传热、智能技术等，进行统一规划，共享资源。敢于加大投入，落实组织和机制。高度重视对外合作，充分利用外部研发资源，加快掌握关键技术。充分借鉴国际标杆企业先进管理经验和管理工具，用3年时间建立完善的研发体系，建立科学的机制提升研发能力和研发效率。

其次，提高研发质量。严抓研发过程，从设计前端确保产品质量。确立质量管理工作的权威性，质量管理无禁区。对研发系统进行认真梳理、规范研发过呈的测试、验证、评审、交验环节，明确规定各环节的交付物与输出质量，确保立品的先天质量。

最后，提升产品外观。外观是产品品质的第一落脚点，是产品的无声表达，是提升产品价值、获取高额利润最直观、见效最快的手段，也是诸多知名品牌的功选择。将产品外观的提升作为“一把手工程”，对标主要竞争对手，形成产品外见路线图，建立并积累产品特征，突破材料、结构和工艺瓶颈，各公司必须做到每年都有外观“惊艳”、用户好评如潮的新产品上市推广。通过3年努力，海信各产品外观必须全面接近欧美韩同行的水平。

2017年后，海信国际营销公司坚决推广高端产品，提升高端占比，将通过美国推高端项目，提高推高端的意识。完善推高端的组织流程、制定高端产品的考核机制，形成海外推高端的方法。海信提出高端占比增长的具体目标，其中，电视高端占比要翻一番。

冰箱、洗衣机、空调白电部门也着力推出中高端明星机型，监控重点门店的出样及销售，提升高端占比。调研高端用户需求，发现并解决用户体验方面的问题，促进销售达成。考核核心指标增加高端产品评分权重；提高高端产品单台激励奖励。实施精细化项目，完成冰箱、冷柜冰吧、洗衣机等重点研发项目，大幅提升产品形象。

通过突出激光电视、ULED产品推广，打造明星机型，实现ULED产品销售额占比提升；提高65英寸及以上大屏产品市场占有率，塑造高端品牌，提高溢价能力。全面推进终端销售店面产品展示新规范，确保终端形象和展台档次满足产品定位；围绕核心产品策划品牌事件，提升产品形象，大幅提升均价，提高溢价能力。

（二）优化客户结构

拓展市场渠道要建立在互惠互利的基础上，不能仅求数量，还要有利于海信的品牌发展，所以需要对客户结构进行优化。国际营销中应将客户划分等级，选择纵向深入，深挖优质客户潜力。应当集中精力去做核心大客户，保持业务规模在体量比较大的基础上仍然有较快增长，使公司运营效率得到提高。海信国际营销的规模增长并非依靠“广种薄收”，而是来自“精耕细作”。选择渠道时慎重审视渠道的财务状况是否健康，与海信的发展思路是否匹配。追求跟核心客户做大，把单渠道贡献率、单门店贡献率力争做到最好。

截至2016年，国际营销新增TOP10客户33个，淘汰不合格客户49个。TOP10客户 1—6 月销售额同比增加 5239 万美元，其中新增的 33 个 TOP10 客户增加 2300 万美元。以澳洲市场为例，海信坚持实行中高端品牌的战略，2016 年 8 月、9 月、10 月，海信电视分别以 19.3%、19.9%、19.6% 的占比位居澳洲市场第一，这一佳绩主要来自 TOP5 客户。2016 年，海信电视在澳洲销售额的 95.1% 来自 TOP5 客户，这背后，是海信澳洲公司多年来持续优化客户结构，坚持高端战略的“厚积薄发”。宁砸“生意”不砸“牌子”海信澳洲坚持优化客户结构，厚积薄发驶入增长快车道。

在全球选择优质客户与大型家电连锁销售渠道建立良好的合作关系，在美国与沃尔玛、百思买、好市多、山姆会员店、P. C. Richard & Son；在加拿大与 Canadian Tire；欧洲与德国 EP 集团；澳洲 Harvey Norman、Good Guys、JBHi - Fi；埃及 Shams 集团等。在欧洲市场（英、法、德、西、意）中，每个国家排名前 10 的渠道商，至少有 5 家在跟海信合作；在美国，前 10 名渠道商中有 7 个在跟海信合作。凭借优质的产品和蓬勃向上的品牌影响力，海信赢得了渠道的信任并被寄予厚望。

优化客户结构，企业需要在品牌、技术和品质方面做到有足够的竞争力，才能吸引大客户。与优质大客户合作，也有助于海信自身产品品质的提高。海信提出，三年内的目标，国际营销公司继续开拓 TOP 客户，淘汰劣质客户。新增 TOP10 客户 20 个，TOP10 销售额同比增长 30%，海信品牌产品占 TOP10 客户总销售额的比例提高 30%。要分类规划 TOP 客户产品进店策略，新设计的终端品牌形象必须严格执行到位，切实打造海外品牌基地。

（三）拓宽营销渠道

1. 传统渠道布局

市场营销渠道是由供应商、生产者、批发商和零售商所组成的一种统一的联合体。美国市场营销学权威菲利普·科特勒认为，营销渠道是指某种货物或劳务从生产者向消费者移动时，取得这种货物或劳务所有权或帮助转移其所有权的所有企业或个人。

营销渠道通过其参与者承担各种各样的渠道功能来完成产品转移这一根本任务。这些功能包括商品实体的空间位移、所有权转移、促销、洽谈、融资、风险承担、订货、支付货款和收集与传送市场信息等。在营销渠道中，它们表现为相应的流程，即实体流、所有权流、促销流、洽谈流、融资流、风险流、订货流、付款流和信息流等流程。这些流程将组成营销渠道的各类组织机构贯穿联系起来，形成一个“超级组织”。

图 6 - 3 所表现的是一种多层级营销渠道且各层级渠道参与者都发挥各种渠道功能的情况。在实际商业活动中，海信营销渠道的功能流并不完全按照这种方式进行。首

先，海信的海外营销渠道的层级更少；其次，并不是每一个渠道参与者都要执行每一种渠道功能，有的渠道参与者可能只参与执行其中的一种渠道功能，且只是部分参与；最后，这一点尤为重要，海信家电海外营销渠道的功能安排和功能流动不是一成不变的，它会在很多因素的共同作用下发生变化。这种成功的渠道功能重组等同于渠道创新或商业创新，它能够更好地发挥各层级渠道参与者的作用，更出色地完成营销渠道的根本任务，使渠道这一“超级组织”的每个成员都得到共赢发展（见图6－3）。

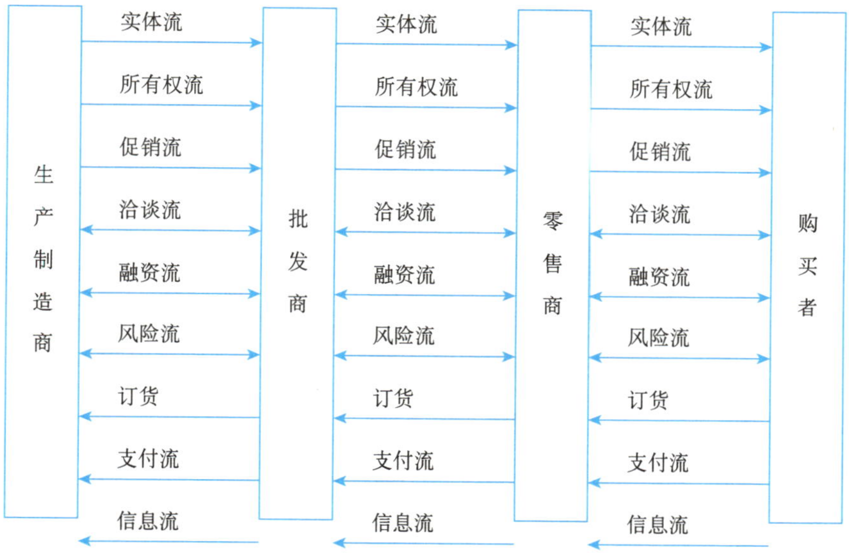

图6－3　营销渠道的功能与流动

出口初期，海信产品销往海外只能通过山东省外贸公司代理。当时与海外市场的联系紧密程度较低，从交货到外贸公司代理出口，到产品进入终端销售，海信面临太多的不确定因素。因此外销产品数量和收入都很低，从1988年到1997年外销收入始终在1000万至2000万美元徘徊。1997年海信成立了自己的进出口公司，在这以后海信的海外营销人员直接与海外客商洽谈，先后分别于南非、印度尼西亚等国的经销商建立紧密地联系，这相当于在南部非洲、东南亚建立了国际营销的据点。随后几年海信的海外销售呈现了放量的增长。这种“代理出口——自营出口——海外经销商”的营销策略在海信初始进入海外市场阶段起到了先导性的重要作用。

随着海外市场的扩大和营销渠道的完善，海信积极发展在国外的代理商和分销商，在世界各地战略性地密布生产和销售网络，使产品从出厂到进入消费者视线这一过程大大缩短。尤其是批发零售这一环节，海信与大型商场和超市密切合作，加快线下零售布局；与此同时，海信在海外拥有自己的自主品牌门店，用于扩大其品牌知名度和消费者认可度。例如，海信在南非的销售渠道主要是百货商店和电器连锁店，但是当地的百货商店在经营进口商品时都有结盟关系，不会轻易接受一个不熟悉的品牌。海信加强自身公关行动，克服障碍，努力成为结盟当中的一员。此外，海信在南非市场的渠道没有不应简单地依靠当地经销商，而是创新性地在壮大之后逐步选择自建销售渠道和网络，去掉中间环节，这种营销模式有利于直接了解市场需求，扩大品牌知名度，把设计和市场结合起来；为加强对“海信”品牌的塑造，海信重投 374.5 万美元与当地合作伙伴建造一批店中店。

深耕海外线下市场多年，海信成绩斐然，中国外文局对外发布的中国国家形象全球调查报告显示，海信已经连续 5 年成为海外民众最熟悉的排名前十位的中国品牌。在海外，每一年的“黑色星期五”都会有消费者疯抢海信电视的名场面。

2. 新零售渠道拓展

随着全球经济秩序的更迭和新零售模式的崛起，海信不再满足于原本众多且密集的线下销售网络，而是积极探索结合互联网、大数据和智慧物流的新零售渠道。

2019 年 6 月，海信首次进驻速卖通俄罗斯站，东芝品牌随之在 9 月启动。在速卖通业务开展仅两个月后，“双 11”中部分主销产品 20 分钟内全部售完，远超预期，这让海信坚定了把速卖通打造成海信在俄罗斯第一渠道的信心。

以海信为代表的中国家电企业，在海外的销售渠道原本集中在线下门店，2020 年年初受新冠肺炎疫情影响，海外线下零售门店大量关闭，销售渠道阻断。但电商零售平台“直达”消费群体，精准洞察需求，让企业看到海外需求仍在，市场前景仍然广阔。海信抓住这一契机，加速布局线上营销，2020 年 3 月 28 日前后的速卖通十周年大促活动中，海信 50 英寸及以上的大尺寸电视销量环比 2 月增长 1066%。疫情阴霾之下，这一成绩颇为亮眼。

海信依托速卖通海外仓的数字化物流体系，在大家电的海外物流、仓配、退换货等履约服务方面，取得突破性进展，重点国家可做到“三日达”，让海外消费者的大家电网购体验向国内消费者靠拢，极大地利用了跨境零售电商平台的物流履约能力。

截至 2020 年 5 月，海信与速卖通的合作已在俄罗斯、法国和西班牙落地。“在疫情出现以前，包含海信在内的家电企业，海外的销售主要都集中在线下终端门店，受疫情影响，传统线下零售门店大量关闭，但消费者的需求仍然存在，这就给我们提供了一个发展海外电商渠道业务、提升线上运营能力的机会。这只是一个起点。我们期待能够借助速卖通平台直达用户，与全球更多消费者充分沟通。”海信国际营销副董事长刘鑫这样认为。

（四）专注品牌经营

海信选择了自主品牌国际化的战略，那么如何使渠道商和消费者能够尽快熟悉和接受海信品牌变得至关重要。对于处于国际化加速期的海信，其适合的品牌形象定位应是“年轻、时尚、国际化”。通过加大全球宣传力度，进一步加快全球产业布局，加大品牌投入，打造国际强势品牌，全面提升海信品牌的全球影响力。

1. 发力体育营销

体育营销是借助体育活动为媒介，宣传品牌和产品的营销活动。它建立在赞助厂商、体育赛事、观众三方基础上。通过体育项目与企业品牌形象关联起来，使观众产生认知和兴趣并引起偏好。

体育因其观赏性、竞技性成为被全球人民广泛认同的活动，因此体育营销所引起的注意力、传播效果及品牌渗透是普通营销活动无法比拟的。又因其具有公益性，使商业意图并不明显，所以更容易被人们接受。而且，每逢重大赛事，其观众之多，媒体关注之广泛是其他宣传手段难以达到的。体育作为世界语言，打破宗教、民族、文化、语言等障碍，非常有利于将社会、企业、消费者联系在一起，赞助国际级大型赛事有助于企业快速树立国际品牌形象。

海信虽然是国内知名品牌，但当时在全球市场范围内知名度还不高，海信急需在国际市场中提升品牌知名度和美誉度，赞助顶级赛事是最直接的方式。竞得澳网主赛场冠名权，“海信球场”成为澳洲家喻户晓的品牌；赞助欧洲杯，使海信品牌走进全球9.73亿观众的视野。一系列高调的顶级赛事赞助有助于海信以国际化、高端、强势品牌的形象展现给全球客户。

海信的国际品牌形象定位是“年轻、时尚、国际化”，赞助一级方程式车队、赞助欧洲足球甲级联赛俱乐部，合作伙伴追求更快、更强的精神与海信对技术和产品的更高要求是相似的。这很好地将品牌形象与体育文体融合，使消费者认同，这样塑造出的品牌形象更加深入人心。可以以较低的成本对特定区域市场赞助有当地传统文化的或者公益性的体育活动，这样更能贴近当地人民，取得当地消费者的信任，有利于开拓区域市场。配合赞助体育赛事，做系统全面的营销策略，配合品牌推广、产品展示、促销活动、广告策划、产品设计等一系列工作，保证体育营销的效果最大化以及可持续性。与赛事合作方一同对广告、门票、直播比分弹出窗、场内LED大屏幕显示等方面共同研发；推出赛事主体的产品设计以及符合赛事主体的卖场展示。体育营销应有足够的财力支持和连续性。

继成功赞助欧洲杯之后，海信全球知名度提升6%、欧洲市场销量二季度提升

65%、国内电视市场占有率提升1.87%。数据显示，2018年第26周（6月25日至7月1日），在法国市场，海信电视销售量同比增长高达598.99%，销售额同比增长908.78%；在加拿大市场，海信电视销售量同比增长520.58%，销售额同比增长449.60%；在意大利市场，海信电视销售量同比增长129.81%，销售额同比增长113.37%；在捷克，海信电视销售量同比增长65.91%，销售额同比增长24.34%。

海信赞助世界杯，以足够的资金，保持体育营销的连续性，提高海信在全球市场的知名度，加快国际化进程，提高全球电视占有率，获取更大的品牌溢价。

2. 积极参加展会

企业通过展会展示产品可以吸引渠道商及合作方的注意，在短的时间内与目标客户建立联系和沟通，将产品信息传递给目标客户。大型展会通常汇集供应链或市场渠道的客户，有利于企业进行客户开发和市场拓展。每年举办的大型国际电子产品展会，如美国拉斯维加斯国际消费电子产品展（CES）、德国柏林国际电子消费品展（IFA）等大型消费电子博览会，是以较低成本宣传海信品牌的重要渠道，使海信产品有更多的机会被国外大客户了解。

2019年亚洲消费电子展（CES Asia）在上海举行。为期三天的展会上汇聚消费电子行业顶尖公司，人工智能、激光电视等技术都在此次展会上亮相。海信首款社交电视S7在展会上发布，这款带摄像头的电视一亮相就引发众多围观。海信同时展出了80L5、88L5和100L7三款4K激光电视，而且还通过2台激光电视120T60打造了一个宽屏的激光影院，让人在家就能体验影院般的视觉体验。激光电视在高亮环境下的画质以及护眼特性，也得到了现场观众的认可与称赞。值得一提的是，经亚洲消费电子展产品技术奖评委会评审，海信4K激光电视L7脱颖而出，荣获彩电行业唯一的BEST OF BEST“编辑选择奖”。

2020年1月9日，CES展会上海信推出98英寸的叠屏电视，因其在大屏电视中画质卓越引起众多参观者的兴趣。98英寸的单面板电视在技术上已经非常难，而采用上下两块面板的显示方案的叠屏电视的系统设计更为复杂，海信此次推出的98英寸叠屏电视在技术上实现了新的突破，这也是截至当时业内最大尺寸的叠屏电视。

海信通过参与展会，积极宣传企业形象，与国际知名品牌同台竞技，使合作商和客户了解企业实力。通过展台设计及品牌宣传，向广大消费者展示了海信集团在工业设计和创新研发上的实力。

四、海信国际营销得失分析

（一）营销环境

1. 全球贸易格局变化

随着21世纪初中国加入WTO，全球宏观贸易环境的变化对我国出口企业和跨国企业的影响愈发深刻。

首先，20年来，国际分工进一步深化，贸易对经济增长的影响愈加凸显，伴随经济全球化的深入发展，当前世界贸易增长明显加速，已缓慢进入增长期。生产力提高、国际分工深化、信息业的发展、科技进步的共同作用缩短了产品生命周期，使新一轮产业转移加快周期缩短，国际间投资购并的增长速度加快，使世界各国的外贸依存度均有不同程度的上升。

其次，以发达国家为中心的贸易格局保持不变，发展中国家的影响力，加大美、日、欧三大经济体既是世界经济的主要力量，在国际贸易中也居于主导地位。然而，发展中国家在近年国际贸易增长中的影响力逐渐加大，对全球贸易增量的贡献也十分显著。

最后，多边贸易体制面临新的挑战，区域经济一体化加速由于各种区域贸易协定纷繁样、成员交叉重叠，一些贸易协定已超出传统的降低贸易和投资壁垒的范围。

2. 全球行业分析（以家电为例）

海信主攻的家电行业目前面临竞争全球化和产品全球化的特点。家电企业的产品都是面向全球市场开发的，不同的国家地区由于经济水平标准、宗教信仰、民族的不同，对于产品也各有所需，所以产品的设计，研发是至关重要的，如特定的造型、颜色、功能等。

与此同时，家电产品的生命周期相对短暂，由于要满足不同顾客的需求，所以更新换代也比较频繁，而且上市的时机也成为产品能否成功的一个转折点，这说明企业要想赶在行业的前端，必须在短时期内将新产品推上市场，而且要想产品不被过早地淘汰或替代，产品的功能和特点必须符合市场的需求，上市的时机要恰当。

行业格局方面，据国际调查机构数据显示：以“全部彩电总销量”及“平板产能”两项指标为衡量标准，全球彩电市场呈现出金字塔格局。塔的顶层是以三星、索尼、TCL、飞利浦、LG为主的，全球彩电总销量在1000万台以上，以液晶电视为主的平板电视产能在600万台以上；中层以长虹、三洋、创维、海信等为主，年销量在

300 万至800 万台，平板电视产能为100 万台；底层则是市场地位处于二三线的品牌和投入阶段的品牌，不论是销量还是产能都处在市场低端。可以看出海信处在塔的中层，它的主要竞争对手是一些国际知名品牌。

（二）海信营销的成功要素

1. 技术优势

海信始终秉承“技术立企”的发展战略，以“科技温暖家庭”为理念，以“智能”“节能”“健康”“绿色”为核心，通过不断的技术创新持续打造核心竞争力。海信在2005 年6 月就已成功研发出我国第一块拥有自主知识产权并产业化的数字视频处理芯片——信芯，打破了国外企业在数字视频处理芯片的行业垄断局面，结束了我国年产7000 万台彩电而无“中国芯”的历史。为配合海信全球化、智能化的战略布局，海信于2012 年在多伦多收购投资了新的研发团队，成立了Jamdeo 加拿大公司，主要致力于海信多媒体产品的创新研究和人机交互设计、开发。Jamdeo 与多媒体集团一起合作，2012 年，在国内推出Android 智能电视“海安”系统。2013 年，发布和上市VIDAA 极简智能电视，覆盖1080P 和4K 系列产品线。2014 年，发布和上市面向美国市场的VIDAA 智能电视。2016 年，完成面向智能家居的智能电视交互系统设计。2016 年，完成了面向国际市场的全新智能电视交互系统VIDAA U2 的设计和发布。而在美国，海信硅谷研发中心集结了最尖端集成电路模拟设计、光通信高端OSA 和光模块设计、智能电视研发以及商用POS 研发人才，主要任务是为数字音视频芯片所需的模拟电路做突破性的设计、图像处理及画质增强算法研究、物联网相关技术研究、100G/200G/400G 高端OSA& 光模块预研技术的开发、面向美地区电视和商用POS 产品规划和研发、北美地区产品测试认证以及最新科技资讯的获取，致力于芯片、智能电视、光通信和商用POS 方面前沿高端产品和技术研究。

2. 质量优势

任何一种产品，要保持旺盛持久的生命力，稳定、可靠的质量无疑是关键。质量提不上去的产品是没有生命力的，质量是企业的生命力，是保持品牌经久不衰的原动力和生命。海信公司的成功就是坚定不移地推行以质量创品牌，以质量实现价值，继而进行创新，从而形成一个良性的循环，海信凭借不凡的产品质量赢得了消费者的青睐，而它的品牌也始终成为了高品质的象征。海信不仅在品牌创立的初始阶段严把质量关，注重质量与品牌意识的有力结合，并一直坚持品质第一的品牌理念。

3. 品牌优势

就海信电器来说，公司产品使用的“海信”“容声”及“科龙”三个品牌拥有良好的品牌美誉度和市场基础。随着海信的国际化战略不断加速，品牌海外知名度和影响力不断提升。“容声”品牌历史悠久，“容声容声，质量保证”的品质坚守品牌形象深入人心；“科龙”专注空调数十年，以专业、实用的品牌定位，精准定位用户需求，凭借出色的产品表现，“科龙”荣获 2019—2020 年度空调行业品质消费卓越品牌。

此外，海信经过长久的积淀和不断的进取成功塑造了独立品牌形象。为适应时代的需求，海信的品牌形象经历过三次更改，塑造了长期稳固的视觉符号形象，在图形符号标志设计上设计追求简洁抛开抽象，使品牌形成了良好的形象。海信为了在大众心中树立良好的品牌形象，努力进行多方位宣传，如通过各种媒体、公共关系以及促销、赞助等方式进行形象展示。

（三）海信营销的不足之处

1. 新零售渠道布局较晚

消费升级与技术变革是新零售爆发的根源。一方面，新兴技术赋能传统零售解锁商机，探索新模式；另一方面，消费者对购物体验升级、场景本地化的诉求，也使强势的电商企业重新审视，探索线上下结合。与海尔、美的等企业相比，海信的跨境线上营销布局开始时间较晚，还未形成完整的线上线下一体化销售渠道，在销售资源整合、顾客存留等方面较为欠缺。在线上渠道越来越完善的海外市场，海信这一不足无疑给竞争对手留下了赶超空间，竞争对手可以据此抢占市场份额，形成竞争壁垒和先行者优势。

2. 品牌价值弱化

品牌化策略其实就是打造出自己的风格，也就是与其他品牌区分开来，以便让消费者在选择同类商品时比质比价，谋求以品牌创造差异化的策略。通过分析海信各大产品的市场竞争不难发现：目前，海信各大产品在各自领域处于不同的竞争地位，没有形成整体品牌效应，任何一个企业都不可能在各个领域里都处在高端，海信品牌某些产品市场表现欠佳就是鲜明的例子，由于海信产品的研发实力还没有形成强势品牌所具有的竞争力，所以其品牌效应对其他产品的带动作用是有限的。海信的品牌核心价值理念是“创新科技”，一个品牌只有拥有了清晰的价值观，才能给消费者展示其充满个性特征的文化理念，才能对打造强势品牌提供明确的规范，海信品牌的核心价值观确实给消费者展示了自身的个性特征，但在竞争异常激烈的家电行业，企业的资源和能力是有限的，尽管海信拥有毋庸置疑的技术实力，但要想带动其他产品共同快速发展的能力十分有限。另外，若品牌家族里的某一产品因经营不当出现了问题，会影响其他产品的信誉，导致消费者对整个品牌家族予以否定。因此，当海信品牌某些延伸产品的品牌价值有限时，不但会弱化海信品牌的价值，而且对海信品牌的形象也会造成冲击，很多企业在品牌建设中把主要精力放在延伸产品的研发技术创新上，而忽略了自身品牌的个性，这样一来消费者会对品牌形象感到模糊，从而得不到消费者信赖，减少大部分消费者的青睐。

五、结语

从整体市场规模来看，由于电子信息制造业市场保有量趋于饱和，未来整体市场增长趋势将变得缓慢。而线上渠道由于受到互联网技术发展、PC及移动终端普及应用等因素影响，呈现出爆发式高速增长趋势；相较而言，传统的线下渠道因受线上冲击，正处于转型调整期，销售规模趋于稳定。为维持企业的利润获取和可持续发展，建议海信加速调整零售渠道和线下营销布局，继续深化全渠道的推广模式，在线下门店和电商渠道同时重视对于海外消费者体验的维护，以更高品质的商品和服务满足跟多元化的购物需求。此外，海信作为跻身于劳动密集型产业的大型制造企业，应当在形势多变的当前加大产品的创新研发，推动产业的转型升级，使企业在激烈的国际竞争中保持坚挺的技术壁垒。

案例使用说明

一、教学目的与用途

1. 本案例主要适用于“国际商务”课程，也适用于“国际企业战略管理”“跨文化沟通”等相关课程。

2. 本案例的教学目标

本案例通过再现海信集团20余年的国际化历程，引导学生使用国际营销战略的理论方法对案例中的产品、客户、渠道、品牌等经营战略进行分析，进一步理解大型跨国企业海外经营的战略要点。

二、启发思考题

1. 海信的国际化历程可以化分为哪些不同阶段？

2. 海信产品战略的“物美价廉”定位是否与“高端形象”相冲突？为什么？

3. 在优化客户结构方面，海信作出了哪些努力？

4. 2020 年疫情中，海信如何打通新营销渠道，在世界市场维持营销业绩？

5. 海尔、美的等家电巨头企业在国际市场也获取了巨大成功，相较之下，海信的营销战略还何待完善改进之处？

三、分析思路

首先，分析海信集团国际化的不同阶段及其对应特点，认识国际营销战略选择的重要性。其次，从海信自身发展战略和外部市场需求的角度对海信国际营销过程中的产品定位、定价、客户结构、渠道和品牌建设等战略进行深入分析。最后，结合海信的营销成果分析战略利弊，并给出相应建议。

四、理论依据及分析

1. 运用传统营销组合“4P”理论（Product、Price、Place、Promotion，意思为产品，价格，渠道，推广）思考并分析海信在进入国际市场过程中的各角度决策。

2. 20 世纪 90 年代美国市场学家罗伯特 · 劳特伯恩教授提出 4C 理论，4C（Customer、Cost、Convenience、Communication）营销理论以消费者需求为导向，重新设定了市场营销组合的四个基本要素。试从这一角度对海信国际市场营销战略给出补充和建议。

五、关键点

1. 海信进入国际市场的阶段划分和对应特点。

2. 海信在完善产品、客户定位方面的战略措施。

3. 海信在提升品牌影响力、拓展营销渠道方面作出的努力。

4. 综合分析海信的营销优势和不足之处。

六、建议课堂计划

1. 引入案例（15 分钟）

教师通过多媒体，以图片、视频等形式向学生简要介绍海信集团国际化历程。

2. 小组讨论（20 分钟）

将学生分为若干学习小组，结合 4C 和 4P 理论对海信在产品、客户、渠道、品牌等经营战略进行分析。

3. 汇报成果（30 分钟）

各组对自己的研究成果进行不低于 5 分钟的展示

4. 教师总结答疑（15 分钟）

教师对学生汇报成果予以点评，并对关键点进行重点分析。解答学生关于案例的其他困惑。

参考文献

[1] SADYROV KUBATBEK. 海信家电产品在吉尔吉斯斯坦的营销策略研究[D]. 兰州理工大学，2020.

[2] 郑俊军. 海信的海外体育营销策略 [J]. 现代企业文化（上旬），2018 (7)：104 - 105.

[3] 尚海龙. 海信电视：持续体育营销，坚定高端路线 [J]. 电器，2017 (5)：32 - 33.

[4] 王荟斌. 海信集团品牌营销策略分析 [D]. 长沙理工大学，2014.

[5] 许晖，王睿智，许守任. 社会资本、组织学习对企业国际营销能力升级的影响机制——基于海信集团国际化发展的纵向案例 [J]. 管理学报，2014，11 (2)：244 - 253.

[6] 许晖，王睿智. 企业国际营销能力对管理创新的作用机制研究——以海信为例 [J]. 管理案例研究与评论，2011，4 (6)：432 - 443.

[7] 黄帅，邱源斌. 在全球化销售网络中塑造品牌价值——访青岛海信国际营销有限公司销售总监张秀红 [J]. 进出口经理人，2007 (11)：30 - 31.

[8] 柯文. 科技创品牌产品打市场——海信集团营销策略的背后 [J]. 中国高新技术企业评价，1998 (Z1)：3 - 5.

案例 7

波音飞机“冲出泥潭”的国际营销*

成立于1916年的波音公司，是全球航空航天业的领袖。波音公司利用自身成熟的组织架构和多元化发展的商业模式牢牢占据全球航空客运市场，然而频发的亏损和恶性事件使公司发展陷入困境。波音公司通过细分产品市场、抢占新机、削减票价、因地制宜营销、改善服务等措施力求改善经营，摆脱困境。本文从4P理论切入，分析波音公司应对危机的营销战略，以期为企业应对国际化危机提供借鉴。

---

* 本案例由中央财经大学国际经济与贸易学院孙志贤、刘妍希、殷雅琪撰写。

案例正文

波音公司成立于1916年7月15日，是全球航空航天业的领袖公司，也是世界上最大的民用和军用飞机制造商之一。第二次世界大战以后，波音公司的主要业务由军用飞机转向商用飞机。1987年，波音被列入道琼斯工业指数，当时，波音股份占道琼斯工业平均指数的11%，是表现最佳的代码。为了减少民用飞机业务的大饥荒周期，波音公司于1996年收购了罗克韦尔国际公司的国防业务，并于1997年以163亿美元的价格收购了麦克唐纳·道格拉斯。作为行业领导者，波音公司拥有该市场的60%，到1997年年底，其未完成订单为940亿美元。2018年，波音的收入超过1000亿美元，比上一年增长8%，一半以上来自国际市场。目前，全球有超过11000架波音飞机在运营中，约占全球机队的80%。可以说，波音公司的历史就是一部世界航空航天发展史。

但是，波音公司发生了一些影响恶劣的重大事件，波音公司2014年3月8日，马来西亚航空公司称与一架载有239人的波音777－200飞机与管制中心失去联系的。2018年10月，印度尼西亚狮航一架波音737MAX8型客机坠毁，造成189人遇难。2019年3月，埃塞俄比亚航空公司又有一架同一型号客机发生坠机，导致157人遇难。随后，波音737MAX型号系列飞机陆续在全球遭到停飞和禁飞。

波音公司商业模式早已稳固，预期之外的波折已经不多，然而，2架同款新机接连坠毁、几百条生命转瞬逝去，让这只百年巨头陷入史上最大的困境。2019年波音公司的商业飞机订单出现了负增长，订单取消量超过了购买量，这是波音公司在过去30多年时间里第一次出现这种情况。根据报告，波音公司2019年交付的飞机数量只有380架，不到竞争对手空客公司的一半。波音曾经最畅销的机型737Max的订单减少183架，从2020年1月起，暂停生产陷入困境的波音737Max飞机，停产时间尚无法预计。

一、背景介绍

（一）航空客运行业分析

中国航空客运行业三大国有航空公司占据76%的市场份额，而美国国内航空客运市场由7家实力相仿的航空公司共同参与竞争，其中更有以低票价著称的美西南、

Easyjet、Jetblue 等低成本航空公司，无疑加剧了市场竞争的激烈程度。由于客运需求增速放缓、货运需求同比下降等原因，导致 2019 年收入和利润较难增长。因为遭受新冠肺炎疫情冲击，2020 年航空客运收入或将暴跌 3140 亿美元，同比 2019 年下降 55%。

民航作为国民经济的重要组成部分，其产品具有准公共产品特性。长期以来，世界各国对航空运输业实施垄断保护政策，这在客观上促进了民航业在初创时期和成长期的快速发展。现从航空客运销售代理行业呈现五大发展趋势来分析航空客运行业发展趋势。

（1）电子商务成为重要销售渠道：航空客运行业发展趋势分析，随着互联网的发展和普及，以实名制和电子客票为特征的民航客运市场进入电子商务时代，以互联网和呼叫中心为核心的电子商务平台将成为机票销售的重要渠道。

（2）行业市场集中度上升：航空客运行业发展趋势分析，随着电子商务技术在行业的应用，互联网和呼叫中心成为新的销售渠道，机票代理销售的边际成本降低，规模化优势凸显，具有电子商务技术优势的代理企业市场份额快速上升，经营规模日益增大，行业市场集中度趋于上升。

（3）行业竞争将呈现多样化、多层次的特点：随着电子客票的出现和商旅管理的成熟，航空客运销售代理业的竞争将出现多样化、多层次的特点。以机票销售为主线提供围绕商旅需求的延伸服务成为一种趋势，既有利用互联网技术，采取电子商务模式发展的高科技企业，也有大量的利用渠道和地域优势开展业务的传统中小型代理企业。航空客运行业发展趋势分析，为适应市场竞争的需要，各类型企业都在努力最大限度的满足消费者需求，提高自己的竞争能力，最终将带来更多先进技术和新商业模式的运用，并导致通过服务质量和销售数量的匹配促进行业的服务能力和服务手段得到持续不断的改进和提高。

（4）服务专业化：服务的便捷性、及时性、可靠性及精细化程度是体现代理企业竞争能力的关键。航空客运行业发展趋势分析，目前中国大部分代理企业服务产品有限，随着市场竞争的加剧和客户需求的提高，代理企业应在员工培训、产品设计、服务流程、客户关系管理、企业文化等方面按专业化的标准，规范企业行为，提高服务的专业化水平。

（5）服务产品多元化：目前中国大部分代理企业仍停留在机票销售中间人的角色，产品单一，很难满足客户的多样性需求。航空客运行业发展趋势分析，随着市场竞争的加剧和客户服务多样化需求的提高，代理企业必须拓宽服务产品，向综合商旅服务提供商转变，除航空客运销售代理业务外，还提供酒店预订、旅游度假等商旅服务业务，满足客户“吃住行游购娱”的多样性需求。

随着经济全球化与区域经济一体化进程加速，国际航空客货流量迅速增长，航空运输在各个国家间的远程运输联系尤其是客运中的作用日益显著，逐渐成为社会交流的重要载体。航空客运业的发展推动了飞机制造业的繁荣。

（二）波音公司多元化战略

波音公司收购罗克韦尔国际公司的航空及国防业务以及位于世界航空制造业第三的美国麦道公司是水平多元化战略。随着波音公司订单数量不断增加，且预计该增长趋势将维持一段时间的情况下（sales trend/growth forecast），扩大生产力、增加技术人员成了当务之急。波音和麦道都生产军用产品，能够在一定程度上把军品生产技术应用于民用产品的生产，加速民用产品的更新换代，因此兼并麦道对波音公司扩大生产规模起到重要作用。波音公司和麦道公司合并之后，新波音公司的资产总额达500亿美元，净负债为10亿美元，员工总数20万人。1997年，新波音公司的总收入达到480亿美元，成为目前世界上最大的民用和军用飞机制造企业。同时，市场结构也被改变，由原先的波音、麦道和空中客车三家共同垄断的局面，变为波音和空中客车两家之间进行超级竞争。而由于民航业务与经济周期正向相关，当经济面临全面大萧条时，可通过国防业务减少损失，分散风险。

根据多元化战略理论（见图7-1）可知，在销售增长的趋势下，实施多元化战略能够帮助企业赢得更多的订单，曲线从 S_1 转为 S_2；而在遇到经济危机时，多元化战略又能够帮助企业减少损失，曲线由 S_3 转为 S_4。

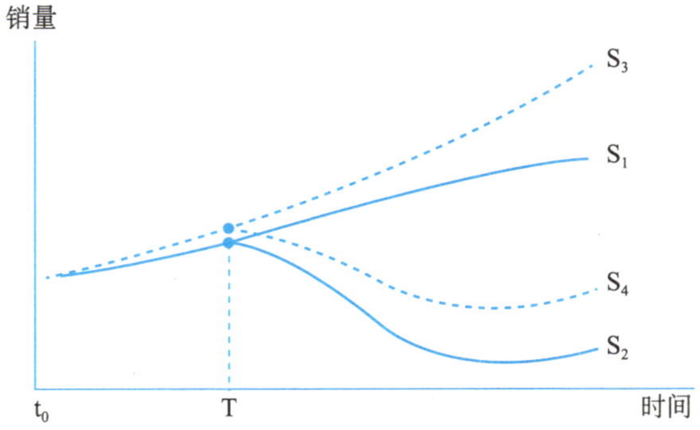

图7-1 多元化前后的销售额

（三）波音公司组织架构

波音公司是一家全球性的航空公司，其所面临的环境更加复杂多样，因此组织架构也随着战略变化而不断调整。

由图 7－2 可知，1996 年之前，波音公司的组织架构模式是总分公司制。波音下设的 6 家子公司集中由母公司统一领导，实行行政以及财务管理上的集权体制。而随着公司业务的扩大，2001 年，公司将总部迁往更利于公司运营管理、金融网络发展和接近客户的芝加哥，原先的分公司有了更大的决策权，并设立了模拟法人，其组织形式从分公司变成了事业部。波音逐渐形成总部—事业部（子公司）—工厂（子公司）的组织结构（见图 7－3）。

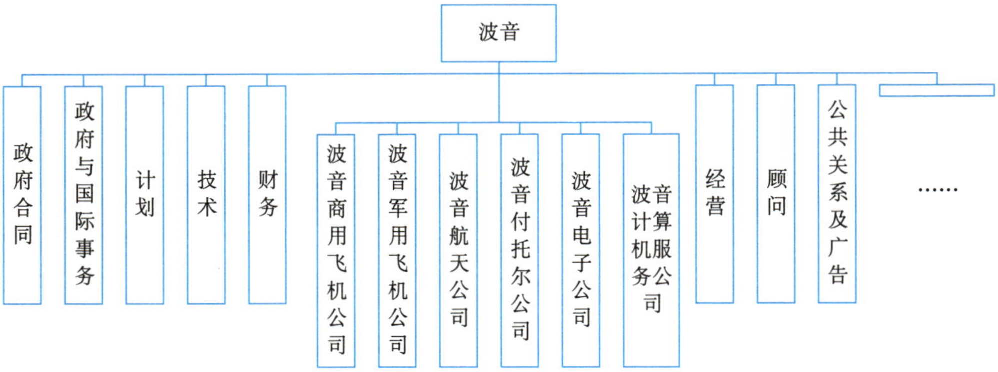

图 7－2　波音公司组织架构（1987 年）

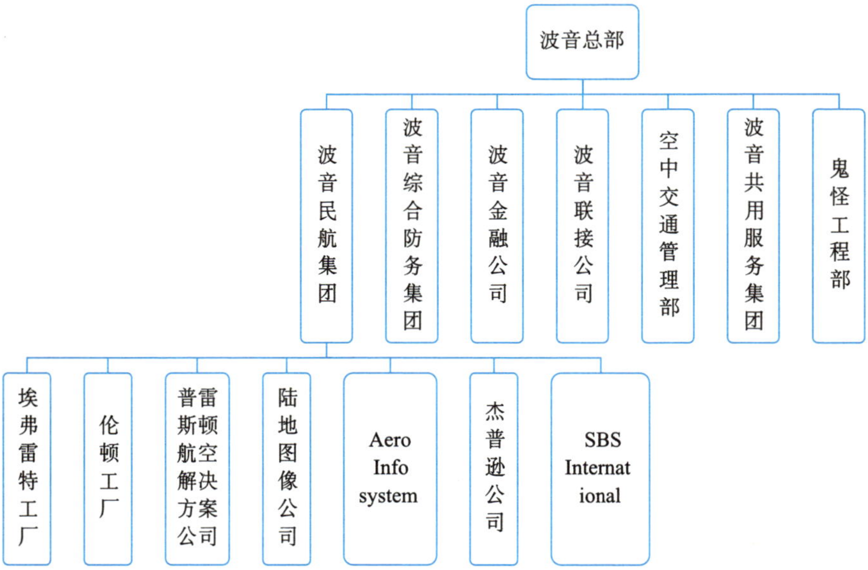

图 7－3　波音公司结构图（2002 年）

波音本着“开拓和探索新领域”的多元化战略理念的同时，不断扩大自身的规模，调整企业组织结构。这种以事业部制为主，母子公司制为辅的混合型组织结构有效支撑了波音公司的有序运营，推动波音公司实现“核心业务运转良好，新产品新服务开发探索”的战略目标。

二、波音公司亏损原因

这样一家看起来无论是在市场份额，还是销售增长趋势都具有超级优势的波音公司，却在1997年遭遇巨额亏损，究其原因，是因为其营销策略与当时自身以及市场环境脱钩。

（一）增长的订单与生产能力不匹配

飞机产品是一种劳动和技能密集型产品，但是波音在20世纪90年代初大量裁员了经验丰富的工人，且1997年更换管理层，这些操作导致生产率无法与增长的订单匹配，也严重破坏了公司士气和长期前景。除此之外，不够重视IT在工作流程方面的应用，带来高昂的成本，降低了生产效率。根据Capon and Glazer（1987）以及Copeland and McKenney（1988）可知，人力IT资源包括技术IT技能，例如编程，系统分析和设计，新兴技术能力和管理IT技能，其中包括诸如对IS功能的有效管理，与用户社区的协调和交互以及项目管理和领导力等能力和技能。显然，波音公司将IT技术应用于生产更加现金的飞机，创造技术性资产，却忽视了管理型IT资产。Mataetal.（1995）认为，管理IT技能很少而且是公司特有的，因此很可能成为持续竞争优势的来源。因此重视IT在管理等软优势方面的运用也十分重要。

（二）坚持Adaption战略增大生产压力

如果说生产率低下是波音公司受损的直接原因，那么S－A战略的倾向无疑给波音公司雪上加霜。

通常来说，波音公司是顾客需求导向，且服务的顾客地理分布广泛，应该使用Adaption战略（见图7－4），然而根据S－A理论可知，企业选择适应当地市场的营销战略需要考虑三个方面的因素，如图7－5所示，企业需要考虑当地政府的需求。显然，波音公司并没有受到太多的政府强制要求，虽然客户分布在世界各地，且不同国家飞机乘客的需求往往不同，但是当时的竞争对手并没有提供太多的定制化服务。从产品层面看，飞机的维护支出高，因此所有订单都去考虑定制化修改会增加后期的维护费用，但是这能够树立和维持波音公司产品高质量的市场形象。然而，1997年的亏损，显然是因为公司太过理想化，没有考虑到自身资源的限制。定制化订单的成本太高，而市场的增长空间却有限，导致影响的产品的盈利能力。

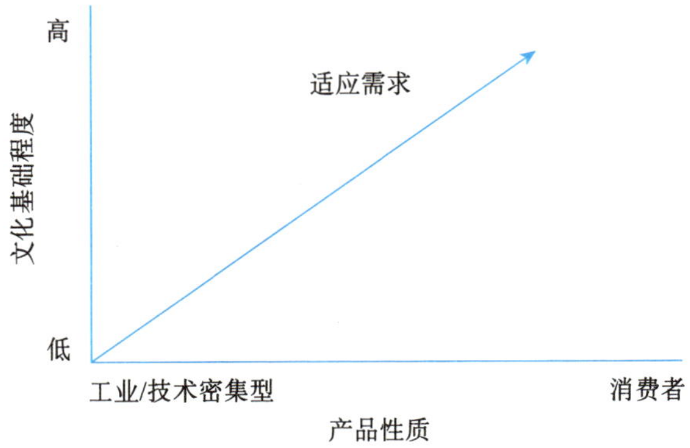

图 7－4　战略适应国外市场

资料来源：改编自 W. Chan Kim and R. A. Mauborgne “跨文化战略”，商业战略杂志 7（1987 年春季）；John A. Quelch and Edward J. Hoff “定制全球营销”，《哈佛商业评论》第 64 期（1986 年 5 月至 6 月）。

Decision to Alter Domestic Product

区域、国家或者地方特征	产品特性	公司条件
政府→否		盈利能力→消极
客户→D不同	产品成分→标准	市场机会→狭窄
竞争力→没有	品牌→质量为本	适应成本→不费力
气候与地理→广泛而不同	维护→巨额费用	资源→不足

图 7－5　改变国内产品型号的决定

资料来源：改编自 V. Yorio，适应出口产品（纽约；会议理事会，1983 年）。

（三）恶化的供应链管理

从上游生产端来看，波音公司的生产能力除了内部原因，也在很大程度上受制于供应商基础的重大变化。波音公司采用的是日本精益库存管理做法，该方法可根据需要精确地向工人提供零件和工具，从而可以降低生产成本，然而这一做法严重依赖于供应商的可靠性。在本案例中，正式由于一些供应商退出了航空业务，才导致了波音公司严重的零件短缺。可见，对于供应链的管理也是十分的重要。

这在之后的 2007—2008 年的外包危机中也可见一斑，全球化的外包零件难以保证生产质量和维持统一标准（见图 7－6），从而损害波音飞机的质量品牌形象。层层外包也使波音失去对项目进度的控制，波音公司将各零部件外包给其供应商合作伙伴，而这些合作伙伴又将其合同中的不同任务外包给了子供应商。这些不同的供应商，共同负责飞机的详细设计和主要部分集成，这一做法一旦对供应合作伙伴的监控和沟通水平不足，最终就会造成严重的延误和巨额损失，削弱波音的核心竞争力。

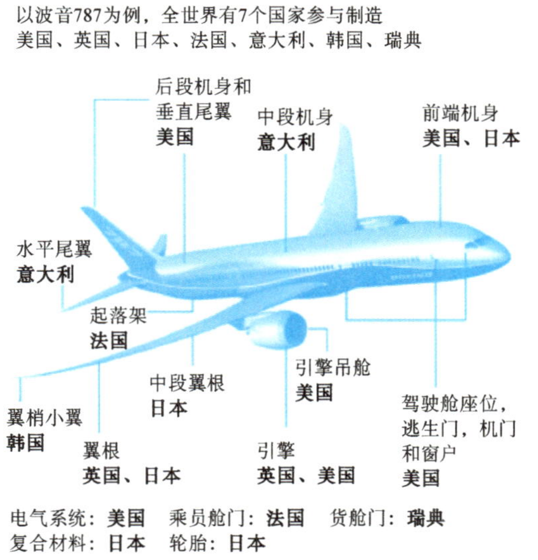

图7－6　以波音787为例全球外包示意

从下游分销端来看，波音公司的生产问题导致发货延迟，对客户关系产生了严重影响，同时也面临着高额的违约赔偿。1998年的亚洲金融危机，导致亚洲订单纷纷取消，库存积压，将波音推向更加严峻的境地。

（四）为维持市场份额与空客的价格战

波音公司为了维持全球市场份额，不断与其老对手空中客车公司展开价格战。商业航空公司的生产某种程度上已经成为一种商品业务，波音公司和空中客车公司都没有出售独一无二的产品。创新似乎没有受到重视，而价格是获得订单的唯一因素。因此，每笔订单都成了战场，为了抢占所有可能的业务，价格可能会比清单上的价格降低15%—20%。波音公司没有空中客车公司的低成本优势。这种价格竞争为航空公司带来了好处，他们通过签订庞大的合同并进行艰苦的谈判，更熟练地从波音和空中客车公司获得了很大的折扣。

2012年空客CEO布利叶（Fabrice Bregier）指责老对手波音公司挑起价格战，称其针对空客的畅销机型A320neo大幅削减短程737Max班机销售利润。布利叶说波音“千方百计”地试图为737Max抢占市场份额，“定价十分激进”。空客希望能占领全球市场的半壁江山，布利叶承认2012年波音的订单数量可超过空客，他说在过去10年里，空客几乎总是占据竞争优势，但不能一直保持这种优势。布利叶认为，即便销售不及预期，超巨型飞机 A380 从长期来看是成功的。

从上面几点可以看出，波音公司既要保证产品的质量和本土化，又要为低下的生产效率买单，在成本难以降低的同时，却依然降低价格出售飞机，以维持自身的市场份额，因此造成了较高的销售额和较高的负利润同时出现的情况。

三、新出路——波音公司营销策略调整

（一）产品策略—细分产品市场，抢先开发新机（Product）

在波音 787 之前，在全球航空市场上，基本上来说还没有 200 多座的中型长航程飞机。跨太平洋远程航行上，主要运用波音 747 或空客 300 这两种机型，拥有 4 个发动机，座位都在 300—400 座。现在，如在中美之间，跨太平洋乘客需要更具效率的航班和更灵活多样的航期，越来越需要中型飞机不经停远程点对点飞行。对航空市场的深刻了解和前瞻分析，精明的波音公司从此发现了商机，作出了研发、生产一款只需两个发动机、具有远程直飞能力的中型飞机即波音 787 的决策。同时，波音 787 可安排比波音 747 飞机多一倍的航班，旅客可获得多种选择，免去乘坐 A380 必须到大型枢纽机场转机的麻烦。

在激烈的市场竞争后，通过对市场变化趋势和消费者需求趋势的精确分析，对不同机型制定明确的策略导向。通过主动细分产品市场，发现存在有来源丰富的客户市场，便抢先开发新的适合机型满足市场需要，又引导着市场的变化。在波音公司，每一个机型诞生前，他们都充分尊重并采纳了营销部门的建议，极为重视销售部的市场分析和信息反馈，并非一味求大求豪华，并非迎合市场舆论。波音清楚，包括销售和售后服务在内的营销人员最直接接近客户，最清楚市场需要什么，知道客户的困难在哪里。

（二）价格策略—削减票价，争夺客源（Price）

波音 787 还有一特点就是节省油量，由于机体结构的一半左右都是用更轻、更坚固的碳纤维强化胶制作，大幅减轻了飞机自身的重量，与现有的中程飞机相比，可以节约多达 20% 的燃油。波音 787 客机运营成本更低，令航空公司有削减票价争夺客源的空间，同时相比其他客机更耐用，与其他同类飞机相比，波音 787 使用期更长，维修成本更降低了三成。波音公司首席执行官詹姆斯·麦克纳尼很自信地认为，波音

787将为空中旅行带来巨大的转变。对于旅客来说，飞行将更便宜、舒适和方便；而对航空公司来说，获得的利润将更大；另外，对我们的地球来说，它也更环保。波音787系列共有3种型号，分别适合飞中长程航线，可以搭载210—330名乘客，售价从1.46亿美元到2亿美元不等。波音787客机未下线就已经得到了67架的订单，这是航空界的一个奇迹。可以说，波音787的问世，是波音公司扭转局面的决胜因素。

（三）促销策略—营销因地制宜，以中国为例（Promotion）

数据显示，自2006年始其后的5年，中国至少将购买60架以上大型飞机。面对未来20年中国需要近2000架飞机的诱惑，波音不断调整各自的营销策略，试图获取更大的中国市场，得到更为丰厚的回报。波音集团主席迈克纳尼公开说，随着时间的推移，中国将成为世界上最大的航空市场。民用飞机集团产品和服务总监兰迪·廷塞思在媒体发布会上明确指出，增加“点对点”直飞机场数量，以及增加航班频率，可满足国内航空市场需要。在产品命名等方面，波音787积极融入中国元素。其实，在项目启动之初，波音787飞机的名字一直是“波音77E梦想飞机”。直到波音公司与中国政府官员2005年1月28日在华盛顿签署了60架飞机的购买协议之后，才正式有了“波音787”的名字。波音民用飞机集团大中华区销售高级副总裁罗伯乐表示，“8”在中国文化中象征着幸运，波音在中国公布订单的历史时刻毅然正式宣布将波音“77E”更名为“波音787”，希望“波音787”能为中国的经济增长、为连接中国与世界作出前所未有的贡献。

（四）渠道策略—与全球供应商成为合作伙伴（Place）

波音公司为了将全球供应商转变为全球合作伙伴，彻底开放对供应商的控制。波音公司不能再专注于每个供应商制造的产品的具体细节，而是只要求供应商提供什么样的部件，由供应商决定如何设计和制造。波音采取如下步骤与全球伙伴建立合作关系从而赢得巨大的利润。（1）在设计和制造过程中与供应商及其子供应商进行密切的合作；（2）与合作伙伴在流程线上建立了自上而下的信任关系；（3）监控与日程进度相关的经营状况，并作出相应的调整。

（五）高质量售后服务，以快取胜

飞机技术复杂，售后服务的好坏，不仅直接关系到飞机的销量，而且关系到公司的信誉。波音公司专门设立了一个统一的客户服务部，为飞行在全球的7000多架波音飞机提供后勤支援。服务部有自己的工程师、飞行员、机械师和零件管理人员。每次飞机交付之后，服务部都要派一个特遣小组奔赴受机的航空公司。根据任务的需要，有的特遣小组只有两个人，而有的则是一二十人组成的专家队伍。波音客户服务部的最大特点就是速度快，各地订单均可以在4小时内予以处理，98.5%的零备件一般情况下可以在2小时内付运。波音公司专门设有维护工作组，工程师协助每家航空公司确认其雇员及技术的需要，确保一切准备就绪后才交付飞机，派驻全球56个国家20多名专业人员驻场负责处理现场问题。波音公司客户服务部的专家们时刻处于戒备状态，平日，行李箱总是装得好好的，因为很可能几小时后他们就已经到达另一个国家。1960年，泛美航空公司的一架波音707在法国撞毁了。泛美航空公司打算报废这架飞机，并按惯例将机身上的标志抹掉了。但波音公司接到通知后，还是立刻派出了特遣小组前往抢修，只用29天就将这架“死机”救活了。

四、波音公司与竞争对手空中客车的对比

（一）主要指标对比

民用大飞机领域，曾经是包括空客、波音、麦道、英宇航和图波列夫等在内的公司争斗比拼的地方，竞争相当激烈。但是在最近几十年间，世界民用飞机的垄断态势逐步形成，尤其是在大型民用飞机（干线飞机）和支线飞机等民用航空中高端产品领域。干线飞机领域，自1992年美国和欧洲共同体达成民用飞机贸易协定以来，全球大型民用飞机产业就进入了波音和空客、美国和欧盟的全面竞争时代，尤其是在1997年波音兼并麦道之后，逐步形成了全球干线飞机领域的双寡头市场结构，全球干线飞机市场几乎被两家航空巨头瓜分。发展至今，两家公司已形成从100座的低端干线飞机到500座以上巨型干线飞机的完整系列产品。

从图7-7可以看出，2013—2018年波音和空客全球净订单数差距较小，有着同样的变化趋势，其中2013年、2014年2016年空客的净订单数略高于波音；2015年、2017年空客的净订单数超过波音200架以上；2018年空客净订单量略少于波音。值得注意的是，2019年波音的净订单数出现了断崖式下跌，2019年波音净订单量为54架飞机。这是数十年来波音最糟糕的年度净订单量。此外，2019年波音交付量同比下降53%至380架，为11年来最低。《华尔街日报》消息，报告显示，受737MAX机型遭遇全球禁飞的影响，波音公司2019年业绩远不及主要竞争对手空中客车。

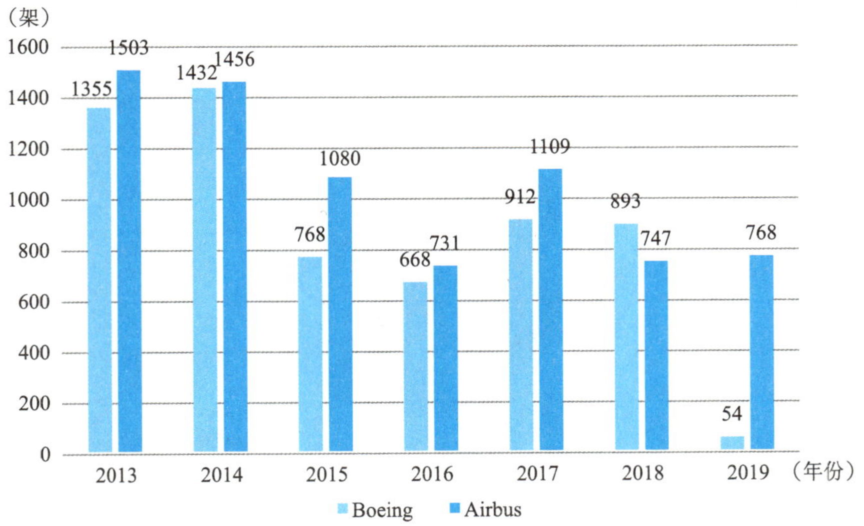

图7-7　2013—2019年波音和空客全球净订单数

资料来源：前瞻产业研究院。

在中国市场上，波音和空客的双寡头竞争模式更为明显，窄体客机是国内民航运输的主力（见图7-8）。根据民航资源网的数据，截至2018年年底，国内航空公司共计运营2871架各类型窄体客机，占领总机规模的近80%，其中波音的B737家族系列总共1441架，而空客的A320家族系列总共也有1430架。空客及波音各占半壁江山。民用中除了客机，还有一大类就是货机。货机指以包机或定期航班的形式专门运输货物的飞机。很多干线飞机都有专门的货机型号，如B747-400F、B757-200F、A300-600F、A330-200F等，都是全货机。目前世界范围内能生产全货机的公司不多，主要还是波音和空客。至2018年年底，国内在营全货机共计158架，其中波音占据了绝对优势。其中波音的家族系列总共152架，占96.2%的市场份额，而空客的家族系列仅有6架。但是，货机总体存量的基数与客机相比较小，波音在中国市场上货机的优势并不改变与空客势均力敌的竞争态势。

全球商用飞机总量在2000年至2015年增长54%，2016年达到31720架，预计至2025年将增长至42665架。全球市场的持续增长驱动因素包括客运总流量的上涨，旧机型退役以及金融市场变革。

目前全球十大飞机制造商市场占有率将从2016年的94%增长至96%，依次是美国波音集团（Boeing）、欧洲空客集团（Airbus）、巴西航空工业公司（Embraer）、加拿大庞巴迪公司（Bombardier）、法国—意大利ATR公司、加拿大带哈维兰德飞机公司（De Havilland of Canada）、美国麦道—道格拉斯飞机公司（Douglas Aircraft）、英国宇航公司（British Aerospace）、荷兰福克公司（Fokker）、美国比奇飞机公司（Beech

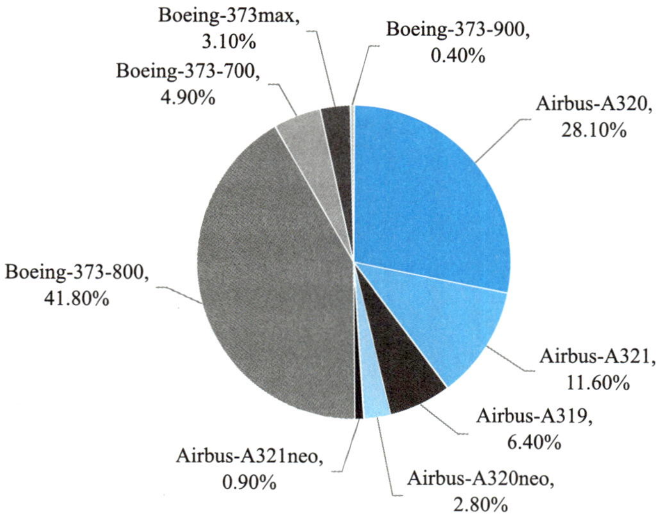

图 7－8　2018 年中国窄体客机机队占比

资料来源：前瞻产业研究院。

Aircraft Corporation)。

波音在商用飞机市场的占有率，预计将由 2016 年的 38% 提升至 2025 年的 40%，空客预计将由 2016 年的 28% 增长至 2025 年的 36%。至 2026 年将会有 42000 架新客机和 8000 架宽体货机完成交付。在此期间，空客公司将交付 18000 多架飞机，比波音公司少 1000 多架。按架数计，它们合计将占交付量的 87%，按价值计算则超过 94%（见图 7－9）。

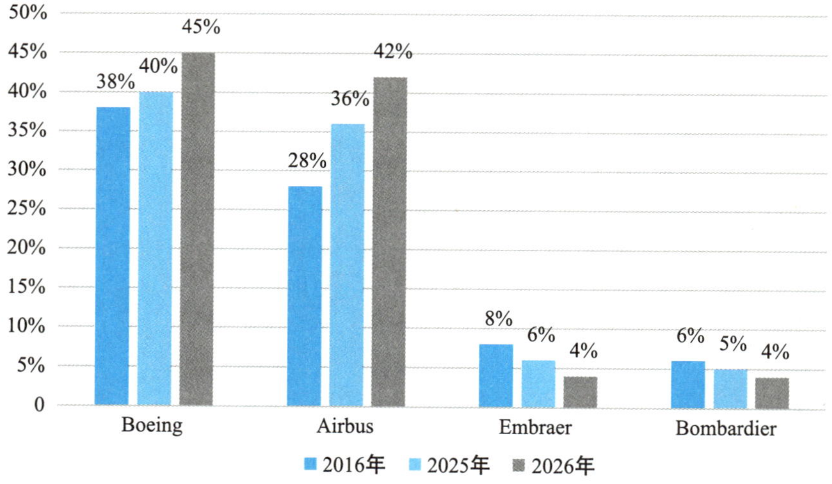

图 7－9　全球商用飞机市场占有率预测

资料来源：Market Outlook 2017－2036，United Aircraft Corporation。

可见，全球商用飞机市场的波音—空客双巨头垄断格局在未来十年仍将持续，但是值得注意的是该预测是在2016年作出的，最近出现的一些新情况可能会影响该预测的准确性：波音飞机近年事故频发，2019年的订单量大幅减少，未来几年的订单量和交付量可能会保持低迷；中国商飞ARJ21支线客机的大批量交付，C919大型客机的研制成功，商飞的市场占有率即将实现突破；COVID－19疫情给航空业带来重大打击，民航客机的需求量在未来可能持续低迷。未来包括中国市场在内的世界商用飞机市场格局可能会迎来重大改变。

（二）波音—空客产品分析

1. 波音产品分析

表7－1 波音公司主要机型技术数据

模型	发动机数量	产品定位	座位数量	通道数	速度（千米/小时）	航程（千米）	
波音737	2	窄身	189	1	901	1287	5794
波音757	2	窄身	289	1	885	4989	7242
波音767	2	宽身	328	2	901	8369	12231
波音777	2	宽身	477	2	901	6759	13197
波音747	4	宽身	580	2	917	8047	13358
波音787	2	宽身	290	2	912	14162	15739

用座位数和航程为坐标，可以看出波音飞机家族完整地覆盖座位100—580座，航程1287—15739千米的整个民用飞机市场。目前波音主要机型定位为：B737面向中短程北美国内航线和欧洲、亚太区域性航线，用户为常规航空公司和廉价航空公司，近年后者为B737的主要买家；B777面向跨太平洋等类似的远程航线，连接主要枢纽城市；B787面向客流数量不太多的点对点直飞远程航线；B747和B777类似，但载客更多，目前市场已经严重萎缩。

2. 空客产品特点分析

表7－2 空客公司主要机型技术数据

模型	发动机数量	产品定位	座位数量	通道数	速度（千米/小时）	航程（千米）	
A320	2	窄身	220	1	901	3219	7038
A300	2	宽身	360	2	885	2736	8047
A310	2	宽身	280	2	885	6437	9656
A330	2	宽身	408	2	901	8851	11909
A340	4	宽身	400	2	901	12070	15772
A350	2	宽身	550		903	12070	14086
A380	4	宽身	853	2	945	15289	17703

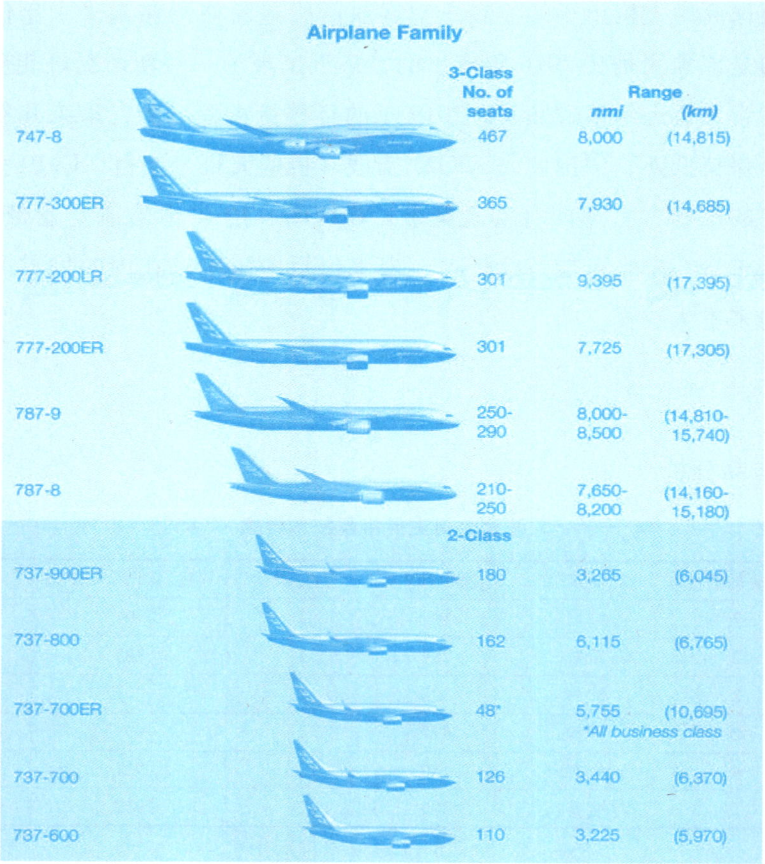

图 7－10　波音公司主要机型技术数据

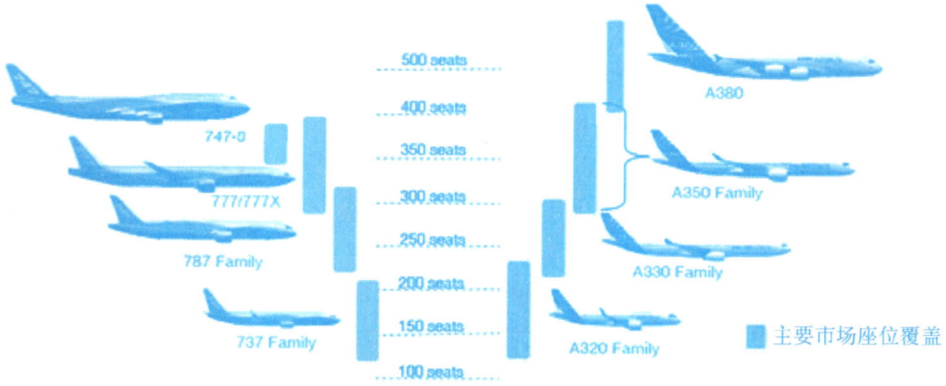

图 7－11　波音—空客主要机型对比

用座位数和航程为坐标，可以看出各个机型覆盖的市场如下：单通道的 A320 系列与波音 737 竞争链家航空公司市场和中短程市场；A330 主要面向中远程航线，跨大西洋的洲际航线，与波音 B777 竞争；A380 面向超远程航线，链接客流集中，机场和空域资源有限的超大型枢纽城市；A350XWB 面向航程稍短、客流稍少的洲际直飞航线，与 B787 竞争；而面向中短程航线的宽体客机 A300 基本上已退出市场。

3. 波音—空客产品战略定位分析

大型客机市场论证工作的核心环节就是其市场定位，市场定位的准确与否直接关系着该机型项目的成功，对于项目的技术经济可行性研究以及后期衍生机型的开发也有相当大的影响。本文采用波士顿矩阵法，依据采集到的订单和交付等市场数据，分析了波音和空客的主要机型，力图得出其产品开发的定位与顺序背后的逻辑关系。如图 7－12 所示，波士顿矩阵的四个象限分别代表了产品四种不同的市场状况。

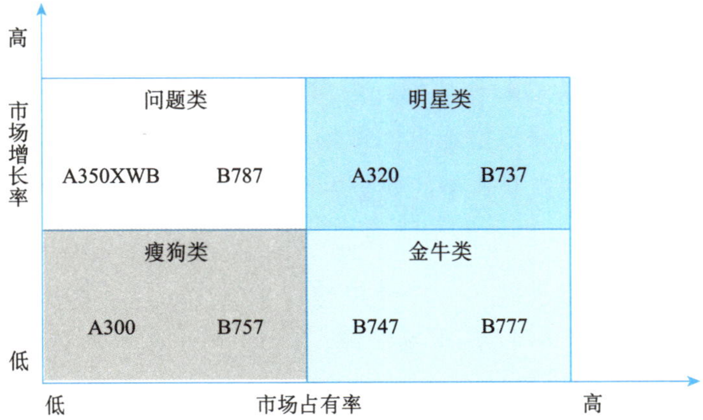

图 7－12　波音—空客波士顿矩阵分析

（1）问题型产品：是市场增长率较高而相对市场占有率较低的产品。之所以称其为“问题类”是由于这一类产品的发展前景有时很不明确，市场的占有率有可能迅速大幅度提高，进而转化为“明星类”产品；但也可能由于过于激烈的市场竞争或者变化的市场需求，使该业务的市场份额很难有所上升。因此，必须十分认真地加以分析处于这一位置的业务或产品，商用大飞机领域任何一款产品都涉及数十亿甚至百亿美元的投资，因而决策风险巨大，必须慎之又慎。对于问题型产品，需耐心地持续投资，以提升市场占有率，促使其向明星型产品发展。波音选择开发的 B787 客机即属此类，当其收到市场热捧，有转化为“明星类”的趋势时，空客也意识到这一趋势，因而跟随开发 A350XWB 与其竞争。

（2）明星型产品：是处于高市场增长率与高市场占有率的业务，明星类产品往往是在同类市场中的领先者。对企业来讲是最具有发展潜力的业务，所以企业会毫不犹豫地投入资源加以发展。由于明确的市场发展前景，竞争对手通常也会伺机进入这一市场，但是企业必须对其进行继续投资以保持与市场同步增长，保持相对市场占有率的优势，从而在竞争中处于有利地位，因此这类产品尚不能成为企业可坐收其成的业务。商用飞机市场中，150 座级的单通道飞机即是明星型产品的典范，例如，B737 和 A320 飞机，该级别飞机在全球民航机队中占据了绝对的数量优势并且在未来相当长一段时期内其市场需求仍将稳定持续增长。随着巴西飞机公司、加拿大庞巴迪公司，以及中国、俄罗斯、日本等国加入对于这一市场的争夺，空客和波音也将面对更加激烈的竞争。

（3）金牛型产品：是指市场增长率较低，同时继续保持较高的相对市场占有率的产品。这类产品保持着市场的领先地位，有较高的边际利润，由于航空工业的规模效应，这类产品能为企业带来大量的现金收入，并且通过规模经济效益获取高额利润；通常企业可以用金牛类业务的收入来支持明星类和问题类业务的发展。同时由于市场增长率的下降，说明该市场已趋向成熟，因而这类产品的持续效应很可能受到限制。对于现金牛产品，企业可以采取措施巩固市场地位，同时争取开拓新的市场。大型商用飞机领域，波音 747 飞机就是典型的现金牛产品，自 20 世纪 70 年代以来其对于 400 座以上机型市场长达近 40 年的垄断为波音公司带来高额的现金收益，波音用这些收益支持其新产品开发。这一级别的飞机产品市场容量较小，空客使用“胡桃钳”战略，推出 A340 从下方向上挤压 B747 的市场份额，在 B747 上方则用 A380 飞机形成合围，2008 年以后，B747 的年订单数已经从原来的数十家跌至个位数。如此一来，B747 这一波音的现金牛即将成为历史。

（4）瘦狗型产品：这类产品的市场增长率和市场占有率都很低，企业在这类业务上也不占优势，市场前景堪忧，对企业的发展战略的贡献或者影响也比较小。因此除了某些特殊需要之外，企业一般没有必要保留这样的业务，否则只是浪费资源。企业可以考虑转移资源到更具市场增长潜力和利润较高的产品上去。例如，波音 B757 飞机在 2005 年的停产即是基于这样的考虑。

总而言之，在过去 20 年里，空客一直在尝试和波音打非对称战争。虽然空客经常在订货数、交货数深圳销售总额上超过波音，但在利润上超过波音的年份就很少。原因正是在于波音在大飞机市场上的优势，使波音在 747、777 上赢取比单通道飞机多得多的利润，这也正是空客采用“胡桃钳”战略，用 A340 和 A380 合围 B747 的目的所在。而波音开发 787 也是努力寻找新的“明星”产品。因此，空客将 A320 的总装生产线搬到天津，也不是为了帮助中国增强航空工业，而是类似于欧美汽车业转移淘汰过时的中低档汽车生产线到中国，一方面是剔除利润率较低的产品，专注于高额利润的产品；另一方面更贴近市场，更为有利地争夺中国和亚太市场。这一策略是否能够成功尚需时间的考验，但不可忽视的是西方在汽车产业的这种做法显然是成功的，中国至今还难以制造出对大众、通用等公司产品造成较大威胁的汽车。

4. 空客营销策略分析

回顾空客发展历程，可以得出空客使用了以下的各种营销策略的组合，使其一步步发展成为世界领先的商用客机制造商：

（1）出奇制胜：1974年，后来出任空客第二任总裁的Bernald Lathiere拿着自己与甘地和女诗人的照片与印度航空公司总裁谈判成功；在与波音、麦道、洛克希德竞争南非航空的订单中，空客巧用打分制胜出，获得这笔意义非凡的订单。这笔订单数量虽少，但是因为南非高温高原对飞机性能和质量，以及售后的要求都非常严格，对于制造商而言在世界市场建立可信度至关重要。

（2）巧用多米诺效应：空客在选择好市场后，先识别或挑起两家对立和竞争的航空公司，然后空客和其中一家做成生意，这一地区的航空控死就会跟风攀比。这就是后来美国人所称的在完全不同地缘政治背景下的多米诺骨牌理论：第一个倒下后，剩余的紧随其后。空客将这一策略首先运用在亚洲地区领头地位的新加坡国际航空公司和马来西亚航空公司上。

（3）勇于开拓，尊重市场：空客预计当时财力雄厚的亚洲和远东市场的航空公司运量将会有大幅增长，而且他们尚未对美国飞机形成迷信，波音对这些市场较少关注。这些市场对于航程要求较大，于是空客则在A300B的基础上开发了A300B的增重型，航程从2500千米增加到4000千米，而且油耗比三发的DC10和L1011都低很多，价格也更低。于是，1978—1979年，空客成功地获得了菲律宾、马来西亚、新加坡、印度尼西亚、伊朗、巴基斯坦等国的大量订单，为日后空客在亚洲的发展奠定了基础。后来的A3XX计划，更是考虑了中国和亚洲元素，将飞机最终命名为A380。

（4）先用后买，按客付价：在1977年对美国东方航空公司的销售中，空客提出让美国东方航空免费使用4架A300B4，为期6个月。虽然冒着一旦6个月后航空公司不接受飞机，飞机价值将大幅折损的风险，但这样的诱惑美国东方航空公司亦是难以拒绝。然后空客替美国东方航空支付维修和人员培训费以及申请美国适航证的费用。此外，当时美国东方航空公司提出的A300太大（240座），而其真正需要的是170座级飞机，于是空客答应美国东方航空先按170座飞机付款，在以后运营中按实际乘载量付款。终于，美国东方航空公司在1978年下了价值高达7.78亿美元的23架A300B的订单和9架意向订单。

（5）协助融资，租赁交易：为了落实美国东方航空公司的订单。空客采用租赁交易的方式，由美洲银行领导的摩根斯坦利投资公司和通用金融公司参与的金融集团进口飞机后再租赁给美国东方航空公司。此外，由于美国东方航空公司虽然是当时的美国四大航空公司之一，但近 10 年没有盈利，负债重重，融资困难。空客凭借银行及法国、德国政府主管的出口金融机构的大力支持，为其筹集到美洲银行固定利息 3.5%（大大低于正常商业贷款利率 9%）的为期 15 年的 5.22 亿美元贷款，法国里昂信贷银行和德意志银行 2.5 亿美元贷款，通用电气公司 4500 万美元贷款，帮助美国东方航空公司渡过难关，购买空客飞机。

（6）开拓进取，尊重顾客：在 B737 和 A320 的市场争夺战中，波音公司对于客户自负傲慢甚至不屑的态度与空客对客户真诚、无微不至的态度形成了巨大反差，而这一非技术性因素，使客户进一步了解空客飞机并最终购买空客飞机。这样，空客公司打入了曾经一度被波音公司牢牢控制的单通道小型客机市场。例如：1998 年波音的忠实客户英国航空公司（British Airways）购买了 59 架 A320/319，中低成本航空公司捷兰航空公司（JetBlue）也放弃购买 737 转而购买 A320。2004 年 11 月，曾经靠 737 起家且专门购买波音飞机的低成本航空公司柏林航空（Air Berlin，也是德国第二大航空公司）倒向了空客，达成了一项 70 亿美元、涉及 110 架 A320 客机的交易意向。同年 12 月，马来西亚低成本航空公司亚洲航空（Air Aisa）宣布购买 80 架空客飞机。

（7）提高市场敏锐度，重视科技创新：空客认为大型枢纽机场将继续发挥主要作用。世界人口，尤其是北美和亚洲，都趋向于向大都市集中。例如，首尔附近将集中了 25% 的韩国人，悉尼附近将聚集了 20% 的澳大利亚人，而巴黎聚集了 15% 的法国人等，因而特大城市将继续是越来越多的旅客的最终目的地。由于远距离飞行的起飞“窗口”时间限制，即为了在早上 8—10 点达到巴黎，离开纽约的时间必须在下午 7—9 点；为了下午 8 点左右到达悉尼，离开伦敦必须在正午，超出这些时间“窗口”的旅行往往不被接受。因而航班起飞和降落往往只能集中在有限的时段内，这样，超大型飞机便成为了解决这种问题的可行办法。空客预计未来 20 年市场对于超大客机的需求在 1300 架左右，同时需要约 300 架超大货机，这就构成了一个 4000 亿美元的市场，因此空客果断投入对 A380 的研发。而波音对于开发超大飞机犹豫不决，错失良机，将这一巨大市场拱手相让。

五、结语

鉴于以上对于波音公司的分析和其暴露的问题，我们发现任何企业和行业都不能故步自封。只有不断地灵活调整自己的经营方式、营销路线，才能够保持自己的核心竞争力。对于波音公司而言提出以下几点建议。

1. 将订单的增长和生产能力合理匹配；留住人才、重视高科技在生产流程中的运用，这样一方面可以提高公司的生产产量和质量，另一方面可以提高公司的管理运营水平。

2. 进行定制化和标准化的平衡；定制化订单的成本太高，而市场的增长空间却有限，进行定制化和标准化的权衡可以降低成本。放弃部分高成本的定制市场，去争取更广阔的标准化市场，对于波音公司而言未尝不是一项好的选择。

3. 加强供应链管理；全球化的外包零件难以保证生产质量和维持统一标准，一定程度上损害了波音飞机的质量品牌形象。如何在外包全球化和内部生产之间取得平衡，如何将核心产品内部生产、非核心零件外包，协调生产时间，加强供应链管理，是波音公司亟待解决的问题。

4. 选择合适的价格；波音为了维持自身的市场份额，在成本难以降低的同时，却依然降低价格出售飞，因此造成了较高的销售额和较高的负利润同时出现的情况，这对于整个公司的可持续发展是不利的。在市场份额和利润之间，如果没有新的平衡点出现，两者之间的权衡是必不可少的。

案例使用说明

一、教学目的与用途

1. 本案例主要适用于“国际商务”课程，也适用于“国际企业战略管理”“跨文化沟通”等相关课程。

2. 本案例教学目标

本案例通过再现波音公司全球营销战略的形成、发展到改变的全过程，引导学生运用国际营销的理论方法及分析工具对案例中的战略环境、涉及利益主体间的关系，相关航空公司的战略角色进行分析，从而加深对航空公司国际营销战略议题分析和选择的理解。

二、启发思考题

1. 航空客运行业当今的发展趋势如何？

2. 波音公司是如何应对和减少民用飞机业务的大饥荒周期的？

3. 1997 年波音公司遭受巨额亏损的原因有哪些？

4. 面对巨额亏损，波音公司是如何应对的？

5. 作为波音公司的竞争对手，空客公司的产品及战略定位有何特点？

三、分析思路

首先分析航空客运行业的发展趋势以及波音公司的多元化战略和组织架构。当波音公司面临巨额亏损时，分析其原因，从产品、价格、促销、渠道以及售后服务五个方面分析波音公司营销策略的调整。对比其竞争对手空壳公司，分析主要市场指标、产品和营销策略。

四、理论依据及分析

1. 根据多元化战略理论分析波音经营策略。

2. 运用传统营销组合“4P”理论（Product、Price、Place、Promotion）意思为产品、价格、渠道、推广，思考并分析波音营销战略。

3. 利用波士顿矩阵分析波音产品和相应营销战略。

五、关键点

1. 波音公司商业模式的形成。

2. 波音公司的多元化战略以及面临亏损的原因。

3. 波音公司全球营销战略的调整。

4. 与竞争对手空客公司的对比分析。

六、建议课堂计划

1. 引入案例（10 分钟）

教师通过多媒体，以图片、视频等形式，向学生简要介绍航空客运行业发展趋势，以及波音公司的背景、商业模式和面临巨额亏损的原因。

2. 分组讨论（20 分钟）

各组经过讨论，总结波音公司面对巨额亏损的应对策略。

3. 成果展示（30 分钟）

各组根据讨论结果，进行展示。

4. 案例点评（20分钟）

针对学生分组展示的情况予以点评，并对案例的关键点进行重点分析。

5. 案例总结（10分钟）

总结案例，启发学生对国际营销战略更深入的思考。

参考文献

[1] 赵正. 波音遇难百年危机 [J]. 商学院，2019 (4)：107-109.

[2] 徐德康. 波音和空客的新策略 [J]. 航空维修与工程，2018 (3)：15-17.

[3] 曲小. 波音的反击——波音首个海外工厂落户中国 [J]. 大飞机，2015 (5)：62-65.

[4] 刘成龙. 走进波音公司的质量管理模式 [J]. 现代班组，2011 (6)：26-27.

[5] 吴丽. “备战冬天”——专访波音民用飞机集团市场营销副总裁兰迪·廷塞思 [J]. 商务周刊，2008 (23)：36-37.

[6] 田剑，曹永才. 空中客车与波音的竞争战略研究 [J]. 交通企业管理，2007 (11)：22-23.

[7] 陈金城. 波音空客之争：市场战略与营销策略的角力 [J]. 新经济杂志，2007 (9)：60-64.

[8] 王国顺，陈原. 民用航空制造业供应链协调管理的策略研究——以波音公司为例 [J]. 中国市场，2007 (19)：84-87.

[9] 汪继峰. 波音公司的营销策略 [J]. 中外企业文化，2002 (7)：24-25.

案例 8

传音手机在非洲的国际营销*

手机作为人民在生活和工作中的重要工具，其市场在近些年也发展得越来越为迅速。对于中国的手机产业来说，面对着逐渐饱和的国内市场，各大手机生产制造商开始寻求海外市场并取得巨大成功，尤其对于东南亚和非洲等地区，我国手机品牌已经具有较高的市场占有率。非洲是仅次于中国、印度的全球人口第三多的市场。当一些人对非洲的印象还停留在贫困、原始时，非洲手机市场只有三星、诺基亚等少数品牌，竞争相对比其他市场要小很多。来自中国深圳的传音控股成功抓住这一机遇，迅速进军非洲市场并取得成功。

* 本案例由中央财经大学国际经济与贸易学院张硕、刘洁撰写。

案例正文

科学技术的发展给人们的生活带来了翻天覆地的变化，手机作为承载着科技发展的一个重要标志，在人们的生活和学习中扮演着越来越重要的角色，手机使生活更加便捷。手机市场的发展也十分迅速，即使在全球经济都有所衰退的，也没有对手机市场造成很大的影响。目前，手机功能日益更新，外观日益变化，新产品层出不穷，价格差异也很大。随着手机网络的逐步更新完善，消费者手机更新的频率也在不断加快。近年来，中国手机产业发展迅猛，国内手机市场已接近饱和，因此各大手机生产制造商开始寻求海外市场并取得巨大成功，传音控股公司在进军非洲市场方面就是一个成功的典范。

一、背景介绍

（一）传音公司基本信息

传音控股（前身传音科技）2006 年 7 月成立于香港，是一家专业从事移动通信产品研发、生产、销售和服务的高新技术企业。经过多年的发展，传音在非洲国家的市场份额达到了 40%，并成为了国际新兴手机市场的中坚力量，是全球主要手机供应商之一。传音旗下拥有 TECNO、Itel、Infinix 三个手机品牌和一个配件品牌 Oraimo，一个售后服务品牌 Carlcare。

经过不懈努力，传音在研发设计、生产制造、销售及售后服务等多个方面同时发展，迅速积累了雄厚实力。同时，在高通、联发科、Facebook、Opera、MTN、Airtel、Etisalat、Safaricom、Gamloft 等合作伙伴的大力支持下，传音旗下各手机品牌的市场份额不断扩大、销量持续增长、市场地位不断上升，传音也因此跻身非洲顶尖通讯公司的行列。2013 年，公司所有品牌总销量超过 3700 万台，取得了前所未有的成绩。

（二）发展历程

回顾传音公司的整个发展历程，主要可以分为三个重要阶段。

第一阶段是 2006—2008 年，传音公司在 2006 年成立后，在新兴市场摸索，面临着南亚与非洲市场的取舍，最终确定非洲为主战场，并在 2007 年推出 Itel 品牌。

第二阶段是 2008—2015 年，传音公司成立三个不同档次的品牌，针对非洲不同层次消费者。2014 年，传音成功跻身全球手机厂商第一阵营。

第三阶段是从 2015 年到现在，传音调整战略，走向全球。先是涉足东南亚和南亚市场，从印度尼西亚到印度、孟加拉、尼泊尔，再布局哥伦比亚、墨西哥等拉丁美洲国家。

（三）传音手机经营绩效

目前，传音公司的销售区域已扩大到非洲以外的拉丁美洲、东南亚和南亚以及中东地区。我们从传音公司最近发布的招股说明书中可以看到其近三年的营收情况，从 2017 年到 2019 年，营业额增长速度较快，但净利润率仍然不高，仅为 6 个百分点（见表 8－1）。

表 8－1　　传音公司三年营业额及净利润

	2017 年度	2018 年度	2019 年度
出货量（亿部）	1.29	1.24	1.37
非洲市场占有率	45.12%	48.71%	52.5%
营业额（亿元）	200.44	226.46	253.46
净利润（亿元）	6.78	6.57	17.25
净利润率	3.38%	2.90%	6.80%

2017 年传音公司销售额为 200 亿元人民币，手机出货量达 1.29 亿部，手机出口总数量在全国手机品牌中排名第一。在非洲的 56 个国家和地区，总人数大概为 2 亿人，传音公司的市场占有率达到了 45%。然而，在其销售的 1.2 亿部手机中，近 9000 万台为功能手机，因此，虽然传音公司的产品覆盖率高，但利润率只有 3.38%。

2018 年传音公司的非洲市场占有率为 48.71%，营业额也比 2017 年略有增加，但其出货量有所减少，此外 2018 年公司的净利润率为 2.9%，低于 2017 年的 3.88%。

2019 年传音全年的手机出货量达到 1.37 亿部，同时，传音公在整个非洲的市场占有率高达 52.5%，或许三星、苹果和华为等手机巨头不会想到，在“贫瘠”的非洲大地上，手机市场规模竟然如此庞大。此外，在传音控股披露的 2019 年年报中显示，2019 年全年营业收入 253.46 亿元，归属于上市公司股东的净利润 17.25 亿元，2019 年度传音控股手机出货量 1.37 亿部，同年传音控股在全球智能机市场占有率排名第四位，同比上升两位。避免与巨头竞争，偏安一隅的传音，全面开发了非洲市场。

（四）传音手机国际化道路

传音公司成立的时间点正是国内手机产业激烈竞争的时候，彼时，国内手机市场也被各种山寨机占据，正规手机企业生存十分困难。有些品牌就此被淘汰，如波导、夏新等手机。有些企业通过开拓海外市场来扩大业务，如华为和中兴。没人想到市场的变化会来得这么快，整个手机市场几乎是以暴风骤雨般的节奏变革。为了生存，传音控股也在积极寻求海外市场，开启国际化道路。由于传音手机之前就有过给一些印度和东南亚的手机品牌做贴牌的代工经验，再加上其他较为发达的欧美国家已经成为了华为、中兴等大品牌着眼的焦点，因此，传音手机首先就聚焦在了进军非洲市场。不到两年，传音手机就正式确定了“非洲战略”。

二、非洲市场营销环境分析

（一）PEST 外部环境分析

当我们研究传音的营销策略时，必须回到非洲的整个营销环境中去探讨，其中便包括了对当地的政治、经济、社会及科技外部条件的分析。

1. 政治环境分析

首先需讨论的是非洲的政治环境，即手机出口目的地的政治环境、政策导向等。同时，由于传音是来自国内深圳的公司，因此必须考虑到我国的政策指导方向、国内的法律税务限制等。最后，传音的产区设在国外，其生产过程必须符合当地的法律政策，进口生产原材料也会受到国际政策影响。

非洲拥有 56 个国家和地区，总体政局基本稳定，但各区域国家之间的差异比较大。北非地区政局相对稳定，埃及近年来的三大电信运营商稳步发展，手机用户体量有着快速增长的趋势。西非的尼日利亚有着巨大的人口潜力，但 2018 年尼日利亚政府支出放缓、尼日利亚北部各州持续的争端，以及选举前的市场不确定，智能手机市场下滑，但功能手机需求上涨。东非的埃塞俄比亚则加强了与中国的合作，中国国家开发银行拨给了埃塞俄比亚 15 亿美元的贷款，全面改善埃塞俄比亚的通讯网络，中兴也与埃塞俄比亚政府签署了帮助建设全国通讯网络系统的协议，至此埃塞俄比亚也成为非洲通信网络最发达的国家之一。肯尼亚虽然受税收和燃油价的影响，但是入门级的智能手机的需求量却持续上涨。加纳等国家也在大力推动互联网的普及，取消了智能手机进口关税等措施。而南非作为非洲经济政治强国，随着种族制度的取消、世界科技巨头公司的进驻，南非也采取了各种优惠政策等吸引外资，网络铺设的力度也将进一步普及。

谈到国内的政策，近年来，我国不断加强对手机等高新产业的重视力度，出台了

《国务院关于加快培育和发展战略性新兴产业的决定》《电子信息制造业“十二五”发展规划》《关于加快我国手机行业品牌建设的指导意见》等一系列的政策支持。再者，随着国家“一带一路”政策的实施，加强了与非洲各国的战略合作，传音以向非洲国家出口为主，也将获得国家的各种非洲贸易利好政策的扶持。

虽然近年来，中美贸易战愈演愈烈，传音生产手机的电子元器件，尤其是芯片和存储器等上游关键要素也受国际政策等因素影响，但目前中国也加大了该方面的科研投入，原材料的单价也相对稳定下来。

总体来说，随着非洲政局日趋稳定，各国国家政策的不断完善，网络基础设施的不断完善，进出口贸易也往更有利的方向走，非洲的政治环境因素将极大地利于手机行业的蓬勃发展。

2. 经济环境分析

尽管从目前来看，非洲的经济水平仍然是各大洲中最落后的，但非洲人口发展的潜力大，消费市场将成为不可小觑的一个经济增长点，并且已有超半数的非洲国家签署了 AfCFTA 框架协议，将成立世界上最大的自由贸易区。

自贸区的建立，无疑会降低各国的贸易关税，加强各国间的商品、服务、科技、资金的流通，促进区域间的合作与交流，加快非洲经济的发展。而对于在非洲建立工厂的传音来说，更是极大的利好消息，非洲生产的手机将会更快地运输到非洲各国，物流等成本也将大大缩减，库存积压等一系列问题也会减少。

从非洲经济比较强的地区看，尼日利亚与南非都有丰富的矿物资源，以出口能源与矿物为主要经济来源，经济受国际能源浮动影响较大。相比东非的埃塞俄比亚、肯尼亚等国，发展农业、旅游业、甚至是引入工业，致力于发展多样化经济，近年来经济发展后劲足。

与此同时，非洲人均生活水平非常不平衡，两极分化非常严重。但根据世界银行发布的数据，毛里求斯 2019 年的人均收入是 11114 美元，而同样是非洲的刚果，年人均收入只有几百美元，为世界最贫穷的国家之一。但从表 8 – 2 可以看到，非洲相对发达国家未来几年经济增长态势猛烈，毛里求斯 2018 年的人均 GDP 甚至超 1 万美元，非洲的经济发展仍持非常乐观的态度。

表 8 – 2　　非洲前五名国家人均 GDP 统计数据　　单位：美元

	2017 年	2018 年	2019 年	2020 年
毛里求斯	9794	10437	11114	11778
加蓬	7972	9030	9234	9556

续表

	2017年	2018年	2019年	2020年
波斯瓦纳	7877	8443	8634	9031
南非	6180	6459	6632	6815
尼日利亚	1994	2108	2387	2730

资料来源：国际货币基金组织数据统计。

尽管收入差距大，但随着经济的持续增长，非洲的基础设施也会不断地完善。随着全球移动互联网的发展，非洲已连续多年成为全球手机用户增长最快的地区，手机产品也逐渐成为普通大众的日常必需品。

3. 社会环境分析

研究非洲的社会环境，是传音手机在营销环境中最复杂也是最重要的一个环节。社会环境包括了消费者的价值观、行为方式、宗教信仰、风俗习惯等，制约了消费者的消费观和购买行为。

拥有将近13亿人口的非洲，囊括了56个国家和地区，是当今世界各大洲中人口自然增长率最高的区域，人口数量众多，宗教信仰以伊斯兰教和基督教为主，本地语言多达1000多种，不同国家地区和不同年龄段还有不同的生活习惯和思维方式。

非洲大部分国家被欧洲国家殖民了多年，消费观念和欧美国家比较相似，虽然生活水平不高，但是消费能力强，喜欢唱歌、跳舞、足球、社交，于是像Facebook和Whatsapp这样的社交网站在当地受追捧。非洲的手机消费者，更喜欢自拍功能强大、大电量、大音量的多卡手机。

随着非洲人民生活水平的提高，手机也逐渐成为生活中的标配，跨过了电脑pc网络的时代，非洲直接进入手机移动互联网终端。手机成为非洲人民了解外界的信息、联结世界的最快捷的方式。此外，随着非洲互联网时代的到来，手机将成为人们购物的移动终端及支付平台。在医疗控疾方面，手机也起着必不可少的作用，智能手机承载的实时数据，缩短了疫情上报时间，甚至可以达到实时上报，这对防控工作有着重要的意义，而且通过这些数据可以用来跟踪疾病的传播路径，曾为实现控制和消灭埃博拉立下汗马功劳。

在埃博拉疫情后，非洲也加快了卫生事件应急防控机制，同时注重数据的建设，加大对智能手机的推广。简而言之，非洲的人口架构、非洲人民的生活习惯、消费习惯，甚至是日常医疗等各种因素都会把智能手机这一必需品推到一个更高的位置，手机行业在非洲将拥有巨大的潜力。

4. 科技环境分析

分析传音手机的科技环境，除了要立足非洲来探讨，还要探讨整个手机行业的技术背景。非洲的整体科技水平不高，工业程度发展落后，包含科技环境设备和技术应用都主要来自中国等国家的支持。

近年来，随着非洲政治的稳定，经济的持续发展，不少科技巨头都纷纷瞄准了非洲这片土地。Facebook 运用其无人机“天鹰”推进非洲互联网普及计划，想要让非洲近一半人口免费使用网络。微软也推出“4Afrika”计划，甚至在南非设立两个云计算业务数据中心，为南非的国家信息技术局和南非标准银行提供数据支持。IBM 和亚马逊、谷歌等也紧随其后。

随着各大国际科技巨头开发非洲市场，以及非洲本土创业者努力发展科技吸引投资，可预见在不久的将来，非洲科技领域的发展将势不可当。在这当中，来自中国的帮助更是不容忽视，中国经济的创新发展也对非洲国家有着积极影响。非洲需要提高科技水平，实现创新发展。越来越多的中国科技企业也开始投身科技尚不发达的非洲大陆，中国政府也密切关注着中非在创新领域的合作。

非洲科技的不断发展，也势必带动手机行业在非洲的广泛应用，包括网络购物平台、物流系统完善、手机移动支付应用等，传音手机在非洲将有更广阔的商机。

而在全球的手机科技领域，手机行业技术更新周期不断地缩短。于是，将对手机企业的研发实力、市场反应能力提出更高的要求。目前 4G 网络应用，甚至是 5G 手机市场的兴起，折叠功能手机的可行性以及各种新技术功能的手机应运而生，科技的发展从未停止脚步。而在手机供应链的上游，核心芯片和存储器的生产、相关的专利都还掌握在欧美等发达国家的手中，这对于传音或者是中国的大量手机厂商来说，都是致命的打击。

但相信在不久的将来，随着各大科技巨头公司进驻非洲，还有中国各大运营商、手机品牌涌进非洲，非洲的手机、话费和网络流量单价都将大幅下降，非洲的人们将会享受到更物美价廉的产品，以及更高质量的通信服务。

三、传音公司在非洲的内部资源能力

（一）物质资源

传音控股的物资资源包括在全球 4 个地区的工厂设备资源，境内外自有房屋、厂房、仓储等建筑物资源，境内外租赁的建筑物土地使用资源。

主要的无形资产包括：传音控股及其子公司拥有的境内外商784件，境内外拥有的发明专利79项，实用新型专利381项，外观设计专利140项。正在申请中的专利1554件，还有286项计算机软件著作权，与生产经营相关的核心软件著作权69件。

传音的工厂设备、产房资源、产品专利等都为手机的生产制造提供了有力的条件，尽管传音也有其他的代工厂以及供应商，但掌握着手机的核心专利，以及拥有手机的制造能力，无疑是在手机的供应上有着得天独厚的优势，既可以在供应链条上把握最新的信息，或者最优价格，也可以在某些生产关键环节把控主导力，更可以制衡某些供应商。

而在国外设立的工厂，一来可以降低人工成本，二来缩减库存，减少物流出海关等环节的费用及时间，再就是可以带动本土的就业，获得本土政府资源和政策支持，等等。

（二）财务资源

据传音控股的招股说明书，传音控股注册资本7.2亿元，截至2018年年末传音控股总资产103.53亿元，公司资产质量良好，流动资产占比高，为82.48%，负债金额为64.31亿元。2018年公司营业收入226.46亿元，净利润6.53亿元。目前传音正在申请上市。

2018年传音的主营业务收入96.65%来自手机业务，其中功能手机占比26.84%，智能手机为69.81%。而从2018年来看，传音77.30%的收入来源于非洲，还有22.7%来自亚洲等其他地区。

除此之前，传音还有来自各地区政府的各种财务补贴和研发津贴，投资的收入，外储备等。

（三）技术资源

传音在世界各地建立了多个自主研发中心。主要利用技术结合本土需求，对产品进行本土化创新。在硬件方面，主要集中在基带、天线、电池、射频、影像和声学领域。而软件集中在相关软件的开发、人脸的识别及图像处理。移动互联网则专注于系统的研发，大数据和云极计算的应用。

目前拥有的国际领先核心技术有：深肤色人像夜间拍照、深肤色智能美颜、深肤色人脸识别、拍照智能场景识别、基于本地化的硬件深度定制、人工智能相册、拍照补光技术、手机Camera模组硬件材料开发技术、手机显示屏幕模组材料开发技术、手机电池模组材料开发技术、手机防水防腐蚀设计。

（四）人力资源

传音在非洲40多个国家和地区设立了办事处，拥有超过1300个售后据点，全球员工总人数达1万名，在境外几乎采用当地的本土化人才。此外，传音还特别关注人才培养，采用人才激励机制，关注员工成长，吸引核心人才和研发人才。目前传音拥有1500多个研发人员，90%为本科及以上学历，专家级技术人员有50多名，高级技术人员有230名。除了通过外聘和内部培养的方式，传音每年还注重在国内外院校招聘有潜力的应届毕业生，及早培养和储备各方人才。

（五）社会资源

在社会资源方面，传音扎根非洲市场10余年，在非洲拥有各方政府的资源、传媒资源、手机行业渠道商资源、各国进出口关税资源、物流运输系统资源如DHL、与非洲当地本土人员甚至是与学校长期合作的资源。

而在供应链条上，传音有着谷歌、Facebook、英特尔、索尼、微软、联发科、Orange等全球知名企业作为强有力的合作后盾，有着手机制造原材料资源、手机下游供应商的资源、手机相关配件制造商、合作商与代工厂的资源。在国内，更是有着深圳这样一个手机制造集中地的大后方资源，同行信息资源、背后更是有中国政府的支持。

四、传音手机在非洲市场的SWOT分析

SWOT分析法是在内外部竞争环境和竞争条件下的态势分析基础上，通过分析企业的strengths（优势）、weakness（劣势）opportunities（机会）及threats（威胁），按照线形矩阵的形式进行排列，之后运用系统分析的方法，将所有的因素之间进行互相匹配，再进行分析并得到与之呼应的结论。运用SWOT分析法，可以对研究对象进行准确、系统、全面的分析，从而根据分析结果来制定合适的发展战略、计划以及对策等。

从整体来看，SWOT分析法可以分为两部分：第一部分分析企业的优势以及劣势等内部因素；第二部分则运用外部的力量来评估总体，通过分析企业所面临的机会和威胁来衡量外部环境对企业的影响。通过SWOT分析法，企业可以找出有利于企业本身发展的因素，以及对企业不利的、需要避开的东西，从中发现企业存在的问题并找出相应的解决办法，以便管理层作出较正确的决策和规划。

（一）传音手机在非洲市场营销的优势分析

1. 价格优势明显

目前，非洲经济发展速度较快，处于社会快速转型期，人们对通讯信息的需求越来越高，而智能机满足了人们对于信息的需求，智能机占据非洲手机市场是未来的必然趋势。然而，像苹果、三星这样的知名度较高的大牌智能手机，其价格对于普通非洲大众来说是难以承担的。传音就此抓住市场机会，瞄准非洲普通大众，专门为他们打造属于自己的平民化智能手机。

2. 以“微创新”直击手机用户痛点

手机市场，从来不缺竞争对手，传音之所以能在众多知名品牌中突围而出，成为非洲手机市场的“本土之王”，关键在于其抓住了非洲消费者的痛点及诉求，为其提供贴近消费者实际需求的优质产品。在未进入非洲市场之前，传音深入非洲各个国家，与不同国家不同类别的客户以及当地的零售商沟通，深入本地做市场洞察，并按照不同国家不同的兴趣爱好、痛点和诉求来开发产品。

3. 销售网络强大

相比于欧美等高度发达以及统一的市场，非洲当地社会的分裂性更强。每个国家都有各自分散的线下零售店、代理商、经销商，而并不存在一个统一的零售体系。然而，传音从中看到了契机，根据非洲营销渠道的实际特点，实行遍地营销策略。

遍地营销从广告做起，在非洲当地，尤其是撒哈拉沙漠以南的地区，无论是小型的夫妻店还是大型的卖场，无论是户外的广告版还是电视广告，蓝底白字的 TECNO 标志无处不在。传音手机的广告刷满了非洲的大街小巷，连路边的电线杆也不放过，同时还配上常规的电视广告等渠道，此种方式给消费者留下了深刻的印象。

4. 售后服务体系完善

一般而言，一台手机的使用寿命可以达到两年。但在非洲，一旦用户不小心把手机摔坏了，售后服务的缺失使他们往往只能放弃这台手机，手机的使用寿命也因此缩减到了几个月。传音为解决这个难题，建立专业售后服务品牌 Carlcare。目前，传音在非洲建立了 86 个世界级售后服务中心和超过 1000 个售后维修点，拥有超过 1100 名专业的服务高级技术人员，是非洲最大的用户服务网络。传音的售后服务中心在内罗毕开张时，曾在当地的 Luthuli 大街邀来了当时的内罗毕市长奥姆维拉（George Aladwa）站台剪彩，盛况空前甚至引发封路。此种营销方式使传音品牌在非洲人民中扎根，传音品牌知名度迅速提高，非洲市场逐步被打开。

（二）传音手机在非洲市场营销的劣势分析

1. 产品结构不合理，侧重于低档产品

由于非洲手机市场的特殊情况，功能机比较适合非洲人的消费水平，所以出口到非洲的传音手机大多以功能机为主，智能机占比略低，产品结构不合理。随着网络在非洲的快速普及及消费者消费水平的提高，智能机比重将会进一步提升，而当地消费者的需求也必将会向着多元化的方向发展。就现实情况来看，虽然传音手机目前市场份额很高，但很大程度上是功能机的功劳。

2. 专利重视程度低

非洲政府体制不完善，甚至许多国家没有专利局这样的机构。另外，非洲经济相对落后，产业发展相对滞后，专利保护意识也相对薄弱，这是经济落后国家的通病。但是，随着非洲经济发展步入快车道，手机普及率日益提高，国家必然会关注专利，加大对专利的保护。当专利得到重视后，传音对比其他手机不仅没有竞争优势，反而会落后于其他手机。

3. 自主研究开发能力薄弱

从自主知识产权的角度来讲，手机研发大体上可分为四个阶段：第一阶段是贴牌生产；第二阶段是完成外观结构设计、应用层软件设计及大批量生产技术；第三阶段是完成射频电路、基带电路及 Layer2/3 层软件的开发；第四阶段是完成射频芯片、基带芯片和 Layer 层软件的开发。从产业发展及自主知识产权的角度看，第三阶段及第四阶段是手机生产中的核心技术。目前，传音已经可以独立完成外观结构设计、应用层软件设计及大批量生产技术，但对于第三阶段射频电路、基带电路等的开发还处于探索阶段，尚未掌握手机生产的核心技术。传音坚持以市场为驱动，用户为导向的研发模式进行自主创新，提供适合用户需求的产品，所以传音现有的研发力量主要集中于用户需求的研发，对于一些深层次的技术研发，传音并未投入很大精力，芯片设计等核心技术都依赖供应商，这使传音手机在芯片的采购中处于被动局面。

（三）传音手机在非洲市场营销的机遇分析

1. 市场发展潜力巨大

作为世界第二大洲的非洲拥有 10 亿多的人口，占世界总人口的 15%，城市人口约占全非洲人口的 26%，预计 2050 年将达 20 亿人。根据联合国贸易与发展会的非洲经济发展报告可知，目前非洲的投资水平仍处于较低水平，严重影响了发展目标的实现，但进入 21 世纪以后，非洲的投资产出率相比于 20 世纪 90 年代有了显著的提高。

资本产出率的提高非常重要，因为这是增长的关键源泉，也是主要的竞争力决定因素。就21世纪头10年的情况而言，非洲的资本产出率高于美洲地区的发展中国家，同时也略高于亚洲的发展中国家，扭转了20世纪90年代非洲产出率低于其他发展中国家的局面。从非洲手机普及率来看，非洲手机市场并不那么有吸引力。然而，功能机与智能机的角逐之战使各大手机厂商纷纷入非，以获得更大的智能机市场份额。作为最先进入非洲手机市场并受到广泛认可的传音手机，无论在价格还是质量上，都在非洲消费者心中树立了良好的形象。传音可以凭借其品牌优势广泛推出智能机，成功地将功能机市场份额转为智能机市场份额。

2. 非洲国家政策支持

近年来，非洲大陆政局总体趋于稳定，经济也实现连续多年的稳定增长，非洲各个国家及地区不断加快经济转型和结构调整步伐，实行积极开放的对外政策，外国投资也随之稳步增加。

20世纪80年代中期以前，非洲许多国家及地区实行经济干预的政策，对于外来投资限制过多，非洲大陆上的外国直接投资很少，年均只有十几亿美元。

80年代中期以后，非洲国家开始普遍放开对改革经济管理体制的限制，实行自由化政策，鼓励外商投资，参与本国经济活动。特别是近年来，非洲大部分国家进一步放宽了对外资入非的限制，在能源、矿产等方面非洲许多国家为了吸引外资来发展本国经济，还推出了一些鼓励性的外资政策，包括简化投资审批手续、减免税收等，以吸引更多外国投资。同时，非洲国家还建立了投资促进机构，向外国投资者推介本国的投资机会并提供投资环境和法律的相关信息，参与协调投资者与当地政府的关系，为投资者提供各种投资便利。

除此之外，针对非洲手机市场上出现的山寨手机，非洲知识产权组织及相关政府部门也在进行各种打击，以保护手机市场的良性竞争，这些无疑给传音等手机提供了良好、公平的市场环境。

3. “一带一路”倡议下的新机遇

“一带一路”旨在建立公平的全球贸易体系，并建立从东亚到西欧，并向南通过非洲的基础设施网络，包括道路、铁路、港口、管道和工业园区。中国国有企业和私营企业在很大程度上推动了基础设施发展计划的实施，为数以千计的非洲人创造了直接和间接的就业机会，为当地承包商和供应商提供了商机，还有很多知识和技术转移给非洲人。国产手机搭乘“一带一路”的便车，取得了很好的业绩。华为、中兴、小米、传音等国产手机走向世界，很好地诠释了“中国创造”四个字的内涵。传音手机可以借助“一带一路”的浪潮，将传音手机推广到非洲各个国家，不断扩大其市场份额，形成品牌优势。

（四）传音手机在非洲市场营销的威胁分析

1. 国产手机竞争激烈，产品同质性高

目前而言，占据非洲手机市场的国产手机主要有传音、华为、金立等品牌，像小米、OPPO、中兴等国产手机大品牌在非洲占比相当小。随着智能手机的快速增长，国产大品牌华为、小米、OPPO必然不会放弃非洲这块巨大的市场，从而导致国产手机在非洲市场的营销面临更激烈的市场竞争。

传音旗下的三个品牌手机大都以功能机及低端智能机为主，这些产品在技术方面并不存在绝对的壁垒，以致生产出的产品有着类似的外观和质量。并且中国绝大部分手机均使用的是Android系统，并且中国智能手机如中兴、华为，由于缺乏核心技术，产品的更新换代时间较长，品种普遍较少。而同一系列的手机之间存在的设计差异微乎其微，基本无法满足消费者对产品的精细化要求。产品的同质化现象，也将直接导致也门智能手机市场的竞争加剧。因为在未来较长的一段时间里，非洲手机市场都将是买方市场。传音想要利用一样的产品吸引消费者的注意，就不得不降低本身就不高的价格。久而久之，这样的价格战将导致传音无利可图。

2. 技术更新快，淘汰率高

手机产业生命周期短，更新换代特别快，人们的个性化需求不断提高，与其他知名手机品牌相比，传音手机在技术创新和产品更新换代上具有一定的滞后性，这对于已经占领的市场，具有不良的影响，很容易被新的技术和企业抢夺。目前来看，传音控股处于企业发展的成熟期，销售量继续增长，竞争者也在不断增加。而传音手机由于技术的局限性，更新换代速度比较慢，智能手机的生命周期相对于其他手机较短，定价策略也没有针对产品所处周期的不同而调整，所以传音手机并没有充分利用生命周期的特点来提高企业销量。

非洲手机市场竞争激烈，同传音竞争的手机厂商都是国内外知名品牌，其生产创新能力很强，研发投入也在逐年提高，这将导致传音手机在非洲手机市场能否长期持续发展下去。

五、传音手机在非洲的营销组合分析

1960年，美国著名的市场营销专家杰罗姆·麦卡锡（McCarthy）在《基础营销》（Basic Marketing）一书中提出了4Ps营销策略组合理论，即产品（Product）、价格

(Price)、渠道(Place)、促销(Promotion)四大策略。

四大营销策略相互配合，充分发挥每一个优势，由此实现企业的营销目标。这里的营销组合是指根据目标市场需求，企业进而对本企业可以把控的产品的质量、设计以及对产品的价格、渠道、促销等多种营销因素的优化组合和综合利用，本书在此理论基础上，分析了传音手机在非洲市场的营销策略。

(一) 产品策略

产品是传音开拓继而占领非洲市场，取得最终胜利的根本，不管是在产品导向型，还是当今市场导向型阶段，传音在制定产品策略时始终围绕着以顾客需求为导向的原则，实行本土化策略。经过十年之久的非洲营销，传音深深地了解，要想牢牢抓住并不断扩大国际手机市场份额，就必须真正找准用户需求，以实用化、系列化产品来赢得市场，形成自己独特的品牌，这样才能在激烈的国际市场竞争中获得一席之地，取得更好的发展。因此，传音手机在产品策略上实行产品差异化策略。

1. 主打中低端路线

传音手机以低端机型进入非洲手机市场，在产品线上主打低端功能机及中端智能机。传音在进入非洲手机市场前，非洲手机市场主要被诺基亚、三星等手机品牌占据。其中，诺基亚占据功能机市场，走低端路线，市场份额庞大；三星占据智能机市场，走中高端路线，市场份额偏小。基于以上情况，传音手机制定了一套相应的差异化竞争策略，兵分两路，从低端功能机和中端智能机市场同时入手，同时抢占诺基亚和三星市场份额。

2. 用户体验上的差异化提升

传音在进入非洲手机市场之前，曾专门调查非洲手机市场的竞争状况及手机用户，深挖消费者的潜在需求，传音在非洲第一人口大国尼日利亚的拉各斯、肯尼亚的首都内罗毕设立了研发中心，进行本地化的挖掘客户需求工作，致力于改善APP功能应用以提升用户体验。

(二) 价格策略

1. 影响传音手机市场定价的主要因素

影响手机定价的因素很多，首先是成本因素对于价格的影响。传音手机既没有苹果手机对于“硬件+软件+服务”的全程掌控能力，也没有三星手机超强的产业链整合能力，加之专利及操作系统等成本因素的影响，传音手机的市场售价在非洲手机市场定位在中低端。

其次是消费者的消费水平对于价格的影响。相对于欧美等发达国家，非洲的经济水平较低，人民的生活水平及消费水平相对较低，所以传音的定价必须要符合非洲手机用户的消费水平，同时也要满足公司的利润水平。随着非洲经济发展步入快车道，传音手机主打中低端品牌的同时，也在逐渐试水商务高端智能手机市场，传音正在逐步应用一些高端的硬件，使手机的性能达到同类产品的水平，因此手机的价格对比中低端机型也就相对较高。

最后是竞争对手对于价格的影响。非洲手机市场的两大手机厂商是诺基亚和三星。传音手机在功能机的定价上受诺基亚价格的影响，在智能机的定价上受三星手机价格的影响。

2. 传音手机的定价策略

传音手机在进入非洲手机市场时，采取低价策略，主打功能机及低价智能机，低价策略一直是传音在非洲手机市场竞争中的一个重要法宝。传音认为在非洲这个整体收入偏低、经济落后的大环境下，"价格低廉"是很大的竞争优势，可以用较大力度占领手机市场，增加销售量，赢得更多消费者的青睐。而产品"物美价廉"这个特点契合了非洲当地居民的消费观念，也便验证了企业策略的成功性。

所以，传音手机在价格制定上，主要采取成本导向定价法和市场导向定价法。在非洲消费水平很低的情况下，价格因素可能比质量因素更能牵动消费者的神经。

（三）渠道策略

在非洲市场的营销渠道的开发与拓展方面，传音也采取了中国企业擅长的"农村包围城市"战略，从三星和诺基亚这些大牌子较少关注的贫穷落后的地区入手，迅速奠定了自己的市场地位和影响力，赢得了良好的口碑。

1. 代理商渠道

传音在销售渠道方面，最重要的做法就是紧紧地绑住了非洲的手机代理商。工厂生产出产品后，如果自己去市场上销售，那么在销售周期内的商品就不会变为现金，工厂也就无法迅速开展下一轮生产。对于手机这样一个更新换代极快的商品来讲，过长的供应链和回款周期就意味着死亡。因此，在手机行业中，代理商承担着加速手机生产循环的重要角色。传音正是抓住了代理商的重要作用，与其签订代理协议，建立独特的合作关系。

2. 运营商渠道

传音手机在抓住非洲代理商的同时，也逐步与主要的移动通讯商建立合作关系。2012 年，传音开拓运营商渠道，先后与 Etisalatairtel Nigeria、Safaricom 等各大运营商建立良好的合作关系，推出定制机。

3. 传音体验门店

传音非常注重于用户体验，希望通过给用户良好的使用体验来建立较好的品牌口碑，所在实体门店的设置上重在“遍地营销”，传音的门店不仅遍布非洲的各大卖场，而且深入非洲的乡村街道，为客户提供良好的手机体验。此外，传音在加大体验门店的同时，建立了2000多个售后服务接触点及7个大型售后维修中心，为用户提供专业高效的售后服务。

（四）促销策略

针对非洲手机市场的特殊性，传音采取广告和销售促进这两种方式进行推广。

1. 广告

传音在广告促销上做得相当成功，尤其是其旗下品牌TECNO，其广告刷遍了非洲的大街小巷，包括路标的电线杆，无论是小型的夫妻店还是大型的卖场，无论是户外的广告版还是电视广告，蓝底白字的TECNO标志无处不在。同时，传音还配上常规的电视广告等渠道，此种方式给消费者留下了深刻的印象。传音的疯狂刷墙营销，竟然还拉动了当地油漆行业的发展，使当时油漆生产成为非洲的热门行业，在一定程度上解决了当地的就业问题，这无疑是另一种广告宣传。

2. 销售促进

对于销售促进，传音充分利用了新品发布会，邀请非洲当地知名巨星出席发布会，借助明星效应来进行宣传。同时，在一些手机产品销售中，附赠一些赠品以促销。

六、传音手机的成功经验

（一）产品迎合当地消费需求

传音手机在非洲市场大受欢迎的一个重要原因是，它抓住了非洲消费者的“痛点”，致力于打造多卡多待、超长续航和“智能美黑”的手机，从而赢得非洲广大消费者的青睐。非洲市场有着其独有的特点，首先，非洲人民的总体消费水平较低，很多人在温饱线附近挣扎，无力支付较高档次手机的费用。在此情况下，传音主打以语音通话为主的功能机，在非洲市场更具有竞争力。其次，传音手机还是非洲市场上第一个建立售后服务网络的外国手机品牌。目前在非洲已经拥有86个售后服务中心和超过1000个售后维修服务点，拥有高级技术服务人员千余名，成为非洲最大的手机用户服务供应商。

由此可见，企业要想在海外市场占据一席之地，产品能否迎合当地市场消费需求是企业能否生存的关键。因此，必须全面、充分地调研当地市场情况，因地制宜，打造满足当地消费者需求的产品。可以通过市场细分和目标市场选择，确定不同的消费需求，再根据这些需求打造符合消费者多样化需求的产品。随着消费能力的不断提高，消费者除了注重产品质量和性价比之外，消费者对产品售后服务也有一定要求，高质量的售后服务是提升企业形象、增加消费者品牌黏性的一大利器。

（二）大力开展本地化或本土化经营

传音手机在非洲获得成功归功于其“全球化思维和本地化经营”的理念。为了融入非洲市场，传音雇佣大量当地工人，拉动本地区就业，并为工人提供教育培训，让当地人接触到先进的科技知识以及先进的生产工艺，目前传音已经在非洲雇用了超过一万名本地员工。不仅如此，传音还有意淡化其中国背景，在其门店里没有任何中文或中文标识，这使一部分非洲人误将传音当作非洲本土品牌，甚至还有一些人认为“如此高品质的手机来自于德国”。传音手机的本土化战略使其牢牢扎根于非洲，在非洲取得了消费者的喜爱，并超越国际手机品牌三星。

文化融合是企业打开并立足海外市场的关键，许多企业跨国公司在开辟海外市场中，都曾遇到过由于文化差异所导致的“水土不服”。企业进军海外市场首先要进行文化营销，使自己的品牌理念与传播方式能够被当地人接受，这是拉近企业与当地消费者距离的重要途径。具体来讲，企业可以通过“生产本土化、营销本土化、研发本土化和人才资源本土化”等方式提升企业的本土化水平，提高品牌在本土的认可度，牢牢扎根当地市场。

（三）深入进行跨文化营销

非洲一共有 56 个国家和地区，传音手机并未深入非洲的各个国家。对于一些偏远落后的国家，功能机市场潜力仍很大。传音在开拓市场时不断深入这些国家，了解他们的文化差异及社会习惯，并研制出适合本土文化的功能机。

并且，非洲的宗教色彩十分浓重，宗教信仰已经成为了他们生活中重要一部分，所以这对于他们进行商品采购，手机选择也会有一定的影响。于是，传音对非洲宗教文化进行深入研究，在产品的开发中，加入宗教色彩，针对不同的教徒消费者，开发他们的定制产品。

因此，企业必须明白跨文化交流对于国际商务的重要性，注重培养跨文化意识，深入进行跨文化营销。

（四）积极开拓"蓝海市场"

传音在进军非洲时，非洲市场上的主流手机品牌为三星和诺基亚，然而三星和诺基亚的手机产品并没有根据非洲市场的特点进行改变，将目标聚焦在非洲较为富裕的地区，售价相对高昂，普通消费者难以负担。传音则采取"农村包围城市"的策略，从不受大品牌重视的欠发达地区入手，聚焦非洲手机功能需求空白领域，主打价格低廉的功能机和低端智能机，成功挖掘出非洲手机市场的巨大潜力，成为非洲手机市场的"销量之王"。因此，企业若想在海外市场获得新的增长点，避免激烈竞争，就必须开拓创新，积极寻找、开发并占领"蓝海市场"。

七、结语

传音公司在非洲市场经过十多年的研究和探索，已经成功地打开了一片新的天地。未来传音公司应该进一步依托其积累的优势，把本土化战略做到极致。此外，从传音公司成功进军非洲市场的过程来看，也是在遵循着走国际化道路中的正确经验，即产品必须要迎合当地消费者的需求、深入进行跨文化营销、积极开拓"蓝海市场"，这也给之后国内企业渴望开拓海外市场带来了可借鉴的启示和动力。

案例使用说明

一、教学目的与用途

1. 本案例的适用对象和课程

主要适用于国际商务硕士的国际商务相关课程。

2. 本案例的教学目标

本案例通过对于传音公司的发展历程的简要分析，以及重点对于其进军非洲市场后所做的努力和绩效分析，引导学生运用营销环境的分析工具去了解非洲市场的市场环境，以及借助 SWOT 分析工具去了解传音公司在开拓非洲市场的过程中自身的优劣势情况，最后从其营销组合策略中总结出一系列成功经验。

二、启发思考题

1. 为什么传音起初特别关注开发非洲市场？

2. 传音公司在进入非洲市场后，面临最大的外部压力可能是？

3. 传音公司在非洲市场营销上获得成功，于其善于依靠国家政策的扶持也有很大一部分关系，能给我国帮助其他相关企业开拓外国市场时，提出一些意见？

4. 试着对于传音手机开拓非洲市场中所采取的营销组合方法作出评价。

5. 若传音手机更进一步开拓非洲市场，可以采取那些更好的营销策略？

三、分析思路

首先纵向对传音公司近些年开拓非洲市场进行了整理和分析，包括对其外部环境和内部资源的分析，再借助 SWOT 分析工具，更深层次了解传音公司自身的优劣势、机遇，从而更加明晰传音公司在非洲市场这个大背景下所采取的针对性营销策略。

四、理论依据与分析

1. 结合数据的分析和整理，纵向研究传音公司的发展历程。

2. 运用 PEST 外部环境分析方法，分析传音公司进入非洲市场所面临的营销环境。

3. 运用 SWOT 分析工具，分析传音公司在非洲市场的优劣势，以及如何更好抓住下一步的机遇。

4. 运用 4P 营销策略组合分析法，了解传音公司在开拓非洲市场所制定的独特的营销策略。

五、关键点

1. 传音公司近些年开拓非洲市场的历程以及所取得的绩效。

2. 传音公司进入非洲市场的外部环境和内部资源分析。

3. 传音公司自身的优劣势分析以及面临的有利政策支持。

4. 传音公司在非洲市场的营销策略分析。

六、建议课堂计划

1. 引入案例（15 分钟）

教师通过多媒体，以图片视频等形式，向学生简要介绍传音公司近些年如何开拓非洲市场，以及所取得的绩效。

2. 分组讨论（20 分钟）

将学生分为若干组，并且就传音公司开拓非洲市场的成功经验这个主题，进行相关资料的查找和讨论。

3. 按组展示（15 分钟）

各组讨论完进行整理和总结，分别上台展示自己各组的观点，并说出理由。

4. 案例点评（15 分钟）

针对学生分组展示的情况予以点评，并对案例的关键点进行重点分析。

5. 案例总结（10 分钟）

总结案例，启发学生对传音公司独特的营销策略进行更深入的思考。

参考文献

[1] 梁玉笛．传音手机在非洲的营销策略分析［D］．长沙：湖南大学，2018.

[2] 王莉莉．十二载精耕细作，手机非洲称“王”［J］．中国对外贸易，2018（9）．

[3] 李颖．给国产手机的海外崛起点赞［J］．中国质量万里行，2017（7）．

[4] 祖米里，邓颖平．传音手机火爆中非市场［J］．中国投资，2017（6）：70－73.

[5] 代昕雨．智能手机产业链分析及行业发展趋势［J］．中国市场，2019（2）：63－64.

[6] 高华．我国手机产业国际竞争力分析与对策研究［D］．云南财经大学，2010：13－18.

[7] 陈凯．中国手机行业前景研究［D］．对外经济贸易大学，2006.12－13.

[8] 闫成印．国产手机成败反思［J］．通信世界，2007（25）：42－43.

[9] 余燕．A 公司手机产品非洲市场营销策略研究［D］．山东大学，2019.17－20.

[10] Jootea Kim，Jang Hoon Kim. An Exploratory Study on the Localization Modelof Foreign Subsidiaries：Three Global MNEsin the Korean Market［J］．International Business Review. 2018，Vol，15（1）．

[11] L. Fayol - song, Ling feng. Reasonsbehind Management Localization in MNCs in China [J] . Asia Pacific Business Review. October2011, 17 (04): 455 -457.

[12] Xiaoluiliu, Lan Gao, Jiang yong Lu, Eleni Lioliou. Environmentalrisks, localization and the overseas subsidiary performance of MENs from an emerging economy. [J] Journal of World Business. April 2016, 51 (03): 356 -368.

[13] Markus Pudelko, Anne - WilHarzing. COUNTRY - OF - ORIGIN, LOCALIZATIONOFHRMPRSCTICESINFOREIGNSUBSIDIRIES [J]. Human Resource Management. 2007, 46 (4) .

[14] Qiao Shu Ming, Kim Hee Chul. A Studyon Case for Localization of Korean Enterprises in India. 2014, 16 (4): 409 -437.

[15] Marzieh Babayi, Zeinolabedin Rahmani. The role of localization strategy in development of brand equity: Acasestudy of Samsumgfirm [J] . Management Science Letters, 2015, 5 (5) .

案例 9

“大魔王”特斯拉的中国之路*

特斯拉作为智能时代的新物种，生产全世界性能最好的电动汽车，正颠覆着传统的汽车制造业，并凭借其先进的技术在世界范围内广受追捧，但其在中国的发展一开始却意外遇冷。通过一系列调整，特斯拉终于在中国打开局面。本文重点分析了特斯拉商业模式、营销策略和风险分析，以期为我国同类企业“走出去”提供思路。

* 本案例由中央财经大学国际经济与贸易学院孙志贤、董雯雪撰写。

案例正文

在埃隆·马斯克的带领下，特斯拉作为智能时代的新物种，生产全世界性能最好的电动汽车，正颠覆着传统的汽车制造业。靠着马斯克的超前思想，特斯拉获得华尔街的认可，2019 年特斯拉交付 36 万辆电动汽车，而通用汽车仅在中国就卖出逾 309 万辆，然而特斯拉的市值已达 3990 亿美元，超过通用汽车和福特公司的总和，成为美国市值最高的汽车公司。

2018 年 10 月 17 日，特斯拉（Tesla）上海超级工厂在临港地区实质性落地。特斯拉 CEO 埃隆·马斯克在推特上宣布，上海特斯拉工厂将主要生产价格亲民的两款车型 Model 3 和 Model Y，这是特斯拉产品中最新的两款车型。这一特斯拉超级工厂集研发、制造、销售等功能于一体，全部建成运营后，年产能将达 50 万辆纯电动整车。随着上海工厂建成投产，中国已经成为特斯拉越来越重要的市场。

一、背景介绍

总部位于美国加利福尼亚州硅谷帕罗阿托的特斯拉，在 2003 年由马丁·埃伯哈德和马克·塔彭宁共同创立，是一家专注于“为每一位普通消费者提供消费能力范围内的纯电动车辆”汽车公司。2004 年，埃隆·马斯克向特斯拉注资 630 万美元，以公司董事长的身份管理公司日常事务，并正式将公司名称定位“特斯拉汽车”，以此来纪念物理学家尼古拉·特斯拉。

特斯拉的第一款电动跑车是 Tesla Roadster，这是世界上第一辆使用锂电池充电技术并且充电后可行驶 320 千米以上的电动车。Tesla Roadster 自 2008 年研发面世到 2012 年停产，以 109000 美元的价格在世界范围内共售出 2250 辆左右。尽管之后这款车爆出安全丑闻，但它仍是世界上第一款量产的电动跑车，成为特斯拉的经典之一。

Tesla Model S 是特斯拉汽车公司于 2012 年推出的第一款高性能电动轿车。首先在外观设计上，科技感成为特斯拉想要传递给消费者的第一感受，例如它的镀铬门把手在触摸之后就会自动弹出，这成为科技感体现的要素之一。除了外观设计的进步，Model S 在性能上较 Roadster 让人惊喜不少，基础款车型由静止到百千米每小时的加速时间为 5.6 秒，最高车速可达每小时 193 千米，并且在与道奇 ViperSRT－10 的 400 米加速比赛中，特斯拉 Model S 所表现出的超乎想象的性价比让更多消费者坚定选择它，这更多是因为这款车型集速度与节能于一身的突出优点。仅 2018 年，特斯拉就交付了

245240 辆。

2012 年特斯拉还推出了 Model X，这是一款全尺寸纯电动 SUV 车型，其设计理念是将大空间、SUV 以及特斯拉的电动车技术相融合。Model X 在设计上充满着未来主义的气息，鹰翼式上掀车门让消费者眼前一亮。Model X 的问世，向世界宣告特斯拉将任何车型电动化。从特斯拉发展历程来看，它不仅是一家汽车企业，还是一家致力于环保和创新事业的能源企业。

二、缘何看重中国市场

2014 年秋天，特斯拉在北京、上海的售后服务中心落地建成，这标志着特斯拉正式进入中国市场。中国市场在特斯拉的国际布局中十分抢眼。

经营背景

1. 政治环境

（1）中国政局稳定。1978 年，中国共产党带领人民进行改革开放，此后一直围绕改革和开放这两个基本点推进中国政治经济发展。党的十八届三中全会明确指出中国的“改革已经进入攻坚期和深水区”，这意味着改革需要更大的勇气。十九届三中全会强调国家和机构改革的重要性，这为党和国家事业取得历史性成就、发生历史性变革提供有力保障。中国政府和中国共产党对改革和开放的决心由上述可见一斑，可以预见的是在相当长一段时间内，中国的政局都会保持稳定，这也是很多跨国企业偏好中国的重要原因之一。

（2）中国政府采取一系列措施促进新能源汽车的发展。2009 年，“十城千辆”工程批准开展。为了使新能源汽车在全国范围内推广，中央和地方政府出台了一系列政策。

从宏观政策上看，国家结合目前的经济、环境等现状，分别出台了《环境保护“十二五”规划》《能源发展“十二五”规划》《中国制造 2025》等，为新能源汽车的发展确定了指导纲领，指明了节能汽车、新能源汽车、智能网联汽车是汽车工业转型升级的主要方向，以及当前的重点任务是推进纯电动汽车和插电式混合动力汽车产业化，并在 2010 年 10 月将新能源汽车列入战略性新兴产业之一，明确了新能源汽车的战略地位，分别将 2020 年、2025 年当作发展目标，要求在这一时间段形成从关键零部件到整车的完整工业体系和创新体系，推动新能源汽车超越和引领全球新能源汽车的发展。

2014 年 8 月 1 日，财政部、税务总局、工信部联合发布《关于免征新能源汽车车辆购置税的公告》，自 2014 年 9 月 1 日至 2017 年 12 月 31 日，对购置的新能源汽车免征车辆购置税，并逐步公布了《免征车辆购置税的新能源汽车车型目录》，特斯拉 Model 3 在列。

2017 年 6 月 28 日，国家发改委、商务部发布了《外商投资产业指导目录（2017 年修订）》（以下简称《目录》），进一步简化外商投资的审批程序，全面推行负面清单管理制度。在新能源汽车领域，《目录》解除纯电动汽车合资企业限制以及取消汽车电子和动力电池的股比限制，推动了新能源汽车领域的对外开放。进一步开放新能源汽车领域，允许外资进入将会导致新能源汽车领域竞争状态趋向市场化，对汽车行业来说是一次机遇也是一次不小的挑战。2019 年 6 月 30 日，国家发改委、商务部联合发布了《鼓励外商投资产业目录（2019 年修订版）》（以下简称新《目录》），同时废止了《外商投资产业指导目录（2017 年修订）》。在新《目录》中，明确表示鼓励新能源汽车关键零部件外商来华投资，这表明新能源汽车在我国汽车产业中的战略地位仍没有变化。

2017 年 9 月 28 日，工信部、财政部、商务部、海关总署、质检总局五部委联合公布了《乘用车企业平均燃料消耗量与新能源汽车积分并行管理办法》（以下简称《办法》）。管理办法考虑到现实情况，为车企留出了 3 年缓冲期，新能源汽车积分考核延期至 2019 年执行，2019 年的新能源汽车积分比例为 10%，2020 年的积分比例为 20%。

《管理办法》的出台意味着新能源汽车车企实行“双积分”制，简单来说就是汽车企业所卖出所有车型综合起来的实际油耗值如果超出了其标准油耗值，则记为负积分，如果实际油耗值低于标准油耗值，则记为正积分。负积分的企业需要购买其他车企的积分来弥补，否则会受到惩罚。

在双积分政策的影响下，率先发展并且有可观发展规模的新能源汽车企业不仅可以规避负积分带来的成本，还可能通过出售积分弥补自身资金短缺的现状。以 2020 年为例，在计算实际油耗值时，前三类新能源汽车的权重相当于两台普通燃油车，在“双积分”制度的规制下，会有更多的车企选择生产新能源汽车（见表 9－1）。

表 9－1　不同车型计算实际油耗值所用的倍数①

车型	2018—2019 年	2020 年
纯电动乘用车	3	2

① 资料来源：工信部《乘用车企业平均燃料消耗量与新能源汽车积分并行管理办法》。

续表

车型	2018—2019 年	2020 年
燃料电池乘用车	3	2
纯电动续航里程≥50km 的插电混动乘用车	3	2
燃料消耗量≤2.81/100km 的乘用车	2.5	1.5
其余车辆	1	1

（3）中国从 2013 年开始实行对新能源汽车的补贴方案，并且补贴标准在不断更新（见表 9－2）。

表 9－2　　2018—2020 年新能源乘用车补贴标准对比①

	纯电动车 续驶里程 R（工况法、公里）					插电式（含增城式）
年份	150≤R＜200	200≤R＜250	250≤R＜300	300≤R＜400	R≥400	R≥50
2018	1.5	2.4	3.4	4.5	5	2.2
2019	0	0	1.8	1.8	2.5	1
2020	0	0	0	1.62	2.25	0.85

1. 纯电动乘用单车补贴金额＝Min ｛里程补贴标准，车辆带电量×500 元｝ ×电池系统能量密度调整系数×车辆能耗调整系数。

2. 对于非私人购买或用于营运的新能源乘用车，按照相应补贴金额的 0.7 倍给予补贴。

3. 补贴前售价应在 30 万元以下（以机动车销售统一发票、企业官方指导价等为参考依据，“换电模式”除外）。（此条为 2020 年新规新增加部分）

尽管特斯拉作为外资企业不享受中国政府的补贴政策，但是我国政府不断降低补贴水平，无形之中增加了本土新能源汽车企业的生产成本，这对特斯拉来说是一个利好消息，但是从另一个方面来看，补贴标准的更新会使中国本土的汽车企业更加关注技术革新，未来与特斯拉竞争的中国车企竞争力会更强，这将会给特斯拉带来压力。

综上所述，中国社会稳定且政策措施有力，不仅在未来一段时间内确定了新能源汽车在国家战略规划中的重要地位，还出台诸多政策扶持新能源汽车的生产和普及，并且逐步降低补贴水平。此外，从外部环境来看，中美贸易战导致特斯拉向中国出口汽车的成本提高。无论是内部还是外部因素，到中国投资建厂都成了特斯拉最佳选择。

2. 经济环境

目前中国经济已经进入新常态，经济增长由高速增长转向中高速增长。经济新常态下，我国经济增长更趋平稳，增长动力更为多元。尽管经济增速放缓，但在稳增长、

① 资料来源：财政部《新能源补贴标准》。

调结构、推进供给侧结构改革的综合作用下，经济仍然保持在合理区间，并且可以预见的是在未来一段时间内，我国经济稳中有升、长期向好的局面不会发生变化。

2014—2019 年，我国新能源汽车产销量都处于上升的状态（见图 9－1），并且在 2019 年中国一跃成为世界新能源汽车产销大国，可见新能源汽车在国家政策的推动下，生产和需求量都十分可观，市场空间巨大。根据中国汽车工业协会的数据统计，受疫情的影响，2020 年 1—4 月，新能源汽车产销均为 20.5 万辆，同比分别下降 44.8% 和 43.4%，降幅比 1—3 月收窄 15.4 个百分点和 13 个百分点。

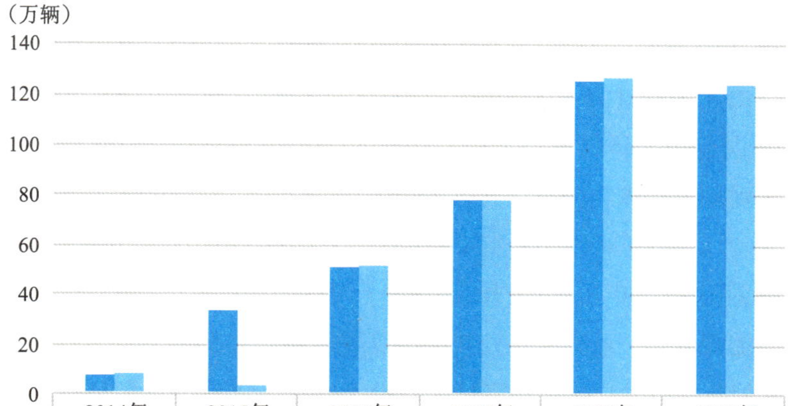

	2014年	2015年	2016年	2017年	2018年	2019年
销量（万辆）	7.47	33.1	50.7	77.7	125.6	120.6
产量（万辆）	7.85	3.4	51.7	77.7	127	124.2

图 9－1　2014—2019 年中国新能源汽车产销量①

综上所述，虽然目前中国经济增速不如之前快，但是政府强调高质量发展，重视新能源产业的发展，将新能源汽车作为战略产业来培养，并预期在 2020 年新能源汽车的产量在 110 万辆。对特斯拉来说，中国市场广阔，潜力巨大。然而受新冠肺炎疫情的影响，新能源汽车的生产和销售都被迫迟滞，这对包括特斯拉在内的所有新能源汽车企业来说都是不可小觑的一次挑战。

3. 社会环境

2014 年，OFO 小黄车出现在大众视线中，"共享"这个概念迅速风靡中国的大街小巷。2017 年，共享单车入选当年民生热词。"共享"发展到今天，已经不仅仅局限于单车，还包括共享汽车、共享充电宝等。可以说，"共享"让节能环保、绿色低碳这一理念深入人心。2017 年，习近平主席提出"绿水青山就是金山银山"。事实上，

① 资料来源：中国汽车工业协会。

这一理念并非是习主席第一次提出，早在2005年，时任浙江省委书记的习近平就提出了这一科学论断。2017年，习近平在党的十九大报告中指出，要想实现人与自然和谐共生，就要践行“绿水青山就是金山银山”这一理念，坚持节约资源和保护环境的国策。因此，在国家政策推动和人民观念不断变化的过程中，新能源汽车在未来必然会成为更多人的选择，市场潜力巨大。

4. 技术环境

2017年4月6日，工信部、国家发改委、科技部三部委联合发布《汽车产业中长期发展规划》（以下简称《规划》），规划中明确指出“新能源汽车和智联网汽车有望成为建设汽车强国的抢占先机、赶超发展的突破口”，并且将创新驱动作为发展基本原则之一，力争经过十年的持续努力，迈入世界汽车强国行列。《规划》中明确指出，加快新能源汽车技术研发及产业化，力争到2020年，系能源汽车动力电池单体比能量达到300瓦时/公斤以上，力争实现350瓦时/公斤，系统比能量力争达到260瓦时/公斤、成本降至1元/瓦时以下；到2025年，新能源汽车占汽车产销20%以上，动力电池系统比能量达到350瓦时/公斤。

中国新能源汽车产业目前正处于加速发展阶段，尤其是在技术方面，一些本土品牌力图实现技术创新和技术自主，国家也从政策层面给予支持。特斯拉目前是世界上新能源汽车生产技术最先进的汽车企业之一，这在一定程度上能够帮助其在中国市场上站稳脚跟，但是随着中国本土车企技术水平的发展，特斯拉（中国）的同业竞争压力会增加。

三、进入过程

2014年秋天，特斯拉在北京、上海的售后服务中心落地建成，这标志着特斯拉正式进入中国市场。

特斯拉的进入并非是一时兴起。由于它的定位是高端车型，价格自然是让很多中国粉丝望而却步。为了进一步拓宽中国市场，2013年特斯拉与招商银行信用卡中心就汽车分期业务达成战略合作，为消费者提供12期、24期、36期、48期四种月供期数选择，这样就大大降低了购车门槛。特斯拉这样的举动不仅淡化了在中国消费者心目中一直以来存在的奢侈印象，还为其打开中国市场铺下垫脚石。

不过特斯拉要想真正打开中国市场，需要走的路还很长。由于电动汽车在当时的中国属于新鲜产品，特斯拉需要付出其他汽车企业不需要付出的额外成本——建立充电桩。根据数据统计，截至2020年上半年，特斯拉在全国已建立将近2500个超级充电桩、2400个目的地充电桩。然而特斯拉远远不满足于此，2020年下半年特斯拉计划在中国市场上继续增加4000个超级充电桩，这将进一步完成覆盖全国充电网络的编织，也扫清了在中国市场上的基础设施障碍。

2014年年初，特斯拉预计在中国的销量能达到世界市场销量的30%，然而2014年年底特斯拉在中国市场的出口量约为4000辆，上牌量仅为1600辆，显然这并不能让特斯拉满意。2014年12月24日，特斯拉汽车公司宣布在北京、上海、杭州三个城市率先推出其他品牌车辆置换Model S业务。这是特斯拉首次在华推出“以旧换新”服务，更展现了其进军中国市场的决心。

然而，特斯拉的“中国之路”并非一帆风顺。2014年，23名特斯拉准车主就交车顺序问题向特斯拉公司提出不满，并且这场维权行动在特斯拉CEO埃隆·马斯克访华前夕愈演愈烈，在当时备受关注。同年，特斯拉又深陷“砸车维权”风波。2017年，因电动车手刹问题，特斯拉宣布召回Model X和Model S两种型号的5万多辆电动汽车。2020年3月，有特斯拉车主发微博称最近的Model 3所搭载的芯片与环保清单上的不一致。这条微博在车主圈掀起了轩然大波，随后十多位车主表示自己的爱车也遭到了减配。同年5月，数位国内车主发微博称，特斯拉APP大面积宕机，导致手机无法与车连接，车主无奈“盲开”，十分危险。

尽管特斯拉初入中国市场的成绩并没有达到预期，管理层并没有气馁，而是进一步寻求合作和政策支持，以期在中国实现本土化设计、生产和销售。2018年10月17日，特斯拉（上海）有限公司成功与上海市规划和国土资源管理局签订土地出让合同，标志着特斯拉上海超级工厂实质性落地。2019年1月7日，特斯拉超级工厂一期宣布正式开工建设；9月验收通过；10月拿到生产资质；12月30日，首批国产Model 3正式交付。短短一年时间，集研发、制造、销售等功能于一体的特斯拉超级工厂便是实现了当年开工、当年竣工、当年交付的“特斯拉速度”。尽管2020年出现了新冠肺炎疫情，但是作为上海第一批复工的企业，特斯拉（上海）并没有被疫情绊住手脚。在其他三家生产基地被迫关停、员工深陷降薪裁员担忧中，火力全开的上海超级工厂带动特斯拉全球在2020年第一季度就交出了生产近103000辆电动车、交付约88400辆电动汽车的成绩单。特斯拉上海超级工厂第一阶段的目标是年产能15万辆，这一目标在目前周产量3000辆的水平下看来已是板上钉钉的事，现在特斯拉正大步迈向第二阶段——该阶段的目标是在上海超级工厂增加25万辆产出，并且增加电池组和电机生产线。

尽管特斯拉在全球其他市场碰壁，但在中国，凭借着强大的品牌效应、领先的技术和管理经验、国产化后不断让步的价格圈了不少粉丝，加之我国目前正大力支持并推广新能源汽车的发展，这将使特斯拉成为中国电动汽车市场上难以与之较量的“大魔王”。

四、特斯拉的营销策略

（一）产品策略

特斯拉的产品定位一直都很明确——打造高端电动汽车，所以特斯拉的目标人群一直都是高净值的富人。然而进入中国市场之后，经历了国产化，特斯拉（中国）目前的市场定位分成两部分，一部分仍然专注高端人群的需求，打造新能源汽车界的“奢侈品”；另一部分是使新能源汽车更满足大众需要。

特斯拉的产品策略不仅包括有形产品，还包括其服务水平，接下来从这两个方面展开阐述。

1. 有形产品策略

（1）特斯拉“三步走”产品战略。由于特斯拉是电动汽车领域第一个吃螃蟹的企业，为了逐步扩展产品的市场影响力，其制定了“三步走”的产品战略规划。

第一步是向超级富豪推出高价、限量电动汽车。超级富豪群体重视产品质量和品味，不太重视产品的价格，因此在这一阶段特斯拉推出一些限量的高档电动汽车能够很好满足他们的消费心理，让这一群体成为电动汽车的铁杆粉丝，并向大众展示电动汽车的可行性，消除一部分群体对电动汽车的疑虑和担心。

第二步是向相对富裕的消费者推出中等价位的汽车。利用第一步战略赚取的利润，进一步进行第二步战略。在这一阶段，特斯拉进一步渗透富人阶层，推出 Model S 车型，目的是进一步扩大品牌影响力，让大众更加接受电动汽车。

第三步是进一步扩大电动汽车的影响力，向大众推出价格较低的电动汽车。这应该是特斯拉汽车影响力最广的阶段。在这一阶段，特斯拉将一改之前小批量生产的规模，实现电动汽车的大规模生产，以使价格更加经济、汽车性能更加迎合大众需要。而在这一阶段，特斯拉也不再是孤军奋战，更多的传统燃油汽车企业将更多地在电动汽车项目上投资，刺激竞争，进一步优化产品技术和性能，推动新能源汽车的发展。

（2）特斯拉开启国产化。2019 年，特斯拉上海超级工厂开工建设，同年便建成并投入生产线。这样的“特斯拉速度”不仅创造了特斯拉超级工厂史上之最，同时也宣布特斯拉国产化时代到来。

特斯拉首先选择 Model 3 作为首个国产化的产品，和进口版 Model 3 相比，国产版有如下区别。

第一，价格不同。国产化 Model 3 比进口版要便宜一些，其官方起售价为 32.8 万元，较进口版价格便宜了将近 5 万元人民币。从价格来看，国产特斯拉似乎正在向第三阶段大步迈进。

第二，零部件国产化。依托上海超级工厂，国产版 Model 3 在零部件方面自然也会倾向于选择国产零部件，相对于进口版来说，节省了一部分运输成本和运输时间，价格自然就降下来了。当然，目前对国产化的特斯拉来说，鱼和熊掌自然不能兼得，在某些关键零件仍然采取进口的方式，以保证车辆的性能是最优的。

第三，车型不同。由于上海超级工厂建设程度尚未达到高续航版本 Model 3 的制造标准，因此目前国产化的特斯拉仅仅是在标准版领域，其续航里程只有 460 公里，并且自动驾驶的辅助功能是需要花钱加装的。这是目前阶段特斯拉（中国）需要解决的问题之一。

2. 服务水平

（1）充电设备。中国消费者对电动汽车的一个担忧就是充电桩在中国目前的分布并不是很多，充电设备自然成了特斯拉亟待解决的问题之一。

目前特斯拉在全球已建立了 1870 座超级充电站及 16585 个超级充电桩，其中中国大陆有 2500 个超级充电桩，覆盖了 140 多个城市，目前主要是东部的一些城市，并且车主可以免费使用超级充电站。特斯拉近日表示，2020 年计划在中国建造 4000 多个超级充电桩，这一数字是过去 5 年建造总量的两倍。特斯拉还表示，虽然这一目标受到新冠肺炎疫情的影响，但是不会推迟或者取消。

（2）售后服务。由于新能源汽车在中国市场上还是一个新事物，这就意味着特斯拉进入中国市场必须付出更多的成本，打消消费者在售后方面的顾虑。根据特斯拉官方信息，目前特斯拉已经在北京、天津、成都、上海等 13 个城市建立了售后服务中心，为车主提供更换电池、保养车辆等服务。

普通燃油车一般是在 4S 店保养，保养期限有以公里为界，如 1 万公里、2 万公里等，也有以使用年限为界，如一年保养一次等，具体的保养费用要经 4S 店核算，这也会给车主带来疑虑，即定价是否公道。与传统燃油车不同的是，特斯拉的保养费用是规定好的，保养的建议频次也比普通燃油车要长一些，并且新能源汽车并不存在对发动机的保养，相对于燃油车，电动汽车在结构上相对简单，因此在工作程序上能够节省一些麻烦，自然也就节省费用。据统计，特斯拉单次保养费用为 1700 元人民币，与同级别的燃油车相比 5 年内保养成本至少降低 50%。

保养维护建议

座舱空气滤清器

您的 Tesla 装配一个空气过滤器，可以防止花粉、工业落尘、道路灰尘和其他颗粒通过通风口进入车内。Tesla 建议您每隔 12 个月更换一次驾驶室空气过滤器。

高效颗粒空气（HEPA）过滤器

如果您的 Tesla 装配 HEPA 过滤器，Tesla 建议每 12 个月更换一次。

轮胎换位、动平衡和四轮定位

Tesla 建议每行驶16000—20000公里检查一次轮胎，以了解是否需要进行轮胎换位、动平衡和四轮定位。激进驾驶行为可导致轮胎提前磨损，可能需要进行更频繁的轮胎维修。四轮不平以及定位失准将影响操作、轮胎使用寿命和转向组件。请参考轮胎制造商的《车主手册》和质量保证文件以了解更多详情。

制动液检测

Tesla 建议每 2 年检测一次制动液是否受到污染，并视具体情况进行更换。

空调服务

空调服务将更换干燥剂，帮助改善空调系统的使用寿命和效率。Tesla 建议 Model S 每隔 2 年，Model X 每隔 4 年，Model 3 每隔 6 年接受空调保养。

冬季保养

Tesla 建议，在寒冷地区，每隔 12 个月或每行驶 2 万公里为车辆所有制动钳进行一次清洁和润滑。

图 9－2　特斯拉电动汽车保养维护建议①

宝马5系车型官方实际保养周期表

周期（公里）	机油机滤	空气滤清器	汽油滤清器	防冻液	刹车油	变速箱油	空调滤清器
10000	●	○	○	无需更换 按需添加	每两年更换一次	终身免维护	○
20000	●	○	○				○
30000	●	●	●				●
40000	●	○	○				○
50000	●	○	○				○
60000	●	●	●				●

备注：机油机滤建议更换周期为1万公里，上下可浮动2000公里

图 9－3　宝马 5 系保养周期②

特斯拉除了提供线下维修保养服务，还于 2018 年发布了特斯拉智能售后服务体

① 资料来源：特斯拉官方网站。

② 资料来源：《小保养 1161 元！2012 款宝马 5 系保养解析》。

系，为特斯拉的车主提供线上售后服务。

特斯拉智能售后服务体系是基于智能汽车的产品属性以及智能网联技术，主要通过虚拟服务中心和空中软件升级（OTA）两大技术，无缝衔接线上和线下服务，不仅降低了车辆在不能使用期间的时间成本，还极大地提升了客户的体验。

虚拟服务中心，是特斯拉建立在云端的集中化技术支持保障体系，能够在任何时间、任何地点为车辆提供包括人工和智能相结合的远程诊断，并提供线上或线下的解决方案。在虚拟服务中心内，即便特斯拉工程师和技术人员分布在世界各地，相隔甚远，也能够实现实时协作。在可相互分享的数据支持下，车辆的自动诊断系统得以建立且自动完善，诊断的准确性和效率也大大提升。

通过虚拟服务中心的优化、统筹和安排，特斯拉的线下服务中心比传统的 4S 店效率更高、更省空间。

空中软件升级（OTA）技术是特斯拉在出厂时就预置了智能化硬件，而且整车具备联网功能，可以随时接收软件更新，客户在车内就可以完成软件更新的全过程，就像手机更新软件一样便捷。OTA 升级能为特斯拉新增功能，并且完善多媒体、智能地图导航、自动辅助驾驶等核心功能，授予了特斯拉“常用常新”的生命力。

这两大“法宝”成为特斯拉吸引消费者的利器，并且特斯拉公司副总裁及亚太区总裁朱晓彤在 2018 年 11 月 7 日的第五届世界互联网大会“世界互联网领先科技成果发布活动”上透露，目前特斯拉正在车联网、人工智能和大数据领域深入探索，致力于加速实现车辆自动更新、自动诊断、自动修复时代的到来。

此外，特斯拉汽车的电池电机等重要部件实行 8 年质保，整车 4 年或 8 万公里保修，以先到者为准。

（3）保值回购服务。特斯拉的三年保值回购服务是进入中国市场之初提出的，也是在中国首推出的一项服务。其主要内容为车主在购买特斯拉的电动汽车如果采用贷款的方式，那么贷款价格占车辆价格的 60%，如果车辆在使用三年内行驶里程低于 6 万公里且没有在特斯拉之外的 4S 店保养过，这时车主想要出售车辆，则特斯拉可以按照 50% 的比率回购车辆。

特斯拉所规定的保值率高于其他高端车企，解决了消费者对汽车残值率的担忧，提高了消费者对特斯拉的品牌好感度。

（二）价格策略

特斯拉在中国市场上的定价还是相当合理的。根据特斯拉官网 2014 年的消息，Model S 85 千瓦时在中国的起售价为人民币 734000 元。而官方对这样的定价作出如下解释：特斯拉希望像对待其他国家和地区的客户一样对待中国客户。也就是说，这款车型在中国的价格与在美国一致，多的只是不可避免的关税、运输费用和其他税费。而其他豪华车品牌除了上述费用外，还会另外加上代理的中间利润和额外的生产理论，价格往往会比理论上的合理价格高出 30%—50%，这些品牌在中国每销售一台车，所赚取的利润是在美国或欧洲市场上的两倍（见图 9－4）。

下面是人民币734000元定价的计算公式：

81070美元 （在美国的价格）

3600美元 （运输与装卸）

19000美元 （关税和其他税）

17700美元 （增值税）

734000元（汇率为6.05元/美元）

图 9－4　特斯拉 Model S 85 千瓦时在中国起售价的计算公式①

特斯拉的定价策略的确使其产品极具吸引力，但是新能源汽车的客观成本本身就比普通的燃油汽车要高出一截，因此要想彻底打开中国市场，售价还需要进一步作出让步。要想利润和销量都可观，显然国产化是特斯拉研究出来的一条可行的路。国产化后，特斯拉 Model 3 的价格的确比进口版要低廉了许多，但是根据 2020 年 4 月中国能源汽车市场的数据，特斯拉在中国的销量环比暴跌超过六成。售价降下来了，可销量并没有如预期一般上升，这是什么原因呢？专业人士分析认为这主要是因为特斯拉频繁调价，同时将自动驾驶 autopilot 的价格由 7000 美元提高至 8000 美元，引起了中国消费者的不满；特斯拉在降低 Model 3 价格的同时，却传出了换芯门，Model3 在中国以外市场销售搭载的芯片为特斯拉最新的 HW3.0 芯片，而它在中国市场销售的主要搭载 HW2.5 芯片，面对消费者的声讨，特斯拉傲慢态度引发了更多的不满。

综上所述，在保证合理利润的情况下，特斯拉仍应该遵守官网上的规则。当然国产化进程是特斯拉迈入产品策略的第三步，自然也是不能忽略的，不过随着中国新能源汽车技术的发展，再加上特斯拉先进的管理经验，特斯拉（中国）迟早能够实现利润和销量双增长的。

（三）渠道策略

特斯拉的营销渠道与传统汽车企业不同，它一直坚持线上销售与线下体验和服务

---

① 资料来源：特斯拉官方网站。

相结合的直销模式（见图9－5）。

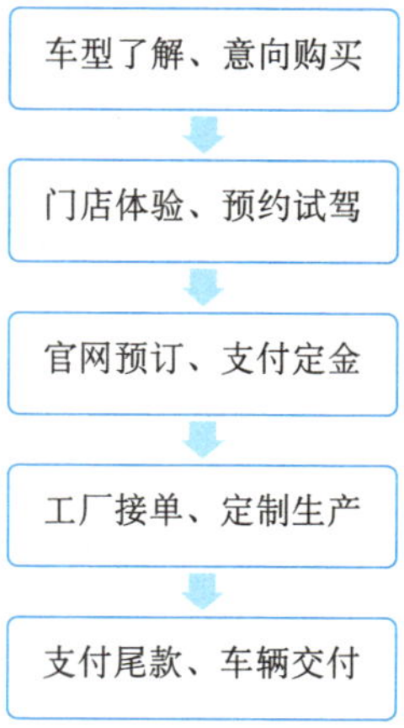

图9－5 特斯拉直销模式的操作流程①

谈及为何要采取直销模式，特斯拉公司总顾问托德·玛伦给出了7点理由：离消费者近一些；工厂可以实现零库存；电动汽车作为新生事物，需要有一个培训消费者的过程；经销商利润来源不同；经销商依赖车企提供广告资金；经销商无法进行溢价赚钱；同经销商主流经销的传统车企产生利益冲突。

特斯拉的直销模式主要包括两个部分，分别是线下体验店和网络直销店。

（1）线下体验店。特斯拉的体验店通常在人流量大、交通便利、购物分为浓厚的商场中心，购地或租店成本很高，门店规模虽然不大，但是装修高大上，店内陈列一到两辆车，极富极简主义风格。工作人员的主要任务就是讲解电动汽车同燃油车的区别、碳排放等环境问题、特斯拉汽车本身的问题以及解答消费者的疑问。

同传统车企一样，特斯拉同样提供试驾服务。在消费者试驾的过程中，工作人员会鼓励试驾者尝试电动汽车优越的性能和新鲜的功能。整个过程中，工作人员更多的是在提供体验服务，而非一味进行产品推销，消费者也会充分体验到电动汽车与众不同之处，从而在一个安静的环境中作出抉择。

目前特斯拉已经在全国开设了57家线下体验店和展厅供消费者参观、体验特斯拉的电动汽车，大部分的展厅都开在发达城市，这也体现了特斯拉对目标消费群体的选择。

（2）网络直销店。当消费者决定购买特斯拉时，可以通过特斯拉的官方网站来预定。官网上有不同的车辆型号、续航里程、配置、车漆颜色以及内饰的材质和颜色等

① 参见：杨东．汽车界的苹果——特斯拉的直销模式揭秘［J］．销售与市场，2016（11）。

供消费者自行搭配组合，当然价格也是随着不同的组合而变化的。顾客确认且支付了定金之后，特斯拉工厂开始接单生产，工作人员上门安装充电桩。车辆完工后会提示车主付清尾款，之后会有专门的工作人员送货上门并详细解释特斯拉的使用方法。

除了在自己的官网上销售车辆，特斯拉也看中了电商这一蓝海领域。2020 年 4 月 16 日，特斯拉宣布进驻天猫，这是特斯拉首次在中国第三方平台上开设官方旗舰店，也是其本土化布局的再一次突破。

特斯拉选择天猫，除了看中其在中国电商平台高达六成的市场份额，更多的是为自己的中国之行铺路。首先，随着上海超级工厂的投入生产，特斯拉在中国的生产和交付能力日益增长，急需拓宽销售渠道。而天猫的月活跃用户数量达 8.24 亿，成为全球消费者最多的消费平台。根据统计数据，平均每周有近 5 万人在淘宝上搜索“特斯拉”。其次，目前特斯拉的线下体验店仅覆盖一些一二线城市，对于三四线城市一些有一定实力的消费者来说，想要买到特斯拉的车，需要费一些周折，而天猫覆盖率广的这一特点刚好可以满足特斯拉开辟新兴市场的要求。最后，天猫在 18 秒内就卖空 100 台玛莎拉蒂的战绩让特斯拉重新审视其带货能力，同时奔驰、宝马、奥迪等高端车巨头的入驻让特斯拉有了紧迫感。

目前，消费者可以通过天猫预约试驾 Model S、Model X 及 Model 3 等车型，以及购买 Model 3 实体钥匙、家用充电安装包等特斯拉原厂配件和本土化精品周边，属于特斯拉迷的电商新时代到来了。

（四）推广策略

传统的汽车企业往往选择花大价钱、请当红的明星，通过广告的方式使自己的影响力最大化。特斯拉采取了一种特立独行的方式，主要是通过消费者真实体验过后在互联网平台上的分享来扩大自己的影响力。为了适应中国市场，特斯拉还采取了以下几种推广模式。

（1）饥饿营销。同小米公司一样，特斯拉在中国市场上采取的是饥饿营销的方法。特斯拉的线下体验店仅提供体验服务，工作人员也不仅仅是销售人员，试驾的目的只是让消费者充分体验电动汽车与燃油车的不同。如果消费者想要购买车辆，则需要提前预定。

这种饥饿营销的方式使特斯拉汽车的附加值提高，也吸引了消费者对特斯拉电动汽车的关注，使特斯拉的品牌影响力进一步扩大。

（2）自媒体推广。在市场宣传上，特斯拉从未采用广告的方式，而是邀请试驾者在社交网站上分享自己的驾驶体验，从而让更多人知道特斯拉，即口碑是特斯拉品牌传播的主要方式，网络是主要的传播渠道。特斯拉CEO马斯克通过视频和微信等自媒体工具讲述自己的故事和特斯拉的未来，吸引了大量的潜在消费者。中国首批特斯拉车主、Phnix集团董事长宗毅在从北京提车回广州的路上宣传电动汽车并意外卖出150多辆特斯拉。这两个例子都是特斯拉口口相传的营销方式所展现出的成功。

同小米公司一样，在特斯拉的官方网站上有爱好者专区，分别有博客、用户故事、论坛等内容，通过官方博客发布企业的最新动态，通过图片和视频来展示用户故事，通过论坛讨论交流体验和使用中的问题，官方可以在上面给用户解决问题。这种方式可以拉近与用户的距离，使用户参与到产品价值链的每一个环节，从而对产品和服务进行改善。

五、特斯拉营销风险分析

（一）产品策略风险

产品策略所涉及的风险主要包括两个方面，一是与有形产品相关的产品供应和交货风险，二是与配套服务相关的充电站风险。

（1）产品供应和交货风险。特斯拉目前的生产对供应商有很强的依赖。根据数据显示，一辆Model S汽车含有大量零部件，这些零部件来自全球300多家供应商，其中很大一部分零部件来自单一供应商。目前特斯拉还没有找到合适的替代商来解决这种单一供应商的模式，因此其在产品生产中会产生一定的问题，尤其是在遇到像目前疫情期间的全球性暴发事件时，特斯拉的这种模式显然已经无法满足其生产的要求。

此外，奔驰、宝马、奥迪等汽车企业也投入部分生产到新能源汽车中，面对这些老牌高端汽车企业，特斯拉显得青涩了不少。老牌汽车企业在制造商方面拥有更多的资源和经验，这对特斯拉这个“新手”也是一大威胁，可能会导致其还价能力进一步降低。

当然特斯拉高层已经意识到问题的严重性，有意将特斯拉上海工厂的零部件本地化率从30%左右提升至70%，这一过程在2020年7月之前完成。而到2020年年底，国产Model 3可以实现100%零部件国产化。

（2）充电桩风险。特斯拉从进入中国市场之时起就致力于建立超级充电站，但是在建设过程中会遇到一些问题，比如没有找到合适的区位、没有获得政府的许可等，这些都会成为建设充电桩的阻碍因素，并且会带来额外成本，甚至拖延工期。如果这样的情况发生，随着特斯拉汽车在中国市场上销量的增加，现有充电站可能会出现饱和的现象，导致车主等待充电的时间变长，可能会导致企业的声誉受损。

（二）价格策略风险

特斯拉汽车为了实现性能和安全最大化，大量使用了铝合金碳纤等昂贵的生产材料，同时为了实现高续航，所使用的电池组容量和电机数量也比竞争者规格高。虽然现在特斯拉开始了国产化，但毕竟万里长征只走出了第一步，大部分车辆还是依靠进口，加之中美贸易战的影响，高额的关税占据了售价的一部分，最终使特斯拉汽车的售价较高，而这并不符合我国电动汽车未来的发展方向。

（三）渠道策略风险

特斯拉独特的“线下体验店＋网络直销店”的直销模式的确是让消费者眼前一亮，也使众多竞争者望尘莫及，但是其电动汽车线下体验店较少，且主要集中在一些一二线城市，三四线消费者想要体验电动汽车，只能到其他城市，成本较高，导致一部分消费者群体的缺失。

此外，建立体验店需要很多经费投入，如需要租用场地、雇佣及培训员工，同时也需要和各方势力保持良好的关系，如在开店时需要获得工商局的批准、要保障员工的权益等。自营体验店的扩张与传统经销商特许经营方式相比，速度也相对缓慢。通过经销商特许经营模式，企业更能推动销量的提升，并且在某种程度上保证企业的口碑不受影响，从这些角度来看，或许经销商特许经营模式可能是一种较好的选择。

（四）推广策略风险

特斯拉公司摒弃了传统的广告营销模式，而是采用自媒体和口碑营销。这种方式虽然节约了成本，也带来了一定的风险。

首先，企业在最初进入一个陌生的国家市场时，尤其是像消费者众多、竞争品牌众多的中国市场，依靠这种营销方式很容易导致宣传力度不足，消费者不了解品牌，自然也会对产品产生疑虑，不利于企业快速打开市场。

其次，如果公司在经营上出现了问题，更容易被媒体放大，导致负面新闻快速传播，这容易使企业的剩余和品牌形象受损。比如特斯拉 APP 出现宕机导致很多车主“盲开”，就是通过微博、论坛等社交媒体快速传播发酵，最终在社会上产生了不良影响，可能会使一些潜在消费者不再将特斯拉的电动汽车作为第一选择。

最后，包括电动汽车在内的新能源汽车在目前的中国消费者眼中还属于新鲜产品，而特斯拉这种营销模式难以覆盖众多潜在用户，在品牌推广上存在一定的局限。

六、结论

对包括特斯拉在内的新能源汽车企业来说，中国绝对是一大块材料丰富、美味可口的“蛋糕”，这主要是因为我国消费者人均收入显著提高，消费能力也在提高，加之我国政府对新能源汽车有不少政策支持，市场潜力巨大。然而，如何分配这块“蛋糕”、如何在激烈的同业竞争中占据最大份额，成了特斯拉汽车公司需要思考的问题。诚然，新能源汽车还是一片尚待深挖的领域，特斯拉作为年轻的电动汽车企业，它所采取的种种营销模式是否能够达到预期目标还尚待观察，但是中国本土的汽车企业可以从中吸取经验教训，推动自身的发展。

我国新能源汽车企业应当以技术创新为核心竞争力打开市场。目前，我国和西方发达国家在新能源汽车的发展上水平相当，但是由于收入水平存在差距，国外的消费者可能更加偏向购买新能源汽车，因此我国企业要想走出去，仅凭价格优势是很难打开市场的，应当努力提升技术水平。

我国新能源汽车企业应当努力提升充电设备的覆盖率和服务质量。虽然特斯拉花费了大价钱在中国建立超级充电站，但是充电站不足、等待时间长的问题仍然是阻碍特斯拉在中国市场上大肆进军的障碍之一。而我国本土企业可以利用本土优势来解决这个问题，比如同国家电网合作，争取在较短时间内完成充电设备的布局。

此外，由于我国特殊的国情，很多车主无法在家里安装充电桩，而外出充电需要长时间等待。针对这种情况，我国新能源汽车企业可以提供专人上门取送车充电服务，这将解决一部分车主充电难的问题，从而给他们带来安全感。

我国新能源汽车企业可以通过整合供应链以降低经营风险。特斯拉虽然实现了零部件生产的全球化，但是并没有对上游的零部件供应进行整合，导致生产出现了窘境。为了规避这种潜在风险，我国汽车企业需要摒弃单一供应商，实现供应商多元化。以电池为例，作为电动汽车的核心部件，特斯拉的电池全靠松下一家供应商供应，一旦松下出现了问题或者随着全球订单的增加导致松下无法应对，特斯拉则会面临很大的毁单风险，这将损害企业的声誉和品牌形象。

我国新能源汽车企业在设计时要注重整车的外观。特斯拉在中国市场上具备的一大优势就是其外观，其线条饱满而流畅、车身圆润简介又富有科技感，更重要的是还兼具实用的功能，这些特点无不吸引着消费者。反观中国的新能源汽车，其外观一直走的是模仿的道路，没有自己的特色，还容易给消费者留下低端的印象。而中国的消费者购买汽车不仅注重性能和价格，更注重汽车的外观，外观的好坏将直接影响消费者对汽车的第一印象。因此，我国本土的汽车企业不仅要花大价钱学习技术，还要努力改进外观设计。

我国新能源汽车企业要采取合适的推广和营销模式，还需要选择合适的销售渠道。新能源汽车的推广首先要解决消费者的认知问题，需要通过各种媒体的宣传、名人示范效应、政策导向等渠道提高消费者对新能源汽车的认知，使新能源汽车成为一种时尚。当然，要让消费者对新能源汽车有切身的感受，线下体验不能少，同时也可以利用中国电商企业发展的势头，线下体验和线上宣传同时进行，并且要进一步了解消费者的需求，使汽车的性能与消费者的想法进一步贴合。

此外，在没有大量资金投入保证的情况下，我国新能源汽车企业应当尽量不选择直销模式。这是因为特斯拉的直销模式每增加一个线下体验店，就需要投入大量的资金，对一个财大气粗的跨国企业来说在中国市场上付出的成本可以通过其他国家市场来弥补，但是对于中国本土新能源汽车企业来说，这样拼资金的方式可能会带来事倍功半的效果，甚至会拖垮企业。因此，我国新能源汽车企业在没有充足资金的情况下，选择传统经销商特许经营的方式能够在一定程度上降低财务风险，是比较经济保守的选择。

在后补贴时代，市场形势复杂多变，可能会出现许多新问题，需要政府部门和相关企业共同制订行之有效的对策和解决方案，使中国新能源汽车企业重回正轨。我国政府需要建立更完善的新能源汽车产业机制，包括新能源汽车产业的统一标准和具体制度，如动力电池回收和循环利用制度，使动力电池能够最大化有效利用，降低企业生产成本，增加收益。而企业不仅需要提高研发实力和产品质量，还需要积极开拓海外市场，寻找新的产业发展增长点。相关企业不仅需要加大对出口业务的投入，除巩固欧洲、北美、亚太地区市场外，还要积极开拓更多新兴市场；除持续出口新能源商用车外，还要加大新能源乘用车的出口；与当地生产企业和经销商合资建厂生产销售产品，拓展多种方式的海外合作。

特斯拉在中国市场上取得的成就，表明我国新能源汽车产业已经进入了一个崭新的阶段。而特斯拉在营销模式上的优劣势都将成为我国新能源汽车企业需要学习的部分。我国新能源汽车企业应当积极探索，攻克技术难题，加强绿色创新，为保护环境贡献自己的一份力量。

案例使用说明

一、教学目的与用途

1. 本案例主要适用于“国际商务”课程，也适用于“国际企业战略管理”“跨文化沟通”等相关课程。

2. 本案例教学目标

本案例通过叙述特斯拉在中国的进入过程和经营背景，引导学生运用国际营销的4P理论分析特斯拉在中国经营的策略以及这些策略可能会带来的风险，从而加深对国际营销策略分析及风险估计的理解。

二、启发思考题

1. 特斯拉为什么要进入中国市场？

2. 特斯拉在中国的经营环境是否都是对其有利的？如果不是，请举例说明。

3. 特斯拉是如何进入中国市场的？（按照时间顺序排列）

4. 利用国际营销的4P理论分析特斯拉进入中国市场后面临的机遇与挑战。

5. 面对产品、价格、渠道、推广这四个策略带来的风险，你认为特斯拉应当如何规避？

6. 中国本土新能源汽车企业未来应当如何发展？

三、分析思路

首先了解特斯拉进入中国市场的过程，分析特斯拉汽车在中国的经营环境。特斯拉进入中国市场后，分析每一个策略背后的理论依据以及每个策略可能会有的机遇与挑战。最后根据特斯拉在中国经营的经验为中国本土新能源汽车企业未来发展提出政策建议。

四、理论依据及分析

1. 了解特斯拉的历史及进入中国的过程。
2. 运用 PEST 分析法分析特斯拉在中国的经营环境。
3. 运用 4P 理论分析特斯拉在中国的经营策略及可能存在的风险
4. 根据特斯拉的经验，中国本土新能源汽车企业未来应当如何发展？

五、关键点

1. 特斯拉发展历史及进入中国市场的过程。
2. 特斯拉在中国的经营环境。
3. 特斯拉在中国的经营策略及可能存在的风险。
4. 中国本土新能源汽车企业未来发展。

六、建议课堂计划

1. 引入案例（20 分钟）

教师通过多媒体，以图片、视频等形式，向学生简要介绍特斯拉的发展历史及进入中国市场的过程。

2. 分组讨论（30 分钟）

将学生分成若干小组进行讨论，得出特斯拉在中国的经营背景、经营策略及可能存在的风险，并根据特斯拉的经验给中国本土新能源汽车企业未来的经营发展给出政策建议。

3. 案例交流（30 分钟）

各组根据得出的结论进行交流。

4. 案例点评（10 分钟）

针对学生得出的结论予以点评，并对案例的关键点进行重点分析。

5. 案例总结（10 分钟）

总结案例，启发学生对国际营销策略更深入思考。

参考文献

［1］黄燕婷．特斯拉的营销策略［J］．高科技与产业化，2014（2）：70－71.

［2］李佳琦．对特斯拉公司经营模式的研究与探讨［J］．管理观察，2017（5）：76－79.

［3］刘青，邓亚斌．特斯拉电动汽车的产品策略研究［J］．传播力研究，2019（7）：248.

［4］刘宇．特斯拉商业模式研究［J］．销售与市场（管理版），2015（7）：22－26.

［5］钱智超，包小云．关于特斯拉汽车品牌营销策略的研究［J］．黑龙江纺织，2019（3）：39－41.

［6］任鹏飞．特斯拉在中国的发展战略研究［D］．深圳大学，2018.

［7］闫锴．新能源汽车企业在中国经营模式研究——以特斯拉公司为例［D］．中国人民大学，2015.

［8］杨东．汽车界的苹果：特斯拉直销模式揭秘［J］．销售与市场（管理版），2016（11）：74－77.

［9］姚振宇．特斯拉汽车营销策略研究——以中国市场为例［D］．广东财经大学，2016.

［10］袁博．后补贴时代中国新能源汽车产业发展研究［J］．区域经济评论，2020（5）：58－64.

第四部分

企业跨文化沟通和管理

案例 10

万达影业的全球扩张之路*

近些年来，中国的文化产业的发展有了非常大的进步，同时促进了社会和经济等各个方面的发展，政府也制定了一系列法律条文为文化企业的发展保驾护航。万达集团作为中国500强企业，在2005年就已经建立了电影院线公司，并将影视行业作为了重要的发展目标，万达在国际上对影视行业进行了一系列的跨国并购活动，本文对万达集团的跨国并购活动进行了深入研究，对于我国企业未来进行文化行业的并购发展具有重要的现实意义和研究价值。

* 本案例由中央财经大学国际经济与贸易学院孙瑾、王杰镭、罗越撰写。

案例正文

并购是企业发展最简便有效的方法，相比于重新投资建立一个同等规模的企业来说，并购具有速度快、投入少以及效益好等特点。经过并购可以扩充企业的规模，削减成本用度，提高市场份额，提升企业的知名度，增强企业的核心竞争力。同时，并购是一把“双刃剑”，风险与效益并存。

本文以万达集团在国际影视行业的一系列并购重组活动作为案例，对我国企业的跨国并购活动进行分析，为未来本国企业通过跨国并购发展全球化经营提供启示。

一、万达集团介绍

万达集团创立于1988年，经过30年发展，已发展成为了一个大型跨国企业集团。影视作为四大核心产业之一，在万达的整个发展历史当中都起着非常关键的作用。

万达电影成立于2005年，隶属于万达集团。万达电影通过十几年悉心摸索，已经形成了一套完整的价值链体系。以万达集团旗下万达影业及万达持股的五洲电影发行有限公司为价值链上游，万达电影院线及相关衍生品市场为下游，共同汇聚形成了万达在电影产业的价值链纵向一体化布局，更有万达集团商业与地产的共同带动，形成互利共赢的盈利模式。

二、全球电影发展趋势

根据美国电影协会发布全球电影产业报告，全球电影发展趋势主要呈现以下几个特点。

（一）票房总规模增长快

2017年全球电影票房达406亿美元，相较于5年前，增长了13%。值得一提的是，北美外的其他国家和地区的票房总计为295亿美元，占比虽小，但增长快，较5年前增长18%，增幅远超过平均水平。票房参与主体多元化：中国、俄罗斯、德国、巴西、墨西哥等新兴电影市场成为全球票房增长引擎。2017年，亚太区的票房较2016年增长了6%，增长主要来自中国。欧洲、中东和非洲地区2017年的票房较2016年增长了4%，主要增长来自俄罗斯（增长22%）和德国（增长7%）。拉美地区2017年的票房增幅最大，达22%，其中巴西（增长15%）和墨西哥（增长7%）是增长的主要来源。由于新兴市场电影市场的迅猛发展，使全球电影资源集中度低。

（二）屏幕更新迭代快

数字银幕覆盖率高，3D 银幕数量规模已十分可观，巨型银幕数量将在未来 10 年保持快速增长。2017 年，全球的巨型银幕数量较 2016 年增长了 21%，达到了 3162 块。巨型银幕占全球银幕的比例仍比较小，但在全球各地巨型银幕数量都在增长。

（三）电影消费增长快

2017 年，全球电影消费额达到 884 亿美元。其中电影票房占据大部分，为 46%，数字家庭音像消费占比 36%，而物理介质的家庭音像消费占比 18%。

（四）消费者特征

年龄跨度大。无论是 12—17 岁的小孩，还是 70 多岁的老年人，总有一款电影能满足他们的需求。消费偏好依托各国文化，差别大。

总体来说，全球电影消费总量增加、结构多元的趋势，也促使万达义无反顾地进行全球扩张。

三、美国电影市场分析

中美电影市场占据全球市场的一半，万达也率先大规模进入美国电影市场，原因是什么呢？我们使用钻石模型聚焦庞大的美国电影产业的竞争优势（见图 10－1）。主要聚焦几个重点要素。

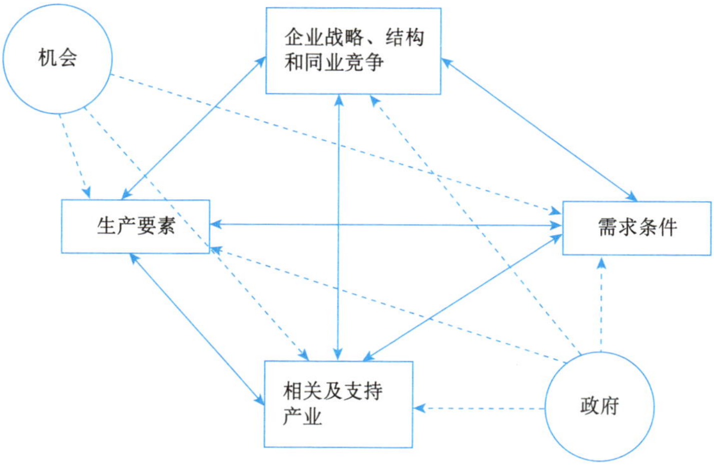

图 10－1　美国电影产业的钻石模型

（一）生产要素

电影最大的两个卖点就是技术和故事，而这两者都是中国电影市场所缺乏的，美国电影市场在这两方面是全球的领导者，与中国电影市场形成互补。美国有完整的硬件产业，从摄影机、音响、音效、视觉特效、布景道具制作、放映等，都有一个完整的产业链。比如摄影机 panavision（电影字幕后面有个框框套框框的图标）、音效的杜比（现在进化到 Dolby Vision 和 Dolby Atmos 以及合体的杜比影院了）、视觉特效的工业广魔（卢卡斯老爷子拍星球大战搞出来的特效公司）、放映 IMAX 影厅。这些技术提高观影体验，无疑将提升影院上座率。美国影视人才体系完善，美国著名大学都有影视产业相关的专业与课程。此外，美国还有演员工会、导演工会、制片人工会等，这些保障了参与电影制作人的素质和美国电影的制作水平，从而电影所讲述的故事也更加精彩。

（二）需求条件

消费者年龄构成：12—17 岁的人均市场份额最大，约为 11%。25—39 岁，总市场份额最高，为 24%。其他年龄组的总市场份额在 13%—14%。

消费者消费偏好：美国庭消费支出一直稳步上升，居全球第一。包括电影在内的家庭娱乐和咖啡最受美国消费者青睐。

（三）竞争

电影行业的集中度高，排名前四的公司占有超过 60% 的市场份额，竞争十分激烈。竞争者均追求更先进的银幕和观影体验。

（四）相关产业支持

这里主要介绍美国电影融资产业。制片领域最大的风险就是电影的市场预期和价值难以评估。而美国拥有相对成熟的金融市场，电影最常见的融资方式有完片担保债务融资、预售版权融资、预收款融资、电影基金等。近年来，私募基金和资产证券化、互联网金融初探电影制作融资领域。这些融资产业为电影公司的运营，提供重要的支撑。

（五）政府

美国对电影产业的公共政策主要包含两个层面，一是针对国内的扶持政策；二是针对国际市场的保护政策。国内的扶持政策：美国各州政府出台了包括税收上的优惠、雇工资助、州公共财政使用等多项政策，有效地降低了电影产业投资的风险，提升了资金的运营效率。国际市场的保护政策：美国政府一方面通过《版权法》《千禧年数字版权法》《家庭娱乐与版权法案》等立法来保护电影产品版权，另一方面督促有关国家修改国内版权法，以保护美国在该国的版权利益，还通过外交和贸易手段助推本国电影产品进入海外市场。除了版权，美政府还会对外来文化入侵进行舆论、政治打压。例如，日本索尼收购哥伦比亚电影公司时受到抵制，使日本不能对美子公司作出太大的改变。

（六）机会

互联网的发展，将一部分观影需求从传统的影院转移至线上。因此电影公司为提高上座率，赢得高票房，必须提供与线上观影的差异化服务。这促进了电影银幕、4D、全景音频系统等技术创新和广泛运用，同时，线下影院进一步对消费者需求进行挖掘，提供家庭观影、家庭套餐等一系列服务。

四、万达影视扩张过程

（一）收购时间线

1. 院线收购

（1）2012 年 5 月 21 日，万达收购全球排名第二的美国 AMC 影院公司，为此支付 31 亿美元，万达集团的国际化战略迈出实质性的一步。

（2）2015 年 6 月 21 日，万达宣布以下属全资子公司以 22.46 亿元全资收购澳洲第二大院线公司 Hoyts100% 股权。

（3）2016 年 3 月 3 日，万达集团万达旗下美国 AMC 院线与美国卡麦克院线 Carmike 签订并购协议，为此支付 11 亿美元，这笔交易使万达成为全世界最大的电影放映商。

（4）2016 年 12 月 2 日，万达集团旗下美国 AMC 院线以 9.21 亿英镑收购欧洲第一大院线欧典影院（Odeon & UCI）通过欧盟比准、成功完成交割。

（5）2017 年 1 月 23 日，万达旗下院线美国 AMC 宣布以 9.3 亿美元并购北欧最大院线北欧院线集团（Nordic Cinema Group）。

2. 电影制片收购

（1）2016 年 1 月 12 日，万达集团并购美国传奇影业公司，进军电影制片领域。为此将支付不超过 35 亿美元现金（约 230 亿元人民币），这是迄今中国企业在海外的最大一桩文化并购。

（2）2016 年 9 月 22 日，万达集团与索尼影视娱乐旗下 Motion Picture Group 宣布达成战略合作，索尼影视今后将对万达开放索尼制作影片的股权投资。

万达海外扩张从 2012 年开始，在 2016 年出现了井喷式增长，一年之内并购了 3 家美国影业公司，1 家欧洲影业公司，万达基本完成全球电影院线布局。万达 CEO 王健林的目标是到 2020 年将万达在全球电影行业的市场份额提高到 20%。

（二）两个著名并购案例

1. 收购案一：万达收购 AMC

2012 年 9 月 4 日，中国大连万达集团在洛杉矶宣布，已经完成对美国第二大院线集团 AMC 娱乐控股公司总计 26 亿美元的收购（包括购买 100% 股权和承担 20 亿美元债务两部分）。

AMC 公司于 1920 年在美国开设第一所电影院，全球有超过 441 间电影院遍布世界各地，共计 5028 块屏幕，是全球最大的 IMAX 和 3D 荧幕运营公司，AMC 影院公司是排名世界第二的院线集团。AMC 的市场主要在北美地区，北美票房最多的 23 家影院都在 AMC 旗下，其市场份额一度达到了 20%。

表 10－1　　AMC 并购前后相关指标对比

	并购前	并购后
票房收入	25 亿美元	27 亿美元
经营状况	2011 年亏损 8200 万美元	2013 年盈利 8160 万美元
上市情况	两次 IPO 失败	2013 年 12 月 18 日纽交所上市

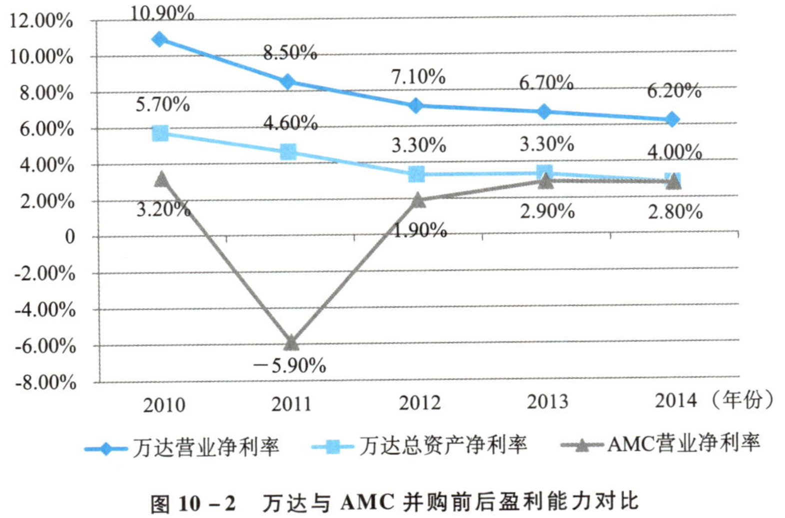

图 10－2　万达与 AMC 并购前后盈利能力对比

资料来源：http：//ent. 163. com/special/amc/。

万达集团的净利润增长速度和总资产的下降速度变慢，说明并购没有太多影响万达集团管理层的管理水平。

万达收购 AMC 的动因分析：

（1）提升知名度，为进一步海外扩张做铺垫。AMC 是美国是第二大院线，院线遍布世界各地。万达如果能够将 AMC 收购成功，将会同时拥有 AMC 全球 10% 的票房，也可以从亚洲第一大院线成为全球最大的电影院线运营商。这一并购案由于金额巨大，会被媒体争相报道，为之后万达的进一步扩张打开了知名度。

（2）整合产业链，实现企业全球化战略。AMC 除了放映这一基础业务以外，还有电影广告、发行、设备租赁等业务。AMC 作为放映方与制片方、发行方会有密切的合作，万达通过收购 AMC 进入美国市场，以合资等方式寻求合作，加强在电影制作与发行方面的实力。此外，因为对 AMC 的并购取得了成功，在美国市场开了一个好头，2016 年，万达再一次瞄准美国市场，这一次收购的是美国著名的影视制作公司——传奇影业。目前，万达是全球唯一拥有完整影视产业链的影视集团，无论是企业转型还是产业链的打通都卓有成效。

2. 万达收购传奇影业

万达集团宣布以不超过 35 亿美元现金收购美国传奇影业公司，这是迄今中国企业在海外的最大一桩文化并购。传奇影业是美国好莱坞著名影视制作企业，出品了一系列具有全球影响的大片，包括《蝙蝠侠》系列、《盗梦空间》《侏罗纪世界》《环太平洋》等。并购传奇影业使万达影视控股公司成为全球收入最大的电影企业，至此，万达已形成电影制作、院线、发行等一套较为完整的产业链。

万达收购传奇影业的原因：

（1）提升合作影片国内票房分成。此前，万达集团已先后通过收购美国第二大院线 AMC 与澳洲第二大院线运营商 Hoyts 而进入海外院线市场，分享全球票房，而此次收购传奇影业能将好莱坞大片直接变成中美合拍片，以在中国市场获得至少 25% 的票房分成。更有专家预测，万达并购传奇影业后，中国电影票房收入有可能在 2017 年超越美国，这将给万达院线带来更多的票房分成。

（2）整合上下游，完善电影产业链。根据微笑曲线可以看出，占据产业链上游和下游的企业往往创造的价值更高，而影视行业从导演的选择到剧本的形成，从拍摄到发行，处于绝对的价值制高点，也就是传奇影业的众多 IP 知识产权。正如王健林董事长所说：“并购传奇影业的价值并不在于电影本身，因为传奇影业拥有众多 IP 知识产权，这些 IP 会对万达的旅游产业、儿童娱乐行业带来很大协同效应。”早年，中国电影企业更多专注于院线、发行，处在产业链的中下游，而现在的万达，可以说已经涉足了电影制作、发行到上映的整个产业链条，在上游的影视制作上投入更大心血。

（3）推动企业整体转型。2015年1月17日，万达集团对外发布“第四次转型战略”：万达将从中国国内企业转型为跨国企业，从以房地产为主转为以服务业为主，到2020年形成商业、文化、金融和电商四大板块，多元化抢占未来文化产业市场制高点。因此，并购美国传奇影业，能够帮助万达集团迅速从曾经的最大房地产企业向影视、体育、旅游、儿童娱乐四个产业板块加速转型升级，迎接未来消费升级的新需求时代，改善中国文化产业重数量不重质量、电影相关产业链发展不足的现状，最终推动万达集团的整体转型。

（三）并购风险

1. 电影产业自身特点

电影提供的是特殊的商品，电影产业普遍具备轻资产、高风险、高收益的特征。院线企业处于电影产业链的中下游位置，也是至关重要的组成部分。2016年年底，国内“万达电影”“乐视影业”“中国电影”参与投资的国产大片《长城》投资1.5亿美元而收入不足5000万美元，直接导致了“万达”“乐视”等在内的影视投资公司的危机，“万达”自2016年12月8日起，股价持续下跌，到电影上映10天时，股价下跌了13%。2019年春节，《流浪地球》燃爆了全国电影市场。自2月5日起公映，该片的票房一路飙升，短短六天时间大陆市场累计票房收入就达约20.107亿元，投资该片的“北京文化”“上海电影”和“文投控股”三家公司营业收入就已经超过了公司最近一个会计年度经审计的合并财务报表营业收入的50%，分别为7300万—8300万元、120万—160万元和100万元。

2. 政策风险：美国反垄断调查

美国的政策风险。此次并购前，万达对传奇影业进行了尽职调查，所以反垄断调查并未对并购产生较大的负面影响。但是特朗普上台后，承诺要以保护美国人的利益为优先，提倡买美国制造，雇佣美国人，采取反全球化的经济政策，采取贸易保护主义，将对中国的出口经济造成一定的冲击。由此可以看出万达并购传奇影业后，在整合方面或者是影片进出口方面还会面临巨大的政治风险和财务风险，未来中国企业在美投资可能会面对更多的风险。

3. 并购公司估值风险

万达出资约230亿元人民币并购美国传奇影业，此外还要承担传奇影业连续两年的亏损。万达预计传奇影业在2016年会转亏为盈，万达影业2016年的净利润将会达到13亿元。但是，由于万达院线重组的中止、《魔兽》与《长城》的亏损，万达影业在2016年实现净利润3.69亿元人民币。万达在并购前，对美国传奇影业进行过一定的调查，发现其有大量的IP资源，如蝙蝠侠、超人、侏罗纪公园等，可以成为盈利点。但是，有些知名大IP的开发权是归属于华纳兄弟、环球等大电影公司，传奇影业并没有继续开发这些大IP的资格。这样看来传奇影业所持有的IP资源并没有表面看上去那样丰富且优质。此外，即便是拥有了国际知名大IP，也不一定能够盈利或者是实现万达文化产业的协同效应。从《魔兽》的票房表现就可以看出，虽然在中国很受欢迎，但在北美市场却票房惨淡，最终形成亏损，这说明《魔兽》这个大IP并没有达到万达所预期的效果。

五、万达影视并购策略

（一）万达并购策略—横/纵向并购

横向跨国并购是指两个以上国家生产或销售相同或相似产品的企业之间的并购。其目的是扩大世界市场份额，增加企业的国际竞争力，直至获得世界垄断地位，以攫取高额垄断利润。横向跨国并购是跨国并购中经常采用的形式。

2012年，万达集团斥资31亿美元收购美国第二大院线运营商AMC100%的股份，2015年万达院线又以22.46亿元全资收购澳大利亚第二大院线赫伊斯集团100%股份，2016年收购欧典院线，2017年收购北欧院线，是典型的横向跨国并购。在横向并购中，由于并购万达与被并购电影院线有相同的行业背景和经历，所以比较容易实现并购整合。至此，万达已将电影产业下游的院线资源收入囊中，成为全球最大的院线集团。

纵向跨国并购是指两个以上国家处于生产同一或相似产品但又处于不同生产阶段的企业之间的并购。其目的通常是稳定和扩大原材料的供应来源或产品的销售渠道，从而减少竞争对手的原材料供应或产品的销售。并购双方一般是原材料供应者或产品购买者，所以对彼此的生产状况比较熟悉，并购后容易整合。

在电影娱乐产业，电影制片和发行属于产业上游，而院线和影院属于产业下游。2016年之前，万达影业主要依靠院线和影院，即通过参与下游产业链运营获取利润。为完善产品链，打造全产业链，万达逐步将目光投向上游的电影制造业，于2016年1月以不超过35亿美元的现金收购美国传奇影业公司，完成了产业上下游的整合（见图10-3）。

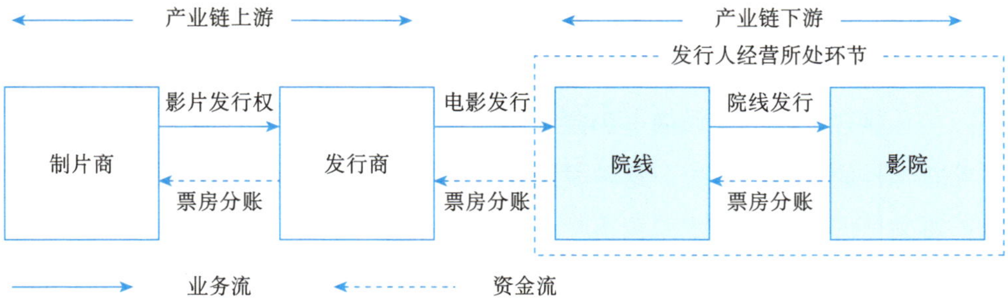

图10－3

（二）两种扩张方式的讨论

1. 为什么在国内扩张进行绿地投资？

（1）有万达相关产业作为支撑，有协同作用。万达文化产业进行商业模式创新，全国首创将商业地产、旅游度假等产业结合发展，不同行业之间相互依托，互为支持，产生综合效应。比如武汉江汉路万达广场，将零售、餐饮、文化、休闲等业态集中在一起，形成良好互补，使文化项目获得极佳效益。

（2）连锁经营管理，产生规模经济。跨国企业可以独立地进行项目策划、建设，并实施经营管理，投资者能在很大程度上把握风险，并掌握各方面的主动性。万达文化产业借鉴这些其他企业的经验，实行连锁经营，做到三个统一。一是统一品牌。VI（视觉识别系统）标识、外立面设计、内部装潢全国统一。二是统一制度。万达文化产业全国各地公司制度统一、流程标准化。三是统一运营。万达文化产业各地公司统一运营、统一采购万达采购成本相比同行单店低近30%。

连锁经营给万达文化产业带来很大好处：一是吸引高端人才。单个企业实力弱、工资水平低，无法吸引高端人才。而企业发展的根本在于人才，万达连锁经营能吸引高端人才加盟，使企业发展更好。二是降低营运成本。

（3）中国政策的鼓励。党的十七届六中全会提出两个口号，一是把文化产业做成支柱产业，二是文化强国，要求中国文化产业发展跟上GDP发展，要和中国的国际地位相匹配。“十二五”期间中国要实现文化产业收入翻一番，到2020年实现文化产业收入翻两番。如果换算成量化指标，到2015年，中国文化产业要净增1万亿元收入，从2016年到2020年，还要净增2万亿元收入。可以预见，今后10年中国文化产业将迎来爆炸式增长，成为中国增长最快的行业之一。万达投资文化产业具有前瞻性，符合国家发展大势，是顺势而为，是做对的事情。

（4）中国电影业发展并没有并购基础。10年前，严格说中国只有文化事业，没有文化产业，党的十七届六中全会对中国文化的描述也是文化产业和文化事业两方面。过去中国的文化单位都是行政事业编制，做文化有三个特点：一是政府投入；二是不计盈亏；三是独自发展。比如做电影院就单独建一个电影院，做剧院就单独建一个剧院，不考虑与其他业态的配比。这种发展模式因无法适应中国经济的高速发展和百姓日益增长的文化需求，逐渐走向没落。

中国本土没有大型的电影产业基础，万达成为一个新的电影产业巨头比收购一个小型的公司进行培养要方便。

2. 为什么国外扩张不选择绿地投资？

（1）创建新企业需要大量的筹建工作，而且建设周期长、速度慢、缺乏灵活性，因而整体投资风险较大。如选择新建，万达需加大现金流支出，且需要重新设计进入当地市场的方案，完成较成熟完善的商业模式建设。对万达集团的资金实力、经营经验等有较高要求，不利于跨国产业的快速发展。

（2）创建企业过程当中，跨国企业完全承担其风险，不确定性较大。新建影院使万达与当地企业无法在经营、财务、管理和市场上产生协同效应，难以实现规模经济与优势互补。国外文化娱乐市场发生较大变化，如新竞争者出现、消费者需求改变等，将导致万达完全承担亏损风险。

（3）新企业创建后，跨国公司需要在东道国自己开拓目标市场，且常常面临管理方式与东道国惯例不相适应、管理人员和技术人员匮乏等问题。万达对于国外文化市场研究并不成熟，选择新建时将面临艰巨的文化管理融合任务，在业务的开展和市场开拓时有较大困难。

（三）万达影视跨国并购优缺点分析

1. 优点

（1）市场进入灵活，资产获得迅速，可以获得廉价资产。文化、金融、电影、体育等产业的优质资源（如品牌等），特别是上游产业资源，主要都掌握在欧美发达国家的老牌企业手中，而在这些发达国家当中，这些产业的发展已然比较成熟，想通过自身企业实力打入国外电影产业市场将非常艰难，成本也会比较高，因此并购就成了最佳选择。

（2）获得被收购企业的市场份额，减少竞争。收购传奇影业有助于万达集团快速有效地进入北美电影市场，并占据一定份额，为提升万达影院的全球竞争力打下坚实基础。

（3）便于企业扩大经营规模，实现多元化经营。2016 年 1 月 22 日万达宣布以不超过35亿美元（约230亿元人民币）的现金收购美国传奇影业公司100%的股份，这一举措可以完善万达产品链，打造全产业链，万达逐步将目光投向上游的影视制作环节。

（4）可以推动企业自身转型，更加适应市场需求。万达并购美国AMC和传奇影业，能够帮助万达集团迅速从曾经的最大房地产企业向影视、体育、旅游、儿童娱乐四个产业板块加速转型升级，迎接未来消费升级的新需求时代，改善中国文化产业重数量不重质量、电影相关产业链发展不足的现状，最终推动万达集团的整体转型。

（5）可以直接获得国外先进技术以及相关管理经验，扩大自身影响力。传奇影业在电影制作方面的经验和优势，对于想要打造“中国版好莱坞”并在2016年启动制作发行行业资本化运作的万达集团而言，可弥补其在电影制作发行上的短板，从而打造全产业链，增强话语权，提高品牌知名度和国际影响力。

（6）可以推动文化交流。该并购案毫无疑问将会带来更加密切的中外电影交流和电影创作机会，即可通过电影载体铺路搭桥，让更多的中国元素出现在大屏幕前，推动中国文化走向世界。万达并购正是为中国文化搭起一座通向海外的桥梁，也为西方打开了一扇了解中国文化的窗户。

2. 缺点

（1）东道国的限制。毕竟电影产业是特殊的产业，涉及文化输出、意识形态方面的影响，美国政府可能会对万达收购AMC和传奇影业后续相关的整合发展施加不利影响。

（2）原有契约和传统关系的束缚。来自传奇影业本身以及美国好莱坞电影投资环境的双重风险，都将随着万达收购传奇影业而转嫁给万达。此前破产的相对论传媒公司的性质和经营模式都类似于传奇影业，因此本次收购也可能面临同样的巨大风险。

（3）价值评估的困难，以及带来的现金流问题。AMC案例中，AMC巨额债务的处置是整个收购案的关键。从财务维度的战略意识的形成来自万达对AMC财务状况的认识。AMC具备市场潜力和市场价值，但其背负高达21.68亿美元的巨额债务。债务问题处理不好，不仅收购会失败，还将会影响到万达自身。

在收购传奇过程中，一方面，万达为此次并购将可能支付35亿美元（约230亿元人民币）现金，加大现金流支出压力。另一方面，并购标的未来现金流可能存在不尽如人意的风险。与传奇影业本质相似的相对论传媒公司破产的一个重要原因就是电影业务的回收周期及账务计算周期长，致使公司产生大量的资金需求，而传奇影业也曾面临类似风险，如由传奇影业制作的电影《环太平洋》曾计划在2017年上映第二部，但最后因资金问题被无限期搁置。因此，如万达集团不能很好地解决资金流问题，则可能最终面临资金链压力增加而带来的风险。

（4）收购产业——文化产业的特殊性。万达集团并购传奇影业的最主要动因在于获得传奇影业拥有的诸多 IP 知识产权，因为这些 IP 知识产权会给万达的文化旅游产业、儿童娱乐行业带来巨大协同效应。但尽管投资过《魔兽世界》《蝙蝠侠》和《盗梦空间》等电影，并不意味着万达并购传奇影业就能拥有其想要发展的旅游、儿童娱乐等衍生产品所需的 IP 知识产权。此外，目前传奇影业无法与环球影业等大公司相提并论。

六、结语

虽然万达集团完成了一系列的海外收购计划，但万达跨国并购后的资源仍需有效整合。国内和国外的环境有很大的差异，企业需要对品牌资源、企业文化资源、营销渠道资源、企业财务资源进行有效整合。万达应采取适当的跨国战略，融合当地文化、学习当地法律知识，缩小与国外目的地的文化距离与政治距离，尽快适应当地公司经营；引进相关管理人才，加快建立起一个有利于万达影业帝国的管理系统。只有将被并购方的资源与并购方的资源有效地整合在一起，才能实现真正的协同效应，降低企业的成本，增加企业效益，使企业获得同行业中的竞争优势，继而推动企业的发展。

案例使用说明

一、教学目的与用途

1. 本案例主要适用于“国际商务”课程，也适用于“国际企业战略管理”“跨文化沟通”等相关课程。

2. 本案例教学目标

本案例通过对万达基本情况、业务发展、竞争力以及光伏行业的分析，引导学生运用国际商务的理论方法及分析工具对案例中的企业的竞争力、所处行业进行深入分析，从而加深对于国际商务理论和分析框架的理解与运用。

二、启发思考题

1. 为什么万达要快速进入美国/全球市场？

2. 为什么对被收购的公司进行自主经营管理？为什么万达集团经常将公众的注意力转向被收购的公司，而不是万达？

三、分析思路

首先分析万达如何进军国际市场的，在进入国际市场万达具备哪些优势，又面临怎样的挑战，从而引出企业国际化的过程。中国和美国的电影产业产业分别具备哪些特点、竞争力又是什么？

四、理论依据与分析

1. 运用钻石模型对美国电影产业进行分析。

2. 运用SWOT框架模型对宏观环境进行分析。

五、关键点

1. 万达国际化的形成过程。

2. 电影产业的行业特点

3. 万达产品和企业的竞争力分析。

4. 扩张方式的选择和特点、管理方式的选择。

六、建议课堂计划

1. 引入案例（20分钟）

教师可以通过多媒体，以图片、视频等形式，向同学简要介绍万达及电影产业的基本情况和特点。

2. 分组讨论（10分钟）

将学生分为若干小组，对设立问题进行分析讨论。

3. 发表观点（30分钟）

各组学生派出代表对问题进行回答，其他同学可以补充回答。

4. 案例点评（10分钟）

针对同学们的回答情况予以点评，并对案例的关键点进行重新分析，

5. 案例总结（10分钟）

总结案例，启发同学们对国际商务的更深入思考。

参考文献

[1] 徐美红，黄月眉．浅析我国企业的跨国并购效应——以万达收购传奇影业为例［J］．农村经济与科技，2018，29（19）：183－185.

[2] 李正章．基于文化视角探索中国企业跨国并购整合问题［J］．产业创新研究，2018（1）：54－56.

[3] 史璇．万达集团收购传奇影业：构建全球化全产业链的影视帝国［J］．经贸实践，2018（1）：183－184.

[4] 魏涛．中国企业海外并购的动因、机理与策略——基于无形资源跨国整合视角［J］．求索，2016（11）：109－115.

[5] 王莉莉．中美电影忙“联姻”影业投资或猛增［J］．中国对外贸易，2016（3）：68－69.

[6] 刘惠兰．万达230亿元收购美国传奇影业公司［J］．经济，2016（4）：94－96.

案例 11

莱比塘铜矿缅甸遇阻记*

作为中缅合作示范项目，莱比塘铜矿的发展并不是一帆风顺的。本案例梳理了其成立、遇阻到反败为胜的全过程并从跨文化沟通与管理的角度来对其原因进行分析，其中主要结合了霍夫斯泰德的文化维度理论来解释中缅文化差异，从而对项目在缅甸遇阻作出解释，以期加深对国际商务中跨文化沟通与管理的理解。

* 本案例由中央财经大学国际经济与贸易学院张硕、张娜撰写。

案例正文

缅甸与中国一水相连，素有“胞波情谊”，且缅甸作为澜湄合作机制的主要合作方，在构建澜湄流域命运共同体中扮演着非常重要的角色，是孟中印缅经济走廊的重要参与者。近年来，在“一带一路”倡议的推进下，我国能源、矿产、纺织、建筑等各行各业的企业纷纷前往缅甸开展投资，使中缅两国的经贸合作日益加深。

缅甸地处东南亚，有着非常丰富的的矿产资源，包括石油、天然气、钨、锡、铅、银、镍、锑、金、铜、铁、铬、玉石等。其中，缅甸已知的铜矿产地有 50 多处，主要分布在东部掸邦地区、中部实皆省、伊洛瓦底省、曼德勒省、勃固省等[①]。莱比塘铜矿项目所处的蒙育瓦铜矿又称缅甸第一铜矿，隶属于缅甸矿业部第一矿业公司，是该国最大的铜矿，对缅甸国民经济有非常重要的意义。

一直以来，缅甸的矿业都是国有企业经营。1994 年，缅甸政府第一次颁布《矿业法》，准许国外公司对缅甸宝石、金属、工业原料进行勘探和生产，并宣布铜矿和金矿向外资开放。1995 年修订后的《矿业法》进一步改善了缅甸矿业的投资环境。在 2001 年 7 月，中国国土资源部与缅甸矿业部签署了《中缅两国关于开展地质矿产合作的谅解备忘录》，在此之后，大量中国企业到缅甸投资矿业，其中著名的大型矿业项目有缅甸达贡山镍矿项目和莱比塘铜矿项目。本文重点介绍的是莱比塘铜矿项目。

一、背景介绍

（一）项目概况

莱比塘铜矿项目是中缅合作示范项目，也是亚洲最大的湿法炼铜项目，位于缅甸西北部实皆省南部的蒙育瓦镇。该项目原本由加拿大艾芬豪矿产公司开发，后来由于缅甸持续受到西方各国的制裁，艾芬豪矿产公司不得已从缅甸退出。后由中国兵器工业集团下属万宝矿产有限公司与缅甸联邦经济控股有限公司签订合同，接手扩建莱比塘铜矿，总投资 10.65 亿美元，设计产能 10 万吨阴极铜/年，设计单位为中国瑞林工程技术有限公司。项目分为基建期和生产期两个阶段，其中，基建期 17 个月，主要工程包括约 2000 万立方米剥离量和 6.6 千米的道路建设，合同额约 6000 万美元；生产

① 吴良士．缅甸区域成矿地质特征及其矿产资源［J］．矿床地质，2011，30（2）：374 - 377.

期总服务年限约32年，年采剥总量约2760万立方米，合同额约8000万美元/年。

（二）项目成立时间线

2010年6月3日，在中缅两国总理的见证下，该项目产品分成合同正式签署。中方业主为万宝矿业有限公司，缅甸合作方为缅甸联邦经济控股公司。产品分成协议规定，缅甸经控公司占51%，万宝公司占49%。

2011年7月8日，中国水电顺利中标承建缅甸蒙育瓦莱比塘铜矿项目。由水电十局有限公司作为牵头方与水电三局有限公司组成联营体，具体实施该项目的前期基建及10年生产期的采剥工作。

2012年3月20日上午，缅甸莱比塘铜矿项目举行奠基仪式，奠基仪式的举行，标志着中缅莱比塘铜矿项目的全面启动。

二、项目遇阻过程

莱比塘铜矿项目虽然深受两国政府最高领导人的重视，但项目一路走来却并不平坦。自从2012年3月举行奠基仪式以来，该项目经历了种种的考验和坎坷。

（一）第一次停工

从2012年6月开始，当地佛教僧侣、学生和村民就不断抗议和阻止项目的进展。6月2日，僧侣和附近村民围堵矿区营地的主大门，要求项目停工。6月4日，项目的主体工程被迫停工。6月8日，莱比塘项目全面停工。直到8月21日，抗议局势稍微稳定之后，项目主体建设实现部分复工。

（二）第二次停工

到了2012年11月18日，局势再次恶化，佛教僧侣和附近村民等维权人士在铜矿营地设立多个据点，封堵万宝公司营地的出入口，投诉项目拆迁补偿不公、污染环境，而且提出一些与项目无关的政治诉求，比如要求缅甸政府“解散军方背景的经控公司”，并大喊“中国人滚出去”的口号，使整个莱比塘事件滑向政治化的发展方向，铜矿项目工程建设不得不被迫再次停止①。11月29日，当地一些村民及僧侣再次到莱

① 于景浩，孙广勇．中缅莱比塘铜矿被迫停工两月，抗议者让中国人滚［N］．人民日报缅甸蒙育瓦，2013-1-21.

比塘铜矿示威，并与当地警方发生冲突，结果酿成著名的“11·29”事件，这后来被国际舆论指责为“莱比塘项目侵犯人权”，这次事件使 12 月 2 日莱比塘项目被迫全面停工。

之后缅甸政府设立了莱比塘铜矿调查委员会，该委员会由缅甸反对党领导人昂山素季领导，全方位调查莱比塘铜矿项目的开发过程。2013 年 3 月 11 日，铜矿项目调查委员会向总统提交最终调查报告。报告认为，综合考虑经济、社会、环保和国际关系等因素，莱比塘铜矿项目应该继续实施，但需要采取建议的整改措施。报告认为，莱比塘铜矿项目发展成当前的局面，主因是缺乏透明度以及开发商、当地民众和地方政府间缺乏沟通交流。具体来说，土地征用费用偏低及当地民众权益未得到充分保障，加之土地征用过程中有关方面缺乏解释，导致了事态升级。报告同时指出，铜矿项目是双边正式签约项目，如果单方面停止项目，会影响缅甸信誉和外资信心，从国际关系层面考虑会影响双边关系，同时影响当地民众未来利益并对环境恢复带来诸多困难。报告建议对环境保护、当地民生补偿、公司合作协议等进行必要改进；建议开发商与当地协商将项目地的寺庙完整搬迁；建议警察部队规范和改进执法行为；呼吁民众和政府机构增强法治意识等。

中缅企业认可了这份报告随即进行整改。公开数据显示，万宝公司为莱比塘铜矿计划总共已支付了 100 多亿缅币的各种赔偿金和补助金。2013 年 7 月 24 日，根据新的补充协议，莱比塘铜矿项目合作方由之前的两方改为三方，其中缅甸政府占有产品分成的 51%、缅甸经控公司占有 19%、万宝公司占有 30%。此外，还明确项目的 2% 纯利将用于当地环境投资[②]。2013 年 10 月 3 日，莱比塘铜矿项目再次低调地复工。

（三）第三次停工

复工以后，风波并未平息。特别是进入 2014 年以后，项目面临更加复杂的局面。3 月，在获得缅甸政府的批准后，万宝公司为项目修筑了围栏，但遭到了村民的抗议。4 月，工地发生了几起小规模冲突，导致 15 名警察和 3 名抗议者受伤，另外有 3 人被捕。5 月，有部分村民甚至绑架了 2 名万宝公司的员工长达 30 个小时。12 月 22 日，莱比塘铜矿项目再度被当地村民大规模阻拦。村民与维持秩序的警察发生了激烈冲突，结果造成一名当地村民中枪身亡，另有约 20 人受伤。虽然多名警察和施工人员也在冲突中受伤，但是舆论矛头仍然指向他们。此次事件引发的抗议活动迅速在仰光、曼德勒及实皆省等主要城市陆续出现。大批民众、学生、僧侣聚集到中国驻缅甸大使馆和领事馆门前示威。缅甸不少媒体对中国企业进行了指责。网络上，许多人把人员死伤的责任归咎于中国企业，甚至呼吁“彻底终结莱比塘铜矿项目”“向越南学习，把中国人赶出去”等。当地村民拆掉了万宝公司设立的围栏，声称要安营扎寨长期抗议，莱比塘铜矿第三次停工①。

对此，中国驻缅甸大使馆和中国外交部及时发表声明，表示莱比塘铜矿项目是中缅两国重点合作项目，应该在和平安全的前提下有序推进，反对任何暴力冲突，冲突无助于任何问题的解决。在 2015 年 1 月 5 日莱比塘计划落实委员会发表新闻公报，公报中的 20 点声明用事实阐述了莱比塘计划落实的每个环节和过程。2015 年 2 月 2 日，项目再次全面复工。2016 年 3 月莱比塘铜矿实现顺利投产。

表 11－1　莱比塘铜矿项目典型事件时间表

2010 年 6 月 3 日	在中缅两国总理见证下，投资产品分成合同正式签署
2012 年 3 月 20 日	项目举行奠基仪式，实现全面启动
2012 年 6 月	当地佛教僧侣、学生和村民不断抗议和阻挠项目进展
2012 年 8 月 21 日	局势稍稳定，项目主体建设实现部分复工
2012 年 11 月 18 日	佛教僧侣和附近村民再次抗议，项目被迫再次停止
2012 年 11 月 29 日	当地村民、僧侣示威与警方发生冲突
2012 年 12 月 2 日	缅甸总统设立莱比塘铜矿调查委员会对项目开发进行全方位调查
2013 年 3 月 11 日	调查委员提交最终调查报告，认为综合考虑莱比塘铜矿可继续实施，但应进行整改
2013 年 10 月 3 日	项目再次低调复工
2013 年 7 月 24 日	根据新的补充协议，莱比塘铜矿投资合作方由之前的两方改为三方
2013 年 10 月 3 日	莱比塘铜矿投资再次低调地复工
2014 年 3 月	在获缅甸政府批准后，万宝公司为项目修筑围栏，遭村民抗议
2014 年 12 月 22 日	项目再度被当地村民大规模阻拦，莱比塘铜矿再次停工
2015 年 1 月 5 日	莱比塘计划落实委员会发表新闻公报，用事实阐述计划落实的每个环节和过程
2015 年 2 月 2 日	项目再次全面复工
2016 年 3 月	项目实现顺利投产
2017 年 11 月 5 日	缅甸莱比塘采剥工程投资采剥总量累计达到了两亿吨

三、项目遇阻的文化影响因素分析

莱比塘铜矿项目一波三折，究其缘由，中缅文化的差异是重要原因之一。在莱比塘铜矿合作项目中，由于项目合作成员来自不同的国家和民族，项目内部与外部的文化呈现多元性，使合作项目一直处于非常复杂的文化环境之中，而因为文化差异引起

① 金鑫荣．信息公开问题成了把柄—中缅莱比塘铜矿项目风波的前前后后［J］．环境教育，2015（Z1）：30－32.

的文化冲突，便为这次合作带来了跨文化风险。

本文将结合霍夫斯泰德的文化维度理论对中缅文化进行比较，来阐明莱比塘铜矿项目实施过程中面临的跨文化风险。

（一）文化维度理论简介

在 1967—1973 年，霍夫斯泰德在著名的跨国公司 IBM（国际商业机器公司）进行了一项大规模的文化价值观调查。他的团队对 IBM 公司的各国员工先后进行了两轮问卷调查，用二十几种不同语言在 72 个国家里发放了 116000 多份调查问卷并回收了答案。调查和分析的重点是各国员工在价值观上表现出来的国别差异，使他能够比较不同国家的文化。霍夫斯泰德从中归纳出他认为能够概括不同文化的五种维度：权力距离、个人主义与集体主义、不确定性规避、男性主义与女性主义、长期取向与短期取向[①]。

1. 权力距离

该维度指某一社会中地位低的人对于权力在社会或组织中不平等分配的接受程度。由于对权力的理解不同，各个国家在这个维度上存在着很大的差异。欧美人不是很看重权力，他们更注重个人能力。而亚洲国家由于体制的关系，更注重权力的约束力。

2. 个人主义与集体主义

该维度强调的是个人与他的同伴之间的关系。在个人主义的社会里，人与人之间的联系是松散的，个人成就和自由受到高度重视；在集体主义的社会里，人与人之间的联系是紧密的，在这种社会里，人生来就是集体的成员，扩大到家庭也是如此，每个人都应重视其所属集体的利益。

3. 不确定性规避

该维度用来度量不同文化中其成员对不确定情形的接受程度。高不确定性规避文化的成员将工作安全、职业类型、退休待遇等放在优先地位，他们更需要规章和条例，经理需要发出清晰的指令，而下属的主动性则受到严格的限制；低不确定性规避文化则表现出更愿意冒风险和对变革抵触情绪较少的特性。

4. 男性主义与女性主义

该维度主要看某一社会代表男性的品质如竞争性、独断性更多，还是代表女性的品质如谦虚、关爱他人更多，以及对男性和女性职能的界定。在高男性度的国家中，

① 查尔斯·希尔．国际商务［M］．周建临，等译．北京：中国人民大学出版社，2014：107－108.

人们更加重视收入、被认可、富有进取与挑战心，人们认为成功的标志是财富得到认可；低男性度的国家则侧重良好的工作环境以及就业保障，人们认为成功的标志是良好的人际关系与生活环境。

5. 长期取向与短期取向

该维度指的是某一文化中的成员对延迟其物质、情感、社会需求的满足所能接受的程度。这一维度显示有道德的生活在多大程度上是值得追求的，而不需要任何宗教来证明其合理性。

（二）中缅两国文化差异对莱比塘铜矿项目的影响

1. 语言

中国以汉族语言为主，官方语言为普通话。另外，不同的地域、不同的民族也有其独特的语言或口音，简称为“方言”，如四川话、闽南语、粤语、傣语、维吾尔语、蒙古语、满语等；而缅甸是以缅甸语为官方语言，属汉藏语系藏缅语族缅语支。缅甸语中仰光话是现代缅甸的标准，同时其他地方也存在“方言、乡音”。在莱比塘铜矿项目开展过程中，由于语言差异，开发商、当地民众和地方政府间的沟通交流会受到阻碍，最终导致冲突的发生。

2. 宗教信仰

中华民族在2000多年以来一直深受儒家文化的影响，中国社会发展到现在特色社会主义阶段，在宗教信仰上，官方属于无神论者，实行宗教信仰自由的政策；而缅甸是一个非常传统的佛教国家，早在蒲甘王朝时期，就明确将佛教定为国教，经过几千年的历史发展，缅甸人的佛教信仰一直没有改变，据统计在缅甸有80%以上的国民信仰佛教，他们对佛教信仰虔诚、敬畏和尊重，对佛教建筑、佛教艺术和佛教物品依恋和崇拜，对佛教仪式和习俗一直沿用，形成了非常鲜明的具有浓厚佛教色彩的缅甸文化。

莱比塘铜矿位于实皆省蒙育瓦市附近的沙林基镇区，缅甸籍员工大部分是矿区附近的居民，他们几乎都是佛教徒。他们认为寺庙落成、僧侣圆寂、亲友剃度等佛教事宜都是必须参加的活动，无论是否法定假期他们都希望前去参加，而中方管理员认为大面积请假会大大降低工作效率。此外，莱比塘铜矿项目采区中央有座佛塔，据传这是18世纪高僧莱迪曾经修行打坐做法事的地方，当地居民认为应把其当作历史文物和名胜古迹来保存[①]。但这座寺庙正好位于采区的正中心，若不搬迁，势必影响项目的

---

① 李丰春．中国企业缅甸投资的宗教影响因素分析—以莱比塘铜矿为例［J］．大理大学学报，2020（3）：16－21.

开展。中国的施工方人员大多为唯物主义无神论者，许多员工根本没有佛教信仰常识，进寺庙不脱鞋，见和尚不跪拜。他们往往只关注项目进展，忽略缅甸人民的宗教感情，在此事上，他们认为只要支付补偿款就可搬迁寺庙，这伤害了缅甸民众对佛塔和寺庙的情感，于是民众制造动乱阻扰莱比塘铜矿的开发。后来在项目整改中，对这座寺庙进行了妥善的搬迁和重建工作，莱比塘铜矿项目才得以顺利施工。

3. 传统节日与习惯

缅甸有许多传统节日，佛教传统节日尤其多，缅甸 23 天法定节日假期中佛教传统节日假期就占了 13 天。此外，缅历其他月份也都有传统节会，每个佛塔、寺庙都有纪念日并衍生出庙会。长期以来，缅甸人每到传统节会都要举行庆祝活动并进行布施祈祷，太多的节假日给雇主的生产安排带来了很大的变数。

在 2013 年 9 月，莱比塘北爆奥信基层工会向雇主请求在 10 月（缅历八月）功德衣会当天可以停工，因为大部分员工都希望当天能够参与布施活动，同时他们申请公司提供通勤车辆来方便布施。但由于生产需要，雇主拒绝了这个请求，要求所有倒班和值班员工必须正常上班，且通勤车辆要用于生产不便提供。结果节会当天绝大多数倒班和值班员工仍然违反规定，旷工前往寺庙参与布施活动，使雇主被迫停工一天。雇主对旷工员工进行警告处分，并扣除他们旷工当天的工资。这一举动引起了全体员工的不满，工会随后致函蒙育瓦法稽局申诉。法稽局在进行有关调查后驳回雇主的处分决定，仅支持雇主不支付旷工人员当天工资，同时责令雇主必须尊重缅甸的佛教传统①。

除此之外，缅甸还有许多其他的非宗教的风俗习惯，比如缅甸人的时间观念普遍不强，上班时经常迟到早退。此外，缅甸人大部分都喜欢吃槟榔，但吃槟榔会不断地吐唾沫，容易破坏环境卫生。尤其在矿山、施工工地这些粉尘多的环境中，吃槟榔又容易吸入粉尘，影响员工的健康。这些风俗习惯与中国差异很大，如果中方企业在面对这些问题时态度过于强硬便可能引发当地人的抗议冲突。

4. 管理理念

缅甸正处于政治民主转型阶段，民众自由民主化意愿强烈，参与国家管理的热情高涨，但作为缅甸最大的投资国，中国企业和商人对于缅甸国情的变化并没有跟上步伐，对缅甸民情的情况了解也不足，中资企业往往还是按照在本国家的管理方式，不习惯或不愿意与缅甸政府以外的其他社会团体打交道，往往忽略了向社会公布必要的

---

① 米涛，沈美兰．在缅中资企业劳资问题研究—以莱比塘铜矿项目为例［J］．红河学院学报，2019（5）：122－126.

信息，缺乏与社会公众的沟通，从而造成对项目开发不利的社会舆论。

在莱比塘铜矿项目中，中资企业主要通过缅甸政府与缅甸其他利益相关方进行沟通与交流，以为只需要与执权者打好交道就可以解决所有问题和矛盾，没有考虑到缅甸政府对地方的控制力有限，也忽视了缅甸本土民众的力量，导致项目的透明度比较低，因而缅甸部分政治利益集团及群众对项目存在很多质疑与误解。

5. 权利距离

中国曾长期处于封建社会性质，等级制度非常明显，历来讲究尊卑有别、长幼有序，至今仍受这种文化影响，权利距离比较大；缅甸在历史上很长一段时间处于封建和殖民地社会，独立之后也是长期处于军政府的高压统治之下，等级意识严重，权利距离较大。但近年来，缅甸大踏步地进入了民选政权，2010 年大选之后，缅甸由军人政权转型为民选政府，人民的主人翁意识逐渐觉醒，越来越对权利的分配感到不满，民众对权利的诉求越来越明显。而在军政府时期，中缅合作形成上层政府合作的惯性模式，使缅甸民众认为中资项目仅仅对军政府有益，而对民间群众获益甚微甚至受损，导致民众以民生人权为由抵制中资项目。

在莱比塘铜矿项目中，缅甸合作方为缅甸联邦经济控股公司，是缅甸军方控制的大型垄断企业集团，它的业务范围非常广，包括宝石生产销售、地区服装厂、木材工业、食品饮料、银行、酒店及旅游、运输、电信及电子设备、建筑和房地产、钢铁业、汽车等，在很多方面都享有特权，包括免税特权。随着缅甸民主改革的深化，民众对军方的这种特权日益不满，很容易将这种不满情绪转移到与之合作的中资项目上。

6. 个人主义和集体主义

中国人讲究集体主义、团队精神，自身对集体忠诚同时也期望得到集体的照顾。在项目的管理中，中国人更是注重内部团结与和谐，工作大部分是通过集体努力合作完成，个人的利益都是通过集体的利益表现出来；缅甸地处东方，但受英国侵略长达一个多世纪，使这一处于东方的国家在文化层面同时受到东西方文化的双重影响，个人主义观念和集体主义观念都不是特别明显。缅甸员工在集体的工作中积极性不是很高，且工作能力也不是很强。但有的时候其群体意识又特别强烈，如在莱比塘铜矿项目管理过程中，常常发生员工抱团诉求、抱团抗议和抱团离职的现象。

7. 不确定性规避

中国文化中的不确定性规避程度较高，人们对未来所发生的不确定性事件都习惯有所准备，雇员倾向于接受上级的指示来处理不确定性事件，因此企业会提前制定明确的应对措施；而缅甸不确定性规避相对较弱，很多时候无法用法律、规章制度来约束，甚至在很多行业都没有一个确定的标准。缅甸籍员工普遍缺乏契约精神，除不守时外，他们还经常在已经签订合法的劳务雇佣合同后，不断地向雇主提出新的诉求，常常通过罢工或怠工的手段迫使雇主让步。

在 2013 年 5 月，莱比塘铜矿项目分包商的穿孔工段员工罢工，在双方签订的劳务雇佣合同已明确规定员工食宿自行解决的情况下，提出雇主应为机械操作手和机械设备辅助力工加薪、为员工提供住宿或额外提供食宿补贴等诉求。雇主在进行评估后拒绝其诉求，员工随即向相关部门申诉。蒙育瓦劳工局和法稽局调查后驳回员工申诉，支持雇主解决方案①。

另外，受佛教文化影响，缅甸人往往安于现状，对未来发生的不确定性事件没有准备，很多缅甸人没有存钱的习惯，他们在每月工资发放后会饮酒数日或彻夜狂欢，而没有对未来长远的打算。

8. 男性主义与女性主义

中国历史上长期处于男性社会，有着男尊女卑、歧视女性的社会价值观。发展到现在，中国文化中仍然没有摆脱这种倾向。同时随着改革开放的不断深入，中国人越来越追求事业上的成功，甚至可以为了事业牺牲家庭；缅甸的两性分工特别明确，男尊女卑的传统思想尤其严重，如在家庭宴请时，女性不能与男性同桌吃饭。但从对待生活与工作态度的角度，缅甸人普遍认为工作是为了生活而非生活为了工作，他们更讲究生活的品质，更加看重家庭生活，所以缅甸人对于赚钱这件事的诉求和欲望并没有那么强烈，在工作中积极性相对不是很高，因此效率也比较低下。

9. 长期导向与短期导向

在中国文化中，人们偏好从长远的利益出发，在考虑事情时不仅仅注重当前，而且注重历史和未来，充分吸收以往的经验和教训，在管理上喜欢长期培养人才而不是短期选拔人才；缅甸文化属于短期导向文化，更加看重事情的短期效应，近年来政府政策也如走马灯一样变化频繁。而且，在针对人才的培养上，没有系统的长期的人才培养机制，强调短期培训。在莱比塘铜矿项目中，许多相关的利益方为了获得一己私利、一时之利而对项目进行阻挠，却忽视了项目对于缅甸国家经济利益、当地居民的经济利益、下一代人的经济利益都有着深远而切实的意义。

四、项目反败为胜

莱比塘铜矿项目在历经多番波折后，最终反败为胜，在 2016 年 3 月顺利实现投

① 米涛，沈美兰．在缅中资企业劳资问题研究—以莱比塘铜矿项目为例［J］．红河学院学报，2019（5）：122 - 126.

产，这与其后期整改过程中良好的跨文化沟通与管理息息相关。

在宗教方面，2013 年莱比塘铜矿停工后，万宝公司针对宗教问题进行整改：第一，利用佛教节庆日，举行公益活动。例如每年缅历的“月圆节”，公司项目的负责人就组织员工参与矿区周边佛寺的捐赠、布施和法事活动，给寺庙僧侣捐赠袈裟、大米、食用油、储物柜等生活起居必需品。第二，加强与宗教领袖之间的沟通。项目负责人主动联系宗教领袖人物，向他们介绍项目的进展情况。通过宗教领袖的动员，让矿区周边的村民相信矿区的开发有利于民众的福祉，而不是在破坏当地的风水和他们的神灵。第三，密切联系矿区周边的信教民众，注重企业形象宣传，特地招聘一批了解缅甸民情的当地记者，做好宣传工作，争取舆论的主动权，特别是积极宣传企业参与僧团组织的大型法事活动的情况；同时，照顾缅籍员工在宗教信仰方面的需求，如公司员工在佛教节庆期间，可以带薪请假回家参加佛教的法事活动，对于不能回家参加法事的员工，在矿区设有临时的佛塔跪拜和修行场所，方便缅籍员工的跪拜活动①。

在管理方面，他们主动联系媒体，举行记者招待会，对外披露项目信息，并公布项目最核心的利润分成比例，提高项目的透明度，同时公布参加的许多民生援助项目，宣传企业的社会责任感，提高企业的社会形象，使民众的排斥和反对情绪越来越少。

在民生方面，2013 年的社区帮扶中，公司投入近 180 万美元，远远超出合同承诺的 100 万美元。2014 年社区帮扶项目也超过 100 万美元。万宝公司运营经理董云飞对外表示“在项目 30 年的运营期内，每年将会有 200 万美元的环保保证金存入缅甸国有银行托管专用的账户，用于环境治理和闭矿计划。此外万宝公司还建造了蔬菜大棚和养鸡场来为当地居民谋求更好的发展，增加就业岗位。其中养鸡场规模巨大，共有 7.5 万只鸡，从养鸡下蛋到鸡粪变肥全部实现标准化、自动化。万宝还从国内请来专门的畜牧硕士管理养鸡场，保证养鸡场的科学健康发展。由于技术先进、管理科学，该养鸡场生产的鸡蛋成为当地最热销的鸡蛋，在市场上供不应求。同时，万宝公司还为当地村民修建了“移民新村”，这些房屋不仅样式整齐，而且保留了缅甸的民族风格，深受缅甸群众的喜欢。除了经济上的帮扶，万宝公司还“授人以渔”，其与云南民族大学合作，在当地建立技校，向当地居民传授先进的生产技术和劳动技术。从学校毕业后，不仅可在铜矿项目工作，还可以为缅甸其他企业服务。这些措施都极大地安抚了周边村民的排斥反对情绪，同时也增强了村民对万宝公司的信任，甚至使他们

① 李丰春．中国企业缅甸投资的宗教影响因素分析—以莱比塘铜矿为例［J］．大理大学学报，2020（3）：16－21.

与项目有了“命运共同体”的感觉①。

五、结语

在莱比塘铜矿案例中，前期中方企业由于忽视了中缅文化差异，使项目遭受了多次阻挠停工。在正视这种差异并经过有效整改后，项目逐渐走上正轨实现盈利。因此，通过本案例的研讨，可以发现在跨国经营中重视跨文化沟通与管理是非常有必要的，同时从案例中也可以总结出一些跨文化管理策略。

首先，要尊重东道国的文化特色，接受和适应跨文化差异，还要提高文化敏感性以及跨文化差异应对能力，加强对母国外派人员的跨文化培训。

其次，要积极与当地各方建立和谐关系。要处理好与当地政府的关系，得到东道国政府的批准和支持；要处理好与工会的关系，在日常经营管理中，应注意尊重和爱护当地雇员，保持劳资双方沟通渠道的畅通，并对工会组织的相关积极活动给予一定支持，维护好与工会的关系；要处理好与当地居民的关系，尊重当地的风俗习惯，同时要积极履行社会责任，热心公益事业，为所在社区和部落提供力所能及的帮助，构建和谐的居民关系，化解当地人的排外情绪；还要处理好与当地媒体的关系。工作人员在与当地媒体打交道时，应保持谨慎，对不甚了解的内容和不利于中国企业在当地的积极形象的问题应尽量避免发表评论。另外，中国企业也应积极利用当地媒体，展示中国企业负责任的社会形象，在遭受到不公平的待遇时，主动积极地利用当地媒体澄清一些误解，以赢得当地的舆论支持。

再次，要传播中华传统文化。在尊重当地文化的同时，中国企业也应注重中华传统文化的传播，将中华传统文化中积极向上的内容带到东道国，促进当地人对中华传统文化的了解和认识，这对提高中国企业的跨文化管理水平、促进中华文化和当地文化的和谐发展以及化解跨文化冲突有积极的作用。

最后，要进行科学有效的跨文化管理。可以通过打造优秀的跨文化团队、实施有效的跨文化人力资源管理以及培养全球化经理人等方式，还可以通过学习其他国家在东道国投资项目先进的管理理念和机制，来减少因文化差异与冲突所带来的障碍与问题，从而更好地利用当地的各项资源。

---

① 谢戎彬，辛木．走进风雨过后的缅甸莱比塘铜矿［EB/OL］．Http：//db. cnmn. com. cn/NewsShow. aspx？id = 393014，2018 - 06 - 08.

案例使用说明

一、教学目的与用途

1. 本案例主要适用于“国际商务”课程，也适用于“国际企业战略管理”“跨文化沟通”等相关课程。

2. 本案例教学目标

本案例通过阐述莱比塘铜矿项目的成立、遇阻到反败为胜的全过程，引导学生重视国际商务过程中的跨文化风险并运用跨文化管理理论及分析工具对其中的文化影响因素进行分析，从而加深对国际商务中跨文化沟通与管理的理解。

二、启发思考题

1. 佛教文化如何影响在缅甸从事商务活动的成本？

2. 企业在进行海外投资时，为什么要进行跨文化沟通与管理？以及应该怎么做？

3. 做法：

（1）识别文化差异，发展文化认同。

（2）通过跨文化培训，达成跨文化理解。跨文化培训的主要内容有对文化的认识、文化敏感性训练、语言学习、跨文化沟通及冲突的处理、地区环境模拟等。

（3）加强文化融合，发展与提高跨文化沟通能力。

（4）建立共同的经营观和公司文化。通过识别文化差异和进行跨文化培训，公司员工提高了对文化的鉴别和适应能力。在对文化共性认识的基础上，根据环境的要求和公司战略发展的原则要建立起公司的共同经营观和强有力的公司文化。

三、分析思路

首先介绍莱比塘铜矿项目成立的背景及其项目本身，接着讲述了莱比塘铜矿项目遇阻，经历了三次停工的现实。之后从这个现实出发分析了项目遇阻的文化影响因素。最后阐述了项目在正视跨文化风险并进行整改后取得的胜利，并总结了企业在国际商务过程中可借鉴的跨文化管理战略。

四、理论依据与分析

1. 将莱比塘铜矿遇阻问题视为一个跨文化管理的过程。

2. 运用文化维度理论来分析莱比塘铜矿项目实施过程中面临的中缅文化间的差异。

五、关键点

1. 莱比塘铜矿项目的成立及遇阻过程。

2. 项目过程中面临的文化差异及其对项目的影响。

3. 跨文化沟通与管理策略。

六、建议课堂计划

1. 引入案例（10 分钟）

教师通过多媒体，以图片、视频等形式，向学生简要介绍莱比塘铜矿项目及其遇阻过程，另外比较中缅之间的文化差异。

2. 角色扮演（10 分钟）

将学生分为若干小组，分别扮演项目中方负责人、缅方负责人、缅方政府、中方政府、缅甸员工、当地居民等角色。

3. 分组讨论（20 分钟）

各组经过讨论，分别阐述中缅文化差异对各方的影响。

4. 案例点评（20 分钟）

针对学生分组讨论情况进行点评，并对案例的关键点进行重点分析。

5. 案例总结（10 分钟）

总结案例，启发学生对跨文化沟通与管理的更深入思考。

参考文献

[1] 李丰春．中国企业缅甸投资的宗教影响因素分析——以莱比塘铜矿为例 [J]．大理大学学报，2020（3）：16－21.

[2] 何金花，田志龙. 中国海外投资项目政治风险的演化：基于合法性视角的案例研究 [J]. 管理评论，2019 (6)：277-288.

[3] 米涛，沈美兰. 在缅中资企业劳资问题研究——以莱比塘铜矿项目为例 [J]. 红河学院学报，2019 (5)：122-126.

[4] 张聪，孙学峰. 中国在缅甸投资项目成败的原因 [J]. 国际政治科学，2016 (4)：23-58.

[5] 金鑫荣. 信息公开问题成了把柄——中缅莱比塘铜矿项目风波的前前后后 [J]. 环境教育，2015 (Z1)：30-32.

[6] 查尔斯·希尔. 国际商务 [M]. 周建临，等译. 北京：中国人民大学出版社，2014：107-108.

[7] 廖亚辉. 缅甸：中资莱比塘铜矿为何遭反对 [J]. 世界知识，2013 (9)：26-27.

[8] 钟智翔，尹湘玲，扈琼瑶，孔鹏. 缅甸概论 [M]. 广州：世界图书广东出版公司，2012：99.

案例 12

星巴克全球种植及跨文化营销*

在全球化持续发展、全球化语境愈加强烈的背景下，各国之间也在不断加强经济的联系与交流，各国的跨国企业也在加紧进入外国市场的步伐，星巴克一直致力于将咖啡体验融入于茶文化，打造全球品牌，深究其背后成功的原因也是多方面的：星巴克自 1996 年开始进军国际市场，采用合资经营的进入模式与本土化战略，先后进入亚洲、欧洲、非洲、拉美等地区。注重公平者规范并逐渐开启全球种植之路。同时，星巴克对于跨文化管理的重视和一系列跨文化营销策略的实施，也加速了其全球扩张的脚步。

* 本案例由中央财经大学国际经济与贸易学院张硕、刘洁撰写。

案例正文

随着世界经济区域化、一体化趋势日益增强，各国之间的经济交往日益密切，跨国经营企业也迅速发展起来。星巴克作为一个具有典型美国文化印记的咖啡品牌，也在积极走国际化道路、增强其面向全球的品牌吸引力。

一、背景介绍

星巴克（Starbucks）是源自于美国的连锁类咖啡公司，它自 1971 年成立以来，已经发展为全球最大、影响力最广的咖啡连锁店，其总部坐落于美国华盛顿州西雅图市。星巴克旗下零售产品也丰富多样：主要包括 30 多种类的精良的咖啡豆、全手工制作的浓缩咖啡以及多种咖啡冷热饮料。它还销售精美可口的甜品，除此之外，星巴克还供有丰富多样的咖啡机、咖啡杯等商品。现在星巴克已经在全球范围内有将近 21300 多家分店，遍布北美、南美洲、欧洲、中东及太平洋地区。

（一）星巴克的发展历程

1971 年，杰拉德·鲍德温和戈登·波克在美国西雅图开设第一家咖啡豆和香料的专卖店星巴克公司。1987 年，现任董事长霍华德·舒尔茨先生收购星巴克，他斥资 400 万美元重组星巴克，推动了星巴克向意式咖啡的转型，并完全以自己的理念来经营星巴克，为公司注入了长足发展的动力。

1992 年 6 月，星巴克作为第一家咖啡公司成功上市，迅速推动了公司业务增长和品牌发展，并在北美，拉丁美洲，欧洲，中东和太平洋沿岸 37 个国家拥有超过 12000 多家咖啡店，拥有员工超过 117000 人。公司一直致力于向顾客提供最优质的咖啡和良好的服务，营造其独特的“星巴克体验”，使星巴克店成为人们除了工作和生活居所之外温馨舒适的“第三生活空间”。与此同时，公司还通过各种体现企业社会责任的活动回馈社会，改善环境，回报合作伙伴和咖啡产区农民。

1998 年，星巴克进入中国市场，在包括中国香港、台湾和澳门在内的大中华区开设了 430 多家门店，其中约 200 家在大陆地区。此外，星巴克积极拓展大陆二线市场，致力于在不久的将来使中国成为星巴克在美国之外最大的国际市场。

2005 年 9 月，公司出资 4000 万元人民币设立“星巴克中国教育项目”，专门用于改善中国教育状况，特别是帮助中西部贫困的地区的教师和学生。其中首笔捐赠已与中国宋庆龄基金会合作开展“西部园丁培训计划”。

2005 年年底，星巴克在上海成立中华区总部，主要负责星巴克大中华区战略发展、市场开拓和营运等事务。

2006 年 2 月，星巴克在全球范围内已经有超过 9000 家连锁店，分布在在北美洲、拉丁美洲、欧洲、中东和环太平洋地区。

2012 年星巴克推出黄金烘焙法，并在马尼萨莱斯、哥伦比亚和中国云南新建咖啡种植支持中心，2014 年 Oprah 与 Winfrey 合作研发 Teavana 茶，星巴克的整体业务布局和产业链布局开始不断深化。

2017 年，星巴克在全球超过 13000 家店，中国成为“第二主场”，门店数量仅次于美国目前超过 3000 家店，与北美邻近的加拿大门店数量排在第三位，其海外战略最先进驻的日本市场门店数量排在第四位，也已突破 1000 家门店。

2018 年，星巴克公司实现营业收入 247 亿元，同比增长 10.3%，实现净利润 45.18 亿元，同比大增 56.63%，表现非常亮眼。根据公司表示，2018 年公司营收增长得益于公司精简计划，包括收购星巴克美国华东业务，在一定程度上缓冲了星巴克旗下近 400 家 Teavana 关闭所带来的影响。

2019 年，星巴克在全球新增 2100 家新店，中国的门店总数计划在 2022 年达 6000 家，每年新增超 500 家，中国仍是星巴克最重要的发展区域之一。

（二）星巴克品牌发展的三个阶段

在对星巴克发展历程进行总结之后，可以对品牌、产品和人之间的关系有了更深刻且接地气的认知。

1. 品牌依附产品而生

品牌一定是依附产品而生的。甚至可以说，一开始是只有产品而没有品牌的，品牌被完全地包含于产品之中。品牌是一种概念，是消费者对产品本身属性之外的认知。如果产品本身没有打动你，更加不可能在心中留下产品之外的更多形象了。霍华德在一接触到星巴克的初期，就怀着对咖啡的巨大热情投入星巴克中去。这里也顺便说明下，霍华德本人并不是星巴克的创始人，一开始他只是以合伙人的身份加入星巴克，后来由于霍华德与他人的理念不同而离开星巴克创办了自己的咖啡馆，叫“天天”。创办了天天之后，机缘巧合之下他又收购了星巴克，并将天天和星巴克合并，统一改名为：星巴克。

只有把产品卖给了越来越多的人，品牌才可能被人熟知。而在产品卖给人的过程中，渠道的选择也是产品形象建立的一个重要方面。刚开始，星巴克放弃了大多数咖啡经销商都会走的一条路：超市渠道零售。霍华德认为这会让星巴克被淹没在众多普通的大众咖啡品牌中，变得毫无特色，与他所倡导的理念不符合。虽然这让星巴克在初期失掉了数额可观的营业额，但却很好地维护了企业形象。有意思的是，在后期星巴克已建立知名度后，星巴克也开始与大企业合作，产出了能够在超市购买到的便携咖啡。

2. 品牌不断向外延伸

品牌在生长出来后，需要刻意的维护。如果说一开始是在产品中诞生品牌，用产品去强化品牌，那么当品牌渐渐独立后，就需要更多的引导和宣传，让大众熟知品牌，让品牌来作用于产品。这个时候，统一又有创意的设计、店面的装潢、与企业形象挂钩的社会活动，都是需要综合考虑的事情了。

当品牌到了一定阶段后，就是一个与消费者互通的过程。最开始，是创始人有着强烈的愿望想要去带给消费者什么，并坚持自己的核心价值观。当这种传递到位后，就要去倾听顾客的反馈，看顾客想要什么，与公司的核心价值观结合，强化品牌的印象。在星巴克已经存在了 10 年、15 年，向全世界更进一步扩张时，顾客对星巴克提出了更多的要求。星巴克应该是更有活力的，可是在用户心中它慢慢变成一个规矩化的大公司。于是，星巴克招募了市场主管，并与广告公司开始了更多合作。这些广告活动，更多的是与顾客建立情感连接、展现星巴克活力的文化。

星巴克之后发展了更规范的品牌行为，统一星巴克店内的装潢，呈现品牌元素，在不同的设计中采取统一又创新的原则、活力的市场公关活动等。当理念核心慢慢在人们心中树立起来，统一产品在各个维度上的输出属性就是一个积极展现和推广品牌的过程了。

3. 品牌开启更丰富的篇章

星巴克一开始只是纯粹的意式浓缩咖啡，甚至店铺内也是纯粹意大利风格，放着严谨的歌剧，没有座位。后来由于人们夏天想喝冰饮，几番评判之下还是产出了星冰乐并大获成功，甚至有了咖啡冰淇淋的推出。星巴克的产品线越来越丰富，企业营业额随之增加，但消费者的聚焦点也可能跟着减少，于是星巴克将接下来的重点放在找到核心和创新之间的尺度。

霍华德是企业的掌舵人，他要坚持公司的核心价值观，也要预判到未来的机会和方向。他将星巴克打造成了一家具备创新基因的公司，以顾客体验为导向，投入市场的浪潮中。接着星巴克开创了许多的创新模式，比如全新的零售咖啡体验。而在这市场历程中，独创的新模式不是天降灵感，不是从无到有，而是在各项旧有事物的发展中，挖掘新生元素并融合，由此开启创新之路。

商场上谁能赢得消费者谁就是赢家，而赢得更多消费者，就势必意味更丰富的产出和供给。星巴克的品牌，或者整个的文化，似乎成长成了一篇沃土，沃土之上，但是从始至终，星巴克都没有背离过其核心指导思想。在由于巴西霜冻而导致的咖啡豆涨价时，他们考虑过多种方式，但唯独没有考虑过用质量较差的咖啡豆来做咖啡。在多变的市场中迎合，但始终不违背核心价值观。

二、星巴克全球种植之路

（一）星巴克的全球种植基地

星巴克在2004年启动C. A. F. E. 条例（咖啡和种植者公平条例），这是咖啡行业第一套全面可持续发展标准，并在之后引入同行业其他企业，这一标准使咖啡的采购有助于环境保护，改善种植者生活；另外，星巴克在全球建立多个种植者支持中心，分别位于卢旺达、坦桑尼亚、埃塞俄比亚、哥伦比亚、中国以及危地马拉，以期共同改善咖啡质量和产量。此外，星巴克每年都会对种植者及其社区投入大量资金，这些资金不仅可以用来和种植者共同管理风险，还可以提高咖啡种植者社区的稳定和健康。

2010年11月12日，星巴克咖啡公司在昆明与云南省农业科学院、云南省普洱市人民政府签署了合作谅解备忘录，正式确立在云南投资并运营其全球首个咖啡种植基地。星巴克咖啡公司主席、总裁兼首席执行官霍华德·舒尔茨表示，在云南种植的咖啡将不仅在中国销售，而且还将销往国际市场。他指出，除了投资建立咖啡种植基地之外，星巴克还将在云南设立咖啡研究与发展中心、咖啡种植者支持中心以及咖啡初加工工厂，公司计划将中国市场打造成美国以外的第二个本土市场。云南种植基地的建立意味着，星巴克将首次直接进入上游种植，打造全产业链模式。星巴克的农艺学家和质量专家将直接与云南的咖啡种植农进行现场合作，为他们提供各种资源和技术支持，来提高咖啡豆的质量，增加高品质咖啡豆的产量。

目前，星巴克在全球共运营8个咖啡豆种植支持中心，帮助咖啡产地种植者科学种植、防治灾害，不仅加强了对上游原材料的控制，同时还确保了咖啡豆的品质。公司的咖啡豆收购采取固定价格和可变价格两种模式，其中可变价格模式是指咖啡豆的质量、交割期限等其他条款已确定，但具体日期以及价格尚未确定。

（二）社会责任——种植者的公平规范

1. 何谓公平规范

公平既是调节社会关系的一种准则，又是由经济关系表现为法权关系形式的价值观念，还是一种道德评价或感受。公平至少以公平规范、公平观和公平感三种形态存在。

公平规范是指不同主体按照各方都能接受的标准，处理利益关系的一种客观性准则。公平规范是合规律性与合目的性的统一。合规律性即一定时期内的公平规范是对当时社会存在的反映，它不能落后或超越社会发展的阶段；合目的性即公平规范为特定人群服务，其内容需各方都能接受或认可。

公平规范的核心意义是合理和均衡——在同样的的情况下得到相同的对待，不同的情况时区别对待。公平规范的功能在于调节利益关系。人际公平规范调节的是个人间的利益关系，它要求个人在实现自身利益时顾及他人的同等利益；社会公平规范是一种制度安排，它决定社会主要制度分配基本权利和义务的方式。

2. 星巴克保持公平规范

这些年里，坚持“道德采购”的星巴克在关注公平规范、保持经济与环境可持续增长的过程中，也取得了较好的成果。

为了让咖啡豆种植者更好地了解道德采购对他们的好处，2004 年，星巴克还专门指派了一个农艺专家团队，让这些农艺专家们深入田间地头，向种植者解释和展示“道德采购”的意义和好处。这使种植者在每公顷产量增加了 20% 的前提下，农药用量却减少了 80% 。自 2005 年起，星巴克从通过认证的 C. A. F. E. （咖啡和种植者公平条例）供应商那里采购的优质咖啡豆总量已经增长了 38. 3% 。到 2008 年，这个数据已经达到 77% 。

2010 年，星巴克在云南投资并运营其全球首个咖啡种植基地，同时，星巴克还推出了一款中西合璧的的新款咖啡“凤舞祥云”。该款咖啡是星巴克与云南省保山地区的咖啡豆种植户、供应商及当地政府共同努力下出品的咖啡，但是该款饮料的咖啡豆在采下之后需要运往返美国烘焙，之后送回中国店面销售。因为咖啡豆在采购、运费和关税上都需花费大量成本，而“凤舞祥云”在短时间内的采购量也不具有规模效应，因此难以快速实现节省成本的目标。星巴克对此表示，在全球寻找高品质的咖啡豆，并围绕其建立一个可持续发展的、性价比适宜的、健康的采购链，保证当地咖啡农利益并维护当地生态。从中，我们可以更有效地解读了星巴克保持公平规范的真谛。

星巴克以始终如一的行动告诉人们，坚持公平规范、坚持低碳营销，并不是很快便能作出成绩的事情，它考验的是企业的耐力和决心。只有这样，才能在公平规范中获得品牌长效发展的动力，才能在经济效益和环境保护间取得最佳平衡。

三、星巴克的国际化道路

（一）星巴克选择进入市场的动机

1. 美国本土市场增长缓慢

2007 年，星巴克在美国的业绩出现下滑 50%。2008 年 1 月，星巴克的创始人舒尔茨不得不重新上马紧急救火，出任该公司董事长兼首席执行官，来应对星巴克在全球不断扩张所带来的运营压力，并当场宣布关闭 100 多家门店。但到了 2008 年 7 月初，星巴克又不得不再次宣布，关闭美国本土近 600 家分店，同时将在未来 9 个月内裁员 1.2 万名，相当于全球员工的 8%。据了解，这 600 家分店占星巴克在美国总店数量的 19%。8 月初，星巴克公司发布的 2008 财年第三季度财务结果显示，截至 2008 年 6 月 29 日的 13 周时间里，该公司净亏损 670 万美元。而上年同期公司的净收入还是 1.583 亿美元。这也是星巴克上市以来的首次亏损。

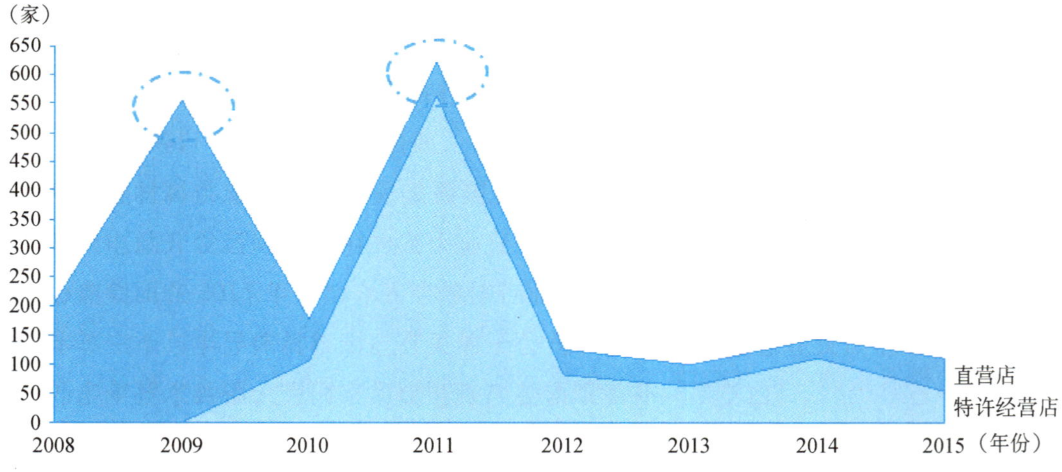

图 12－1　2008—2015 年星巴克美国市场关店数量

在 2009 年之后，星巴克的另一次明显的关店潮是 2011 年，不过相比于 2009 年的主动节流，2011 年的关店大潮则是由于客观因素。当年被星巴克收入旗下的贝斯特咖啡（Seattle's Best）的合作方 Borders 因为自身经营问题倒闭，其连锁反应带来贝斯特咖啡在西雅图关闭约 500 家门店。

同时，自 2008 年以来，星巴克在美国市场的同店销售额一直以最慢的速度增长。从图 12－1 数据可以看出，1998—2008 年，星巴克经历了一段疯狂扩张期，门店复合年均增长高达 22%。扩张意味着市场规模的扩大，但过度扩张却开始拖累同店增长。2004 年开始，星巴克美国市场同店销售增长率开始进入断崖式下跌。2009 年，同店增长跌至谷底，达到负值。

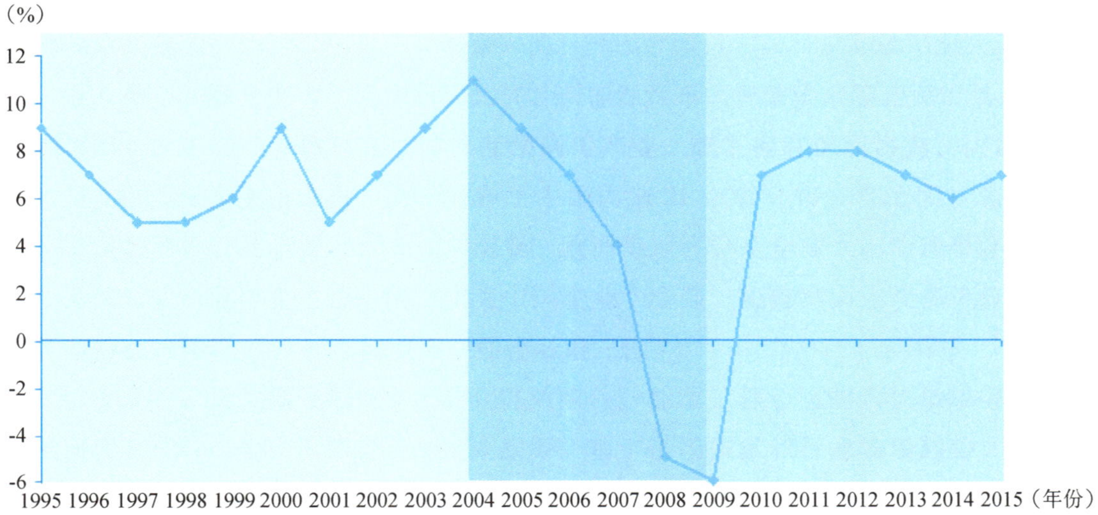

图 12－2　1995—2015 年星巴克美国市场同店销售增长率

2. 欧洲市场竞争激烈

在全球化的道路上，这家全球最大的咖啡零售商在欧洲的日子一直不太好过。在法国，星巴克经过 9 年多的发展已经有超过 63 家门店，但却从未实现盈利。而在欧洲其他地方，尽管有所盈利，但其销量与利润增长的速度都远远落后于美国和亚洲。2013 财年第二季度，星巴克在美国的店面销售收入同比增长 6%，中国及亚太地区同比增长 8%，而欧洲下降 2%。这是因为欧洲人喜欢在家喝咖啡，购置家庭消费的咖啡机对于欧洲人来说可以视为刚性的需求；强家庭式咖啡消费传统在星巴克进入欧洲市场之前就已经根深蒂固，家庭的惯性消费在一定程度上稀释了对门店咖啡的需求。

强家庭式消费传统对星巴克进入欧洲市场带来障碍，在此情况下，欧洲本地林立的咖啡品牌更是让星巴克在欧洲市场难以稳定立足。从星巴克在欧洲的市场份额可以看到，英国是其最大的据点，市场份额达到了 52%，即使是最大的当地市场仍然面临着强劲的竞争对手。同英国本土咖啡品牌 Costa 相比，星巴克门店数量仅约 800 家，不及 Costa 的一半。相对成熟的咖啡市场在培养更加庞大更加挑剔的消费群体的同时，也孕育更加具有本地风格的咖啡馆；星巴克作为连锁咖啡店，在进入这一成熟市场时也面临着更大的竞争压力。

3. 亚洲市场潜力巨大

美洲本土市场相对成熟，保持同店销售高速增长需要付出更大努力；欧洲市场红海厮杀，扩张举步维艰；而亚太（含中国）对于星巴克来说无异于真正的蓝海。在2008—2015年的8年时间里，亚洲市场门店数量的年均复合平均增长率高达13%，同店销售增长一直处于所有区域之最（即使在2008—2009年金融危机时也保持正向增长），亚太地区无疑是最具增长动力的海外新兴市场。

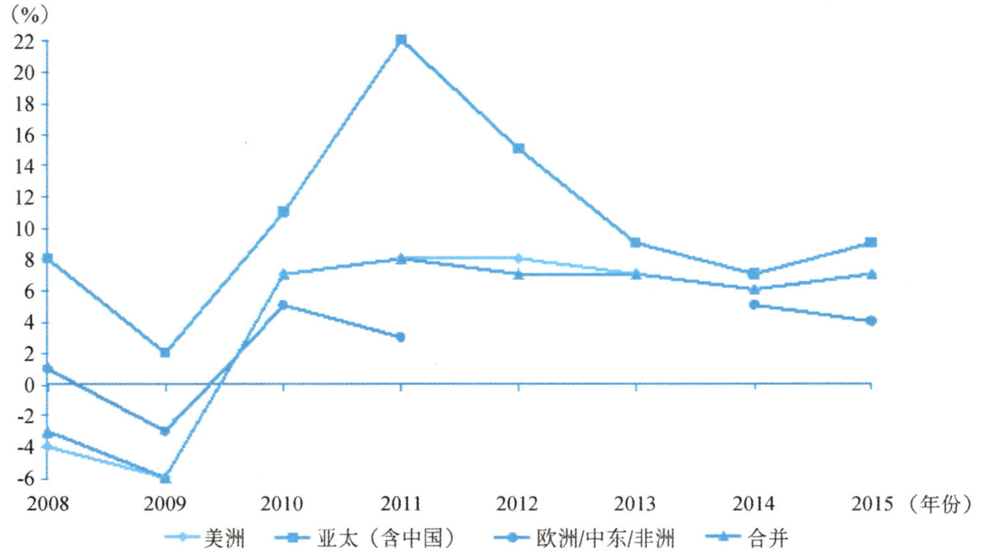

图12-3　各区域同店销售增长率比较①

与欧洲相比，亚洲市场无疑是“流着奶与蜜之地”。除了极力开拓的中国市场，近15年来，越南、印度、缅甸乃至西亚众多国家都在进行政治经济改革，跨国公司例如可口可乐、福特汽车、通用电气、卡特彼勒、嘉士伯等如潮水般地涌入，这些都给星巴克在亚洲的扩展增添了信心。

（二）星巴克进入市场的策略分析

星巴克进入海外市场的模式主要有特许经营和合资经营两种方式。星巴克首先与熟悉本国市场的企业形成合资公司，并且以授权经营的方式加快其扩张的步伐，等待时机成熟，再进行收购。

在经营战略方面，星巴克采用的是本土化，包括店面设计本土化、供应商本土化以及创新产品本土化。首先，星巴克在国际化过程中，在一些存在巨大文化差异的国家的扩张中，门店设计极力迎合本土品味，尽可能地将门店设计与当地建筑物融合，

① 资料来源：星巴克年报。

注重本地文化，缓和文化对立；其次，与当地咖啡豆供应商合作，将咖啡豆供应本地化，这样的模式不仅使星巴克把供应链掌握在自己手中，也节约了进口咖啡豆的成本，并且，星巴克所要求的高品质咖啡豆也促使本土供应商努力提升咖啡豆品质；最后，星巴克在不同的国家，结合当地特色推出本土化的创新产品，扩大消费者的受众范围，为星巴克的销售量又助力不少。

星巴克的在海外市场上的制胜之道还包括标准化和品牌化。标准化意味着从原材料到员工培训，到供货和销售渠道都是同一的标准。星巴克让广泛受到欢迎的饮品在所有门店标准化经营，从而提高效率，降低成本。同时，星巴克还通过建立具有全球影响力的品牌，在消费者心目中建立起精品咖啡和中高端消费的形象。

四、星巴克跨文化营销策略

随着世界经济区域化、一体化趋势日益增强，各国之间的经济交往日益密切，跨国经营企业也迅速发展起来。由于不同国家的民族文化不同，从属于民族文化的各国企业文化也不相同，文化差异势必客观存在。

（一）跨文化企业的特性

1. 价值观差异性

来自不同文化背景的员工各自具有不同的价值观和信念。文化与价值观的差异会导致不同的管理理念，包括组织的评价、奖惩的办法、上下级关系等。

2. 经营环境和制度的差异性

跨文化企业所面临的经营环境错综复杂，西方企业习惯于在法律比较完善的情况下开展，经营管理会用法律条文作为行动的依据。而中国企业，习惯于按上级行政机构的管理指令，依据便是企业的决策依据和办事章程。

3. 思维模式的差异

西方文化的思维模式注重逻辑和分析，而东方文化的思维模式则表现出直觉整体性。由于传统文化的影响，中国人往往特别重视直觉，注重认识过程中的感觉和经验。

（二）“星巴克”的跨文化营销

“星巴克”现在全球已经拥有 13000 多家分店，超过 120000 人的员工国际性大型企业。“星巴克”的跨文化营销已经成为一个典型的成功案例，他的跨文化营销主要分为品牌文化营销、产品文化营销、企业文化营销和全球种植文化管理，互相协调，结合统一。

1. “星巴克”的品牌文化营销

星巴克品牌强大的秘密：星巴克的员工以自己的个人感受来连接与顾客之间的关系。星巴克创始人霍华德认为，创建星巴克的品牌，首先靠的是星巴克的员工，要迎合乃至超越顾客期待的最佳方式，就是聘用和训练那些对咖啡有着热情的员工。

形象本土化：星巴克进入新市场前，其创意部门了解了当地民情文化和市民最关切的问题后设计出该城市的个性图案，比如用自由女神喝咖啡的造型来代表纽约，用故宫图案来作为北京的代表。在店面设计上，星巴克强调每栋建筑物都有自己的风格，而让星巴克融入原来的建筑中，而不去破坏原来的建筑物设计。

2. “星巴克”的产品文化营销

星巴克最注重的是咖啡的口味。他们在全世界精选采购最优质的阿拉比卡咖啡豆，对于咖啡的每一件事都尽力做到最好。为了保证品质，星巴克坚持四项原则：拒绝加盟，拒绝贩售人工调味咖啡豆，拒绝进军超市，选择最优质的咖啡豆。

原料固然是品质的基础，而新产品的不断开发创新也是发展的根本。让喜欢喝茶的中国人来普遍喝咖啡需要很长的一段路走，而星巴克在以绿茶为主要饮料的国家初步成功，证明了它的理念可以被不同文化背景接受。

3. “星巴克”的企业文化营销

在人事聘用上，星巴克一个月要聘用1000多人，如何使每一个人都对咖啡有一种激情，有着同样的驱动力呢？

原因有如下几点：星巴克一直给员工股票期权，它使公司保持个性，也让员工之间充满关爱；星巴克的计时工资在同行业一直居于较高水准，而且提供的福利在同行业中别无他例；每年秋季，星巴克会召集全球各地经理来西雅图举行领导团队会议，并从每一地区每一部门中评选出“年度杰出经理人”，邀请他们出席西雅图年度晚餐，席间对他们进行表彰；在招募高级人才过程中，寻找那些有共同价值观的人才，希望这样的人带来其所需要的技能和经验。

星巴克还以各种不同的方式来培训伙伴——星巴克所关注的才能不仅仅只是把事情做好，而且具有走向世界的胸怀。

4. “星巴克”的种植文化管理

星巴克通过在全球建立种植中心，并不是出于节省成本这一目的，而是遵循其寻求最高品质的阿拉比卡咖啡的宗旨。以云南种植基地的建立为例，由于此前星巴克在哥斯达黎加、卢旺达已经积累了一定的种植经验，于是其希望可以通过在过去几年所积累的专长，帮助云南的咖啡种植农提高亩产和咖啡品质。

对于云南普洱这块生产基地来说，以前与雀巢等企业的合作多为“订单式”合作，而此次与星巴克的合作将以多种方式展开，如收购当地相关企业或者订单式的收购。这些合作将使普洱的种植、初加工水平得到提升，也将加速云南咖啡从原料优势到商品优势的转变。

由此可以看到，星巴克通过在全球各处寻找并建立全球种植中心，善于将当地的优势资源与其强势的企业互补，并顺应了其注重品质、注重社会效益的理念，逐渐形成了自己种植文化。

五、“星巴克”的经营启示

（一）企业要树立正确的跨文化管理的观念

企业要在国际市场上有所发展，首先要承认并理解差异的存在，要重视对他国的语言、风俗以及当地人群行为方式的了解和学习。

（二）企业要形成以消费者的需求为出发点的营销理念

企业应强调从消费者的需求出发来进行营销活动，重视市场调查，通过了解消费者的需求和欲望来发现和寻找市场机会。

（三）应认识到企业文化的重要性

企业文化是企业的灵魂，它可以使企业内部所属不同文化背景的人建立起共同的价值观，以确定人的行为模式、交往准则。诸如文化相容策略、文化本土化策略、文化创新策略等树立企业文化的策略有很多，但在企业选择具体策略的时候，要具体问题具体分析，根据企业本身条件和实际情况，选择最为行之有效的策略来建立自身的企业文化。

（四）创新是企业的动力

在 21 世纪的今天，知识经济永恒的主题就是创新，为此现在企业经营者必须树立创新营销新观念。企业的经营者要用于思索，敢于开拓，能够根据市场环境的变化和各种变化了的现象创造性地为企业不断捕捉发展的新机会。

（五）、企业注重公平规范

企业在追求利润最大化、提高盈利率的过程中，按照公平规范的标准去处理问题，兼顾多方的利益，平衡各方之间的利益关系，在经济效益和社会效应中取得共赢。

（六）“道德经营”可获得可持续发展

企业应该始终坚持“道德经营”，不止要关注经济增长，更应该同时注重环境保护。如果企业致力从事环保事业，坚持低碳经营，刚开始并不能为企业带来什么效益，甚至会为企业带来一定的负担，但它巩固了在消费者心目中的形象，获得了社会的认可，提升了广大消费者的忠诚度，为企业的持续发展打下了坚实的基础。

六、结语

星巴克对于品牌的打造、进入国外市场的选择、全球种植中心的建造，以及跨文化营销策略的正确运用，都是值得我国跨国企业借鉴和学习的。跨国经营企业应该正确对待全球公平者规范以及文化差异，积极运用国际战略和跨文化营销策略，从而创造出国际竞争优势。

案例使用说明

一、教学目的与用途

1. 本案例的适用课程

主要适用于“国际商务”等课程，也适用于“国际营销管理”“国际商务研究方法”等课程。

2. 本案例的教学对象

国际商务硕士（MIB）。

3. 本案例的教学目标

本案例通过对于星巴克集团的发展目标、发展历程以及阶段的探讨，重点将研究视角放入其种植文化如何保持公平规范上，引导学生对企业的跨文化管理以及对企业与社会责任的关系的研究与思考，并以此总结出更可行和有效的经营启示。

二、启发思考题

1. 星巴克是如何在其种植过程中保持公平规范的？
2. 星巴克在其经营过程中是如何更好地推行它的营销政策的？
3. 星巴克是怎样进行种植文化管理的？
4. 星巴克在其发展过程中是如何更好平衡经济效益和社会责任的？
5. 以星巴克为例，谈一谈跨文化管理对于一个跨国企业发展的重要性？
6. 以星巴克为例，谈一谈社会责任与企业竞争力的关系研究？

三、分析思路

首先纵向对星巴克的发展历程进行了整理和分析，包括对其愿景和目标的分析，之后再主要分为三个阶段进行总结。在对星巴克整体进行把握之后，就主要是对于星巴克种植文化的研究，并结合其注重公平规范以及对社会责任的重视的企业文化特点，总结成几个重要的经营启示。

四、理论依据与分析

1. 结合数据的分析和整理，纵向研究星巴克的发展历程。
2. 借助跨国公司国际营销战略的分析，研究星巴克的种植文化管理。
3. 根据公平规范定义的明晰，分析星巴克种植者的公平规范。

五、关键点

1. 星巴克的目标、愿景及其发展历程。
2. 星巴克的全球种植之路。
3. 星巴克的种植文化管理。
4. 星巴克如何贯彻其公平规范和对承担社会责任的重视。

六、建议课堂计划

1. 引入案例（15 分钟）

教师通过多媒体，以图片视频等形式，向学生简要介绍星巴克的发展历程，更重要是对星巴克全球种植之路的展示。

2. 分组讨论（20 分钟）

将学生分为若干组，并且就星巴克集团的全球种植者公平规范这个主题，进行相关资料的查找和讨论。

3. 按组展示（15 分钟）

各组讨论完进行整理和总结，分别上台展示自己各组的观点，并说出理由。

4. 案例点评（15 分钟）

针对学生分组展示的情况予以点评，并对案例的关键点进行重点分析。

5. 案例总结（10 分钟）

总结案例，启发学生对星巴克种植文化管理更深入的思考。

参考文献

[1] 张鸣驹．跨文化传播中的产品策略分析——以星巴克的中国元素营销为例[J]．现代营销（下旬刊），2019（9）：58－59.

[2] 赵贺，沈启慧．浅析全球化语境下品牌的跨文化传播策略——以星巴克为例[J]．新闻传播，2019（13）：7－8.

[3] 祁玉军．跨文化视阈下企业营销策略分析——以星巴克为例［J］．现代商贸工业，2019，40（6）：54－56.

[4] 于依鸣．星巴克（中国）的跨文化营销策略分析［D］．山东大学，2016.

[5] 陈鑫星．谈星巴克跨文化营销策略［J］．时代金融，2012（12）：268.

[6] 胡昭阳．星巴克品牌跨文化营销的传播学分析［D］．四川社会科学院，2010.

[7] 刘瑞，宦艳红，崔丹．星巴克探路咖啡种植［J］．中国市场，2010（51）：45.

第五部分

企业国际贸易发展

案例 13

“中国第一再造”京东方的创新之路*

京东方科技集团股份有限公司（BOE）创立于1993年4月，是一家为信息交互和人类健康提供智慧端口产品和专业服务的物联网公司。核心事业包括端口器件、智慧物联和智慧医工三大领域。作为全球半导体显示产业龙头企业，京东方（BOE）带领中国显示产业实现了从无到有、从有到大、从大到强。京东方的成功离不开其强大的技术创新能力，本文将从京东方的创新模式和企业发展战略等角度深入分析京东方的成功之道，也为其他企业发展提供一定的借鉴。

* 本案例由中央财经大学国际经济与贸易学院符大海、陈敏、陈洁撰写。

案例正文

京东方目前是我国最大的显示器面板制造商，它的发展战略优势主要在于其正确的路径选择：通过初始并购重组和技术合作，获取先进技术，再通过消化吸收和扩张生产线，不断提高产品水平和扩大市场份额，再通过人才培养、合资建设等方式，培养独立的研发能力。京东方已经完成了从生产制造到技术研发，再到销售服务领域的纵向整合。这是一条符合我国要素禀赋结构特征和制造业发展规律的最优发展路径，这种企业战略和发展模式无疑给其他同类企业提供了有价值的参考。

一、背景介绍

京东方科技集团股份有限公司（BOE）创立于 1993 年 4 月，是一家为信息交互和人类健康提供智慧端口产品和专业服务的物联网公司。核心事业包括端口器件、智慧物联和智慧医疗三大领域。

端口器件事业包括显示与传感器件、传感器及解决方案。作为全球半导体显示产业龙头企业，BOE（京东方）带领中国显示产业实现了从无到有、从有到大、从大到强。目前全球有超过 1/4 的显示屏来自 BOE（京东方），其超高清、柔性、微显示等解决方案已广泛应用于国内外知名品牌。

智慧物联事业包括智造服务、IOT 解决方案和数字艺术，可为智慧零售、智慧金融、数字艺术、商务办公、智慧家居、智慧交通、智慧政教、智慧能源等细分领域提供物联网整体解决方案。在数字艺术领域，BOE（京东方）推出数字艺术物联网产品—BOE 画屏，实现科技与艺术完美结合；在商超零售等领域，BOE（京东方）提供价格管理、货架管理、客户行为分析等物联网新零售解决方案，实现零售无缝衔接。

2019 年，BOE（京东方）新增专利申请量 9657 件，其中发明专利超 90%，累计可使用专利超 7 万件，覆盖美国、欧洲、日本、韩国等国家和地区。美国专利服务机构 IFIClaims 发布数据显示，2019 年 BOE（京东方）全球排名跃升至第 13 位，美国专利授权量达 2177 件，同比增长 33%，连续 4 年在 IFITOP50 榜单中实现排名与美国专利授权量双增长；世界知识产权组织（WIPO）发布 2018 年全球国际专利申请（PCT）情况，BOE（京东方）以 1813 件 PCT 申请位列全球第七。

二、京东方在国际上的竞争力

（一）公司发展战略的优势

京东方发展迅速，已成为中国最大的显示器面板制造商，这在很大程度上取决于其对企业战略和发展路径模式的正确选择。自1993年成立以来，京东方进行了许多大规模的并购，不断增强其竞争力。但是，相当数量的学者认为，让京东方真正崛起的是独立研发，而非并购这种看似“技术依赖”的发展模式。实际上，无论是独立研发还是并购其他企业，都对京东方的成功起到了十分重要的作用。

京东方在公司早期，就毫不犹豫地选择了并购和技术合作的道路。它大量收购其他企业的核心技术，不断吸收、积累，并在此基础上研发创新；并在行业下行周期时进行反周期操作，大胆增加投资收购和扩大生产，如通过收购韩国现代，快速掌握TFT－LCD技术。这种低成本、高效率的战略使京东方成为中国显示面板行业的领导者。

京东方的发展战略优势在于它的路径选择：通过初始并购重组和技术合作，获取先进技术，再通过消化吸收和扩张生产线，不断提高产品水平和扩大市场份额，再通过人才培养、合资建设等方式，培养独立的研发能力。京东方已经完成了从生产制造到技术研发，再到销售服务领域的纵向整合。这是一条符合我国要素禀赋结构特征和制造业发展规律的最优发展路径。这种企业战略和发展模式无疑给其他同类企业提供了有价值的参考。

（二）产品国际竞争力优势

手机屏幕、电视和电脑面板就像人脸一样，虽然大脑思维很复杂，但最终都是通过脸来显示信息。京东方的主要业务是通过创新的技术、显示面板的设计和更新，实现隐含现代智能技术运作的重要部分，向人类展示清晰的图像和信息。

京东方迅速的崛起打破了这项在30多年前被日本公司垄断的业务，并且，京东方现在已经成为世界上最大的液晶显示产品供应商。

BOE显示面板产品主要分为三类：电视（35%—40%）、移动（如PAD和手机，30%—35%）和显示器（20%—25%）。其中，液晶显示器的市场份额和出货量居世界首位。为了保证液晶显示器容量的持续增长，京东方也在OLED领域加强其柔性可折叠屏幕技术。京东方不断开发新产品，以增强其在国际市场上的竞争力，并逐步趋向生产具有更高附加值的新型柔性屏幕移动电子产品。京东方最新的柔性显示屏打破了三星的技术垄断，并与华为合作推出 Mate - x 系列产品。

（三）国际竞争的产业链优势

京东方产业链涵盖显示设备、显示系统、能源环保、电子材料、科技商务园区，形成了较为完整的电子原材料、核心显示设备、液晶电视等产业链模式。公司产品目前涉及显示技术产品的各个方面，是目前国内显示技术产品领域最全面、实力最强的企业之一。

为了巩固产业链的战略纽带，同步发展产能，京东方正在建设新的生产线，优化产业布局。2019 年 10 月底，成都第 6 代柔性 AMOLED 生产线提前实现量产，并将首批产品交付给华为、OPPO、vivo、小米、中兴等品牌厂商；重庆的第六代 AMOLED 生产线项目也在建设中，接下来的三条 AMOLED 生产线也将陆续投产。京东方拥有世界上最先进的 10.5 代生产线，其生产线的扩展有助于确立京东方在全球市场竞争中的主导地位。2017 年，京东方开始与先进的技术企业 JDI 合作，在完成 B7（OLED 生产线）后，吸引了许多来自韩国的人才，这也使京东方 OLED 技术实现跨越式发展，并成为华为手机的 OLED 屏供应商。目前，京东方在全国拥有 11 条 LCD 生产线（包括 LCD + OLED），占全球出货量的 22.3%。正是通过改进生产线技术，扩大生产线规模，京东方从根本上提升了其国际竞争力。

（四）国际竞争中的技术优势

由于面板行业技术含量高、工艺要求严格，京东方拥有大量的高级技工、科研人员并投入了巨额研发资金，因此，京东方的自主研发和创新能力一直处于世界领先地位。另外，在当今大数据和人工智能广泛应用，京东方也在顺应时代发展，向服务业转型升级。着力将显示屏、传感器、大数据技术应用于细分领域，创新智能材料和医疗健康两大业务系统，将软硬件结合转化为信息交换和人工智能。提供港口产品和专业服务的物联网（IOT）公司转型，使技术真正创新，改善人们的生活。

技术优势是京东方在显示屏行业占据一席之地的核心因素。展示行业有自己的特色。首先，由于要求进入该行业的是高技术生产和严格要求的流程，所以对新进入者的门槛相对较高。二是产能建设周期长，供需不稳定，产能循环明显。这一周期表现为“将新技术应用于生产——产能过剩——价格下降——上游企业亏损——下游需求增加——亏损企业清算——产能不足——价格上涨——诱导投资”。因此，产业本身就需要大量的高技能劳动力，如技术人员和研究人才，以及庞大的研发资金。

在现行制度下，并没有一个标准指标来精确的衡量创新，在本文的研究中，我们决定使用京东方的专利数据来反映创新能力。

1. 总体概述

根据美国专利服务机构 IFIClaims 发布的美国专利授权和世界排名数据，2016 年 BOE 首次进入世界前 50 名。2016 年京东方获得专利 870 项，全球排名 40 位，年增长率超过 200%，增长率在前 50 名企业中排名第一。自 2011 年以来，京东方授予美国专利的数量一直在上升，2015 年和 2016 年的增长率均达到行业最高水平，世界排名大幅提高，并保持稳步上升的趋势。

除了半导体行业发展带来的商业前景变化外，京东方自身对创新的重视也是其在短时间内进入美国专利授权排名 TOP50 的重要因素。在这方面，我们可以对比排名中的其他竞争对手。

三星是 OLED 市场的领军企业，在 IFI 发布的前 50 强榜单中一直名列前茅。自 2011 年以来，三星一直保持着世界第二的排名。然而，对于传统 LCD 行业的知名企业（如 LG、索尼、松下等）来说，近年来美国授权的专利数量大幅下降，排名也在不断下滑。

LG 是京东方最大的竞争对手，其世界排名一直在缓慢上升。在 2017 年和 2018 年，LG 的世界排名第五保持不变，但 2018 年授予的专利数量比 2017 年下降了 9%。与京东方 15% 的增长率相比，LG 的专利数量总体呈下降趋势。

2. 地理布局

专利申请领域的分布可以从侧面反映京东方的市场布局和国际化战略。2005 年以前，京东方的主要目标集中在国内市场，所以京东方的专利申请基本都在国内，但随着公司的扩张，京东方逐渐将注意力转向更广阔的国际市场，所以其在美国、欧洲、日本和韩国等国家和地区的专利申请的数量也逐渐增加。截至 2018 年，京东方在中国的专利份额从 2008 年的 80% 下降到 58.83%，美国的专利申请量占 22.43%，欧洲占 11.99%。

从京东方专利的地域分布来看，我们可以看到京东方的一些国际竞争战略，即更加关注美国、欧洲、日本、韩国等发达国家和地区的市场发展，这些国家和地区也是世界市场上面板行业主要企业的所在地。从这方面，我们可以看到京东方进军国际市场的巨大野心。另外，京东方也先后在印度、墨西哥、澳大利亚、巴西、新加坡、越南、加拿大、英国和德国申请了专利授权。

3. 专利时间分布

根据专利申请日期和公布日期，京东方的专利申请在 2015 年达到顶峰，申请增长率一直在上升，这一事实也与京东方在 2016 年进入世界专利 TOP50 的事实相一致。2010 年，京东方专利申请量增长率高达 157%，2011 年增长了 298%，这一惊人的增长率使京东方在行业中占据了稳固的地位，也为京东方在国际市场上的竞争奠定了坚实的基础。

4. 专利类别分布

目前，世界上主要的 OLED 应用主要集中在美国、韩国、日本和中国。业内其他学者研究发现，按照 IPC 分类，OLED 专利技术领域主要集中在 H01L（半导体器件）和 H05B（电气照明、电路装置）、G09G（显示控制、显示驱动）、G09F（可变信息指示装置、发光标记）、G02F（光强、颜色、相位、偏振或方向控制装置或装置）。LCD 专利技术领域主要集中在 G02F、G09G、H01L、G02B（光学元件、系统和仪器）、H04N（图像通信、电视等）。

从技术角度看，液晶显示技术在液晶面板结构领域（G02F，G02B，H01L）的投入大于液晶驱动控制领域（G09G，H05B）；新兴的 OLED 技术在 OLED 面板结构（H01L，G02F，G02B，G09F）和 OLED 驱动控制（G09G，H05B）领域的投资几乎相同。在应用领域（H04N），成熟的 LCD 技术比 OLED 技术占有更大的份额。

根据 BOE 专利 IPC 分类号分析，G02F、H01L、G09G、G02B、G09F、H04N、H05B 确实是专利申请数量最多的部分。

5. 技术输入

从以上京东方的专利布局，可以看出多年来京东方在核心技术上的发展实力。这样的成果离不开其巨大的投入。数据显示，2015—2017 年，京东方的研发支出分别为 33.19 亿元、41.39 亿元和 69.72 亿元。2013 年以来，京东方研发支出占营业收入的比重超过 5%，并呈上升趋势。

对于京东方这样的面板行业企业来说，核心技术是公司立足市场的关键因素。无论是研发投入还是研发产出，京东方都取得了卓有成效的成果。无论未来京东方的战略布局如何变化，只要在技术层面寻求突破，这些基础创新就可以使京东方立足于国际市场。

（五）国际竞争中的客户资源优势

京东方建立了较为庞大的客户资源基础和用户基础，与部分知名品牌企业建立了稳定的合作关系。

1. 与上游技术供应商合作

技术供应商合作水平，京东方获得超过 2000 个技术专利，三个完整的生产流水线和全球营销网络。2003 年通过收购韩国现代的液晶显示器业务，京东方获得了 1700 多名韩国管理人员和技术人员，并将整个研发和生产系统转移到中国。同时，为了降低成本，达到规模效应，京东方还投资建立科技园区，吸引 20 多家液晶产业链上、下游企业，如玻璃基板、液晶材料、颜色过滤器、导电玻璃芯片，等等。

2. 与竞争对手的合作

京东方与日本、韩国、欧美、东南亚等竞争对手建立了互利共赢的伙伴关系和国际战略联盟，建立了良好的技术和贸易伙伴关系，积极参与国际合作与分工。基于知识的竞争联盟在一定程度上促进了京东方与竞争对手之间的良性竞争。与此同时，日立等公司主动与京东方签署了专利交换许可协议，扩大了新技术专利多边共享的可能性，为未来的创新开辟了道路。

3. 下游客户合作

下游客户多集中在手机、电视、电脑等行业。BOE 的主要目的是建立细分市场，生产更多种类的异质产品。因此，为了赢得更多的客户资源，京东方一方面跟踪客户的需求，让客户参与技术和产品的研发。另一方面，采取适当的营销策略，积极向客户推广新技术，从而建立自身的客户资源优势。

目前，京东方 75% 以上的产品销往国内外一线品牌客户和全球各大工厂，包括联想、海信、长虹、创维、康佳、海尔、华为、中兴、惠普、戴尔、三星、MOTO、冠捷、LG、广达、仁宝、合硕、微创、同方、长城、VESTEL 等。这就奠定了其产品的消费者优势，有利于集中资源进行规模化生产。另外，与企业建立稳定的合作关系可以在一定程度上避免产能过剩的发生。

（六）国际竞争的政策优势

面板制造业是一个资本密集型产业，除了上市和融资外，政策优势也影响着京东方的快速发展。由于 LCD 和 OLED 技术与创新发展、国民经济和民生息息相关，京东方每年都能从政府获得高额补贴和支持。2013—2017 年，京东方获得政府补贴 8.38 亿元、8.3 亿元、10.45 亿元、19.15 亿元、9.62 亿元，分别占当期净收益的 35.62%、32.41%、63.87%、101.70%、2.72%。2018 年，中国政府免除京东方 63 亿元债务，使京东方有更多资金用于技术研发。

（七）BOE 面临的竞争压力

虽然近年来京东方发展迅速，在国内显示面板行业中处于领先地位，但放眼国际市场，京东方与 LG、三星等知名企业仍有差距。

国际市场占有率低，品牌知名度有待提高。从数据分析可以看出，自 2014 年以来，在面板制造业中，京东方的增长速度一直快于其他面板制造企业，但这主要是由于其起步较晚，发展规模较小。但由于京东方自身品牌建设的缺乏，其品牌影响力较低。随着规模的不断扩大，京东方未来增速将逐步放缓。从整个国际市场来看，京东方在国际市场上的份额并不大，市场地位也不稳定。面对日益激烈的市场竞争和消费者对屏幕等高科技技术的需求，京东方未来的发展取决于它能否保持不断的创新。

产品呈现薄利多销的营销特点，存在产能过剩风险。2017 年和 2018 年，京东方一直保持全球出货量第一的位置。但是量大不代表利润高，发展潜力大。京东方在液晶显示领域的生产能力确实很强，其产能份额正在高速增长。然而，其产品往往以微利甚至接近成本价出售，这种薄利多销的营销模式只有在达到一定的生产规模和销售额后才能盈利。虽然，通过政府补贴和大量融资，BOE 在国际市场上站稳了脚跟，但是如果它不通过创新和研究开发新技术和新产品来扩大其消费市场，它的地位就会受到威胁，一旦后期市场发展不足，就会有产能过剩的风险。

上游供应链不足，OLED 等面板技术门槛高，原材料设备管控薄弱。该领域的上游产业供应权基本掌握在海外厂商手中，在中国能够实现量产的上游企业并不多，这也成为京东方目前和未来发展的障碍。目前，中国还没有 OLED 成套生产设备的产业化生产厂家，相当一部分关键系统技术和成套设备由日本、韩国和欧洲公司控制。

三、显示屏行业分析

（一）现有公司之间的竞争

现有公司之间的竞争表现在许多方面，广告、产品介绍、客户服务，等等。当面临行业竞争时，公司必须有准确的定位，根据自身条件选择相应的营销策略。液晶电视面板行业的龙头企业有 LGD、BOE、三星、CSOT、AUO。从液晶电视面板出货量来看，市场集中度在下降，现有公司之间的竞争加剧。

（二）新进入者的威胁

新进入者的威胁与进入壁垒密切相关。对于显示屏显示屏行业，这里有五个关键的障碍阻止新公司进入这个行业。

（1）R&D 和技术壁垒。作为高科技产业，显示屏行业涉及许多学科，如光学、热学、材料科学、电子学、计算机、软件、自动化、机械工程、装饰艺术等。它还需要集成以上学科，这带来了很高的技术壁垒。同时，由于显示屏产品的定制化和个性化，要求很高生产工艺、质量控制水平和稳定性。任何环节出问题，都可能会影响产品的质量、寿命和性能。

（2）投资壁垒。显示屏是资本密集型行业，自动化水平低的小公司不能保证产品质量生产力，因此他们只能通过价格优势在低端市场竞争。当前市场环境下，为了参与投标承接大型项目，该公司必须投资先进的机器和设备来提高产量能力和技术水平。

（3）市场和品牌壁垒。显示屏制造对制造商的资质、规模和其他实力有很高的要求。具有品牌意识和大型项目成功案例的制造商有更有可能得到订单，没有大规模项目和品牌知名度的成功案例，一般公司很难参与主流产品的市场竞争。品牌企业拥有丰富的技术、先进的设备、丰富的项目经验、完善的售后服务体系和良好的信誉，其典型案例具有很强的品牌效应。

（4）人才和经验障碍。由于显示屏产品应用于许多行业和领域，有必要深刻理解每个应用程序的个性化需求，以便形成成熟的行业应用解决方案体系。此外，具有工业管理和营销经验的人才也是不可或缺的。技术团队或营销团队必须经过长期的培训、积累和整合才能形成一个有机系统。因此，人才和经验构成了进入显示屏行业的重要障碍。

（5）专利壁垒。为了保持技术优势和竞争力防止技术泄漏的风险，专利是最好的保护方式。专利保护是企业应对竞争的有效手段，新进入者将面临更高专利壁垒。在显示屏领域，拥有先进技术的企业将及时申请专利获得知识产权保护。业内人士认为，加强知识产权保护无疑会使新进入者面临更高的专利壁垒。

（三）供应商的议价能力

供应商的议价能力体现在：当供应商提供的要素占产品总成本的很大一部分时，并可能对生产过程和产品质量存在很大影响，那么供应商往往有很高的讨价还价的能力。从价值链的角度来看，整个液晶面板行业符合“微笑曲线”，上游原材料和组件能够获得整个产业链的最高附加值。液晶面板的原材料占成本的70%，因此，显示器制造业供应商的议价能力相对较高。

（四）消费者的议价能力

买家的议价能力主要通过要求降低价格和提供更高质量的产品或服务来体现。买家的数量会影响买家的议价能力。目前，市场上大量品牌智能手机和其他终端设备的生产商，对显示屏存在巨大需求，买方议价能力较弱。另外，由于主要终端设备的显示屏由几个大的企业提供，买方在显示器行业的议价能力弱，他们的实际利润率很低。

（五）替代品的威胁

同一行业或不同行业的两个企业可能会相互竞争，因为他们生产的产品是彼此的替代品。替代效应会影响现有企业的竞争战略各种形式的工业。然而，显示屏是一部分智能手机、平板电脑、电视和车载系统等终端设备不可缺少的设备，目前，它并不会受到其他选择的威胁。

四、创新路径分析

创新的作用在于解放人类劳动力，第一次工业革命发明了蒸汽机，第二次工业革命以内燃机为标志，第三次产业革命是网络信息化的发展，打破了时间和空间的限制。目前随着人工智能和大数据技术的不断进步，第四次产业革命正扑面而来。物联网以人工智能为触发点，掀起了四次产业革命的第一波浪潮。京东方作为全球显示产业的领先者或者说领导者，京东方开始进入无人区，每向前走一步都需要深入思考，也都将成为创新的尝试。物联网是由功能硬件、计算单元、传感单元、人机交互单元、通信单元、软件与内容等要素组成的系统。

（一）创新路径 1：“芯屏器和，开放两端”

物联网就是将相关的芯片、显示器件、软件和内容，功能硬件和谐地组合起来，形成一个人与人、人与物、物与物相连的价值创造系统。而科技的应用在于借助智慧端口完成输入和输出，显示屏是物联网系统的硬件入口及输出端口，薄膜传感器是物联网信息采集端的关键器件。通过对物联网本质的深刻认识和对科技应用特点的把握，京东方将这样一个新的包容性产业生态系统称为“芯屏器和”。

1. “芯屏器和”，依托关键技术，打造智慧终端设备

（1）显示屏行业的两项关键技术：TFT－LCD 和 AMOLED。京东方 2003 年通过并购韩国现代公司，掌握了 TFT－LCD 技术，目前 LCD 出货量稳居全球第一。2017 年 10 月中国首条全柔性 AMOLED 生产线，也是全球第二条已量产的第六代柔性 AMOLED 生产线，由京东方打造，在 10 月完成了首批产品交付，打破了韩国三星的垄断地位，该市场成正逐渐成为寡头市场，而京东方的地位及作用日益提升。TFT－LCD 技术的获得主要是通过并购，短期内京东方有效地掌握了该技术。在此基础上不断地研发投入，京东方通过持续的技术创新，在柔性 AMOLED 多个关键技术方向上取

得丰硕成果，已经拥有柔性卷曲显示、折叠显示、腕带显示、双边固定曲率显示等多款柔性 AMOLED 产品。AMOLED 技术是一种基于有机材料的自发光显示器件，具有超薄、响应速度快、宽视角、高对比度等特点，非常适合发展柔性显示技术，能为智能显示终端的创新释放无限潜能。

（2）加快技术的应用，研发新的终端设备。2018 年，柔性屏和 BOE 画屏可谓是火了一把，柔性屏是一款柔性基本，超薄、超清、可弯曲的显示终端产品，是 AMOLED 技术及柔性显示技术结合的产物。基于该项产品，可以实现手机可以戴在手腕上、平板电脑折成小本放进口袋，电视也像画轴一样自由舒卷。BOE 画屏是京东方另一款具有代表性的显示屏幕产品，其具有超高的分辨率高。

2. 启动“开放两端”，延伸技术链和产业链，加强技术与产品融合

开放应用端：与物联网领域的组织和个人开展合作，进行硬件创新、软件创新、应用创新；开放技术端，与掌握显示、传感、大数据和人工智能技术的组织和个人开展合作，不断推动技术创新和产品创新，推动半导体芯片、显示器件、传感器件、软硬件的结合，不断创新，加快向“软硬融合、应用整合、服务化转型”的方向转变。

技术端：持续研发新技术，包容开放与合作构建技术链。基于价值网络的竞争与合作，上游：与上游技术供应商的合作创新，京东方获得了完整的生产线及其全球营销网络，及整套研发和生产体系。

竞争者：与日韩等竞争者建立互利互惠的合作伙伴关系和国际战略联盟，这种知识型的竞争性联盟有效加大了京东方的创新意愿和能力。客户：一方面追踪客户的需求，让客户参与到技术和产品的研发，另一方面也主动将新技术向客户推广。互补者：与互补性较强的产研机构和政府结成网络，突破企业封闭系统的僵化性，寻找并获取互补者的优势也成为创新的重要源泉和动力。

关注新技术。对一些产业链之外、名不见经传的小微公司，京东方也极为关注和重视。2014 年，京东方投资了一家美国企业 Meta 公司，当时 Meta 虽然只是一家体量极小的公司，但在可穿戴技术领域创新能力极强，在穿戴式计算以及增强现实等技术领域拥有许多“独家秘笈”。通过注资 Meta 公司，京东方在 AMOLED 以及 TFT—LCD 等显示技术的基础与优势之上，快速切入 AR/VR 显示等技术领域，加快了对增强现实与可穿戴技术领域的战略布局，以抢占未来全球显示技术的制高点。

应用端：向产品两端延伸，构造全产业链，由技术导向转为服务导向。

技术与产品的融合：京东方将从显示器等硬件供应商，转向借助物联网链接个人消费市场，京东方所能提供的将不再仅仅是显示屏这样的硬件产品，而是集人工智能互联网、大数据与节能显示等功能于一体。可穿戴设备：颠覆传统制造模式，实现设

计制造一体化的智能制造新模式，提供个性化定制服务，给用户全新的智能制造服务体验。辅助驾驶：显示器件——显示系统——全车电子系统，BOE 智能辅助驾驶解决方案将 ADAS 系统的车道偏离预警、前车碰撞预警、行人检测三大功能融合，增强了现实技术，集成到抬头显示系统中，并连同车速、实景导航等信息投射到前挡风玻璃上。

3. 基于“开放两端，芯屏器和”创新战略总结其创新模式

依据技术——产品——产业的路径发展，京东方将技术与产品融合，通过创新协同的方式催生了全产业链格局，主要可以归纳为以下几点。

早期并购获得技术，并不断注入资金支持科研投入与人才培养，构建专利池，持续研发打造过硬的技术实力。构建大众创新的平台，对产业链内外的公司进行开放创新，还向企业内外的普通大众开放，鼓励更多人积极参与其创新活动。

京东方提出的“开放两端，芯屏器和”物联网创新战略，正是京东方角色转换过程中展现出来的最大创新。人工智能是科技关键的触发点，人工智能的进化，推动了物联网和大数据产业的蓬勃发展，物联网引领的增长开启了第四次产业革命的第一波浪潮，而京东方紧紧地把握住了这一次机会。

（二）创新路径 2：创新商业模式，依托“互联网 +”打造产业生态系统

随着终端技术革命的不断深化，设备从有形到无形，计算从一处到无处不在，智慧终端设备将从关注普遍适用于计算转向普遍适用于服务。而未来世界的终端将是智能化、多形态、系统化的，其关键在于将技术与服务结合，打造新的商业模式，构建行业的产业生态模式。商业模式是企业系统创造价值的一种过程，企业通过分析、理解和整合各种商业元素，以创造价值，推进及保持自身的核心竞争优势。当前，商业模式竞争已经成为企业竞争的最高形态，并越来越占据企业价值链的高端，究其原因主要是互联网与信息技术的发展为创新型商业模式提供了强大技术支撑。价值网络重构商业模式，可以体现在平台经济、共享经济、体验经济、跨界经济等。京东方也深刻认识到时代“智能化”的特点，本着以顾客为中心、服务为导向的思路，围绕物联网和人工智能推出新的商业模式。下文分别对京东方的体验经济和跨界经济进行了举例介绍。

1. 体验经济：技术——产品——场景应用，构建智慧系统

受互联网电子商务的冲击、运营成本上升、运营管理信息化程度低等因素的影响，零售实体面临巨大的经营压力。以用户体验为导向的“新零售”应运而生，BOE 通过搭建物联网平台、应用 ESL（Electronic Shelf Label）系统推出全新的智慧商超零售解

决方案。目前，BOE 智慧零售解决方案已为全球 100 家连锁零售店，10000 家门店提供 2 亿片电子标签，成为全球市场占有率第一的电子标签公司。

2. 跨界经济：传统产业通过“＋互联网”构建新的产业生态

京东方数字医院提供以人为中心的智慧健康服务，融合医学技术、信息技术、人工智能与物联网技术，形成数字人体、数字诊疗、数字服务、数字管理的新型医疗服务模式。围绕数字医院，京东方为客户提供从投资引进到运营管理的整体解决方案服务，构建“医—教—研—产—用”的医工融合创新生态体系。

3. 依托新商业模式，建设开放式产业生态的创新路径分析

商业模式创新：京东方将技术结合服务，强化场景应用，一方面提出系统性地解决方案，做到了更好地满足客户需求；另一方面也将企业置于一个多维的价值，进一步促进其创新与进步的良性循环。

产业生态创新：数字时代背景下，京东方将医疗这一传统行业与“互联网＋”融合，提出新的颠覆传统的健康观念和医疗模式，一方面为客户提供最佳体验的整合式智慧健康医疗服务，另一方面也是探索新市场和占领未来高地的重要尝试。

开放式创新体系：在信息网络技术发展加快形成开放式创新网络体系的基础上，京东方一方面通过开源专利、硬件、软件等构建具有竞争力的生态圈；另一方面通过跨界、体验、平台和共享等新兴概念，建设其产业开放式的生态体系。

（三）分析京东方创新全景

京东方的成长经历了五个阶段，企业创新体系的形成也经历了由点到线成面的过程。点主要是技术创新，技术满足需求，以客户为导向；线是延长产业链，技术与产品融合，以服务为导向；最后成面，专注于构建产业生态系统，打造技术＋服务的商业模式，加强技术与场景的结合。多维的发展让京东方从单一显示器件服务商转变为物联网产品、技术和服务整体解决方案提供商。

1. 时间维度：五阶段长期发展战略模型（见表 13－1）

表 13－1　京东方五个阶段长期发展战略模型

阶段	时间跨度	战略关键	标志
进入阶段	2003—2007 年	技术	1. 并购韩国现代公司，打入 TFT－LCD 领域 2. 消化—吸收—再创新，建立技术及管理体系
追赶阶段	2008—2012 年	生产线	1. 投资驱动，扩大产能规模 2. 加大研发投入，创新技术与专利 3. 积极参与全球竞争

续表

阶段	时间跨度	战略关键	标志
挑战阶段	2013—2017 年	产品	1. 进一步研发，开发技术 2. 扩大产能、占领市场 3. 保持企业高速增长
领先阶段	2018—2022 年	市场	1. 传感器件、智慧系统和健康医疗事业 2. 软硬融合、技术整合 3. 服务化发展转型
未来领导	2023 年以后	产业布局	1. 提升创新能力 2. 维持并巩固全球领先地位

2. SOPIC 创新变革

为了进一步扩大产能规模，更好地参与全球竞争，京东方于 2009 年开始构建起专利研发体系。一年后京东方又提出 SOPIC 创新变革，以提高京东方自身载体的承载能力，促进实现和保障公司的发展战略。SOPIC（Strategy，Organization，Process，Internet and technology informational，Control internally）主要从以下五个层面开展。

（1）战略目标：建立以客户导向运营机制、提升产品竞争力和生产线盈利。

（2）组织建设：依据 SOPIC 变革的要求，京东方对组织构架进行了革命性的变革，将以往分公司的模式变革为五个核心组织结构单元全球制造组织、全球营销组织、全球供应链组织、产品开发组织及营运管理组织，最终形成了以下组织架构，重新激发了集团创造力。

（3）战略实施：落实客户/产品/生产线联动，发展全链条产业链。

（4）企业进步：提升企业效率，推动精细化管理，主营业务的基础能力大幅提升。在经营企划、产品研发和设购产销各专业组织的联动作用下，各产线资源进一步实现共享及优化配置。

（5）企业内控：“三项管理，五大创新”打造京东方集团化循环驱动质量管理模式。

三项管理分别为预防管理、流程管理、问题管理，全面覆盖了集团化企业的质量管理内容，构筑了中心组织层面的质量保证外循环系统。

2010 年的 SOPIC 创新改革取得了良好的效果，一方面提高了企业的运营效率；另一方面，它与 2009 年提出的建立专利研发体系这一战略相承接，有效地推动了京东方的技术进步和应用。其直观表现为 2011 年京东方应用型专利的申请数量明显增加，整体专利申请数增长 298%，随后三年，其专利申请也保持均速为 82% 的高增长。

3. 京东方业务进化逻辑

京东方以核心技术开发核心器件，将软硬件深度融合，结合场景应用，形成了京东方的三大核心事业，并以顾客为导向，向服务化转型。

两项硬技术：显示技术、传感技术；两项软技术：人工智能、大数据；三大核心事业：智慧端口、智慧系统、健康服务；进化逻辑：核心显示事业从显示器件向显示、传感并重融合转型升级，为物联网系统提供各类智慧端口；将人工智能和智慧端口技术进行软硬融合和应用整合，在智造服务、智慧车联、智慧零售和智慧能源四个细分领域，提供物联网系统解决方案和专业服务；将传感、人工智能、大数据技术与健康医疗专业技术跨界融合创新，在移动健康、再生医学、数字医院、健康园区四个细分领域提供专业的智慧健康服务。京东方核心技术驱动核心业务，核心业务相互支持、演变共生，以清晰化的业务布局，培育企业下一个增长点，最终实现创造客户价值的企业终极目标。

4. 京东方创新生态系统

京东方以技术、产品和商业模式三部分为内核，在技术设施、政策制度、文化氛围以及创新平台的交互影响下，发展了研发网络、生产网络，合作网络和市场网络，有效地带动了国内创新环境建设，并不断追赶国际先进创新水平。

企业实施创新驱动发展战略的关键在于构建完善的企业创新系统，打造科技创新体系、产业创新体系与社会创新需求融通的网络链接，并通过生态网络的协同和放大效应，使科技和产业的新成果、新模式、新型态不断地涌现。

五、结语

与国际领先企业相比，BOE 起步较晚，规模较小，其国际品牌声誉低。未来，BOE 需要增加国际知名度，加强与主要国际品牌的合作。BOE 的国内市场份额相对较高，但国际市场的份额却是远低于三星等知名公司。

今后，一方面，需要进一步开拓国际市场，增加国际市场份额；另一方面，也要发掘和开拓新的细分市场。BOE 始终坚持创新发展战略，研发投入占比相对较高。然而，随着生产规模的扩大，R&D 资源的利用率开始下降。今后，应该进一步加强技术的应用，促进企业创新，更好地服务消费者。虽然，BOE 液晶显示器出货量居世界第一，但主要是靠薄利多销，快速周转来实现的，因此存在产能过剩的风险。将来，公司应更加重视产品研发的多样化，重视提高产品附加值。

BOE 正在从显示设备制造商向软件和硬件制造商转型，成为物联网公司是 BOE 创新性的探索，但在产业布局调整的过程中，终端设备业务仍将是收入的主要来源。BOE 需要注意自身业务之间的平衡，稳步推进其智能生态建设业务。

案例使用说明

一、教学目的与用途

1. 本案例主要适用于“国际商务”课程，也适用于“国际企业战略管理”“跨文化沟通”等相关课程。

2. 本案例教学目标

本案例通过对京东方基本情况、业务发展、竞争力、创新路径的分析，引导学生运用国际商务的理论方法及分析工具对案例中的企业的竞争力、所处行业进行深入分析，从而加深对于国际商务理论和分析框架的理解与运用，

二、启发思考题

1. 京东方是如何从一个本土企业逐步成长为跨国企业的？
2. 京东方在国际化的过程中具备哪些优势？存在哪些挑战？
3. 京东方是如何进行创新发展的？显示屏行业？

三、分析思路

首先分析京东方如何从一个本土企业进军国际市场的，在进入国际市场京东方具备哪些优势，又面临怎样的挑战，从而引出企业国际化的过程。中国显示屏产业具备哪些特点、竞争力又是什么？综合分析在企业国际化的过程中的理论支持，以及政府在这个过程中应该扮演的角色。

四、理论依据与分析

运用波特五力模型对光伏产业进行分析。

五、关键点

1. 京东方国际化的形成过程。

2. 显示屏产业的行业特点

3. 京东方产品和企业的竞争力分析。

4. 产品竞争力和企业国际化之间的关系。

六、建议课堂计划

1. 引入案例（20 分钟）

教师可以通过多媒体，以图片、视频等形式，向同学简要介绍京东方及显示屏产业的基本情况和特点。

2. 分组讨论（10 分钟）

将学生分为若干小组，对设立问题进行分析讨论。

3. 发表观点（30 分钟）

各组学生派出代表对问题进行回答，其他同学可以补充回答。

4. 案例点评（10 分钟）

针对同学们的回答情况予以点评，并对案例的关键点进行重新分析。

5. 案例总结（10 分钟）

总结案例，启发同学们对国际商务更深入地思考。

参考文献：

[1] 张海亮，骆红．企业金融化与海外并购财务风险［J］．企业经济，2018，37（8）：84－90.

[2] 孙晓霞．京东方：自主创新夯实发展之路［J］．新材料产业，2018（8）：27－29.

[3] 李中．京东方崛起对我国制造强国建设的启示［J］．求实，2016（6）：40－46.

[4] 洪联英，陈思，韩峰．海外并购、组织控制与投资方式选择——基于中国的经验证据［J］．管理世界，2015（10）：40－53.

[5] 胡彦宇，吴之雄．中国企业海外并购影响因素研究——基于新制度经济学视角的经验分析［J］．财经研究，2011，37（8）：91－102.

案例14

协鑫集团多晶硅的全球竞争*

协鑫集团是我国在光伏能源行业重要的企业之一，在协鑫集团发展的历程中，通过不断的技术创新来持续推动外贸的高质量发展，这对当前很多企业的海外发展战略有深刻的影响。本案例通过对光伏行业以及协鑫集团的竞争力分析，寻找协鑫集团为何能够在外贸发展中出奇制胜的答案，并得出技术创新是协鑫集团实现外贸高质量发展的根本原因，希望通过此次案例引发对于外贸高质量发展的新思考。

* 本案例由中央财经大学国际经济与贸易学院符大海、王雪、王佳琪、周梦婷、王世豪撰写。

案例正文

随着经济全球化，对外开放程度不断提升，中国对外贸易迅速发展，进出口总量不断提升。中国持续完善开放格局，优化营商环境，深化多双边合作，推进共建“一带一路”；继续鼓励自由贸易试验区大胆试、大胆闯，加快推进海南自由贸易港建设，打造开放新高地；持续推动京津冀协同发展、长江经济带发展、长三角区域一体化发展、粤港澳大湾区建设，并将制定黄河流域生态保护和高质量发展新的国家战略，增强开放联动效应。

创新发展是引领世界经济持续发展的必然选择，也是引领我国经济发展的第一动力，是建设现代化经济体系的战略支撑。创新能力是造成中国与世界强国贸易差距的重要瓶颈因素，是建设创新型国家和推动全面创新的核心引领，也是增强国家综合竞争力的根本保障。

创新活动与技术是新兴产业发展的核心动力。随着我国创新投入不断增加，创新能力得到很大突破，目前我国新兴产业发展态势已优于传统产业，两者进出口增速逐步趋同，新兴产业在进出口贸易中的地位逐步上升，新旧动能开始转换。

在中国经济逐步进入“新常态”的背景下，作为新兴产业的中国光伏产业，经过20余年的发展，已经由依赖国外技术和市场的小众产业，发展成为从创新到贸易量都领先于世界的“中国名片”。中国光伏企业，在不断打破各项光伏转化率世界纪录的同时，也以绝对优势雄霸着世界光伏组件出货榜单。光伏产品产量暴增，不可避免地带来了供应相对过剩的局面。近几年，光伏等产业的国际化已经逐步成为新热点。伴随着各国政府对“可再生能源替代化石能源”的呼吁，国外对光伏产品的需求亦在大幅增加。在“光伏国际化”战略目标指导下，深耕海外市场，加大全球布局，海外业务同比翻番，极大地缓解了国内光伏政策波动对于公司业绩的影响，为公司业务发展及业绩增长打下了坚实基础。超过20家中国光伏企业已通过合资并购、投资等方式在海外布局产能，主要集中在越南、泰国、马来西亚等国家。

在2018年，尽管面对“531光伏新政”带来的国内需求锐减，“美国201法案”“中美贸易摩擦”及经济去杠杆等诸多国内外政治经济因素影响，但勇于担当的中国光伏企业依然不断开拓进取，成绩斐然，始终坚持以市场为导向，以科技为驱动，从过去拼规模、拼价格向拼质量、拼技术转变。光伏行业持续进行产品创新、技术创新、商业模式创新、行业发展潜力巨大，行业地位日益提升。

一、案例介绍

（一）基本信息

协鑫集成科技股份有限公司，原名为上海超日太阳能科技股份有限公司，是一家主要生产各种型号、规格的单晶硅、多晶硅太阳能组件和太阳能灯具的新能源企业，生产的硅太阳能组件95%以上出口，畅销欧美。公司利用国际先进的专用设备，通过精心的设置、严格的质量控制体系以及一流的生产工艺，专业生产各种型号、规格的太阳能电池组件，配套生产和安装太阳能用户系统、太阳能灯等系列产品及工程。公司生产的太阳能组件畅销德国、西班牙、意大利、美国等主流光伏市场。公司先后通过了ISO9001、ISO14001、TUV认证、IEC61215认证、CE认证、美国L认证、英国MCS认证和韩国组件认证。

（二）发展历程

公司2003年成立以来主要以环保电力产业为主，2006年，协鑫转型进军光伏产业，两年后便挺进全球多晶硅原料行业前三阵营，仅用5年就走完了美国Hemlock、德国Wacker等巨头走过的路。由此，协鑫集团成为连续多年全球规模最大、市场占有率最高的硅材料供应商，拥有完整覆盖上游硅材料制造、中游组件制造与系统集成、下游光伏电站开发运营等在内的光伏垂直一体化产业链。

协鑫集团在2015年开始介入半导体行业，旗下有鑫华半导体、鑫晶半导体、晶睿半导体等三个与半导体材料制造有关的子公司。由此，也标志着我国电子级多晶硅突破海外多年技术封锁，为国家集成电路产业领域填补一项空白。

2017年，协鑫的奋斗捷报频传：荣列中国500强企业144位，比上年跃升32位，继续稳居新能源行业第1位，携手华为、联想等行业领袖入围中国500强高新技术民营企业前8强；积极响应“一带一路”倡议，在埃塞俄比亚、吉布提、日本、越南、印度尼西亚等国家和地区密集落地。

2018年协鑫对半导体进一步加码，明确了其第二主业战略。协鑫集成是2018年唯一一家市值增长在10亿元以上的光伏企业，成为一匹突出重围的“黑马”。2018—2019年，协鑫集成已成功在包括欧盟、美国、日本和澳大利亚在内的海外市场布局。

协鑫集成在2020年1月的公告中表示，2020年非公开募集资金方案的实施将有利于公司发挥叠瓦国际专利优势，夯实光伏业务基础。

（三）经营范围

协鑫集团有限公司是以新能源、清洁能源产业为主，相关产业多元化发展的综合能源服务商，公司致力于成为全球领先的综合能源系统集成服务商，提供优质的清洁能源一站式服务。

业务类型：涵盖电力、光伏、天然气、新能源汽车、智慧城市等五大领域；同时，协鑫集团积极拓展半导体材料、能源互联网等产业，旗下拥有保利协鑫、协鑫集成、协鑫新能源等多家上市公司，资产分布于中国内地 31 个省（市、自治区）和中国香港、中国台湾，以及非洲、北美、东南亚、欧洲等地区，是全球太阳能理事会主席单位、亚洲光伏产业协会主席单位；作为中国企业 500 强，协鑫集团连续多年位列新能源行业榜首，2017 年全球新能源 500 强排名第三位。

主要业务：覆盖高效电池、差异化高效组件、能源工程、储能系统集成等相关产品的研发、设计、生产、销售及一站式服务。基于市场需求和行业发展趋势，公司坚持科技引领、创新驱动的理念，持续采取优质、高效及差异化产品技术路线；依托协鑫的全球品牌影响力，积极开拓全球市场，迅速提升海外市场业务占比，增强盈利能力和抗风险能力，提升公司的核心竞争力及综合实力，实现公司的长期可持续发展。

（四）协鑫业务发展状况

1. 协鑫国内业务发展状况

伴随国家发改委、财政部、能源局下发《关于 2018 年光伏发电有关事项的通知》，光伏发电补贴退坡进程加速。政府补贴不断减少的同时，国内光伏市场竞争环境日趋激烈，光伏产品的价格战已经在国内打响。

光伏行业竞争激烈，作为产业巨头的协鑫开始转型，寻求新的利润增长点，从光伏转向半导体，光伏产品价格快速下降也进一步驱动海外需求增长。国内业务缩水，国外业务规模不断增长。

2. 协鑫海外业务发展状况

海外市场贡献公司营收主要增量。数据显示，2019 上半年，公司海外业务收入 30.77 亿元，同比增长 10.43%；海外业务收入占比超过 60%。

根据中报，2019 年上半年，公司实现光伏组件出货量 2.2 吉瓦，与上年同期基本持平，其中海外出货量 1.33 吉瓦，同比增长 30.39%。

随着海外市场出货量增长，公司海外收入及其占比增加。2019 上半年，公司海外业务收入 30.77 亿元，同比增长 10.43%；海外业务收入占比进一步增加至 60.46%，已经大幅超过 2017 年时的 26%（见图 14－1）。

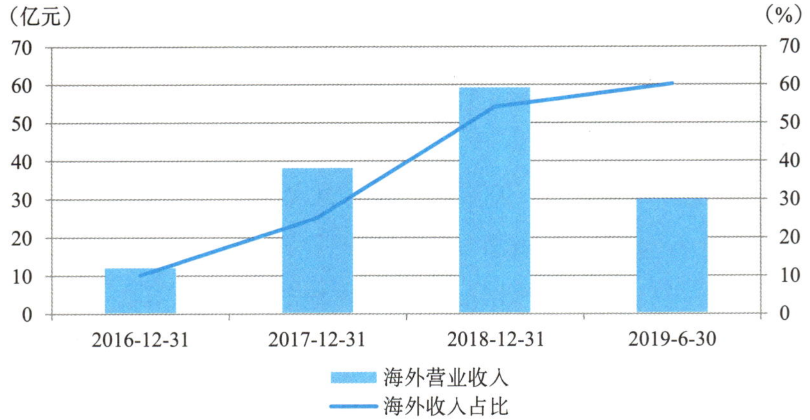

图 14－1　协鑫海外业务状况

资料来源：公开资料整理。

中报显示，2019 年 3 月，公司取得法国碳足迹认证，顺利打开法国光伏市场，市场份额进入前三；荷兰、西班牙等国家也取得新的突破，出货量进入前五。在深耕欧美、日本等传统市场的同时，公司亦在积极开拓新兴市场。

报告期内，公司集中力量做深做透越南市场，紧抓越南“630”并网机遇，抢占越南爆发式增长的市场需求，在越南市场组件累计出货超过 400 兆瓦，市场份额进入前三。公司的高效组件产品成功助力越南富安省 110 兆瓦、头顿省 111 兆瓦等多个光伏电站在 6 月 30 日前顺利完成并网投运。公司探索实施的“EPC + Bridge Financial”业务模式，也在越南成功落地，签单超 50 兆瓦。

在中东地区，公司成功进入吉瓦级前三短名单，为未来一至两年内取得中东地区吉瓦级订单打下坚实基础；在新加坡、马来西亚、哈萨克斯坦等国家，公司亦取得了业务突破。

产品方面，公司出口海外产品呈现多元化，多/单晶及鑫单晶并举。上半年实现海外出货近 200 兆瓦，在手订单超 600 兆瓦；双面双玻组件在以色列、欧洲、美国等国家及地区销售较好，在手订单近 300 兆瓦；受益于美国“201 法案”豁免双面组件产品，公司已在美国获得 2020 年双面双玻组件长单。

根据半年报信息，截至目前，公司已为全球超过 50 个国家及地区提供高效差异化光伏产品及解决方案。

二、我国光伏行业国际竞争力分析（见图14－2）

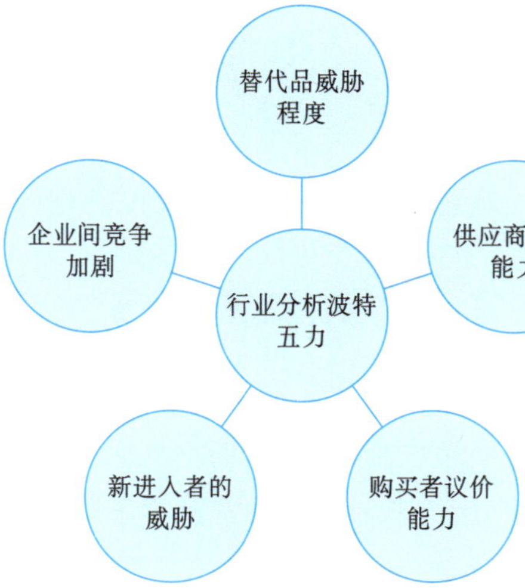

图14－2　光伏行业波特五力分析模型

（一）企业间竞争加剧

光伏行业涉及的产业链较长，从上游来看，首先是多晶硅这一生产环节，目前多晶硅市场已经趋于成熟。前几名企业的市场份额已经接近80%，出现了较为明显的市场集中化的趋势。而且由于多晶硅环节占用资金量大，生产工艺复杂，因此国内多晶硅市场整合先于下游其他环节。21世纪初，全球多晶硅产业还主要是围绕集成电路等传统半导体器件行业，随着光伏产业快速规模化发展，市场对硅料的需求猛增，太阳能级多晶硅价格从2004年的40美元/千克左右暴涨到2008年的近450美元/千克。随着2009年欧美经济危机和债务危机蔓延以及多晶硅技术进步带来成本降低、产能的陆续释放，多晶硅价格从2011年的近100美元/千克降至2018年的13美元/千克左右（见图14－3）。我国多晶硅产业2005年以来在政策推动下起步，一路历经产能过剩、淘汰兼并，行业集中度不断提高。

从中游来看，电池这一环节趋势就有所不同。将硅片加工成为太阳能电池片，是制成光伏组件的中间工序。2018年，我国电池片产量约为87.2吉瓦，同比增长21.1%。电池片产量超过2吉瓦的企业有12家，其产量占总产量的53.4%，集中度进一步提高。预计2019年全国电池片产量将超过90吉瓦。作为光伏行业的终端产品，组件生产与市场结合紧密，产品更新换代较快，要求有很强的市场应变机制，对设计

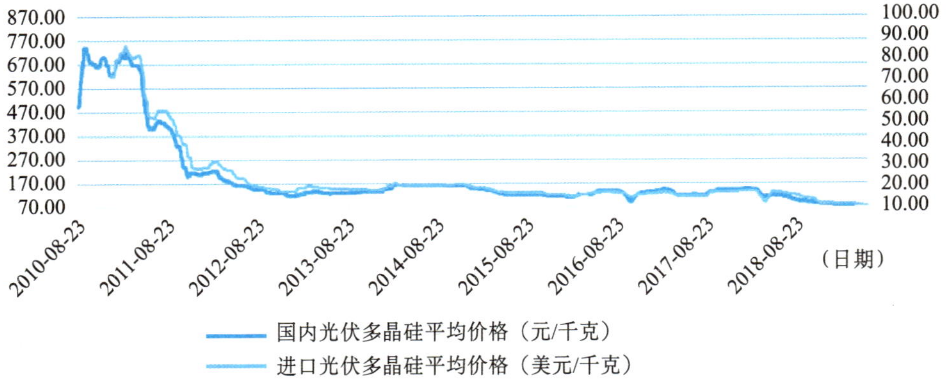

图 14－3　光伏多晶硅价格走势

资料来源：WIND。

开发能力要求较高。得益于全球光伏需求增长的推动，国内企业在近年来持续加大组件环节的投资和技术革新，近 10 年来，生产成本持续下降，自动化、数字化程度不断提升。2017 年，全球组件产能达到 147.9 吉瓦以上，同比增加 20.2%；产量 105.5 吉瓦，同比增长 35.4%。2018 年，全国组件产量达到 85.7 吉瓦，同比增长 14.3%，以晶硅组件为主。组件产量超过 2 吉瓦的企业有 11 家，其产量占总产量的 62.3%，集中度进一步提高。一方面由于目前国内电池厂商数量比较多；另一方面是电池环节处于制造环节的中游。厂商大多通过效率的提高来实现成本的降低，因此诸多生产电池的企业正处在激烈的竞争中，并通过研发投入等手段来实现成本的降低。

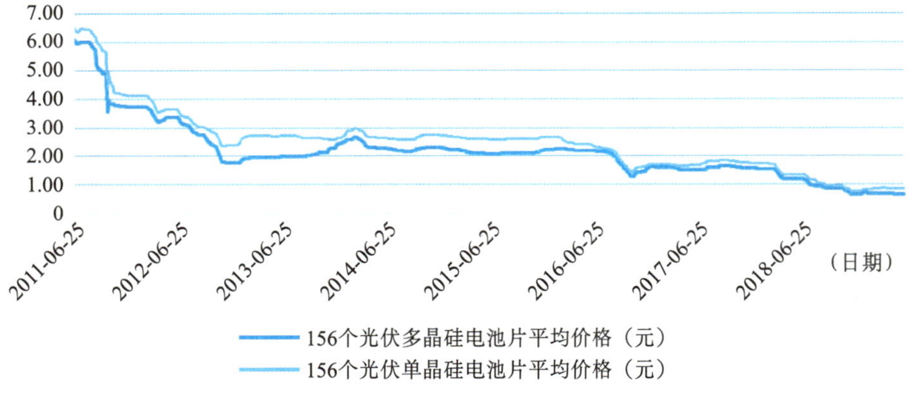

图 14－4　光伏电池片价格走势

资料来源：WIND。

从下游来看，光伏下游行业主要包括大型地面集中式电站、工商业和户用光伏系统等应用系统。大型地面集中式电站目前仍是我国光伏装机总量的主要部分，这类电站业务偏重资产，企业核心竞争优势在于资金实力，传统上是以大型发电公司为代表的国有企业为主投资运营。近年来，随着分布式电站鼓励政策不断出台，家庭户用光伏、工商业小型分布式光伏电站得到了快速发展。我国是全球最大的光伏市场，已连续五年新增装机排名第一。2018 年全国新增光伏并网装机容量达到 44 吉瓦，累计光伏装机并网容量超过 174 吉瓦，新增及累计装机容量均为全球第一。光伏企业在产业链下游的竞争较中上游竞争激烈，国内光伏企业一般都分布在产业链的中下游，企业间竞争异常激烈。此外，我国光伏企业没有掌握核心技术，如多晶硅提纯和泥浆的生产工艺，这无疑降低了企业的竞争力。

（二）新进入者的威胁

对目前的国内光伏企业来讲，潜在进入者包括行业内潜在进入者和行业外潜在进入者。行业内潜在进入者是指光伏产业链上某个节点的企业，行业外潜在进入者指通过购买设备和技术进入光伏行业的企业。

从行业内新进入者角度来看，目前光伏产业中下游的竞争比较激烈，而上游的马太效应和寡头趋势日趋明显，因此能将企业生产扩展到上游的企业往往能在市场竞争中占据更为主导的位置，从硅料生产环节来看，江苏中能 2018 年年底产能达到 11.5 吉瓦，因此存在着这类上游垄断企业将生产环节扩展到下游的可能。

从行业外进入者角度来看，受光伏行业政策收紧和宏观经济形势的影响，外来进入者增速不会太快，但随着国内一批光伏企业快速成长为行业的领头羊，薄膜太阳能电池等新技术的研发和产业化的实现，光伏产业已成为全国许多地区的发展重点和投资热点，即使是在当前国际金融的大环境下，投资和发展的热情依然不减，且有方兴未艾之势。因此新进入者将加剧太阳能电池行业的竞争。

（三）供应商议价能力

从供应商角度来看，目前太阳能电池的核心材料有单晶硅、多晶硅和非晶硅薄膜等。单晶硅太阳能电池转换效率最高，技术也最为成熟，但成本较高。成本更低的多晶硅太阳能电池，其技术水平提升很快，与单晶硅的差距正在逐步缩小。近年来，国外主要的多晶硅供应商纷纷提出了扩产计划，国内企业也通过技术引进与研发加大了对多晶硅料生产的投资力度。我国多晶硅料产能处于过剩状态，多晶硅料价格不断下降，进而降低了生产成本，因此，太阳能电池上游供应商的议价能力不强。图 14－5 为我国和全球 2015—2016 年的硅片产量情况，可以看出二者均呈上升趋势，供给量的增加进一步降低了供应商的议价能力。

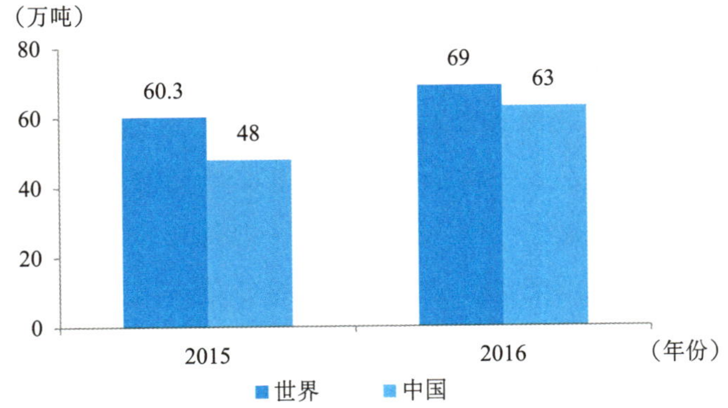

图 14－5　2015—2016 年我国硅片产量情况

资料来源：WIND。

（四）购买者议价能力

中国光伏产品对外依存度很高，由于国内外经济形势的复杂性，尽管国际市场对光伏产品的需求正在增加，但光伏产品的价格呈现出下降的趋势，光伏行业实际上是买方市场，购买者对产品品质的要求和议价能力都在提高。

由于光伏产品主要销售渠道为出口销售，对国内组件出口情况进行分析，国内光伏组件出口增速自 2018 年 7 月起出现了明显加速，2018 年 5—8 月国内组件出口量分别为 2.89 吉瓦、3.05 吉瓦、3.49 吉瓦，同比增速分别为 59.06%、73.65%、105.81%，加速趋势非常显著。2018 年国内累计出口量 39.28 吉瓦，同比增速 50.33%。而 2019 年前 10 月国内组件累计出口量 54.47 吉瓦，同比增长 75.41%。

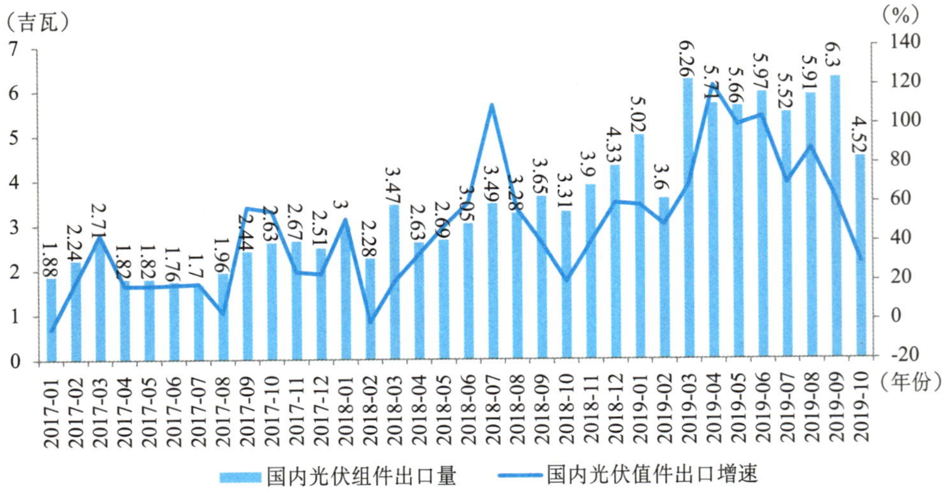

图 14－6　2017—2019 年国内组件出口量及增速

资料来源：Solarzoom，华泰证券。

从议价能力来看，2019 年由于国内需求启动较晚，产业链终端价格发生了较大幅度的调整，硅料致密料不含税价从年初的 68.3 元/千克下跌至 11 月底的 65.49 元/千克；单晶硅片不含税价从年初的 2.65 元/片上涨至 11 月底的 2.72 元/片；单晶 Perc 电池不含税价从年初的 1.12 元/瓦下跌至 11 月底的 0.87 元/瓦；单晶高效组件不含税价从年初的 1.88 元/瓦下跌至 11 月底的 1.61 元/瓦。除单晶硅片环节由于供需结构的因素价格呈现上涨趋势，其余环节产品价格均有所下跌。其中电池价格下降得最为明显，说明总体消费者议价能力较强。

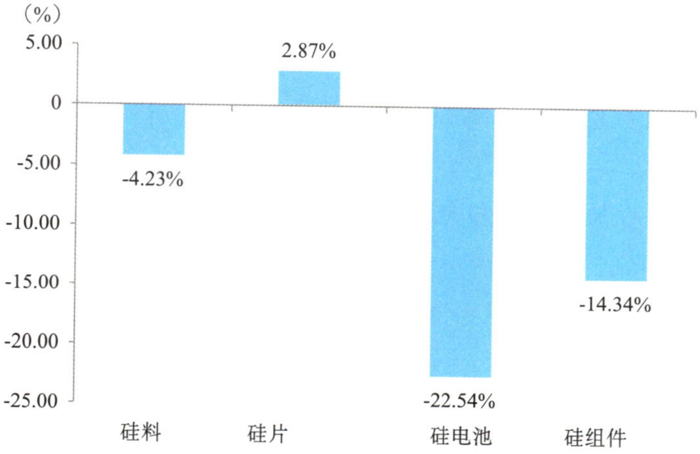

图 14-7　2019 年前 1—11 月光伏产业链价格降幅

资料来源：Pvinfolink，华创证券。

（五）替代品的威胁

太阳能光伏产品的主要替代品分两类，一类是传统能源，如煤、石油、天然气等。在生产成本方面，太阳能光伏产品的成本要高于传统能源，但长期来看此类替代品的威胁不大。

另一类是其他类型的新能源，新能源除了太阳能外，还有风能、水能、生物资源、地热能等，有其各自的优势，这些都可能成为太阳能光伏产品的替代品。威胁较大的是以非晶硅薄膜太阳能电池为代表的替代产品，它正依靠成本优势来扩大市场份额。此外，还有许多诸如太阳能冷技术、第三代聚光 PVC 等高新技术产品也是光伏产品的很大威胁。

综上，光伏产品面临的替代品威胁来源于传统能源的威胁较小，来源于其他新能源的威胁较大。

三、协鑫国际竞争力分析

协鑫企业在海外扩张进程中，需要有优于国际光伏企业的竞争优势，随着光伏行业的快速发展，市场竞争、特别是同质化竞争日趋激烈，协鑫公司产品制造产能及产品出货量均高居全球前十位，意味着其有较高的国际竞争力，本文将对其领先的国际竞争优势做理论分析，阐明其优势来源及弱点所在，寻求未来发展业务的突破口。

（一）VRIO 框架分析

本文设立三个等级的指标来测定 VRIO 框架中的四个层面，数据来自 Wind，具体分析如下。

本文利用 VRIO 框架建立协鑫集成科技有限公司的竞争力评价指标体系，利用协鑫在 2019 年（截至第三季度）的财务报告即及各种公开信息，以及年报等数据，与 2017 年、2018 年做对比，综合从各方面评价协鑫的当前状况，并依此判断协鑫在国际市场上的竞争力。

1. 协鑫国际竞争力的价值（value）

从价值的角度方面，企业最终的资源和能力取决于价值链的活动，从而就会决定企业应对环境威胁以及机会的能力。本文对价值因素的相关指标选取，依据企业基础资源、财务能力和顾客情况 3 个二级指标和 9 个三级指标，分别是资产总额、光伏设备和融资渠道作为企业的基础资源的测量；在财务能力方面，采取资产负债率、现金流量比、资产周转率和长期负债比作为测量的三级指标；在顾客层面上，采用市场占有率和顾客满意度作为三级测量指标。从价值角度来看，协鑫的国际竞争力良好，具有先进的光伏设备和技术，但这种竞争优势是暂时的，由于光伏行业的产能过剩，使行业逐步成为夕阳产业，各种技术的发展趋于成熟稳定，协鑫要想保持住价值优势，需要尽快进行产业结构转型。

2. 协鑫国际竞争力的稀有性（rarity）

在稀缺性角度方面，企业拥有的某种资源和能力如果被很多企业拥有，那么这种资源和能力不能给该企业带来竞争优势，而是竞争均势。本文认为企业的品牌资源和技术资源属于稀缺性要素。而对于光伏行业来说，由于之前有充足的政策补贴，使企业缺乏品牌意识和竞争意识，而品牌和技术资源这种能力需要企业通过有意识的学习才能获得，是获得竞争优势的基础，因此将品牌资源技术资源归于稀缺性要素，设为二级指标。下设品牌知名度和品牌忠诚度两个三级指标，其中品牌知名度是企业品牌

表 14－1　协鑫国际竞争力评价指标体系

目标层	一级指标	二级指标	三级指标	指标来源
协鑫集成竞争力	价值（V）	基础资源	资产总额	资产总计同比↓
			光伏设备	固定资产↑
			融资渠道	每股收益↑
		财务能力	资产负债率	1.32↑
			现金流量比	－64.54↓
			资产周转率	0.38↑
			长期负债率	12.6↑
		顾客	市场占有率	总市值↑
			客户满意度	盈利能力↑
	稀缺性（R）	品牌	品牌知名度	中等
			品牌忠诚度	高
	难以模仿性（I）	技术	专利数量	290↑
		创新能力	研发投入	0.89↑
			新产品推出速度	出货量↑
		产品	独特程度	独特
	组织（O）	组织管理	员工培训	完善
			规章完备性	完备
			企业文化	创新驱动
			高管素质	中上等
		政府支持	财政补助	补贴拖欠
			法律法规	减少支持
		信息处理	及时性	较高
			准确性	较高

被公众和客户知晓的程度，反映了该企业品牌影响市场的范围；品牌忠诚度是客户在与该光伏企业品牌的接触过程中形成的偏爱而长期重复购买该企业品牌服务的行为，反映的是协鑫影响的市场深度。在技术角度，采用协鑫截至 2019 年的专利数量进行评价，作为三级指标。从稀缺性要素方面，可以看出协鑫的评价结果为良好，这是因为协鑫作为光伏行业的老大，掌握了一些独有性资源，是其他光伏企业不具备的，而且稀缺性优势促使协鑫暂时拥有持续的竞争优势，但光伏产业近年来向国外扩张遇到了反倾销等困境，使协鑫需要延伸其领域，如金融行业，以获取更多资金。

3. 协鑫国际竞争力的难以模仿性（inimitability）

在难以模仿性角度，企业需要有难以模仿或模仿成本高昂的资源和能力，才能给企业带来持续竞争优势。本文认为创新能力和自身产品属于难以模仿性要素，创新能力要求企业人员具备创新意识，进而对光伏设备进行内容创新、项目创新、方法创新和模式创新，而独特的产品优势需要长期积累才能获得，是光伏企业获得国际竞争优势的保证，因此属于难以模仿性要素，下设研发投入和新产品推出速度业务和产品的独特程度3个三级指标。从2019年度的数据可以评价协鑫企业的模仿代价为中等，这是因为光伏产品的创新难度大，易于被其他企业模仿，在国际市场上我国的光伏产品技术无法领先于发达国家，处于竞争均势状态，未来需要进一步提高。

4. 协鑫国际竞争力的组织性（organization）

在组织角度方面，组织是利用资源和能力以创造竞争优势的管理框架，企业拥有了有价值、稀缺且难以模仿的资源和能力，就具备了竞争优势的潜力，而要实现这一潜力，还需要进行有效的组织，即能否将以上的竞争优势加以整合，是协鑫实现海外扩张成功的最后关键步骤。为反映协鑫组织状况，本文选取组织管理能力、政府支持程度和信息处理能力3个二级指标，信息处理和组织管理能力反映了协鑫本身对自身拥有资源的整合和组织情况，而政府的补贴和政策支持为有效地组织资源和能力提供了保证，是提升竞争优势的必要资源。组织管理包括员工培训、规章完备性、企业文化和高管素质4个三级指标；政府支持包括财政补贴和法律法规的支持；信息处理需要及时性和准确性。在组织整合能力方面，协鑫的评价结果为中等，其中原因有政府的补贴支持近年来大幅度减弱，在海外扩张进程中给协鑫造成了一定的打击，此外，由于协鑫旗下有多家子公司，巨大的资源带来了非常高的整合要求，在国际化进程中，协鑫在组织能力方面几乎没有竞争优势，这是其需要重点关注的方面。

VRIO框架突破了传统的SWOT分析框架，从企业内部存在的资源分析其竞争优势，从微观角度阐明协鑫内部的条件。将上述评价结果结合VRIO框架（见表14－2）分析对比来看可以判断，协鑫的经济绩效表现良好，目前处于竞争优势，这是因为它具备了较好的价值资源和稀缺性资源，但难以模仿性资源和组织资源能力方面都处于中等水平，所以协鑫的竞争优势是暂时的，而不是持续的。目前协鑫在光伏企业综合实力排行榜排名第一，但若要长久保持这种竞争力，需要从难以模仿性和组织方面抓起，在保证企业价值资源不断优化的基础上，注重创新意识，注重品牌建设，并逐渐提高组织资源能力。

（二）协鑫竞争优势与劣势

1. 同行业竞争优势

表14－3是光伏企业在综合比较时排名前十名的企业，协鑫集成的总市值相比前十名企业相差较大，相比平均值也存在一定距离，净利润和每股收益率也相差甚远，

表 14－2　　协鑫的竞争力与 VRIO 框架分析

	有价值	稀缺	模仿代价高	组织可利用	对竞争的意义	企业绩效
VRIO 分析框架	否	否	否		竞争劣势	平均以下
				是	竞争均势	平均
	是	是	是		暂时的竞争优势	平均以上
	是	是	是	否	持续的竞争优势	永久平均以上
评价结果	良好	良好	中等	中等	中等	中等

但值得欣慰的是，协鑫的总收入在前十名企业中可以排到前面，超过了平均值，所以协鑫的未来发展是很可观的。此表统计的是企业综合能力，在专业性方面，协鑫具有竞争优势，所以协鑫需要更高的组织整合能力。

表 14－3　　协鑫及综合能力排名前十的光伏企业

排名	证券简称	总市值（万元）	总收入（LYR，万元）	净利润（LYR，万元）	ROE（%）
11	协鑫集成	3064201.66	1116476.75	4512.07	1.07
	平均值	8381838.02	1025447.46	77282.51	16.13
1	韦尔股份	16061524.04	395141.41	13880.44	9.86
2	汇顶科技	14500490.26	368266.89	74249.86	19.56
3	隆基股份	11263242.04	2187043.34	255796.41	16.69
4	澜起科技	10620250.56	175684.23	73687.84	30.69
5	三安光电	9498651.66	825987.15	283015.81	13.80
6	兆易创新	9298355.92	223453.70	40500.64	22.17
7	卓胜微	4776400.00	55631.93	16233.29	41.32
8	中环股份	4548160.52	1369374.68	63225.68	5.03
9	纳思达	4401467.74	2181805.45	118937.14	25.92
10	长电科技	4167473.84	2381056.56	－93931.53	－8.64

资料来源：wind。

2. 国内市场需求困境

2019 年被视为光伏平价元年，协鑫集团现已引入除华能之外的第二家央企保利横琴作为合作伙伴，协鑫集团曾连续多年位列全球新能源 500 强前三位、中国企业 500 强新能源行业第一位。昔日风光无两的行业巨头寻求央企接盘，折射出整个行业的困境。告别补贴驱动的光伏产业，正在试图摆脱政策依赖。企业由拼规模拼速度转向拼质量拼效益，而海外市场的爆发又提供了新的发展空间。截至 2018 年年底，公司的资产负债率为 84.1%，净负债率为 384%，在手现金加上融资额度为 128 亿元，一年内到期债务高达95亿元。协鑫新能源并非个例。民营光伏电站亚军晶科电力的负债率也居高不下。官方信息显示，截至2018年6月，公司负债率高达78.96%，200亿元。2015—2018年，连续4年资产负债率在70%以上。因此，在国内市场趋于饱和的情况下，开拓海外市场是协鑫的必然选择。

3. 国外市场需求旺盛

2021年，光伏行业将全面进入平价时代，而平价的不确定性，或将加剧行业震荡。2019年，光伏产业掀起新一轮出海热潮，国内市场遇冷，而海外市场却大规模爆发。以欧洲为例，根据Solar Power Europe发布的报告显示，2019年欧盟太阳能市场翻番，增长趋势遍及欧洲，新增装机量达到16.7吉瓦，相比2018年的8.2吉瓦增长了104%。旺盛的海外需求，得益于全球对气候问题的关注及能源转型的需求，还有欠发达国家和地区对电力的需求。但是面对有巨大潜力的国际市场，协鑫只有针对不同地区采用不同的出海模式才能在国际上站稳脚跟，目前来看，协鑫需合理定位自身，淘汰落后产品，加强新技术的研发，迎合市场需要。

4. 协鑫面临反倾销压力

目前，协鑫集成的在手订单充裕，70%的订单来自海外市场，2019年公司计划国内外EPC业务收入超500MW，公司子公司能源工程将逐步从单一的光伏EPC企业转型为综合能源解决方案服务提供商，在保持国内分布式光伏系统集成领先地位的同时，积极拓展海外市场，拟通过合作、参股或并购等多种方式，与海外主流光伏系统集成商形成战略合作，打造成为全球领先的光伏系统集成服务提供商。在海外业务进行得如火如荼之际，协鑫企业也面临着国际上的风险与挑战。

2018年，“531”光伏新政和中美贸易摩擦发生后，对我国的光伏企业造成了巨大的打击，一直以来，我国光伏产品受到国外市场加征进口税的情况从未停歇。印度财政部税务局对中国、马来西亚及其他已开发国家的太阳能电池征收25%的保障性关税，中国输往印度的组件价格必须下跌至成本线来维持竞争力，对于中小企业来说，这是致命性的打击，对于协鑫集成来说，虽然有一直以来积累的基础，但在此困境下协鑫必须寻求新格局。

从图14－8可以看出，我国的光伏产品产量虽呈上涨趋势，但增幅逐渐下降，光伏产业的产能开始供大于求，补贴标准的不稳定也是一大危机。根据不同国家的贸易保护政策，应采取不同的措施。如欧盟针对光伏产业的相关政策，2017年，欧委会宣布将对华光伏反倾销反补贴措施延长实施18个月，同时主动发起期中复审调查以逐步降低措施水平。在价格承诺期间，我国已有22家光伏企业被取消资格，这些企业的出口量几乎达到了我国光伏产品出口总量的90%，而且欧盟方面不承认我国的市场经济地位，更是加重了当前的窘境。2015—2016 年，第二轮双反制裁导致了光伏产品出口额的下跌，贸易保护政策对光伏产业的健康发展有极大不利影响。但 2020 年，美国自与中国达成新一轮贸易协议后，降低了关税税率，这无疑是对我国光伏产业的一个利好信号。

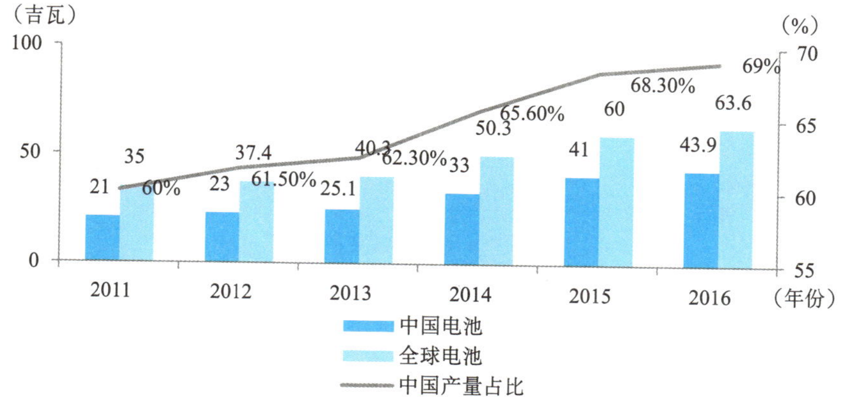

图 14－8　我国光伏产品产量趋势

资料来源：中国产业信息网。

5. 技术创新产业升级理论分析

技术创新产业升级理论由 John Cantwell 和 Paz. E. Tolentino 提出，强调技术创新对一国的经济发展至关重要，发展中国家跨国公司的技术创新活动具有明显的“学习”特征，而企业不断的技术积累会促进整个行业的进步，从而调整产业结构，促进产业升级，拉动一国的经济发展。根据技术创新产业升级理论，协鑫的海外扩张步伐可以从我国周边国家到其他发展中国家再到发达国家，在产业上逐渐从传统的半导体技术转变为其他高新技术产业，如新能源汽车等。从补贴依赖型转变为技术依赖型。我国还处于发展中阶段，企业的技术创新往往来自经验积累，该理论对于协鑫具有一定的指导意义。根据 2015—2018 年协鑫集成企业的年报统计可以看出，其研发投入呈现上升趋势，如图 14－9 所示的研发支出合计从 2016 年开始呈现爆发式增长，研发支出总额占营业收入比例也逐步增长，可见协鑫为已经愈发开始注重技术的升级。

从技术角度来说，以往我国的光伏企业主要涉及封装阶段的工作，通过低廉的劳动力成本，获得价格优势，本质上仍属于劳动密集型产品，但随着我国人口红利的消失，劳动力优势已经开始转移到其他发展中国家，我国的国内市场也日益趋于饱和，这使协鑫不得不加大技术投入，要想生存和海外扩张，就必须寻求高质量和先进的技术。

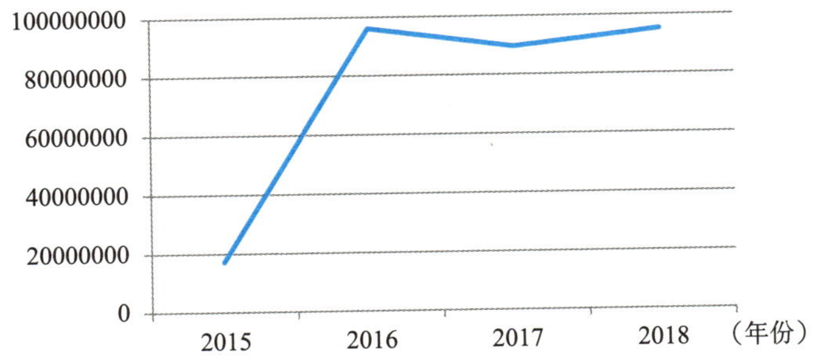

图 14－9　研发投入支出

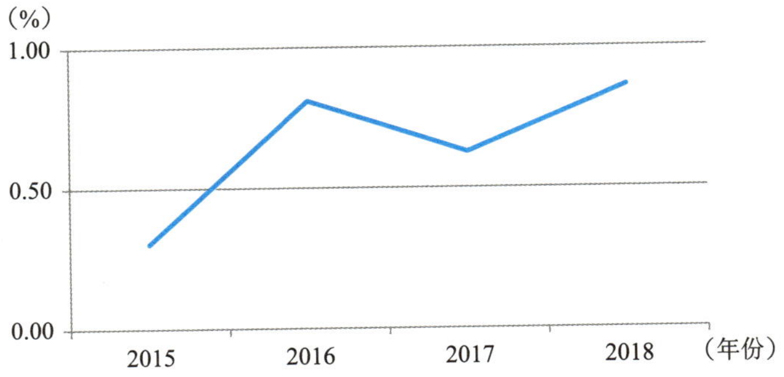

图 14－10　研发支出总额占营业收入比例

四、结语

在对光伏产业进行分析的过程中，我们可以看出，协鑫集团作为光伏产业中的代表企业，其拥有着出众的创新能力，在全球市场也拥有广泛的业务。优秀的创新能力给协鑫集团带来了强大的竞争优势，促进了其外贸业务的扩张，而海外业务的不断扩大，又进一步带来了创新的压力，促使其不断进行创新。因此，我们通过协鑫集团的案例，得出以下几点结论。

（1）广泛的全球贸易能够为企业创新提供有效的技术信息。在进行国际贸易的过程中，企业可以通过贸易往来和信息传递了解最新的技术，通过贸易交流等更加深入地了解产品的技术含量和有关技术指标。协鑫集团正是通过不断扩大的国际贸易，保持着其强大的创新能力，并通过“学习”效应，始终掌握着光伏行业先进的技术。

（2）高质量的全球贸易能够加快产品的创新。在光伏产业，参与国际贸易的商品中，既有成品，也有中间产品，而某些中间品的技术含量十分高，通过国际贸易引进来中间产品的技术，能够加快了技术创新的步伐。可以看出，在高质量的贸易中，企业不仅实现了产品的交换，也获得了技术创新的动力。

（3）企业的创新能够积极促进国际贸易产品结构的升级。在光伏行业，协鑫集团不断地创新促使低附加值、低技术含量的产品逐渐被高附加值、高技术含量产品取代。企业创新促使高科技含量的产品在国际贸易中交易强劲，技术密集型和知识密集型逐渐代替了劳动密集型产品，也成为光伏产业在国际贸易中的一大特点，因此，企业创新能够积极影响国际贸易产品结构的改进。

案例使用说明

一、教学目的与用途

1. 本案例主要适用于“国际商务”课程，也适用于“国际企业战略管理”“跨文化沟通”等相关课程。

2. 本案例教学目标

本案例通过对协鑫基本情况、业务发展、竞争力以及光伏行业的分析，引导学生运用国际商务的理论方法及分析工具对案例中的企业的竞争力、所处行业进行深入分析，从而加深对于国际商务理论和分析框架的理解与运用。

二、启发思考题

1. 协鑫是如何从一个本土企业逐步成长为跨国企业的？

2. 协鑫在国际化的过程中具备哪些优势？存在哪些挑战？如何实现外贸高质量发展的？

3. 光伏产业国际竞争激烈，企业如何在激烈的国际竞争中保持竞争力？

三、分析思路

首先分析协鑫如何从一个本土企业进军国际市场的，在进入国际市场协鑫具备哪些优势，又面临怎样的挑战，从而引出企业国际化的过程。中国光伏产业具备哪些特点、竞争力又是什么？综合分析在企业国际化的过程中的理论支持，以及政府在这个过程中应该扮演的角色。

四、理论依据与分析

1. 运用波特五力模型对光伏产业进行分析。
2. 运用 VRIO 框架模型对企业竞争力进行分析。

五、关键点

1. 协鑫国际化的形成过程。
2. 光伏产业的行业特点
3. 协鑫产品和企业的竞争力分析。
4. 产品竞争力和企业国际化之间的关系。

六、建议课堂计划

1. 引入案例（20 分钟）

教师可以通过多媒体，以图片、视频等形式，向同学简要介绍协鑫及光伏产业的基本情况和特点。

2. 分组讨论（10 分钟）

将学生分为若干小组，对设立问题进行分析讨论。

3. 发表观点（30 分钟）

各组学生派出代表对问题进行回答，其他同学可以补充回答。

4. 案例点评（10 分钟）

针对同学们的回答情况予以点评，并对案例的关键点进行重新分析，

5. 案例总结（10 分钟）

总结案例，启发同学们对国际商务更深入的思考。

参考文献

［1］ Alexander Brem，Petra Nylund，Eric Viardot. The impact of the 2008 financial crisis on innovation：A dominant design perspective ［J］. Journal of Business Research，2020：110.

[2] Piers Thompson, Wenyu Zang. The impact of foreign influence on exporting through open innovation [J] . Growth and Change, 2020, 51 (1) .

[3] Liu Jiayue, Xie Jing. Environmental Regulation, Technological Innovation, and Export Competitiveness: An Empirical Study Based on China's Manufacturing Industry. [J] . International journal of environmental research and public health, 2020, 17 (4) .

[4] Mateja Bodlaj, Selma Kadic – Maglajlic, Irena Vida. Disentangling the impact of different innovation types, financial constraints and geographic diversification on SMEs' export growth [J] . Journal of Business Research, 2020, 108.

[5] Di Cintio, Ghosh, Grassi. Direct or indirect exports: what matters for firms' innovation activities? [J] . Applied Economics Letters, 2020, 27 (2) .

[6] Meihong Dai, Haiyang Liu, Lingtao Lin. How innovation impacts firms' export survival: Does export mode matter? [J] . The World Economy, 2020, 43 (1) .

[7] Jiayue Liu, Jing Xie. Environmental Regulation, Technological Innovation, and Export Competitiveness: An Empirical Study Based on China's Manufacturing Industry [J] . International Journal of Environmental Research and Public Health, 2020, 17 (4) .

[8] Yu Hong. Comparing the Export and Import Trade Patterns of the Chinese Low – technology Manufactures [C] . Science and Engineering Research Center. Proceedings of 2018 International Conference on Mathematics, Modeling, Simulation and Statistics Application (MMSSA2018) . Science and Engineering Research Center: Science and Engineering Research Center, 2018: 112 – 115.

[9] Bingjiang Luan, Junbing Huang, Hong Zou. Domestic R&D, technology acquisition, technology assimilation and China's industrial carbon intensity: Evidence from a dynamic panel threshold model [J] . Science of the Total Environment, 2019, 693.

[10] Felix Groba, Jing Cao. Chinese Renewable Energy Technology Exports: The Role of Policy, Innovation and Markets [J] . Environmental and Resource Economics, 2015, 60 (2) .

[11] Grossman G M, Helpman E. Innovation and Growth in the Global Economy [M] . Cambridge, MA: MIT Press, 1991.

[12] Narula R. R&D Collaborationby SME: new opportunities and limitations in the face of globalization [J] . Technovation, 2004, (24): 153 – 161.

[13] Grossman, Gene M. , and Elhanan Helpman. "Trade, Innovation, and Growth." The American Economic Review, vol. 80, no. 2, 1990, pp. 86 – 91.

[14] "Trade, Communication and Innovation." The Emergence of Civilisation: The Cyclades and the Aegean in the Third Millennium BC, by COLIN RENFREW, Oxbow Books, Oxford; Philadelphia, 2011, pp. 440 – 475.

[15] "Growth, Innovation, Markets, and Trade." The Open Sea: The Economic Life of the Ancient Mediterranean World from the Iron Age to the Rise of Rome, by J. G. MANNING, Princeton University Press, PRINCETON; OXFORD, 2018, pp. 216 – 261.

[16] Usha C. V. Haley, and Douglas A. Schuler. "Government Policy and Firm Strategy in the Solar Photovoltaic Industry." California Management Review, vol. 54, no. 1, 2011, pp. 17 – 38.

[17] Chen, Liang, et al. "The Application of Solar Photovoltaic Power Generation System in Ships." Journal of Coastal Research, 2019, pp. 525 – 529. JSTOR, www. jstor. org/stable/26853996. Accessed 21 Mar. 2020.

[18] 武文光，张丽虹．技术创新、技术标准对国际贸易的影响［J］．经济研究导刊，2015（14）：143 – 146，167.

[19] 潘海波，金雪军．技术标准与技术创新协同发展关系研究［J］．中国软科学，2003（10）：110 – 114.

[20] 刘仁平．技术创新对国际贸易的影响研究［J］．商业经济与管理，2006（6）：63 – 68.

[21] 王正新，朱洪涛．创新效率对高技术产业出口复杂度的非线性影响［J］．国际贸易问题，2017（6）：61 – 70.

[22] 史青，李平，宗庆庆．出口中学：基于企业研发策略互动的视角［J］．世界经济，2017，40（6）：72 – 97.

[23] 王奇珍，朱英明，朱淑文．技术创新对出口增长二元边际的影响——基于微观企业的实证分析［J］．国际贸易问题，2016（4）：62 – 71 + 82.

[24] 千慧雄．出口与技术创新结构：基于高技术产业的面板分析［J］．国际贸易问题，2014（9）：13 – 23.

[25] 康志勇．出口贸易与自主创新——基于我国制造业企业的实证研究［J］．国际贸易问题，2011（2）：35 – 45.

[26] 张东．光伏产业发展趋势及现状分析［J］．轻工科技，2018，34（3）：41 – 42 + 45.

[27] 陈斯琴．中国光伏产业国际竞争力比较研究［D］．对外经济贸易大学，2016.

[28] 余东华，吕逸楠. 政府不当干预与战略性新兴产业产能过剩——以中国光伏产业为例 [J]. 中国工业经济，2015 (10)：53-68.

[29] 王辉，张月友. 战略性新兴产业存在产能过剩吗？——以中国光伏产业为例 [J]. 产业经济研究，2015 (1)：61-70，82.

[30] 纪树东. 基于修正“钻石模型”的中国光伏产业竞争力评价与提升 [D]. 西北大学，2014.

[31] 高爱霞，满广富. 基于VRIO模型的中小物流企业竞争力评价研究及提升对策 [J]. 山东财经大学学报，2016，28 (6)：77-85.

[32] 关媛媛. 知识产权创新助力全球贸易发展 [J]. 海峡科技与产业，2018 (12)：72-73.

[33] 贺琳婧. 中国光伏产品频遭美国反倾销原因及对策 [J]. 合作经济与科技，2018 (2)：58-60.

第六部分

企业海外直接投资

案例 15

中国家具行业及宜家家居战略分析*

本文对中国目前的家具行业进行了详细分析，并以世界家居零售巨头——宜家家居为研究对象，研究了宜家家居在中国的成功生存之道，对宜家的发展历程及其独特的企业战略深加剖析，利用 SWOT 方法深入探讨宜家家居的战略经验，希望给中国家具业的发展带来一定启示。

* 本案例由中央财经大学国际经济与贸易学院孙瑾、王磊、王世豪撰写。

案例正文

中国家具协会理事长说："经过20年的发展，我国已经成为世界家具的生产大国，世界出口第一，国内销售也在逐年增长。"据中国家具协会数据显示，2019 年我国规模以上家具企业达到6410 家。然而，规模的增长并不能掩盖我国家具行业面临的各种问题，我国家具业目前正处在由量发展向质发展的过程。进入 21 世纪后，人民的家居品位体验诉求日益紧迫，更加凸显了家居产品的单一化的问题，对于各企业而言，挑战和压力并存，中国的家具行业必将经历激烈的角逐。

因此本文在分析中国家具行业的基础上，深入剖析国际家具巨头宜家的企业战略，指出宜家在中国的成功生存之道和国际化企业发展经验，为我国家具行业的发展带来一定的借鉴作用。

一、中国家具业环境分析

（一）中国家具业总体概述

1. 总体规模

随着经济的高速发展和人民生活水平的不断提高，家具作为生活起居的重要载体，已不仅限于消费者的物质需求，更寄托了人们的精神追求。近年来中国家具行业发展迅速，2019 年中国家具行业规模以上企业数量达 6410 家，较 2018 年增加了 110 家，2020 年 1—5 月中国家具行业规模以上企业数量已达 6506 家。

2014—2017 年，中国家具行业营业收入逐年增长，2018 年开始下滑，2019 年较 2018 年有所回升，2019 年中国家具行业营业收入为 7117. 2 亿元，同比增长 1. 50%，2020 年受新冠肺炎疫情影响，中国家具行业营业收入大幅下滑。

2. 进出口状况

随着经济全球化的深入，家具行业国际化进程加快，世界各个国家和区域间的家具进出口贸易十分活跃。我国是全球最大的家具生产国。以往中国家居企业大多是做国际知名品牌背后的代工商，随着中国家具品牌实力增强，国外市场对中国家居产品逐渐认可，国内家具企业如中源家居、顾家家居、曲美家居等进一步推进海外市场布局，通过海外并购解决了出口渠道问题，逐步尝试更多外销方式，包括在海外开设品牌店等，带动中国家具企业“出海潮”。因此近 3 年来，尽管受到贸易摩擦因素影响，我国家具出口额仍保持增长态势。2019 年我国家具行业累计出口 560.93 亿美元，同比增长 0.96%。

3. 地区发展格局

中国华南区（两广、海南和福建）一直以来都保持着强劲的购买力，家具业经销商大多实力很强，综合卖场遍地开花，以区域为主的卖场率先扩张，视角正朝向潜力无限的华东长三角蔓延。代表性的企业包括一批老经销商如宜家、环球、广大、好百年、红树湾等表现不俗。正因为广东家具卖场的复杂性，华南区家具销售走向是国内居家零售业的风向标。但由于综合房地产及板材涨价等因素，华南区首当其冲地必须整合家具经销商与厂商，购买力也将相对下降。

华东区（江浙沪）作为中国未来最大的消费市场，其需求和购买能力都具备与珠三角一争高下的实力。近年随着各大家具品牌的深入，广东品牌在长三角占据主流。但不可小视的长三角家具企业近年也凸显其生命力，依托一批高素质的团队无论从研发到市场攻略都毫不逊色于珠三角家具企业，代表有顾家工艺、富得宝等一批优秀企业。从未来人才走向分析，长三角企业越来越多地把珠三角人才吸引过来，无论从生产到开发，无论从资本优势到用人机制都表现强势。经销商品牌意识也胜过其他区域，富裕的长三角家具消费增速居全国之首。由于人口素质及文化特点的不可比性，长三角走在中国家具终端整合最前沿。但其投入风险也高于一般城市，材质、品牌、销售形式的多样化也说明华东市场的竞争之激烈。随着大小厂家的进入，势必加大整个家具经销风险。

华北区及北方区作为要材丰富的区域，其资源优势无可比拟。虽然其购买总量相对来说不及华南及华东，但作为中国家具传统发源地，其传统工艺是中国家具的一个亮点。以四川及北京企业为代表的家具企业近年扩张速度惊人，四川全友家居产业规模及销售总量已稳居国内第一，超过皇朝，但其研发和更新速度都相对滞后，虽有销量却不见其特色。北京企业生存力要强于四川企业，随着产业升级势必进一步打击以成都为代表的家具企业。

（二）中国家具业的产业特性分析

1. 产业生命周期

从产业生命周期看，中国家具业历经 40 年的发展，已经历了初创阶段、成长阶段的中前期，正处于成长阶段的后期，并准备向成熟期迈进。这一时期的特点就是产业会出现震荡和激烈的竞争，企业所面临的竞争风险也非常大，破产率与合并率相当高。在激烈的竞争下，企业的数量会呈现大幅度的下降，随后便开始稳定，市场需求基本饱和，产品的销售增长率减慢。虽然行业仍在增长，但不可能维持此前的高速。

长期来看，家具业将逐步实现增长方式的转型，产业即将步入成熟期，因此家具业不会再保持以往 20% 以上的高增速，企业应该将高增长的预期降下来，进入一个中等增长速度的周期，整个家具业才能更稳健地发展。由于世界经济、中国经济都开始进入周期性调整，未来一到两年，家具业的发展也不可避免地要受到影响和波及，这一时期的增速甚至可能更低。

2. 产品及技术特征

（1）产品同质化严重阻碍行业发展。产品与产品之间、品牌与品牌之间、卖场与卖场之间出现惊人的相似。这是由家具产品技术含量低、进入门槛不高造成。还有一个重要的原因是抄袭仿造成风，行业无序竞争。

商场遵循一条铁的定律：独门生意最好做。然而“天下攘攘、皆为利往，”自古赚钱的生意，总是挤破门槛。家具业更是如此，只要听说哪种家具哪种款式好卖，许多厂商就一窝蜂地去模仿，不到一个月满城都是大同小异的家具款式，随之而来就是同款家具出现抢市场拼价格的激烈竞争，当利润空间无法缩水时，有的商家就在原材料和做工上做“文章”来谋求市场。在家具交流论坛上一位网友就说，他们从宜家采购沙发，发现他们所需要的款式竟有 20 多家商家在销售，这就给他们在选择和价格上提供了很大的空间，在看上去质量差不多的同时，竟然以每套相差 500 元的价格采购到同一款式的沙发。可以看出，“同质化”严重阻碍了家具行业品牌化的高速发展。

在同质化时代，家具行业不但产品出现了同质化，技术设备、营销管理、服务策略等方面都开始进入同质化竞争时代。当产品和市场出现了同质化竞争时，企业间的竞争往往演变为“价格战”，然而，价格战的结果是残酷的，甚至导致行业洗牌。从辩证的观点来看，同质化虽然是笼罩行业的阴影，同时也是行业前进的战斗号角，更是加强企业走品牌化的催化剂。

（2）产品同质化的原因。在感叹同质化时代到来的同时，也要寻找隐藏在同质化现象背后的原因。

从搜集的资料和业内的企业老总反馈来看，对于产品同质化，大多数人认为，主要是入门门槛太低造成的。从资金上来说，只需要 10 多万元资金就可以开厂。如果有上百万的资金建厂，基本上就可以拿到一些大厂的代工生产资格，可以生产一些自己的“品牌”。从技术上来说，员工技术水平要求较低，像沙发、转椅、玻璃茶几等产品，小企业在几十平方米的地方几个人就可以进行产品加工和生产。此外，行业也没有一个从资金、规模、质量、设施等方面来衡量企业是否能踏入该行业门槛的标准。因此，准入门槛低成为行业同质化的重要因素。在几年前中国家具业正是高速发展的繁荣时期，在市场需求和价格飙升的催生下，大大小小的家具企业如雨后春笋般涌出，然而许多涌现的企业根本就不具备设计、营销、服务、信誉等功能，而是一味抄袭跟风，使行业的同质化愈演愈烈。

（3）产业内价格战盛行。在国内外市场都相对饱和的情形下，不少家具零售商采用降低价格的方式来吸引顾客，以求得生存。虽然对此无可厚非，但是维持市场秩序和规范也很重要。

家具业面临着两面夹击，很多人士将其归结为金融危机。但这不是主要原因，行业本身市场秩序的破坏可能是更主要的原因，市场的无序竞争才是中国家具业处境堪忧的元凶。

对于价格战的危害，家具商们应该有所警觉。零售商们不能够再走原来的恶性竞争的路子。价格上既应该保持行业比较稳定的增长，又让大家都能够接受，能够满足消费者的需求。在通货膨胀的情况下，也不要大面积地涨价，侵害消费者的利益。

危机过后，中国家具业的主旋律将是规范、务实，卖场、制造商和经销商要做到和谐共赢。

（4）产品技术创新。很多人认为家具零售业产品技术含量不高，手工操作难以实现的工艺质量控制，通过引进先进的设备就可以解决，用不着费心费力去搞什么发明创造。其实，这是对技术创新的理解出了偏差，把有关的发明创造或研究成果引入生产体系并使之产业化的过程才是技术创新。推动创新的正是企业家，他们应用发明创造原理，结合企业实际进行创新，从而不断提高产业水平，为企业增加新的财富。

虽然家具业还称不上是技术或资金密集型的产业，家具业产品既不像高新技术产业那样需要高知识含量的前沿技术来支撑，也不像装备制造业那样主要藉以工业技术的发明来提升竞争力，但在知识和技术日新月异的今天，传统产业已经有太多获得先进制造技术改造的机会。不可否认，行业准入门槛低、增长速度过快，设计研发人员短缺、原创力不足以及产品抄袭已经严重制约了中国家具行业的发展。随着经济和社会的不断进步，多样化、个性化的消费需求也已日渐凸显。从供给和需求两方面来看，家具商们十分需要也完全能够借助知识和技术的集成应用与创新，来不断提升家具的市场竞争力。

从家具业的现状来看，一些专业化服务的基础知识与技术，如工艺方法、加工技术和管理技术等，许多企业还未很好地掌握，或还未做到位。究其原因，客观上是投入不足，人才匮乏，主观上则是许多企业主对这类长线的基础投入缺乏信心。然而，要想跟上这变化的时代和不断变化的客户需求，必须采用先进制造技术和信息化的生产方式。如果不抓紧补上有关产业创新的基础知识与技术，不进行标准化、模块化、物料编码和产能分析等，想要采用 ERP 进行生产管理来推行先进的生产方式，就有可能流于形式，或收效甚微，甚至白白烧掉一大堆钱。

（三）家具业五种竞争要素分析

1. 行业潜在进入者分析

对于潜在进入者，主要是一些国际上相关行业，比如生存在家具产品供应链上游和下游的一些生产厂商由于对该行业比较了解，因而考虑通过一体化战略进入家具行业。由于产品同质化程度较高，进入门槛较低，导致产业进入退出障碍较小。

家具业中的中小型企业之间的平均劳动生产率相差不大，表明它们在技术和管理上的水平相差无几，也就使新的小型企业容易进入。所以，潜在对手的威胁就成为十分重要的影响因素。小型企业与大型企业的平均劳动生产率相差无几，因此不难得出中国家具行业进入门槛相对较低的结论。

由于中国对知识产权的保护比较薄弱，而家具业的情况更是如此，几乎没有办法来保护版权或获得专利的设计，这是一些经营成熟的公司面临的大问题，也加剧了进入门槛的偏低。中国政府和行业协会正在努力提高中国家具业的设计能力，可以预见这种努力即将见到成效。

2. 替代产品分析

随着新技术的发展，一些新兴材料的运用，以及行业的逐渐变化，使替代产品出现。比如一体式壁柜设计、整体厨房概念等。但是，由于家具行业的产品与人们的生活息息相关，产品需求量大，替代产品的竞争对家具用品销售企业的影响目前不会很大。

3. 竞争者分析

中国家具业的商业氛围日渐成熟，市场辐射力大为增强，对于行业来说是件好事。但目前中国的家具卖场水平参差不齐，鱼龙混杂，同质化竞争现象突出。无论高端卖场还是中低端卖场，家具的标价看起来非常接近，低端品牌能打很低的折扣，产品质量却相去甚远，普通消费者往往会被表面的“实惠”蒙蔽。

中国家具业整体供大于求，没有垄断，呈多品牌、多档次混战。中国的家具用品销售商，综合考虑价格、产品设计、营销策略等多种因素可以分为高、中、低档三个层次。家具商场的特点是提供大面积的展示场所，价格低廉，但没有统一形象，商场定位模糊。

4. 供应商分析

中国家具业的木材供应严重依赖进口锯材和其他木制品。这种需求的信号引起了一些国家的担心，担心这种需求会鼓励非法采伐活动。这种情况可能导致更多的毁林，于是这些国家纷纷开始限制对中国出口硬木原木，导致了生产成本的提高。

低廉的劳动力成本是中国家具业的供应商最大的优势，但是有证据表明在中国技术工人已经出现了短缺。因此，有些省份开始提高最低收入的标准，不过，即使这样仍然具有竞争力。另外，劳动力成本的提高正迫使一些企业歇业停产。最近的一项调查表明数百家企业正在申请破产，一些公司正在考虑把工厂转移到东南亚或者是内地去，这些地方的劳动力成本要远低于珠江三角洲地区。无疑，劳动力成本的提高会提升供应商产品供应的价格，进而影响家具企业。

家具用品行业的供应商和零售商之间的关系是随着时间而变化的，两者的强弱地位不是一成不变的，由于家具业的进入门槛较低，当供应商分析与了解了市场的状况时，就会切断对零售商的供应，而自己开拓渠道跻身进入销售行业。

5. 顾客分析

随着政府刺激消费政策的进一步深化，民众的可支配收入在增加，这使中国具有了一个巨大的潜在市场和现实市场。在问卷调查中，有3/4的人认为，在他们搬移新居后打算对家具升级换代。

中国民众收入各地区存在不平衡，城乡之间存在较大差异，东部沿海地区的收入较高，西部地区收入较低。因此，考虑到收入的差别、运输的限制、文化差异和其他因素，中国的市场不是一个单一的市场，至少从战略层面看是如此。

在家具业整体陷入进退两难境地之际，消费者理念却日趋成熟和理性，追求家具的独特和个性逐渐成为潮流，“轻装修、重装饰”的消费理念更是广为消费者所接受。该理念倡导基础装修从简，重点在陈设装饰上下功夫，即减少硬装饰的使用，增加软装饰的消费。消费者理念的转变使一向注重硬装饰销售的家具业雪上加霜，但同时也为之带来了新的发展契机。

（四）产业链分析

1. 上游产业链分析

（1）上游产业链发展状况。在中国家具业这些漂亮的增长数据背后制约中国家具行业可持续发展的巨大隐患浮出了水面：中国是一个家具制造的大国，但中国并不是一个森林资源丰富的国家，家具原材料在一定程度上依靠外国的森林资源，随着各国对生态的重视，原材料成为家具行业发展的瓶颈。据林业部门统计，目前国内整个木材市场每年缺口量达1.2亿立方米，每年都要从俄罗斯、巴西等世界各地进口大量木材。在原材料价格居高不下的同时，家具、建材等成品价格又持续走低，这对于整个家具行业都是巨大考验。

对中国家具业来说服务能力已经不是问题，随着高科技生产手段和现代化管理在家具业得到广泛运用，快速缩小了与先进国家的技术差距。目前国内木材资源的困局表明，全球木材原料供给吃紧，国内那些过分依靠海外采购的家具企业将面临难关。

（2）上游产业链发展趋势。在家具业，已经有企业开始为了在未来市场上的可持续发展布局上游资源。中国家具业行业的领军品牌全友家私在四川西部拍下大面积的优质森林资源，一方面保护大自然的资源，积极响应国家低碳减排的号召并承担责任，另一方面充分利用资源，在保护生态和谐的基础上为企业的可持续发展奠定了良好的基础。全友家私通过认养森林资源布局上游产业链，在社会价值、行业升级和品牌战略规划等方面凸显出的意义值得中国家具行业和企业思考借鉴。

中国家具在国际市场上，原材料问题一直被诟病，欧洲越来越多的国家开始对中国木材产品提出森林认证（FSC）要求，FSC 认证是目前在国际上得到了广泛承认的森林认证体系，该认证对家具原材料提出了较高的环保要求。全友家私在未来的五年规划中高调进军世界级家具企业，认养优质森林资源布局上游产业链不仅对品牌自身具有战略性意义，对中国家具行业来说也是引领性的一步。

全球气候变化引起了媒体的极大关注，大家开始认识到随着环境不断变化，热带雨林会越来越小，做家具用了很多天然的木材，如果不保护天然的资源，未来的家具业就是无米之炊。谁把握上游资源，谁才能赢得市场，资源如何开发和利用关系到品牌未来的发展和市场地位。认养优质森林资源布局上游产业链从原料源头为产品创新竞争力和品质保障打下了坚实的基础，是家具业今后上游产业链整合的趋势所在。

2. 下游产业链分析

（1）下游产业链发展状况。处于产业链下游的家装企业开始越来越多的涉足家居行业。很多家装公司由于前几年营销策划的需要，大多都成立组建或健全了自己的材料配送销售中心或者橱柜、木门生产基地。这样一来，原本驻场的家装公司开始形成了自己的产业链。家居行业本希望通过家装公司的装修平台带动家居行业销售的传统格局被彻底打破了。

很多家装企业纷纷成立自己的“生产基地”，木门场、家具厂、橱柜厂一应俱全。一时间家装公司与家居行业形成了无言的对峙，心知肚明争抢着自己的客源。兼有家居行业的家装公司占据了卖场的天时地利人和，与传统家装公司展开竞争也明显占有优势。

但是，很多家装企业把以前赚取的利润都拿出来做生产型的工厂，到头来却赔了本，吃尽了苦头，不得不变卖厂房或转让出去。其实，看似相关的产业本来就不能混为一谈。

（2）下游产业链的发展趋势。家居企业涉足家装服务业将是大势所趋。传统的家居企业属于生产型的制造业，由于市场营销发生了变化，销售不再是以往的前店后厂、来料加工的模式，于是，在多年制约销售的背后，很多家具企业开始了瞄准作为超大型整合资源平台的“家装行业”，一些家居企业开始转型或者触角延伸到家装行业。例如，在北京继“万家灯火”成立自己的“家装部”后，几乎所有的大型家居企业都成立了自己的家装公司，开始与家装公司共同争抢本不多的“客源”。

3. 家居业不同发展时期价值链分析

因在产业不同发展阶段，消费需求和竞争环境也不相同，使家居产业价值链关键环节也随之改变。

（1）产业发展期前期，制造为先、渠道称王。在产业发展期前期，家居企业规模普遍偏小，实力偏弱，大部分企业是新手，生产工艺不成熟、产品质量参差不齐，销售渠道非常有限，大部分企业仅在区域市场内销售。在这一阶段，谁先引进先进的生产设备和生产工艺，获得相对较好的产品质量，谁就有可能在产品竞争中脱颖而出。

此时，家居企业往往忙于积累内部的产品提供能力，而外部销售则需借助渠道商的力量，重要的渠道商可以决定家居品牌在某个区域的成败。谁能率先发动渠道变革，与更多的渠道商形成联盟，扩展销售区域范围，谁就有可能在销售上处于领先。

（2）发展期中后期，品牌推广是核心，设计、终端初显重要性。随着产业的发展，家居企业的实力也在不断发展壮大。到发展期的中后期，大部分品牌的产品质量都已相当稳定，想在质量上取得明显优势已越来越难，而且因为消费者在质量方面很容易得到满足，质量已成为消费者选购的基本条件，但却难以促进和激励消费者的购买欲望。

不少品牌正处于从区域品牌向全国性品牌发展的阶段，消费者对各品牌所知甚少，因此知名度往往成了决定消费者选购品牌的主要因素，如何让消费者知晓品牌成了关键的第一步。电视广告、明星代言、活动赞助、大型促销、概念炒作等，家居企业品牌推广手段层出不穷，目的就是让全国人民记住自己。

随着消费需求的升级，消费者对时尚设计、款式风格等也逐渐有了更高的需求，产品设计的作用逐渐增强。但此时家居企业有限的设计能力，使设计难以成为关键环节。

除了产品和品牌本身的因素外，消费者也越来越注重终端的购买体验，终端形象可能决定了消费者是否愿意进店，终端的产品陈列和销售服务可能决定消费者是否愿意最终购买。相对于渠道，终端逐渐显现出重要性。大部分品牌虽然还在继续努力扩张渠道，但仅有渠道没有在终端形成规范的运作，也难以取得成功。

（3）产业成熟期，把握设计、决胜终端。当家居产业发展到成熟期时，品牌数量众多，竞争激烈。大多数品牌已有清晰的定位和比较稳定的顾客群。消费者对品牌的识别也更加成熟，企业主动的品牌推广和形象宣传作用将有所减弱，消费者更注重品牌的实质内涵。

质量早已不是竞争的重点，但随着家居消费的时尚化、快速化，设计的作用将越来越重要，对产品的竞争力起关键性的作用。

终端（零售）环节是直接接触顾客、促成顾客购买的最终环节，不仅可以展示品牌形象、提供消费体验，而且优质的终端资源还具有稀缺性的特点，毫无疑问未来将越来越重要。

4. 家具业价值链演变趋势

家居产业目前处于发展期的中后期，价值链关键环节正在由制造、渠道向设计、零售、品牌推广过渡。未来随着家纺家居市场逐渐从发展期过渡到成熟期，设计和零售将成为价值链中最关键的两个环节。各环节的利润率（或对利润率的影响）也随着关键环节的变化而变化，最终将符合微笑曲线。

中国的家居企业普遍规模不大，国内市场零售额超过 10 亿元的寥寥无几，回款额超过 10 亿元的更是少之又少。有限的实力决定了任何家居企业都难以在多个价值链环节上形成优势。有志于在家居产业有所作为的企业，都应及早了解价值链关键环节的变动趋势，提前聚焦关键环节、集中资源打造核心能力，其他环节则进行外包或合作，推动并借助社会资源整合，最终才有可能成就产业领袖的梦想。

二、国际品牌宜家家居在中国的生存之道

（一）宜家简介

宜家家居于 1943 年创建于瑞典，“为大多数人创造更加美好的日常生活”是宜家公司自创立以来一直努力的方向。宜家品牌始终和提高人们的生活质量联系在一起，并秉承“为尽可能多的顾客提供他们能够负担，设计精良，功能齐全，价格低廉的家居用品”的经营宗旨。

在提供种类繁多、美观实用、老百姓买得起的家居用品的同时，宜家努力创造以客户和社会利益为中心的经营方式，致力于环保及社会责任问题。今天，瑞典宜家集团已成为全球最大的家具家居用品商家，销售主要包括座椅/沙发系列，办公用品，卧

室系列，厨房系列，照明系列，纺织品，炊具系列，房屋储藏系列，儿童产品系列等约 10000 个产品。

宜家家居在全球 36 个国家和地区拥有 294 个商场。宜家采用全球化的采购模式，在全球设立了 16 个采购贸易区域，其中有 3 个在中国大陆，分别为：华南区、华中区和华北区。宜家在中国的采购量已占到总量的 18%，在宜家采购国家中排名第一。中国已成为宜家最大的采购市场和业务增长最重要的空间之一，在宜家的全球战略中具有举足轻重的地位。

宜家产品系列在几个方面可谓种类繁多。首先，宜家产品系列在功能上种类繁多：从植物和客厅家居用品，到玩具和整个厨房，你可以找到布置你的家所需要的一切。其次，宜家产品系列在风格上种类繁多：浪漫主义者会与简约主义者一样能找到自己需要的东西。最后，互为和谐的产品系列在功能和风格上始终可谓种类繁多，无论你喜爱哪一种风格，都有能为你提供的东西。

（二）宜家家居的 SWOT 分析

1. 优势（Strength）

（1）采取低价格策略的经营理念。宜家品牌“为尽可能多的顾客提供他们能够负担，设计精良，功能齐全，价格低廉的家居用品”的经营宗旨让宜家家居的所有员工在设计、生产和销售产品的过程中对成本有着严格的控制，使宜家为顾客提供了性价比很高的产品，并且该品牌在顾客群中有很好的口碑。

（2）全球化的采购模式。宜家全球拥有 16 个贸易采购区域，设立了 46 个贸易代表处分布于 32 个国家。贸易代表处的工作人员根据宜家的最佳采购理念评估供应商，在总部及供应商之间进行协调，实施产品采购计划，监控产品质量，关注供应商的环境保护、社会保障体系和安全工作条件。如今，宜家在全球 53 个国家有大约 1300 个供应商。这样大规模的采购模式，使宜家的原料供应十分充足，并且让宜家具有很强的与供应商的议价能力，保证了原料质量的优质和成本的低廉。

（3）独特的研发设计。宜家强调产品“简约、自然、清新、设计精良”的独特风格。在设计过程中，设计师首先得到的是该产品的销售价格，然后在此基础上设计师从设计样式、设计结构上入手，最后设计师要同能提供该价格体系下的生产商一起协同工作，共同完成选料、打样、定型直到包装整个工艺流程。在每个步骤中，设计师都考虑了成本的控制，使设计出的产品不仅有着独特风格而且价格低廉。

（4）众多的销售网点。宜家在全球 38 个国家和地区拥有 311 家商场，众多的销售网点使宜家在全球家居市场中处于老大的地位，直接销售可以减少中间成本，提高利润，同时也能为消费者提供性价比更高的产品。除此之外，也能在一线接触到更多的消费者，了解其信息并与之建立良好的客户关系。

（5）体验式营销。轻松、自在的购物氛围是全球 300 多家宜家商场的共同特征。宜家鼓励顾客亲身体验其产品的触感等，如鼓励顾客在地毯上走一走，坐一坐沙发感受其是否舒服等；除此之外，宜家的所有家具都具备 DIY 设计，宜家为所有家具都配有十分具体的安装说明书，顾客可以根据说明书轻松地把家具组装起来，节省搬运费的同时，也增加了动手的乐趣。另外，平板包装对于宜家来说节省了成本，对于顾客来说则方便了购买运输和搬家时的搬运。

2. 劣势（Weakness）

（1）缺乏电子商务。电子商务是消费的新趋势，通过它不仅可以使企业实现高效、低成本的销售，还可以让消费者方便、快捷地实现商品的购买。目前，电子商务在拉动家居类产品销售量中扮演着重要角色，如果宜家能将自身传统的自建商场销售渠道与电子商务相结合，不仅能扩张销售区域，提高销售量，更促进企业快速发展。

（2）文化冲突。宜家自身的文化和在中国的本土文化的冲突。宜家在欧美等发达国家深受欢迎的 DIY 和不配送的文化与大多数中国人不喜欢自己动手组装产品怕麻烦、认为购买产品的费用包括企业送货上门的思想相冲突。

（3）品牌认知低。在欧美等发达国家，宜家把自己定位成面向大众的家居用品提供商，所以其在欧美国际的品牌认知度很高；在中国，宜家把其定位成面向大城市于中相对比较富裕的阶层，定位为中高档产品，将其销售点建在了中国一二线大城市，所以使大多数中国人对该品牌不了解。

3. 机遇（Opportunity）

（1）全球强调绿色经济。大约 10 年前，宜家集团开始有计划地参与环保事宜，涉及的方面包括：材料和产品、森林、供货商、运输、商场环境等。宜家率先通过森林认证，这是国际上流行的生态环保认证，包括森林经营认证和产销监管链审核。参与环保的事项可以为宜家树立良好的品牌形象，同时也顺应了全球发展的趋势。

（2）全球经济好转。当前呈现在我们面前的世界经济总体图景是全球经济维持低速增长，而推动增长的力量格局在改变。中国不断强调拉动内需，这对于宜家来说是一个扩大其在中国家居市场的份额的好机会。

（3）定制家居成为未来发展的亮点。随着经济的发展，技术的提高，人们的个性化意识的增强，市面上千篇一律的家居产品已不再能满足人们日益多样化的需求。消费者也逐渐寻找专属自己的个性产品，定制消费应运而生，并渐渐走进人们的生活。据调查，市面上的大多数家居产品是趋向大众化的，且不一定与业主家装风格相匹配，更不一定符合业主的个性风格。因此，定制产品受到越来越多的消费者喜爱。宜家可以抓住此机会，为消费者打造满足其个性化需求的产品。

4. 威胁（Threaten）

（1）成本增加或上涨。在中国中小型劳动密集型企业招工难已成为越来越普遍的问题，随着大城市生存成本的上升，一线工人难招、涨工资成了必然。因此，在中国宜家可能面临招人难、工资成本上升等问题。

（2）被模仿。在中国的专利保护法律措施等不完备，导致许多中国企业不断地去模仿甚至仿冒国外知名品牌的产品，使国外知名品牌在中国市场的形象受损，或是市场份额被抢占。

（3）电子商务的冲击。在今年“双十一”促销潮中，家居行业表现也格外夺目。可以预见，电子商务将成为家居建材行业的又一销售通道，泛家居行业将进入新的发展阶段。宜家在电子商务这方面的空白使其竞争力下降。

（4）能源危机。森林资源是有限的，对于家居行业，木材是其重要的原材料之一，如何降低对该资源的依赖对宜家来说是一个挑战。

（三）宜家在中国的发展战略

1. 有价值的低价格战略

“宜家的市场策略是为中国人提供廉价的家居解决方案。”这是宜家中国负责人的目标。在今天的宜家店里，代表降价商品的黄色标识还应该继续增多。

宜家在中国新策略的核心是通过产品与成本——也就是更多、更好、更便宜的商品赢得中国市场份额。为了调动中国百姓的购买积极性，宜家正加速推出更多简单实用的新产品——据不完全统计，宜家保持着15%的产品更新率。

这种有价值的低价格策略是非常稳健的，先进行精品、高档的形象铺垫，然后进行循序渐进的价格滑落，这使中国顾客始终感觉宜家产品的价格不太高，又不让顾客觉得是便宜货，保持着“有价值的低价格”的策略点。

2. 向服务型企业转型

通过对诸多家居业内精英人士的观点综合得知，业内已经将企业向服务型转型作为未来行业发展的一大趋势。传统的制造企业向服务型企业转型，被业内人士认为是经济低迷时期非常重要的战略。以前专做设计生产的企业已经逐步探向消费者中间，并对消费者进行直接的面对面的服务，目的是通过服务的比拼，使在经济并不景气的当下，老百姓对于消费更为谨慎和理智的时候，还能享受到来自企业的超值的服务，这对于企业品牌的维护以及消费者口碑的建立都是大有裨益的。这也是在今年企业经营者即使顶着利润下降的压力也要大幅让利给消费者，甚至加大投入建设一个完善的服务体系的原因。由此可见，家居行业在度过经济危机的这段时间后，将会以服务为支点，实现下一步的跨越。

对于购买宜家家居的消费者来说，90 天可无理由退换货，30 天低价承诺，另外还有 5 年之内免费保修。相信其他大部分家居企业都将“建设完善的服务体系”作为近一两年的发展目标。宜家也应该在各大高级社区设有专业的品牌推广队伍，免费给消费者进行家具维修，无论是否购买了宜家家居的产品，都能享受到宜家家居的维修维护，这样做不仅能提高产品的知名度，还能在消费群体中拥有越来越稳定的受众。

可以预见在家居业内，对服务的倚重会越来越多，家居行业从拼设计、生产、质量已经全面转向“软实力”的竞争，这种软实力不仅包括服务体系在企业结构中的比重扩大，也包括在经济萧条时期人力资源的储备、经营思路的拓宽，等等。家居行业厉兵秣马，终将在软实力上寻找到突破口。因此宜家不能在向服务业的转型中落于人后。

三、结语

目前中国家具行业存在诸多问题，例如家具企业间相互模仿跟风、商品同质化现象严重，家具企业想单纯靠产品赢得顾客已经变得很难。企业的竞争说到底还是品牌、战略等方面的竞争。

本案例通过中国家具行业分析，并以宜家为例研究了企业战略，希望能为我国家具企业在制定公司战略方面提供一点建议。另外，中国的家具企业在进行扩张发展的过程中，可以借鉴宜家家居的发展策略，针对自身不足，努力补齐短板。

案例使用说明

一、教学目的与用途

1. 本案例主要适用于“国际商务”课程，也适用于“国际企业战略管理”等相关课程。

2. 本案例教学目标

本案例通过对宜家家居基本情况、业务发展、竞争力以及中国家具行业的分析，引导学生运用国际商务的理论方法及分析工具对案例中的企业的竞争力、所处行业进行深入分析，从而加深对于国际商务理论和分析框架的理解与运用，

二、启发思考题

1. 家具行业的宏观环境如何？整个产业链有何特点？
2. 宜家家居在国际化的过程中具备哪些优势？存在哪些挑战？
3. 中国家具行业存在哪些问题，有何解决方案？
4. 宜家家居的发展模式及全球化布局对中国家具企业有哪些启示？

三、分析思路

首先分析宜家家居如何进军中国市场的，在进入国际市场宜家家居具备哪些优势，又面临怎样的挑战，从而引出企业国际化的过程。中国家居产业具备哪些特点、竞争力又是什么？综合分析在企业国际化的过程中的理论支持。

四、理论依据与分析

1. 运用波特五力模型对家具产业进行分析。
2. 运用 SWOT 框架模型对企业进行分析。

五、关键点

1. 宜家家居国际化的形成过程。
2. 家具产业的行业特点
3. 家具产业产业链的分析。

六、建议课堂计划

1. 引入案例（20 分钟）

教师可以通过多媒体，以图片、视频等形式，向同学简要介绍宜家家居及家具产业的基本情况和特点。

2. 分组讨论（10 分钟）

将学生分为若干小组，对设立问题进行分析讨论。

3. 发表观点（30 分钟）

各组学生派出代表对问题进行回答，其他同学可以补充回答。

4. 案例点评（10 分钟）

针对同学们的回答情况予以点评，并对案例的关键点进行重新分析。

5. 案例总结（10 分钟）

总结案例，启发同学们对国际商务的更深入思考。

参考文献

［1］家具行业呈现四大趋势，智能化时代即将到来［J］. 家具与室内装饰，2019（9）：6.

［2］蒋心怡，陈于书，熊先青. 家具品牌定位管理——以宜家为例［J］. 艺术科技，2019，32（6）：220.

［3］任艳如. 管理经济学中非技术下的低成本管理——以宜家为例［J］. 西部皮革，2018，40（10）：58.

［4］石冠峰，陈冬梅，陶凯来. 宜家的“体验营销”策略分析及其启示［J］. 中国管理信息化，2016，19（12）：66－67.

［5］白嘉，张会新. 宜家（中国）的本土化营销战略［J］. 经济导刊，2010（6）：42－43.

案例 16

海螺水泥“走出去”化解产能过剩*

改革开放以来，随着我国经济的高速发展，作为建筑业血液的水泥的重要性也大大提升，产能得到了飞快增加。但近年来，随着下游需求的放缓，国内水泥行业产能过剩现象日益严重，行业景气度持续下行。为缓解这一局面、促进水泥行业长远健康发展，国内层面，供给侧改革、错峰生产及各类环保限产政策陆续出台；跨国层面，水泥龙头企业也在寻求着海外投资设厂、向外输出过剩产能的发展路径。本文以海螺水泥“走出去”为例，重点分析水泥这一传统产能过剩行业通过对外投资获得良性发展的可行性以及过程中可能面临的问题，从而以 FDI 角度为我国企业化解产能过剩提供借鉴和思考。

* 本案例由中央财经大学国际经济与贸易学院孙志贤、闫圣新撰写。

案例正文

水泥在我国的国民经济中处于基础性地位，广泛应用于工程建设及房地产建设中，受经济周期波动影响大，是一种典型的投资拉动型产品。对于水泥来说，由于其需求量大，现阶段尚不存在可替代产品，并且生产技术门槛较低，因此长期以来，我国水泥行业一直处于产能过剩的状态。近年来，随着供给侧结构性改革的推进、环保政策的落实以及行业错峰限产的执行，我国水泥行业竞争格局明显改善，产能过剩状况持续好转。随着我国经济发展速度换挡、城镇化进程减慢，长期来看，国内对于水泥的需求将持续减弱，届时如何防范产能过剩局面加剧及行业景气度大幅恶化，是摆在我国水泥企业面前的重要问题。在国内有效需求难以大幅提振的情况下，“走出去”似乎是国内水泥企业化解产能过剩、维持行业高景气度的可行途径。但目前整体而言，我国水泥企业“走出去”的规模和完成度都不高。海螺水泥是我国水泥行业的龙头企业，也是至今为止海外投资规模最大的国内水泥企业，通过对海螺水泥“走出去”案例进行研究分析，将有利于较为透彻地理解水泥这一传统建材行业通过对外直接投资化解产能过剩的逻辑和未来的可行路径。

一、背景介绍

（一）海螺水泥简介

1. 海螺水泥基本情况

安徽海螺水泥股份有限公司是全球最大的水泥生产企业之一，也是全球最大的单一品牌水泥供应商。公司成立于 1997 年 9 月 1 日，于 1997 年 10 月 21 日在香港挂牌上市（股票代码：0914. HK），于 2002 年 2 月 7 日登陆上交所（股票代码：600585. SH），成为国内首家 A + H 股水泥企业。福布斯 2020 年“全球企业 2000 强”中，海螺水泥名列第 312 位，较 2019 年排名提升 95 位。海螺水泥控股股东为海螺集团，实际控制人为安徽省国资委，截至 2019 年年末，海螺水泥合计拥有 165 家控股子公司，7 家合营公司，1 家联营公司。

海螺水泥的水泥业务横跨华东、华南和西部 18 个省、直辖市、自治区和印度尼西亚、缅甸、老挝、柬埔寨等国家，形成了集团化管理和国际化、区域化运作的经营管理新格局，成就了“世界水泥看中国，中国水泥看海螺”的美誉。

海螺水泥生产线全部采用先进的新型干法水泥工艺技术，具有产量高、能耗低、自动化程度高、劳动生产率高、环境保护好等特点。海螺水泥在华东、华南地区拥有丰富的优质石灰石矿山资源，含碱度低，碳酸钙含量高，为生产高品质低碱水泥提供了得天独厚的原材料；海螺水泥生产全部采用新型干法旋窑工艺技术，装备先进，实现了从矿石开采到码头装运的全程自动化控制，按照ISO9001国际质量认证体系进行质量管理和监控；依靠完备的铁路、公路及水路运输系统，形成了专业化生产体系和庞大的市场营销网络。

“海螺”牌高等级水泥和商品熟料为公司的主导产品。“CONCH”商标被国家商标局认定为驰名商标，长期、广泛应用于举世瞩目的标志性工程，如京沪高铁、杭州湾跨海大桥、上海东方明珠电视塔、上海磁悬浮列车（轨道梁）、连云港田湾核电站、浦东国际机场等工程。同时，产品出口美国、欧洲、非洲、亚洲等20多个国家和地区。海螺水泥以先进的工艺、卓越的品质、优质的服务、完善的销售网络以及强大的生产保供能力，辅以专家级的技术支持，不断实现至高品质、至诚服务的经营宗旨。

2. 海螺水泥发展历程

海螺水泥前身宁国水泥厂于1978年10月经安徽省建委批准设立，1996年并购白马山水泥厂，正式组建海螺集团。海螺集团于1997年成立安徽海螺水泥股份有限公司，发展至今已成为全球性建材集团巨头。具体来看，海螺水泥发展历程大致可分为五个阶段：

（1）1978—1996年：组建海螺集团。

1978年10月25日，安徽省建委建政字（78）019号文批准成立“安徽省宁国水泥厂”；

1993年，宁国水泥厂制订了“一业为主、多种经营，跨地区、跨行业”的发展战略；

1996年8月，正式宣布成立安徽海螺集团有限责任公司；

同年9月，出资2亿元整体承债式并购白马山水泥厂。

（2）1997—2002年：海螺水泥诞生，“T”型战略启动。

1997年9月，以宁国水泥厂、白马山水泥厂为主发起成立安徽海螺水泥股份有限公司，同年10月登陆港交所，开创中国水泥行业境外上市的先河。

1999年，开始实施“T”型发展战略，在沿江等地大量购买石灰石资源，收购具有市场潜力的小水泥厂，将其改造成水泥粉磨站，创建了具有特色的海螺发展模式。

2002年2月，登陆上交所，国内首家A+H股水泥企业。

2002年3月，在铜陵海螺率先建成国内第一条日产5000吨国产化示范线，标志着我国新型干法水泥技术迈上了新台阶。

（3）2003—2006 年：进军华南。

2003 年，在“立足省内，巩固华东，拓展华南”的发展思路指导下，海螺水泥开始向华南等地拓展，先后在广西、广东、湖南等地选址建设了大型新型干法水泥生产基地。

2004 年，在消化引进的池州海螺日产 8000 吨新型干法水泥熟料生产线技术的基础上，利用从国外引进的关键技术，分别在铜陵、枞阳等地建成了 4 条日产 10000 吨新型干法熟料生产线，使中国成为继泰国之后世界上第二个拥有万吨生产线的国家，中国水泥生产技术由此登上了世界水泥行业的最高点。

（4）2007—2010 年：布局西部。

2007 年，在巩固华东、拓展华南取得阶段性胜利之后，为积极响应国家西部大开发的号召，完善战略布点，公司开始启动西部发展战略，先后启动了甘肃、四川、重庆、贵州、陕西等多个项目，规划形成 3200 万吨熟料生产能力。

2008 年，“5 · 12”汶川地震发生后，公司加快了川、渝、贵等项目的建设步伐。

（5）2011 年至今：转变发展方式，积极布局海外。

“十二五”期间，先后建成了集成世界先进的节能技术和环保装备的三条日产 12000t/d 生产线，代表着当今世界水泥行业最先进水平。

成功并购云南壮乡等数十家水泥企业，新增熟料产能 3110 万吨，水泥产能 4565 万吨，进一步完善了战略布局。

大力发展骨料业务，延伸覆盖上下游产业链。

2014 年起，自印度尼西亚南加开启海外扩张，已于印度尼西亚、缅甸、老挝、柬埔寨、俄罗斯、乌兹别克斯坦等地累计完成 20 多个项目。

（二）海螺水泥海外布局情况

海螺水泥目前位于海外的水泥资产主要布局在印度尼西亚、缅甸、柬埔寨、老挝、乌兹别克斯坦等“一带一路”沿线国家。其主要海外子公司所在地包括印度尼西亚、柬埔寨、老挝、俄罗斯、缅甸、乌兹别克斯坦等。根据中国水泥网的统计，公司投产海外熟料产能结构中，印度尼西亚、缅甸、柬埔寨、老挝各占 65%、14%、14%、7%；在建海外熟料产能结构中，印度尼西亚、老挝、乌兹别克斯坦各占 61%、19%、20%。就国内同行对比，海螺的海外产能在国内位于首位。

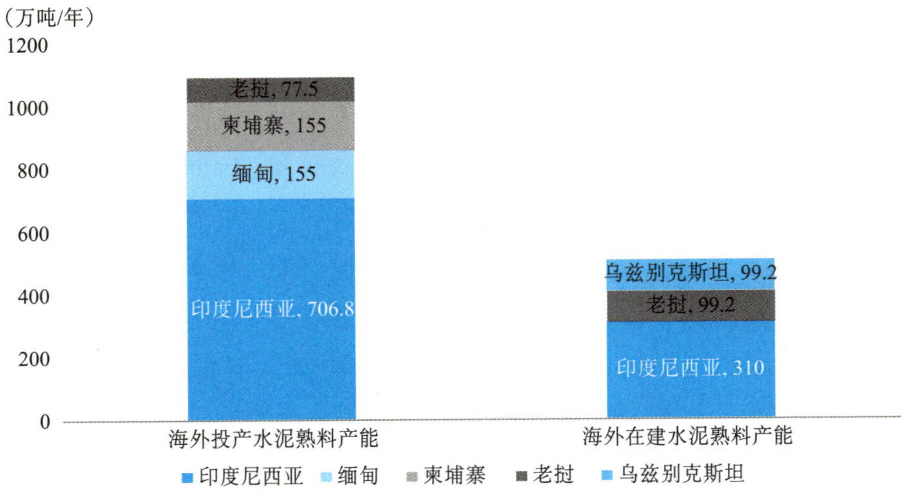

图 16－1　海螺水泥海外投产及在建水泥熟料产能情况（截至 2019 年年末）

资料来源：中国水泥网。

表 16－1　　海螺水泥主要海外子公司情况

主要海外子公司	简介
印度尼西亚海螺水泥有限公司	位于印度尼西亚爪哇岛西部万丹省北部工业园区西冷县，紧邻国际干散货海港——孔雀港（Merak），土地总面积约 180 亩（12 公顷）。公司成立于 2011 年 9 月。 印度尼西亚海螺自 2016 年投产至 2018 年年底，累计生产水泥 242.47 万吨，销售水泥 235.60 万吨，实现含税销售收入 88239.11 万元，上缴税费合计 3955.53 万元。印度尼西亚海螺建设对于企业国际化发展战略极具重要政治意义，也是响应“一带一路”倡议的先行军，是推进国际产能合作的重要举措。对带动当地就业，改善当地人民生活水平和基础设施建设，促进当地经济发展、增加政府税收等作出重要贡献。
印度尼西亚海螺国际贸易有限公司	位于北雅加达市 PIK 区，2014 年 7 月注册成立，是海螺品牌“CONCH”商标在印度尼西亚的拥有者，主要统筹海螺集团在印度尼西亚国的投资规划和落实，负责海螺集团在印度尼西亚的项目发展、经营业务拓展、财务统筹、在中央部委的权证报批、关系协调及行政服务等工作，是公司在印度尼西亚经营“海螺牌”水泥及熟料的总进口贸易商，下设巨港、帕卢、索隆三个中转库。 随着公司贸易规模日益扩大，客户逐步向东南亚乃至各国拓展，并以良好的信誉得到了众多国内外客户的信赖，对践行国家“一带一路”倡议，促进经济文化技术交流，增进东南亚及各国人民的友谊起到积极作用。
南加里曼丹海螺水泥有限公司	位于印度尼西亚南加里曼丹省大巴隆县，成立于 2011 年 12 月，注册资本金为 9000 万美元，拥有 2 条日产 3200 吨熟料生产线，配套年产 300 万吨水泥粉磨系统，3 台 18MW 燃煤发电机组以及必要的生产生活辅助设施，一期于 2012 年年底开工建设，2014 年 11 月 18 日点火生产；二期于 2014 年底开工建设，2016 年 5 月 28 日点火生产，项目总投资约 5 亿美元，公司现有员工 563 人，其中中国籍员工 72 人，印度尼西亚籍员工 491 人。

续表

主要海外子公司	简介
南加里曼丹海螺水泥有限公司	南加海螺是安徽海螺集团响应中国政府“一带一路”倡议号召，在印度尼西亚投资建设的第一个水泥项目，是中国与印度尼西亚国政府共商项目投资、共享合作成果的生动体现，也是海螺集团实施国际化发展战略首个实体项目，公司致力于技术进步，积极发展绿色经济，努力打造环境和谐友好型的现代化工厂，在推广先进的水泥工艺生产技术、促进印度尼西亚国经济振兴、推进印度尼西亚基础设施建设、壮大地方经济实力以及促进中印两国经贸文化往来、加深两国人民的友谊等方面将作出自己积极的贡献。南加海螺先后连续 3 年获得地方“纳税大户”荣誉称号。 自 2016 年至 2018 年，南加海螺共计生产熟料 466 万吨，生产水泥 515 万吨，销售水泥熟料 548 万吨，实现含税销售收入 16.33 亿元，实现经营性利润 1.37 亿元，共计上缴各类税费 1.8 亿元，为地方经济社会发展作出了突出贡献。同时南加海螺把企业文化建设作为公司发展建设和生产经营过程中的重要组成部分，每年组织开展了形式多样、丰富多彩的文体活动，并积极融入当地民俗民风，履行社会责任，促进了两国文化交流。
国投印度尼西亚巴布亚水泥有限公司	成立于 2012 年 6 月 27 日，由国家开发投资公司和安徽海螺集团共同兴建，项目总体规划 2 × 3200t/d 新型干法熟料水泥生产线、3 × 20MW 燃煤电站、配套建设进出口码头及生活设施。项目分两期建设，一期工程已于 2015 年 3 月开工建设，2016 年 8 月 27 日点火投产。 公司水泥熟料生产线采用当今国际最先进的旋风预分解窑新型干法生产工业技术，采用集散式自动化控制系统及一流的质量检测设备，生产现场实现无人操作，采用中央控制室集中控制，生产现场环保设备配置先进，粉尘排放浓度低，生产冷却水循环使用，污水“零排放”，生产技术指标均达到国际先进水平。自投产以来，西巴公司在解决西巴布亚省及周边省市的就业，推动当地基础设施建设，带动东印度尼西亚地区物流和运输，增加政府税收等方面，取得了巨大的社会效益和经济效益。 公司秉承“至高品质、至诚服务”的企业宗旨，生产的主导产品 PCC 级、OPC 级“海螺”牌水泥，广泛用于工业、农业、民用、建筑、交通等工程。主要销往印度尼西亚东四省及巴布亚新几内亚、菲律宾和澳大利亚等国家。
印度尼西亚巴鲁海螺水泥有限公司	成立于 2014 年 12 月 8 日，是安徽海螺集团公司旗下的安徽海螺水泥股份有限公司的全资子公司，项目位于印度尼西亚苏拉威西岛南苏省巴鲁县，距离省会马卡萨（印度尼西亚第四大城市）约 110 公里。主厂区距巴鲁县城约 4 公里、距离码头 3.5 公里。周边资源丰富，水运交通便利，区位优势显著。 项目拟规划建设 4 条 5000t/d 熟料生产线。一期项目总投资为 5.6 亿美元，规划建设 2 条 5000t/d 熟料生产线、年产 220 万吨水泥粉磨和 15MW 余热发电；配套建设 2 × 35MW 燃煤电站和 5 万吨级专用码头，年产熟料 330 万吨、水泥 220 万吨。项目建成后，将成为海螺在印度尼西亚投资的单厂产能规模最大的水泥熟料生产基地。

续表

主要海外子公司	简介
北苏拉威西海螺水泥有限公司	成立于2015年5月，是安徽海螺集团公司旗下的安徽海螺水泥股份有限公司的全资子公司，项目规划建设2×5000T/D熟料生产线，年产440万吨水泥粉磨系统、3×20MW自备电站、2×7.5MW余热发电系统、3万吨级专用码头。项目同步规划，分布实施，一期工程已于2016年9月开工建设，2018年10月火生产，并顺利通过72小时达产达标验收，系统运行稳定。 公司水泥生产线使用目前国际最先进的新型干法水泥生产技术，采用集散式自动化控制系统及一流的质量检测，环保设备配置先进，环保指标、生产技术指标均达到国际先进水平，同时带动运输、原燃材料等相关产业链的发展，为当地经济发展、人民生活水平提升、基础设施改善以及增加政府税收等作出重要贡献。 公司秉承“至高品质、至诚服务”的企业宗旨，生产的主导产品PCC级、OPC级“海螺”牌水泥，广泛用于工业、农业、民用、建筑、交通等工程，主要销往印度尼西亚国内各地，未来的水泥和熟料将出口菲律宾、马来西亚和澳大利亚，带动东南亚及澳洲水泥市场发展。
西加里曼丹海螺水泥贸易有限公司	位于印度尼西亚西加里曼丹省MEMPAWAH县SIATAN镇WOJOK村，成立于2016年8月，是海螺集团在海外的第一个水泥中转库项目，项目于2017年9月开工，2018年12月正式投产运行。 西加海螺中转库项目共配套2台螺旋刀绞式散装水泥卸船机，两个5000吨级散装水泥库，两台八嘴自动插袋包装机，中转设备先进，为印度尼西亚国境设计产能最大的水泥中转库项目。 西加海螺项目投产后，将秉承海螺集团“至诚品质，至高服务”经营宗旨，缩短海螺品牌优质水泥的供应链条，服务于本地水泥消费者，为促进地方经济发展作出应有的贡献。

资料来源：海螺水泥官网。

二、海螺水泥的“走出去”之路

（一）海螺水泥“走出去”的背景

国内水泥市场情况

（1）国内水泥产量。水泥是典型的投资拉动型产品，加之其本身具有易变质、不易储存的特性，库存量非常少，所以其产量基本上完全由下游需求规模决定。在21世纪初，伴随着我国经济的高速发展，水泥行业也实现了飞跃。这一时期，由于下游需求的快速扩张，我国水泥还曾一度出现供不应求的局面。但另外，国内水泥行业也在很长一段时间内随需求扩张进行着野蛮生长，由于企业的边际扩产冲动，我国水泥行业出现了严重的产能过剩，而随着我国经济及投资增速放缓带来的需求减弱，也使短期内这一现象难以得到根本性解决。由图 16－2 可知，受益于经济的高速增长，我国水泥产量在 21 世纪前 10 年一直处于逐年递增的态势，于 2014 年达到产量峰值。从 2015 年起，国家启动供给侧改革、下游需求放缓、行业内兼并重组增多、错峰生产大力推行以及更为严格的环境保护政策等诸多因素叠加在一起，共同导致我国水泥产量出现了负增长，并在近年间一直处于波动下降的态势，但尽管如此，年产量却仍始终保持在 20 亿吨以上。其中从 2011 年开始，我国水泥产量增速整体开始步入下滑通道，由于水泥不易储存，因为产销量基本一致，所以 2011 年开始的整体增速下滑表明我国国内市场对于水泥的需求已现疲软，这主要是因为 2008 年年末国家出台的“4 万亿”刺激计划透支了大量的国内需求所致。

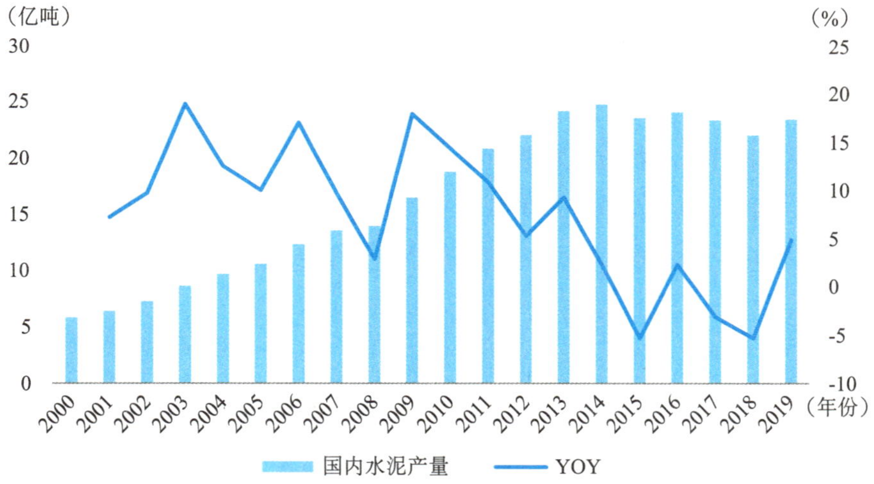

图 16－2　进入 21 世纪以来我国水泥产量及增速

资料来源：国家统计局《国民经济和社会发展统计公报》。

（2）新增产能情况。虽然前期积累的大量过剩产能亟待化解，但近年的新增产能却得到了有效抑制。其原因可以归结为两点：政府相关政策的强制性禁令和行业内协同合作的自觉性控制。由此可知，对于水泥产能增量的限制已经起到了一定的作用，但较低的产能利用率表明仅仅做到这一方面是不够的，仍需要从其他途径对存量过剩产能进行化解。如果将时间拉回 2011 年海螺水泥的海外布局元年，我们可以看到，当时虽然国内市场需求总量已现下滑趋势，产能已经严重过剩，但由于无序、混乱且各自为战的市场竞争，当年仍新增了大量的水泥产能和熟料生产线。

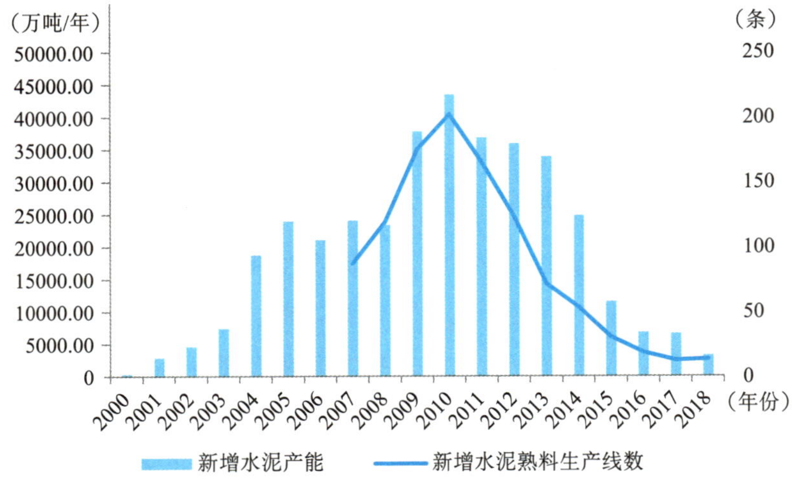

图 16－3　进入 21 世纪以来我国新增水泥产能

资料来源：国家统计局。

（3）产能利用率情况。整个水泥行业在前期野蛮生长的过程中积累了过多的熟料生产线，即使在产能置换和淘汰落后产能严格推进的大背景下，完全化解这部分多余产能仍需要很长的时间。并且水泥是同质化产品，不存在技术上的限制，所以为了追求更高的利润，水泥企业都天然拥有过多生产的边际倾向。通过对我国水泥熟料产能利用率的测算，可以发现我国水泥行业目前仍有较多过剩产能亟待解决。

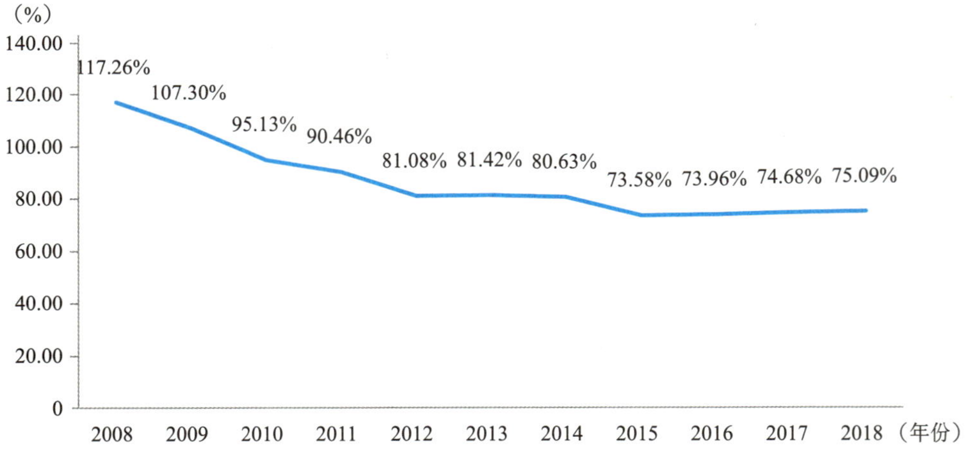

图 16－4　2008—2018 年我国水泥熟料产能利用率

资料来源：中国水泥协会。

2008 年年底推出“4 万亿”刺激计划之后，基建领域需求火热，各家水泥企业为抓住市场机会也大上产能，开足马力生产。但是“4 万亿”计划实际上是对于我国需求的一种透支，2011 年之后，下游需求萎靡，“4 万亿”期间新增的产能又无法得到及时有效的化解，因此我国水泥熟料产能利用率持续走低，这一真实存在的客观情况对我国水泥企业“走出去”提出了要求。此外，在 2015 年之后，受益于供给侧改革，行业产能利用率有小幅回升，但截至 2018 年，这一数值仍只有 75% 左右，未来过剩产能化解仍任重道远，我国水泥企业“走出去”战略仍需继续大力推进。

（4）国内行业格局。由于技术门槛低、需求量大，长期以来，我国水泥企业众多，行业呈现出格局分散、竞争混乱的特点。2011 年，我国水泥行业中小企业众多、行业竞争格局较为分散，除海螺水泥、中国建材等龙头企业外，绝大多数水泥企业在各方面均不具备对外直接投资的实力，这也在很大程度上给海螺水泥“走出去”扫平了国内竞争对手的干扰，使海螺水泥的海外扩张能够得到我国政府的全力支持。

但近年来，受政府政策推动及市场化竞争战略双重因素影响，在行业内出现了大量的兼并重组，并关停了众多中小企业，我国水泥行业集中度因此持续走高，行业竞争秩序大幅改善。具体来看，中国建材、海螺水泥综合实力遥遥领先，熟料产能破 2 亿吨/年；金隅冀东、华润水泥、华新水泥等企业综合实力较强，位于第二梯队。整个行业呈现出“两超多强”的竞争格局。近年来我国水泥行业 CR10 基本稳定在 55% 以上，尽管如此，与美国的 74%、加拿大的 81%、日本的 85%、英国的 96%、法国的 93% 相比，我国水泥行业仍有进一步整合的空间。

行业集中度不断提高，使龙头企业之间更容易形成战略联盟，根据实际需求自行安排生产计划，避免产品过剩。此外，在海外扩张方面，集中度高的行业内的大企业相对于集中度低的行业内的小企业也更具比较优势。实力弱、规模小的水泥企业难以获得政府的大力支持、难以融得足够的资金、难以觅得经验丰富的人才、难以同投资目的国进行良好的协商与谈判，因而很难具备足够的实力进行海外布局。而实力强、规模大的企业拥有足够财力、人力进行海外生产基地的初期建设，相对更易获得本国政府给予的优惠措施，也更可能为投资目的国带来额外的经济增量、解决更多的就业，从而与当地政府建立良好的合作关系，获得更多的订单。从市场格局这一角度来看，未来包括海螺水泥在内的我国水泥企业可以利用更大的规模优势加速海外布局。

（二）海外水泥市场情况

海螺水泥“走出去”的第一站是印度尼西亚。印度尼西亚是东南亚经济规模最大的国家，拥有全球第四多人口规模，是全球最大的穆斯林国家。

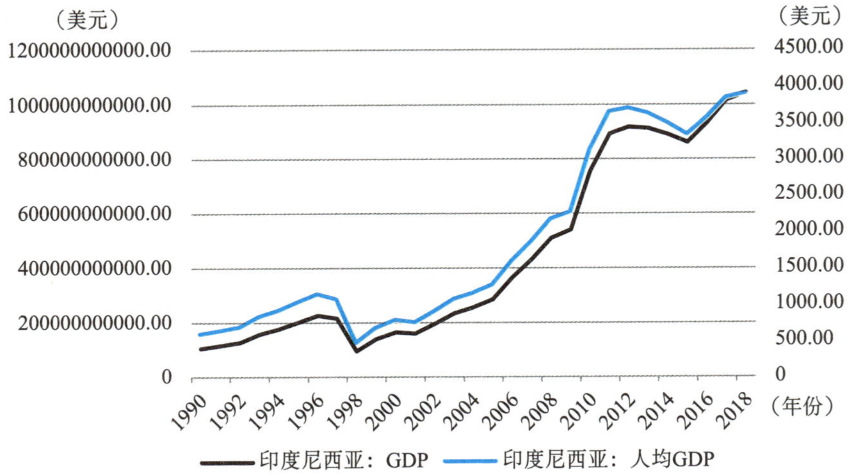

图 16－5　1990—2018 年印度尼西亚 GDP 及人均 GDP 水平

资料来源：世界银行。

印度尼西亚在 2009 年经济危机后采取大幅经济刺激，受益于此，2010—2011 年，印度尼西亚国内经济水平也随之快速发展。经济的增长必然会带动水泥需求和产能的快速扩张。从印度尼西亚国内水泥行业开始起步至 2011 年，可以将其发展历程大致分为三个阶段：1985 年印度尼西亚水泥达到 1700 万吨产能，到 1997 年达到 3000 万吨，该阶段为行业发展最快阶段，这一时期印度尼西亚水泥年产量约为 2700 万吨；1997 年亚洲金融危机冲击经济，水泥下滑后缓慢恢复，产能产量增长放缓，到 2006 年之后长时间维持在 4200 万吨水平，水泥年产量至 2008 年达 3700 万吨；2010 年，受益于各项刺激政策，印度尼西亚经济从全球经济危机中恢复，水泥产能随之进入新一轮的快速增长，2011 年印度尼西亚经济高增长带动水泥需求，水泥产量增速达 17.7%，同期水泥价格维持高位。

通过对印度尼西亚国内水泥市场的纵向梳理，我们可以看到 2011 年是历史最好时期，并且在当时经济刺激政策的存续期内，这一势头大概率将持续数年。这对于有意向国外扩张的海螺水泥来说，显然是极为诱人的利好因素。

1. 海螺水泥自身情况

2011 年，是海螺集团成立 15 周年。海螺水泥立足安徽、巩固华东市场后，便向华南和西部市场进发，由区域性水泥企业成为了全国性水泥巨头，实现了跨越式的发展，连续多年进入中国企业 500 强。而此时，国内水泥市场却不乐观。作为传统资源性产业，经过多年的快速发展，我国水泥产能严重过剩已经成为不争的事实，产业结构调整、优化升级的任务繁重。要想继续保持海螺水泥多年来的高速发展，必须将目光投向海外，在国外市场进行布局，占领未来发展潜力巨大且未饱和的市场。

实际上，海螺水泥早早地规划了对外直接投资的战略设想。早在 2008 年，国内水泥市场还处于需求旺盛阶段时期，海螺水泥便居安思危，开始对全球各区域水泥市场情况进行了调研分析，为后期海外布局项目的落地奠基了坚实的基础。

时间至 2011 年，海螺水泥经过多年发展，其新型干法水泥生产技术和成本管控指标等方面均已居国际领先水平。不但能够自行设计 2000—10000 吨的水泥生产线，而且还能提供全部由海螺集团自行研发制造的主机设备。无论是在技术、装备，还是资金、人力资源方面‘海螺’都做好了向海外发展的准备，并具备了充足的条件，海螺“走出去”的最好时机已经到来。

2. 海螺水泥“走出去”的过程

（1）海螺水泥对外直接投资的选址。印度尼西亚是海螺水泥“走出去”的第一站，也是至今为止投产规模最大的海外市场。因此，我们将主要着墨于海螺水泥在印度尼西亚的直接投资。

印度尼西亚是海螺水泥走出国门的第一站，奠定了其整个国际化战略的基调和步伐。印度尼西亚是东盟最大的经济体，基础设施较落后，水泥消费有很大的增长空间，且拥有丰富的石灰石、煤炭资源和良好的水运条件，具备建设大型水泥项目的基础。2011 年上半年，海螺水泥先后 4 次派遣考察组赴印度尼西亚考察，调研水泥市场情况、拟建项目原料资源等建设条件，取得了第一手资料，组织项目可行性论证。最终海螺集团认为，将印度尼西亚作为海外布局的第一站，至少在以下四个方面拥有其他区域难以比拟的区位优势。

第一，印度尼西亚政局一直以来相对稳定，且与中国始终保持着较为良好的关系，稳定的政治环境为企业海外建设项目提供了最基本的保障。

第二，印度尼西亚的经济水平一直保持较为稳定的增长速度，近年间均维持在 6% 左右。水泥是建筑的血液，经济发展的基石。经济的增长肯定会带来水泥需求的增长。印度尼西亚在 2011 年 2 月宣布了 5 年远景经济发展规划，特别是规划头 4 年努力吸引中国企业和世界各地华商到印度尼西亚投资兴业，其中政府 8% 的资金预算用于发展基础设施建设，这对于印度尼西亚国内的水泥市场来说是极大的利好因素。

第三，受益于印度尼西亚的水泥需求量一直保持较大且平稳的增长，印度尼西亚国内的水泥价格也相对较高，市场潜力巨大。全国水泥价格基本保持在 100 美元/吨以上。

第四，水泥制造过程中需要大量的石灰石原材料以及煤电动力能源，此外，水泥体积大、单价低且容易变质，难以长途运输，因此具有较强的区域性，需要区域内拥有足够的需求量来消化水泥的产量。印度尼西亚天然具备发展水泥的条件，石灰石、煤炭资源丰富，人口多，水泥需求量大。2013 年印度尼西亚水泥消费量 5802 万吨，全国人均水泥消费量仅 245 千克/人。按照世界人均水泥消费量约 700 千克计算，未来印度尼西亚年水泥消费量将在 1 亿吨以上。

通过多次实地调研、审慎评估，海螺水泥最终选择了印度尼西亚作为海外战略的第一步，确定了印度尼西亚海外项目发展思路。经过对石灰石矿山、航道、煤矿等情况的实地考察、走访水泥销售点以及与印度尼西亚高层的接触，2011 年 6 月 30 日，安徽省国资委、印度尼西亚工业部、海螺集团共同签署《合作备忘录》。海螺集团将在印度尼西亚投资 4 个水泥项目，规模在 1000 万吨以上。9 月 20 日，印度尼西亚海螺水泥在雅加达召开首次董事会，决定先期投资南加海螺，建两条 3200 吨的生产线。11 月底，印度尼西亚海螺水泥公司完成注册。公司定位为跨国企业、投资公司。随后，在前期调研论证的基础上，印度尼西亚海螺先后在南加、西巴、苏拉威西、苏门答腊、爪哇等地进行项目布局选点。2012 年 10 月，海螺水泥在印度尼西亚第一大岛——加里曼丹岛上动工建厂，真正迈出了海螺水泥走向国际化企业的第一步。值得一提的是，海螺水泥在印度尼西亚进行海外投资设厂的过程中，在投资、征地、设计、安装设备、工程建设、搭建市场销售渠道、相关知识产权等全流程环节，均实现了自给自足。印度尼西亚海螺是中国水泥工业真正意义上的“走出去”，其意义不仅仅在于投资建设一个工厂，而是完成整个产业链的国际化战略，是完成国际化公司的一个全过程。

（2）海外项目建设及运营过程中面临的困难和挑战。尽管从宏观和中观层面来看，在印度尼西亚投资设厂具备诸多利好因素，但落实到具体的项目建设上，各种困难就随之产生了。

加里曼丹岛是典型的热带雨林气候，一年当中 9 个月是雨季，这给施工带来了极大的不便。大量的降水造成难以克服的饱和土壤及泥泞地表，物资材料进场困难，自营土方设备车辆无法通行，部分天然地基子项不能正常组织施工，许多通行道路不得不安排重复休整。为解决这一问题，确保按时完成工期，海螺水泥积极做好道路场平排水、挡水、防水工作，做到室外工程小雨不间断施工，大雨期间暂停施工，大雨过后立即施工，暴雨过后不影响施工，对不适宜雨季施工的工程提前或暂缓安排，对土方工程等雨季不能间断施工的，调集人力组织快速施工，全力保证工程进度。

困难不只源于天气。由于印度尼西亚土地实行私有化，因此建设过程中，海螺水泥面临的征地协调难度非常大，特别是矿山征地。先后经过了征地踏勘边界、地主调研、费用洽谈、协议草拟及签订等多个阶段，共历时 6 个多月。为确保征地过程受控，项目组抽调专人与律师一起，全程跟踪参与征地工作中，组织多次踏勘，逐门逐户拜访地主，艰苦谈判，达成协议。2012 年 9 月 27 日，当地村民无故反悔，没有按照协议约定支持公司工作，反而频频阻碍南加海螺测量和勘察单位工作的开展。未解决这一意外因素，海螺水泥增派人手跟踪矿山征地工作，对收集的各类信息分析后，对各地主逐户拜访，牵头组织各地主重新踏看边界并在现场签订确认书，解决小地主对土地测量结果的怀疑，最终将问题妥善解决。

拉法基、豪西姆等国际水泥巨头在印度尼西亚投资建设一条水泥生产线通常需要6—8 年的时间，而海螺水泥正是由于海螺水泥对建设过程中各类问题的巧妙应对，使其投资建设的印度尼西亚南加项目仅用了 2 年时间便顺利建成投产，创造了印度尼西亚同类工程建计的奇迹。

印度尼西亚与我国虽同属亚洲，但却在文化和习俗上存在诸多不同。海外建厂和运营，文化融合程度是衡量对外直接投资成功与否的重要指标之一。海螺水泥积极融入当地社会文化，主动奖励对公司有帮助的村民，适时给予附近村民的孤儿、学校捐赠公司自行制作的体育器材等设施，主动承担社会责任，并适时参加当地政府、宗教组织开展的各类民族文化活动，营造和展示了积极友好且负责任的海螺形象，为公司建设和发展解决了外围障碍。

海螺水泥的投资目的地均为欠发达地区，当地对口人才稀缺。为解决人才供不应求的局面，海螺水泥提前策划招聘方案，采用校园招聘与社会招聘相结合的模式，组织在印度尼西亚爪哇岛万隆、日惹等主要城市高等院校开展大型招聘会。与此同时，通过与县劳工局及各类报纸、杂志进行合作，拓展招聘渠道，先后引进多位能够使用中文的印度尼西亚籍员工。在积极利用外部有利条件的同时，更多地挖掘现有资源，加强员工的培训管理，定期组织两国员工开展印度尼西亚语和中文培训，解决沟通障碍。对印度尼西亚籍新进人员，通过专项培训会、现场工作实践、维修技能考评、班组长竞聘等方式，不断提升队伍技能，调动积极性，完成印度尼西亚籍员工人才队伍体系建设。

在投入运营之初，印度尼西亚当地对海螺新品牌比较谨慎，南加海螺销售一度面临困难。为解决销路问题，海螺水泥通过推介会、媒体宣传、广告牌等多种形式，向印度尼西亚群众推介来自中国的海螺水泥品牌形象，增进品牌认知，细分区域市场，由点及面推进海螺水泥逐步覆盖到整个加里曼丹岛。同时，依托印度尼西亚国贸统销平台，南加海螺大力开发水路市场，扩大销售半径，实现以销促产。至 2015 年 6 月，南加海螺当月窑运转率达到 99.2%，基本实现满负荷运转。如今，海螺品牌已在当地深入人心，销量一路飙升，呈现出产销两旺的良好局面，经营利润稳步提升。海螺水泥在印度尼西亚的投资也不断扩张，西巴、苏拉威西、苏门答腊、爪哇等项目也有条不紊地开工建设。不仅是项目数量和规模在不断扩大，海螺水泥还十分注重海外工厂的供应链管理效率，确保自身在东道国市场上相对于同业保持较高的竞争力。2019 年 6 月 23 日，印度尼西亚南加海螺公司供销物流信息管理系统正式上线运行，这标志着海螺信息工程公司自主设计成套的第一家海外供销物流系统项目取得新的进展和突破。

（3）海螺水泥全球化布局。除印度尼西亚以外，海螺水泥“走出去”的步伐还扩展到了缅甸、老挝、俄罗斯、柬埔寨等“一带一路”沿线国家。“一带一路”沿线覆盖了亚、欧、非大部分国家，国土面积占全球近四成，人口总量占全球的六成，而 GDP 却只占全球 GDP 总量的 31%。但沿线国家拥有大量的能源支撑地区经济的发展，随着“一带一路”政策的推进，沿线各国预计将逐步步入高速经济发展阶段，基础设施建设也会加速开展，届时对于水泥这一经济建设必需品的需求量将会大幅提高。除经济因素外，在“一带一路”沿线国家投资设厂，加强双方经贸往来，也契合了我国这一阶段的政治战略。因此，海螺水泥投资“一带一路”沿线国家，也有利于搭乘政策东风，极大程度地减少对外直接投资过程中可能面临的问题和困境。

具体来看，对于缅甸市场，海螺水泥的扩张步伐相对印度尼西亚要慢一些。这是因为直到 2012 年年底，缅甸颁布了新的《缅甸联邦共和国外国投资法》，规定了允许外国投资的商业活动，以及需要成立合资企业才可以进行的商业活动。海螺水泥曾多次派遣考察组赴缅甸，对缅甸经济发展情况、水泥工业发展现状和趋势进行了详细调研，通过充分的论证，制定了在缅甸“二城二江”布局规划发展的总体思路，形成了皎施、曼德勒、仰光等多个项目载体。2014 年 1 月，经过五轮竞标谈判，海螺水泥从全球近 30 家投标企业中脱颖而出，成功中标缅甸皎施水泥项目。同年，海螺水泥与柬埔寨达成了合作框架协议，落实了马德望项目载体，规划水泥产能 400 万吨。2015 年，海螺水泥先后与老挝方面签署了琅勃拉邦和万象项目投资合作协议。同年 8 月，在中国长江中上游地区和俄罗斯伏尔加河沿岸联邦区地方领导人第四次座谈会上，海螺水泥与俄方签署了《关于在俄罗斯乌里扬诺夫斯克州建设和经营水泥厂的框架合作协议》。海螺水泥的“走出去”战略正在加速推进中，海螺全球布局的大幕也正在徐徐拉开。

三、海螺水泥“走出去”给同类企业带来的启示

和其他进行对外直接投资的行业一样，水泥行业在进行海外扩张时也会遇到各种各样预料之内和之外的问题。海螺水泥面对“走出去”过程中的各方面问题，均提出了切实有效的举措进行应对，接下来我们将对其海外进程中积攒的宝贵经验进行总结和思考。

（一）树立国际化思维，正确认识“走出去”对于国内过剩产能化解的实际作用以及对企业个体发展的促进作用

某一行业在一国境内发展到一定阶段，势必会出现各种各样的瓶颈，制约该行业内的企业实现进一步发展，对于水泥行业而言也是如此。作为传统的产能过剩行业，“走出去”是化解国内产能过剩，促进企业突破瓶颈、实现进一步发展的最佳途径之一。从理论层面来看，对于部分传统行业实行“走出去”发展战略以化解产能过剩、延长行业生命周期这一命题，已有诸多学者从不同角度对其进行了研究。

日本学者小岛清（1977）结合 20 世纪六七十年代的日本企业的海外布局实践，主张一国即将处于相对劣势的行业应该率先进行海外扩张。很多国内学者也认为产能过剩行业的未来发展需要着眼于更为广阔的海外市场。郭夏（2015）认为通过各种限制措施来抑制产能总量的发展并不是根本解决之道，通过国际市场创新才能在长期缓解产能过剩。宗良（2015）针对产能过剩的化解思路，提出不能将解决措施局限于一国范围内，而应该立足全球分工，以多种措施鼓励企业将过剩产能向外转移。实际上，这种将过剩产能向外转移的做法并不是无经验可借鉴。刘建江（2015）就认为应该结合发达国家过去化解过剩产能的经验，发挥政府在宏观调控和制度创新方面的引导作用，更好地推进相关产业“走出去”。然而，海外扩张也并非适用于任何情形，对于不同内在因素所引致的产能过剩，其解决方法也不尽相同。如王自锋和白玥明（2017）就提出，对外直接投资更适用于体制性的产能过剩，而对于市场因素驱动的竞争性产能过剩，则不必然导致对外直接投资。在政策方面，很多学者也对近年来我国的“一带一路”倡议在化解产能过剩中起到的作用持肯定态度。于鑫等（2017）指出“一带一路”通过加深国际合作，对于我国产业转移起到了正向的促进作用，也有利于缓解国内的产能。刘淑娟等（2015）也认为“一带一路”是国家为传统过剩行业的转型发展谋划的一条新出路。具体而言，针对我国水泥行业“走出去”的研究相对较少，更多的学者将目光投在了钢铁行业上。李琛和范永斌（2016）就我国水泥行业的现状做了论述，认为当前阶段行业的主要矛盾双方是经济新常态和技术资本扩张，通过对外输出技术与资本，不但可以有效缓解双方间的矛盾，还可以对内外部需求进行释放。

在国内有效需求难以大幅提振的情况下，“走出去”似乎是国内水泥企业化解产能过剩、维持行业高景气度的可行途径。从理论层面来看，日本经济学家小岛清的边际产业扩张理论为我国水泥企业的“走出去”提供了理论上的可行性；从政策层面来看，近年来我国不断出台相关政策推动我国企业高质量“走出去”，而“一带一路”

倡议的推进，更是为我国水泥企业在沿线国家的布局沉淀了良好的政策优势；从市场容量来看，我国水泥企业对外投资的主要目的地选择在东南亚地区，该地区人口稠密，较快的经济增长速度需要大量的相关配套设施，对区域内水泥的需求形成了强有力的支撑。

（二）善于利用政策优势，从母国及东道国两方面汲取政策端的便利为己所用

以海螺水泥为例，母国方面，我国国内水泥行业有着极大的过剩产能亟待解决，同时“一带一路”政策的正常推进也需要国内有实力的企业向沿线国家投资设厂、加强经贸往来，出于这两方面的考虑，海螺水泥在“走出去”的过程中必然会得到来自政府和协会层面的大力支持。东道国方面，对于印度尼西亚、缅甸等东南亚国家来说，其经济发展步入快速通道，为在中长期内保持较高的经济增速，多数也会出台配套的吸引外资进入的措施，如《缅甸联邦共和国外国投资法》等。

（三）通过积极融入当地文化、主动承担社会责任等途径在东道国树立良好的企业品牌形象

一家企业进入他国市场，在与本土企业竞争中，必然在多方面都天然具有劣势，首当其冲的就是该国民众对国外企业的不信任和抵触感。跨国企业只有妥善解决好这一问题，才有可能在他国市场上取得成功。参照海螺水泥，在其实施国际化战略过程中，本着“尊重、互信、包容、互通”的原则，在输出先进技术、装备与产能的同时，严格遵守当地的法律法规，尊重当地的宗教信仰、风俗习惯和文化传统，并融入其中，积极履行企业社会责任，惠及当地民生，构建良好的发展环境，实现与当地自然、人文和谐共融。

在具体措施上，考虑到印度尼西亚国内有约 87% 的人口信奉伊斯兰教，是世界最大的穆斯林国家，这必然导致中方员工和印度尼西亚员工在价值观、风俗文化、宗教信仰、工作和生活习惯等方面存在巨大差异。为此，印度尼西亚海螺在当地开展建设和运营时，会根据当地文化特色和生活习惯不断改善员工工作生活环境，深入推行用工本土化，发挥中方员工传帮带作用，经常性开展培训交流，使印度尼西亚籍员工逐步融入海螺管理文化。此外，虽然信仰不同，海螺水泥仍对当地信用和习俗表现出了足够的尊重和重视，每逢重大节日精心策划联欢活动，增进中印员工沟通与友谊，积极参加当地斋月、圣诞节活动，并且主动向当地小学、教堂、周边社区捐赠物资用品，通过积极承担社会责任将中国企业友善、和平、尊重的一面充分展现给了当地政府和民众。这一系列文化融合行为反过来也极大地促进了海螺水泥在印度尼西亚的业务开展。

（四）选择合适的国际投资形式，在进入初期，积极寻找并努力促成与当地具备良好社会资源的主体的合作

一家外国企业进入他国市场初期，所面临的困难不仅来自文化习俗方面，在法律法规、市场份额、营销渠道等方面的问题可能更加直接。此时，寻找和结合当地具有良好社会资源的合作伙伴是企业所面临的当务之急。海螺水泥在缅甸投资伊始，就联合缅甸 MYINT 投资集团公司组成联合体，实现海螺投资技术与 MYINT 公司良好社会资源的强强联合，一举成功中标缅甸工业部第三重工集团下属皎施水泥项目，随后又取得缅甸国 MIC 机构签发的投资许可证、缅甸海螺生产经营许可证及进出口许可证。在缅甸国工业部、曼德勒省政府的支持下，海螺的缅甸投资项目和工程建设有序推进。若仅凭海螺水泥一方在缅甸市场发力，那么海螺缅甸项目在建设和运营过程中所能调动的当地社会资源将极大减少，在各个流程都可能出现难以跨越的障碍。

（五）加强跨国人才队伍建设，坚持“干中学”

对于传统行业，特别是水泥行业来说，跨国人才稀缺是难以回避的大问题，这直接制约着行业内企业对外直接投资的进程。以海螺水泥为例，其在确定走出去战略后，便随即开展了国际化经营、技术、管理团队建设工作，从集团总部到各下属公司遴选基础好、素质强的人员，加强培养训练，组建起一个个分赴多国的投资项目团队。在实际工作中，海螺水泥大胆将国际投资关键岗位交由中青年人才担任，使其在对外投资实战中获得切实的积累、磨炼和成长。通过“干中学”培养建立起的跨国人才队伍，是企业“走出去”进程中最有底气的手牌。

四、结语

通过对海螺水泥“走出去”案例的全方面分析，我们可以认为水泥行业通过对外直接投资来化解产能过剩、助力企业突破发展瓶颈是切实可行且意义重大的。

从必要性来看，目前国内水泥市场仍面临着较为严重的产能过剩情况，虽然政策层面一直在尽力推动行业淘汰、置换落后产能，但在我国经济增速换挡的大背景下，仅凭政策端发力似乎尚有不足。而且从长期来看，一味地出台和执行严格限产的政策禁令并不利于我国水泥行业继续将规模做大，也不利于行业的健康发展。

从合理性来看，在政策和企业竞争战略双重因素发力下，经过一系列国内企业的兼并重组，我国水泥行业的市场集中度已经大大提高，出现了一批规模大、实力强的

龙头企业，这部分龙头企业拥有足够的资金实力和先进的经验技术在海外投资设厂并高效地参与当地市场的竞争。需求方面，“一带一路”大部分沿线国家尚处于或即将处于经济高速发展阶段，投资规模逐年扩大，这对于投资驱动型的水泥行业来说无疑是极大的需求利好。此外，伴随着“一带一路”倡议的不断推进，我国各行各业同沿线国家的合作也随之深化，在政策利好的大背景下，水泥企业对外进行直接投资将获得更多的来自本国和东道国的政府支持。这种来自政府层面的支持在很大程度上可以缓解我国水泥企业“走出去”进程中面临的原材料问题。由于水泥生产需要大量的石灰石资源，而石灰石单位价值很低，体积和重量却较大，运输成本很高。因此，能否获得东道国石灰石矿山的所有权或开采权是我国水泥企业“走出去”成功与否的一大重要因素，而政府层面的交好则是解决这一难题的最优途径。

此外，参照海螺水泥成功的海外扩张经验，我国其他水泥企业在进行海外布局时，也要至少在战略思维、政策导向、文化交流、跨国合作、人才队伍建设等方面给予足够的重视，正视“走出去”过程中遇到的困难和问题，通过多种途径积极调动资源、创造条件来解决问题，实现国内国外两个层次市场的齐头并进。

案例使用说明

一、教学目的与用途

1. 本案例主要适用于“国际商务”课程，也适用于“国际企业战略管理”“跨文化沟通”等相关课程。

2. 本案例教学目标

本案例对海螺水泥海外直接投资行为发生的国内国际背景、海螺水泥在印度尼西亚等地扩张的过程、遇到的问题及解决措施进行了分析和阐述，以此来引导学生运用国际商务中有关对外直接投资的理论方法及分析工具来对案例中以海螺为代表的国内水泥企业所面临的市场环境、海螺水泥得以成功“走出去”的内外部因素等问题进行深入思考和分析，从而加深其对于对外直接投资的行业选择、目标市场选择、实施过程中可能遇到的困境及应对措施等问题的理解和感悟。

二、启发思考题

1. 我国水泥行业为什么会进行对外直接投资，即水泥行业面临着何种局面或自身存在着何种特点使它需要“走出去”？试运用边际产业扩张理论进行分析。

2. 海螺水泥在印度尼西亚的扩张实施了新建投资的做法，为什么没有采取跨国并购的方式？

3. 你认为海螺水泥在印度尼西亚进行投资的过程中，所遇到的困难可以归结为几个方面？其中最难以克服的困难来自哪方面？

4. 你认为海螺水泥的扩张过程中，自身存在哪些独有的优势？

5. 本案例中，海螺水泥作为跨国企业，印度尼西亚作为东道国。试分析跨国企业的对外直接投资行为对于东道国的好处和坏处。站在东道国决策者的立场上，你会如何设置决策体系来决定是否接受某一跨国企业的投资？

三、分析思路

首先分析我国水泥行业近年的发展情况和面临的问题，以及为什么这种问题能够通过对外直接投资的途径加以缓解或解决。海螺水泥在印度尼西亚等地的对外直接投资遇到了各种各样的问题，分析这些问题的来源，同时思考如果是另一家企业在印度尼西亚投资或者海螺水泥在印度尼西亚之外的国家投资，还会不会出现该类问题。最后对海螺水泥对外直接投资过程中所采取的各项措施进行综合评价，分析其必要性和可行性，以及其是否具有不可复制性。

四、理论依据与分析

1. 运用边际产业扩张理论对水泥行业“走出去”的必要性进行分析。

2. 运用国际生产折中理论对海螺水泥在印度尼西亚等地进行直接投资的所有权优势、内部化优势及区位优势逐一进行分析。

3. 根据企业进入国际市场的各种模式的优劣，分析海螺水泥所采取的在海外创设子公司的方式有何优越之处及不足之处。

五、关键点

1. 我国水泥行业需要“走出去”的判断依据。

2. 印度尼西亚作为海螺水泥对外直接投资目标国的区位优势。

3. 海螺水泥在印度尼西亚等地的投资过程中遇到的困难及其应对措施。

六、建议课堂计划

1. 引入案例（10 分钟）

教师通过多媒体，以图片、视频等形式，向学生简要介绍海螺水泥的发展情况、海螺水泥海外子公司的建设历程及现状等。

2. 角色扮演（10 分钟）

将学生分为若干小组，分别扮演海螺水泥的决策者、海螺水泥海外建设的一线员工、印度尼西亚当地政府官员、印度尼西亚当地村民等角色。

3. 分组讨论（20 分钟）

各组经过讨论，将海螺水泥解决海外建设过程中所遇问题及措施写在黑板上。

4. 分组辩论（30 分钟）

各组根据扮演的角色进行公开辩论。

5. 案例点评（20 分钟）

针对学生分组辩论的情况予以点评，并对案例的关键点进行重点分析。

6. 案例总结（10 分钟）

总结案例，启发学生对传统产能过剩行业对外直接投资的问题进行更加深入的思考。

参考文献

[1] 郭夏．“走出去”成为我国化解产能过剩的创新思路［J］．中国水泥，2015（1）：21.

[2] 曹秋菊．对外直接投资与产能过剩化解［J］．求索，2016（6）：80－84.

[3] 李小梅．中国化解产能过剩问题研究［D］．武汉大学，2017.

[4] 刘建江，罗双成，凌四立．化解产能过剩的国际经验及启示［J］．经济纵

横，2015（6）：111－114.

［5］王自锋，白玥明．产能过剩引致对外直接投资吗？——2005—2007年中国的经验研究［J］．管理世界，2017（8）：27－35＋63.

［6］于鑫，王菊，沈志渔．“一带一路”战略下我国国际产业转移的机遇与挑战［J］．现代管理科学，2017（5）：27－29.

［7］刘淑娟．“一带一路”将适度缓解国内水泥行业产能过剩［N］．中国建材报，2015－06－01（003）.

［8］李琛，范永斌．中国水泥“一带一路”研究系列——政策解读与挑战机遇分析［J］．中国水泥，2016（11）：60－63.

［9］刘璐，黄勇．“走出去”！全面提升企业国际竞争力——海螺水泥寻求海外发展纪实［J］．中国水泥，2015（5）：58－61.

［10］郭文叁：我国水泥工业已转变为节能环保产业——水泥标准提升迫在眉睫，“走出去”应输出优质产能［J］．中国建材，2015（4）：28－32.

［11］丁刚，杜琼，金瑞庭．我国水泥行业“走出去”面临的问题及建议——基于对海螺水泥集团的调研［J］．中国经贸导刊，2016（22）：59－61.

［12］田刚．水泥企业国际化道路怎么走？［J］．居业，2017（8）：23－24.

案例 17

福耀玻璃美国建厂记*

福耀玻璃集团，为世界诸多知名汽车品牌制造玻璃，已成为世界第二大汽车玻璃供应商。福耀玻璃大胆走出国门，在发达市场美国、德国设立研究机构和制造中心，与当地市场需求深度链接。整个计划、筹建、建设以及运营的过程中体现出东道国与母国在制度、文化和管理理念等方面的差异与磨合，为我国企业走向发达国家市场提供了宝贵的借鉴。

* 本案例由中央财经大学国际经济与贸易学院张硕撰写。

案例正文

随着中国经济与世界经济联系日趋紧密，越来越多的中国企业参与到国际分工当中，我国目前已成为世界第二大资本输出国。中国拥有“世界工厂”的称号，2018 年中国的工业产值占世界总产值的比重已达近 30%。在这个背景下，中国企业在占领本国市场的基础上，也更多地走向世界，将工厂布局海外。除了第一批以国有企业为主的海外收购风潮外，近年来，也涌现出许多私营企业积极参与海外战略布局的故事。这些企业不是采取收购已有海外工厂的方式，而是采用绿地建厂方式参与海外竞争，这些企业多数会选择亚洲、非洲以及南美等欠发达地区建厂，以享受人力资源等方面的优势。而其中也有一些企业，像今天案例中的福耀集团一样，选择在工业水平发展程度很高的美国建厂。

2019 年上映的前总统奥巴马夫妇投资出品的纪录片《美国工厂》就是以福耀玻璃在美国俄亥俄州建厂的事例为背景拍摄的。纪录片以第三人的视角记录了福耀玻璃总裁曹德旺及其领导的福耀集团在美国建厂过程中与美国政府、工会、工人以及其他企业等各方发生的故事。影片上映后引起了中美两国观众很大反响，而以福耀玻璃美国工厂为例的中资企业在发达国家建厂的经历为了解制度、文化差异以及避免冲突等方面提供了宝贵借鉴。

一、背景介绍

福耀集团简介

福耀集团（全称福耀玻璃工业集团股份有限公司），1987 年成立于中国福州，是专注于汽车安全玻璃和工业技术玻璃领域的大型跨国集团。公司于 1993 年在上海证券交易所主板上市（A 股代码：600660），并于 2015 年在香港交易所上市（H 股代码：3606）。1995 年，福耀玻璃工业集团股份有限公司组建集团。经历 25 年的发展，福耀玻璃集团已经成为世界第二大汽车玻璃供应商，目前全球市场占有率约为 25%。

福耀集团的境外营业收入实现稳步递增且符合预期，从 2014 年的 43.05 亿元到 2018 年的 83.12 亿元。目前主要的国际市场是美国、日本、德国、韩国和俄罗斯。福耀集团通过国际直接投资在境外设立了制造工厂、研发中心和销售子公司，其中技术研发中心设立在美国俄亥俄州、德国；销售子公司的数量最多，分别在美、日、德、韩、俄以及中国香港；制造工厂包括浮法玻璃和汽车玻璃制造工厂，浮法玻璃制造工厂设立在美国伊利诺伊州，汽车玻璃制造工厂设立在美国、德国、俄罗斯。在国际市场上，福耀集团取得了世界八大汽车厂商的认证，成为宾利、奔驰、宝马、奥迪、通用、丰田、大众、福特、克莱斯勒、日产、本田、现代、菲亚特、沃尔沃、路虎等世界知名品牌的汽车玻璃供应商。

二、福耀集团的全球扩张之路

（一）初探国际市场

福耀集团成立于改革开放初期，改革开放后中国汽车行业蓬勃发展，中外合资公司相继成立，福耀玻璃借改革开放春风，抓住机会，从一家生产水表玻璃的乡镇小厂到A股上市公司，并于随后顺势走上了国际化之路。

1993年，福耀玻璃在A股市场上市，是玻璃行业内第一个上市公司，也奠定了它行业龙头的地位。而福耀玻璃上市前后的这段时期，国内汽车市场已经度过了爆发增长期，汽车玻璃的市场也趋于饱和，福耀的市场潜力已然触及隐形天花板。于是“走出去”，到海外市场去，是摆在福耀面前的必经之路。

福耀的国际化市场拓展战略，可以总结为两个方面。一方面，是利用中国低廉的生产成本，通过价格优势拓展国际市场；另一方面，不断（尝试）在海外设置机构，加强对外联络和对市场的了解，在实践中学习，最终达到研产销全部可以在海外完成的目的。

通过低价打开国际市场当然是自然而然的行为，但福耀还是有自己独特的见解。“福耀来到新的国家，应该学会做好‘配角’。”福耀集团董事长曹德旺一语道破福耀在开拓国际市场时的核心理念。2002年，福耀连同一大批国内汽车玻璃制造商被控制着北美汽车玻璃市场的制造商PPG等三家企业以“倾销”为名上诉至美国商务部，随后不久PPG加拿大公司又将福耀集团上诉至加拿大国际贸易法庭，福耀集团几乎在同一时间遭到美国和加拿大的反倾销调查。虽然在经过艰难的角逐后，福耀在官司中胜诉，但福耀玻璃很快意识到，到在陌生的国家进行市场拓展时，短时间内获得过大的市场份额和显露出占领市场的野心会让合作的国家产生危机感，就像中国人需要“一片自己的玻璃”，美国人、德国人都需要属于自己的玻璃，这样符合当地人民的长远利益，因此要想在国际市场寻求发展，首先必须学会低调，学会当好“配角”。此外，福耀通过不断地尝试，在海外多国逐渐建立起多个研产销中心。

1995 年，福耀在美国南卡罗来纳州建立了自己的第一座海外工厂，正式开启了国际化的长征。但这一次的尝试让福耀铩羽而归，在工厂建立后，福耀发现美国的用工成本非常高，甚至让福耀无法承受；此后，福耀将工厂改造成仓库，将国内生产的玻璃在那里储藏、更换包装，但是仍因成本问题难以为继；最后，福耀将仓库出售，把公司进一步压缩，只做销售。

这一次的失败并没有阻挡福耀海外扩张的步伐，福耀从中吸取经验，继续前进。曹德旺利用美国的销售处不断积累着北美市场的信息，为日后重返美国做准备。同样地，早在 1997 年曹德旺就访问过俄罗斯，当年由于俄罗斯刚刚开始转型，很多人的观念还停留在计划经济模式，福耀选择在俄罗斯设立办事处，加强对当地市场的了解，在 14 年之后才在俄罗斯设立了工厂。通过实践和近距离的接触，福耀的国际化道路虽然布满荆棘，但是随着近两年俄罗斯和美国的工厂逐渐扭亏为盈，福耀摸着石头过河的国际化道路也逐渐走上了正轨。

表 17 - 1　　福耀玻璃全球化大事一览表

时间	事件
1987 年	福耀玻璃在福州创立
20 世纪 90 年代初	进入中国香港、新加坡、美国、加拿大市场
1993 年	福耀玻璃成功上市
1994 年	与法国圣戈班公司合资
1997 年	回购股份，与法国圣戈班公司的合资停止
1995 年	在美国建成仓库
1998 年	关闭美国仓库、改为直销
2000 年	获得美国福特公司颁发的“全球优秀供应商金奖”
2002 年	在美国、加拿大遭遇反倾销诉讼
2004 年	美国贸易法判决倾销案胜诉
	购买美国 PPG 公司浮法玻璃生产线
2005 年	福耀玻璃与德国奥迪公司签约汽车玻璃配套项目
2006 年	福耀欧洲有限公司在德国海尔布隆登记注册
2007 年	德国海尔布隆设立及时交付中心
2008 年	福耀日本株式会社在日本登记注册 获得通用公司颁发的“2007 年度最佳供应商”
2010 年	福耀集团（香港）有限公司在香港注册成立 福耀玻璃配套北美有限公司在美国注册成立
2011 年	福耀玻璃俄罗斯有限公司在俄罗斯注册成立

续表

时间	事件
2014 年	在美国俄亥俄州注册成立福耀玻璃美国有限公司
	收购美国 PPG Mt. Zion 工厂，成立福耀玻璃伊利诺伊有限公司
2015 年	福耀玻璃 H 股成功发售，股票代号 3606，形成兼跨海内外两大资本平台的“A + H”模式
	美国代顿工厂产出第一片汽车玻璃
	芒山工厂复发玻璃生产线点火，开始供应原片玻璃。

资料来源：全球化智库编．中国企业全球化报告（2017）［R］．社会科学文献出版社，2017.

（二）国际化的关键之一：人才的选用

2017 年，第四届全球华人汽车精英联合年会暨“中国拥抱世界”汽车产业创新论坛上，福耀创始人曹德旺谈到，他“希望能够‘武装’一批干部去海外发展，并吸纳当地人才来缓解福耀玻璃巨大的人才需求”。可以说，这句话道出了福耀的国际人才观，既要注重对本土人才的“武装”，促进国内人才的“国际化”，同时也十分重视将原本在中国的人力资源管理战略与当地的实际情况相结合，发挥外籍人才的重要作用，最大限度地发挥人才在企业全球化中的重要作用。在海外，福耀充分利用国际化的中国人才。我国每年都有大量的海外留学生，他们在国外学习、交流，对于当地的文化、风俗习惯、科技发展等比较了解，是中外文化的连接的重要桥梁和纽带。福耀在海外的机构中大量吸收留学人才，加速了企业在当地的融入，有力地推动了企业的国际化战略的实现。

此外，无论是在美国还是俄罗斯，福耀都坚持招募当地的人才，实现本土化管理以克服语言和文化导致的交流问题。“虽然曹德旺不会讲英语，但他在谈判时最先意识到雇用当地员工能带来巨大潜在利益的人”，美国俄亥俄州莫瑞恩市的一位负责人说。福耀深知本土化是企业国际化的长久之计，因此还制定了为期三年的“国产化计划”，即用三年时间，让更多的美国员工走上管理和技术骨干岗位，如已经实施师带徒计划，三个月为一期，让中国技术骨干带美国徒弟。这在纪录片《美国工厂》中也有所体现。

（三）国际化的核心：引进合作与自主研发

福耀玻璃的创始人曹德旺非常重视产品质量。福耀的国际化很大程度上是由其对技术的追求所驱动。通过引进技术，制造出物美价廉的产品作为进入外国市场的资本，在通过与国际巨头合作达到世界一流水平，最后自力更生、力求创新、实现超越。可以说，正是有对技术不断的追求才有了福耀今天的国际化发展。在福耀实力还很薄弱的时候，技术的进步依靠引进外国的先进设备。20 世纪 90 年代初，福耀进军加拿大汽修市场，但不久后却因质量达不到加拿大国内销售的标准，所有产品被全部退货。这次惨痛的经历让福耀明白，自己闭门造车的产品与国际标准相差甚远。在国内占据半壁江山的福耀玻璃与国际汽车工业的标准还有相当大的差距。为了解决这一难题，福耀立刻从芬兰引进了最先进的钢化炉，按芬兰的生产标准建立新厂，升级生产方式，优化产品质量，生产符合国际产品质量标准的汽车玻璃。在福耀积累了与国际巨头合作的资本后，加强了与巨头的合作，初步走上了自主研发的道路。

1996 年，福耀与法国圣戈班合作，通过其先进的技术来培训员工，员工们在双方合作期间从法国圣戈班学习了先进的管理经验和生产技术，不仅使福耀玻璃的质量更上一层楼，而且使福耀整体的运营、管理、理念等各个方面都开始与国际接轨。福耀产品的质量也开始受到国际市场的认可，逐步占领国际市场。为了更好地实现产品的优化升级，福耀还通过与圣戈班合作使其完成从汽车玻璃生产企业到汽车玻璃设计企业的转变，并依靠圣戈班先进的生产技术、国际化的管理技术，迅速朝全球化靠拢。但要在国际市场立足，最后一定要依靠自有的核心技术。1998 年，福耀在福建福清成立第一个研究中心，此后不断增加研发力量，在上海、天津、苏州、重庆设立设计研发机构，此外还走出国门在美国、德国设立研究机构，与当地市场需求深度链接。近年来，福耀的研发费用占营收的比重一直保持在 4% 以上，高于主要国际竞争者旭硝子的 3%。研发新产品，致力于不仅做供货商，还要做客户需求的创造者，超越客户的需求，用生产拉动需求。

（四）引导国际化的先进理念

福耀多年的发展中一直保持着很强的敏感度，在其同行还在盲目地海外扩张，用价格战来占领市场，却由于他国的排斥和管制而灰头土脸的时候，以超前的理念合理布局、稳扎稳打，逐渐在国际市场中分得一杯羹。福耀在国际化过程中成功的理念有很多，以下将介绍其最为基础，也最为关键的几条。一是知己知彼。进行充分的调研，才能行稳致远。曹德旺讲，“企业想要走出去第一个先问自己，为什么要走出去？你准备拿什么东西走出去？你企业国际化蓝皮书对那个地方了解多少？”一系列的朴实问题，简单而直接，传达出其核心理念，就是要知己知彼，不打没有准备的仗，尤其是在一个陌生的国家，陌生的环境里，这样做显得格外重要。曹德旺出手非常谨慎，2014 年才在美国大规模投资，距离 1995 年的初尝试有 19 年的时间，而在俄罗斯投资，他也研究了 17 年。二是多国本土化。制造业“走出去”的含义远远不只是将货物卖到国外去，而是要使我们的企业融入全球的市场中，从设计到生产再到销售实现“本土化”，一方面可以提高产品在该区域的竞争力；另一方面也规避了各国对进口产品的管制和控制。福耀的本土化策略是以产品先行，在70多个国家增进市场和福耀的相互了解，等需求扩大时考虑建厂，建厂时积极雇用、培养当地人才，做到生产、管理的本土化，根据不同国家、不同区域的特点，灵活地调整当地分支企业的结构、功能、员工待遇等，做到在多国进行具有当地特色的本土化。三是坚持不断升级技术和生产方式。福耀的发展离不开对技术的不断追求，正是这种追求使福耀成为引领国际化的领跑者。在2014年福耀已经成为世界最大汽车玻璃制造商之一时，仍然没有放弃对技术的追求。2014年董事长曹旺德提出了两大战略：“技术领先、智能生产。”2015—2016年，两年间福耀的数字化、智能化实践初见成效。如今福耀结合智能化和信息化的生产设备和研究实验室已处于全球行业内领先水平。这些“数字化、智能化”的成果使福耀制造成本降低，实现产品进一步升级。

三、福耀的美国工厂

（一）“铁锈地带”

“铁锈地带”（rust belt）是指美国东北部，尤其是“五大湖区”的一个非正式的称呼，这一说法所指代的具体地区仍然存在争议，从大致范围上来看，“铁锈地带”东起纽约州中部，包括宾夕法尼亚州、俄亥俄州、马里兰州、印第安纳州，西至伊利诺伊州的密歇根，南部还包括爱荷华州和威斯康辛州部分地区。之所以称这一地区为“铁锈地带”是因为这一地区曾经拥有非常发达的工业制造业，在经济结构中所占比重很高。而从1980年左右开始，这一地区开始经历了严重的经济衰退。逆工业化、人口减少、失业率激增以及城市衰退等是这一浪潮的主要特征。

在20世纪初，这些地区的经济多以大型工业制造业和重型机械制造业为主，另外经济支柱还包括交通运输和重工业初级原料加工等产业。这一地区因此在一段时间内曾被称为“工厂地带”或者“钢铁地带”。这一地区的兴起与其地理位置和基础设施有关。“铁锈地带”地处靠近加拿大的五大湖区，有便利的水上交通，另外这一地区的公路、铁路和航空也十分发达。这一地区很快兴起了很多工业城市，如芝加哥、密歇根、底特律和匹兹堡等，吸引了大量劳工和外来移民涌入，为此地经济的发展带来了廉价劳动力。

经历了19世纪末至20世纪中叶的繁盛时期，“铁锈地带”逐渐显现出衰退迹象。1979—1982年，美联储将基准利率调整到19%，高利率吸引了国外大量“热钱”流入

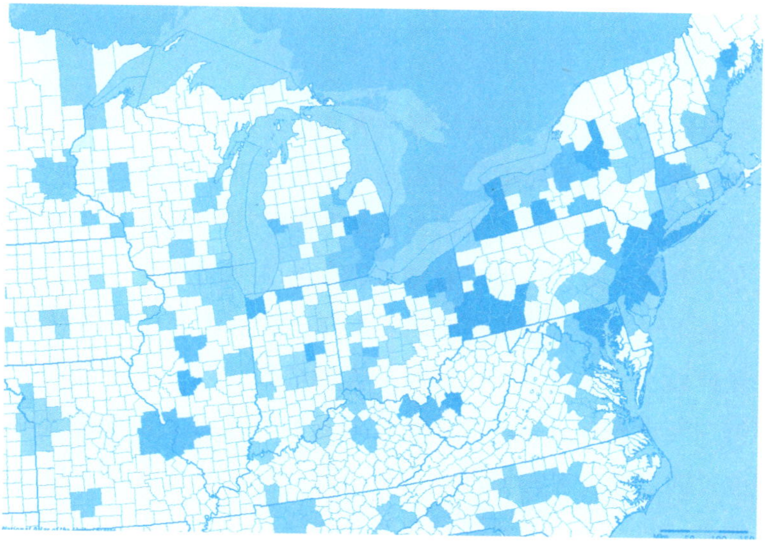

图 17－1　美国“铁锈地带”示意图

美国，这使美国制造的产品更加昂贵而进口商品却更加便宜。这样的利率一直持续到1986年才被改变，而这时以日本产品为主的进口产品已经在美国占有了相当份额的市场。接下来的10年间，美国股市开始进入持续增长期，更多的国外资本流入美国，利率对美国工业制成品的影响继续加剧。与此同时，东北部的钢铁行业开始衰退，工厂开始向美国西南部迁移，以获取当地廉价的劳动力。加工业的自动化浪潮、钢铁行业的用工需求减少、高效生产线管理方式的发明和引进、美国公司的全球化进程以及日益成熟的贸易自由化政策使“铁锈地带”的经济更加难以为继。与经济衰退伴生的是社会问题的凸显。“铁锈地带”许多城市随着经济的恶化，随之而来的还有人口减少，教育资源匮乏、税收减少、高犯罪率、低就业率以及毒品泛滥等，这也进一步加剧了这一地区的社会矛盾。

表 17－2　“铁锈地带”城市人口变化

城市	人口变化	2018 年人口	2000 年人口
密歇根	－29.30%	672662	951270
盖瑞	－26.70%	75282	102746
弗林特	－23.20%	95943	124943
克利夫兰	－19.80%	383793	478403
代顿	－15.40%	140640	166179
布法罗	－12.40%	256304	292648
匹兹堡	－10.00%	301048	334563
辛辛那提	－8.70%	302605	331285
芝加哥	－6.60%	2705994	2896016

（二）俄亥俄州的代顿市

代顿市位于美国俄亥俄州，是该州第六大城市，人口约为14万，是一个位于“铁锈地带”的典型小城市。代顿市的经济由于钢铁等行业的发展曾经十分繁荣。如“铁锈地带”许多其他城市一样，代顿市的经济从1960年开始逐渐显现衰退迹象。其在所属大区中的重要性开始下降，从人口数量以及就业人数就可见一斑。从1960年开始，代顿市的人口开始出现下降，工业产业就业人口比重也从55%下降到46%。

社会环境和种族、文化的复杂性加剧了代顿市的衰败。代顿市是美国除芝加哥和克利夫兰之外第三大种族隔离城市①。1960年前后，城市人口中有20%左右为黑人。从代顿市中部流过的迈阿密河将城市分为东西两部分，而黑人几乎全部生活在河流西岸地区。这一现象一部分原因是政府颁布的法令，这一法案对代顿市的住房交易作出了严格的规定，规定带有契约的住房不允许卖给黑人，而没有契约的住房全部分布在河西岸，这导致了后来到来的黑人移民只能在河西岸购买住房，事实上加剧了种族隔离的状况。

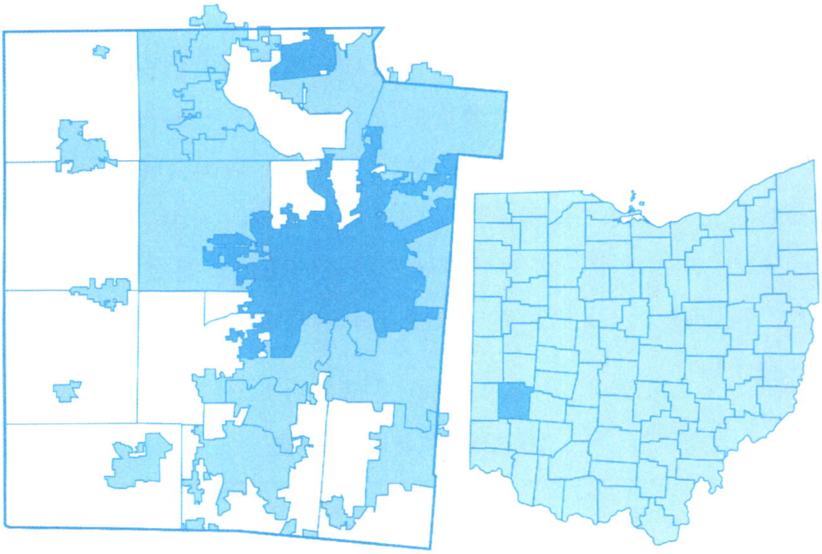

图17－2　俄亥俄州代顿市

位于代顿市的通用汽车的厂区，曾经因世界汽车制造业兴旺发达。更加重要的是金融危机后，经济上受到了重创，通用汽车工厂倒闭，当地出现了2000个失业家庭。

① Douglas S. Massey and Nancy A. Denton, “Suburbanization and Segregation in US Metropolitan Areas,” American Journal of Sociology 94, no. 3 (1988): 592－626.

从 2000 年到福耀在美国建立工厂的 2014 年，代顿市的人口下降了 15%。人口老龄化严重，许多年轻人都离开了代顿市，到工作机会更多的大城市和沿海地区就业。

（三）工会

纪录片《美国工厂》中有很多时间都在描写中国管理者与美国工会的较量。美国的工会曾经在很长一段时间内在美国各界拥有强大的势力。美国的工会在组织和运行上与中国的工会有很多不同。美国工厂中的工会由工人代表组成，代表工人与雇主争取利益。他们常用的方法有谈判、罢工有许多研究表明工会组织为工人争取到了较高的福利待遇比如退休金等，但这样做的缺点是直接导致了企业用工高成本的增高①。同时也有一些研究表明，工会时常组织罢工等活动，事实上降低了企业的生产效率②。

代顿市的工会也曾经占有十分重要的地位。事实上，直到 1983 年，代顿市的法律都要求各个企业必须组建工会。1983 年以后，代顿市不再要求所有企业组建工会，但要求工人有权投票决定是否成立工会。这一过程在纪录片中也有所体现，在福耀代顿工厂工作的美国工人通过宣传等方式希望成立工会，但工人投票的结果是赞成票数没有过半，工会最终没有成立。

（四）福耀的美国工厂建厂波折

2013 年，福耀玻璃开始在美国寻求建立工厂，考虑范围包括俄亥俄州和密歇根州在内的多地。最终，福耀选中了位于俄亥俄州代顿市的一座工厂，这座工厂之前属于通用公司。最初的收购计划于 2014 年公开，福耀承诺购买 140 万平方英尺的土地并投资 2.4 亿美元用于工厂和生产线的建设，此举可以创造 800 个就业岗位。2016 年，福耀宣布追加投资 1.3 亿建设 24 条生产线用于生产后市场汽车玻璃。工厂建成后所生产的玻璃能够满足每年 400 万至 500 万辆汽车的需求。到福耀美国工厂在 2016 年 10 月建成完全投产后，福耀已经在美国投资超过 10 亿美元，远期预计能够产生 5000 个就业岗位。

在代顿工厂建成后不久，就受到美国各界来自各方面的质疑。其中美国职业安全和健康委员会指责福耀严重违反安全准则，包括未能为工人提供保护措施等。美国职业安全和健康委员会因此对福耀开出了 72.5 万美元的罚款。福耀对此的回应是投资 700 万美元加强生产线安全管理，并对工厂内的员工用英语和汉语两种语言进行深度培训。

---

① 8. Zax and Ichniowski, "Effects of Public Sector Unionism on Pay".

② Kevin M. O'Brien, "Compensation, Employment, and the Political Activity of Public Employee Unions," Journal of Labor Research 13, no. 2 (1992): 189 - 203.

表 17－3　福耀美国工厂发展历程

福耀美国汽车玻璃工厂发展历程	
年份	主要事项
2013	决定拟在美国俄亥俄州独资组建福耀美国，并拟投资 2 亿美元建设汽车安全玻璃项目
2014	福耀美国成立，并在伊利诺伊州独资设立子公司福耀伊利诺伊，并收购 PPG 的二条浮法玻璃工业生产线
2015	俄亥俄汽车玻璃项目一期建成，设计产能 300 万套。伊利诺伊浮法玻璃项目顺利投产。
2016	福耀的俄亥俄汽车玻璃工厂竣工、投产，并计划为其建成年产 2200 万平方米的生产规模。
2017	福耀美国实现盈利，俄亥俄工厂继续建设。

由于代顿工厂雇佣的美国员工多为之前在通用工厂工作的员工，所以他们依据传统，希望能与美国主要的工会组织建立联系。工人中的一部分因此发起了一场加入联合汽车工人工会的运动，但是福耀的态度非常明确，不希望工厂内成立工会组织。所以福耀采用了反工会的政策，并聘用了反工会组织 LRI 来劝退想要成立工会的工人。最终投票以 886 票反对、441 票赞成的比例否定了成立工会的提议。

在此之后，被福耀开除的几名支持工会的美国员工向国家劳动关系委员会上诉，并最终获赔 12 万美元。同时，职业安全与健康委员会继续就福耀代顿工厂违反全生产准则的事项，连续几年对福耀美国工厂开出大额罚单。上述各种问题导致福耀美国工厂直到 2017 年才实现盈利。

福耀最初在美国的两年过得相当不容易，基本就是《美国工厂》讲述的那样，遭遇一系列水土不服：被美国联邦职业安全与卫生署罚款，被《纽约时报》这样具有世界影响力的媒体公开指责劳动条件恶劣，与全美汽车工人联合会的对抗也愈演愈烈，后者甚至举办了一次群情激昂的公开会议。这些都从侧面反映了中美制度、传统和文化之间存在的巨大差异。但这些差异与误解并不是不可消除的。

福耀的反击实际上从 2016 年年底就开始了，在 2016 年年末至 2017 年上半年，公司提高了中国管理者的比例，原总裁和副总裁都被解除了职位，并选派优秀的美国员工到中国的福耀工厂参观学习，与中国同事交流，让美国工人了解中国文化，更重要的是了解福耀的企业文化，加深中美双方的理解与互信。福耀的管理层还对一些工人提供免费餐，加强同工人的感情联系。另外，即使被搞得焦头烂额的时候，福耀一直没有放弃狠抓生产，对工厂生产规模的扩建毫不吝啬资金投入，生产线被不断扩大，产能利用率也不断提升。截至 2017 年年底，工厂的年产能约为 550 万套，当年的销售量相比前一年翻了一倍不止，达到 200 万套，基本实现了盈亏平衡。

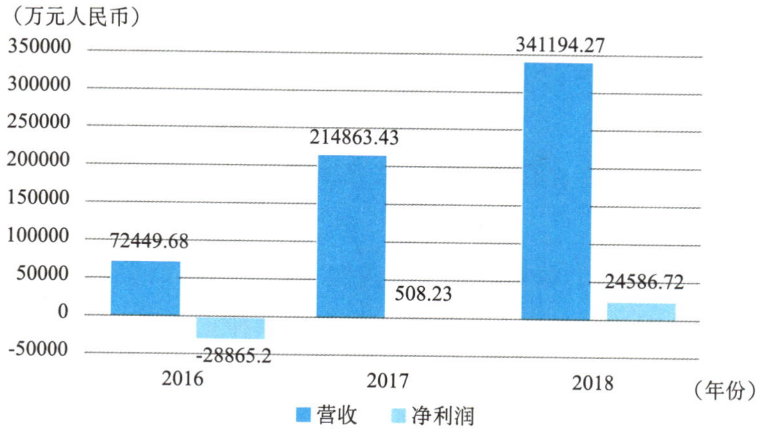

图 17－3　福耀美国工厂 2016—2018 年利润

四、为什么在美国建厂

（一）成本差异

中国之所以有“世界工厂”之称，其中一项原因是低廉的人力成本。这点福耀的老总曹德旺很清楚。他曾经对中美劳动力成本做过比较，美国是中国的 8 倍。所以，多支付的人力费用一定要能在其他方面省回来。

第一要考虑的是当地的补贴。以福耀的俄亥俄工厂为例，俄亥俄州政府向曹德旺承诺，雇佣美国当地员工 1500 人以上则五年内至少补偿 1300 万—1500 万美元给福耀，雇佣人数越多，补偿金额越高。2015 年，代顿当地政府免去了福耀新建办公楼等设施的产权税，加上雇佣美国员工的补偿金额，这两项优惠政策相加的政府补助已经超过了 3000 万美元（2. 15 亿元人民币），曹德旺曾表示，“算下来购买厂房基本没花钱”。

第二是能源成本。随着 2005 年美国正式开始重新开采地下页岩天然气资源，美国的天然气成本下降 50%，中国的天然气成本相比高美国不止 3 倍。天然气成本仅占美国平均制造成本的 2%，而电力成本仅占 1%。根据波士顿咨询公司估计全球前 10 位商品出口国中，除了中国和韩国，其他经济体的制造业成本都高于美国。

第三是自动化的提升带来的成本红利。纪录片《美国工厂》的结尾令人印象深刻。一位高管对曹德旺说，“因为他们太慢了，我改成机器来打磨，包装和上片的两个人就没有了，我下次要做的就是把这四个人也取消掉”。福耀是我国工信部智能制造首批试点示范单位，根据《中国汽车报》的报道，美国工厂的生产线在投入之初就有 400 个工业机器人，比福耀在中国的任何一家工厂的自动化程度都更高。福耀还借助 IBM 私有云平台，把中国工厂的管理、工艺流程统一部署到云端，实现了海外生产线的快速部署。

但福耀的账本上还有重要的一条，也是曹德旺的言论在中国媒体上被不断提及的一条：税收差异。

根据福耀 2018 年年报，福耀玻璃应缴税包括增值税、消费税、城市维护建设税、企业所得税、教育费附加、地方教育费附加等主要税种。中国大陆地区的 30 余个企业纳税主体中，有 4 个按 25% 缴纳所得税，其余因享受高新企业优惠政策而按 10% 或 15% 缴纳。而在美国的 6 个企业纳税主体中，除了福耀北美玻璃工业有限公司按 24% 缴所得税，其他因报告期内亏损或存在可抵扣亏损而无须缴纳。此外，由于中美税制的差异，在美国企业只需要缴纳所得税，在中国企业则需要缴纳多个税种。总裁曹德旺在媒体上层表示："中国企业税负重，美国除了人工，什么都比中国便宜。"① 这一观点也引起了不小的争论。

（二）产品特殊性

福耀玻璃在美国建厂经常容易被忽略的一个重要原因就是其生产产品的特殊性。汽车玻璃的运输成本高昂，一般需要尽量靠近服务对象。观察福耀在国内的布局，就会发现其生产基地基本都有针对性地服务于汽车制造大厂，这有利于运输效率。

子公司	成立时间	覆盖客户
福建万达	1994	出口市场，金龙，东南汽车
福耀长春	2000	一汽系、华晨宝马等
福耀重庆	2002	长安系（长安福特、自主）
上海福耀	2002	上汽系（大众、通用、自主）
北京福通	2003	北汽系、长城、丰田等
重庆新区	2004	长安系
广州福耀	2006	广汽系（广本、广丰、自主）、东风日产
福耀湖北	2007	东风系及其他
郑州福耀	2013	郑州日产、宇通、奇瑞、海马

图 17－4　福耀玻璃主要生产基地及客户

资料来源：方正证券《福耀玻璃：精益制造，征战全球》。

① 参见：https：//www.sohu.com/a/247184921_238667。

海外市场也是同样的道理。福耀在俄罗斯卡卢加州建设的第一个海外工厂，就是有准对性地满足德国大众的要求。而美国更是汽车制造大国，福耀的代顿工厂离 75 号洲际公路只有几英里，在地图上进搜索会发现，其周边有不少汽车制造厂，如通用、本田及福特，且车程基本在 3 小时左右。地理位置上的靠近是汽车玻璃生产厂，根据产品特性需要考虑的重要成本因素。

图 17－5　福耀美国代顿工厂附近的汽车制造厂商（不完全统计）

资料来源：谷歌地图。

（三）进入美国市场时机

另外，福耀在美国建厂的时间也踩在了重要的时间点上。中国汽车市场经过数年“井喷”式发展，在 2018 年出现了下滑，国内汽车市场不景气，这直接影响了福耀的业绩表现。根据其 2019 年上半年年报，公司主营业务汽车玻璃业务营收较去年同期减少 2.77 亿元，同比下降 2.92%；以内供为主的浮法玻璃，毛利率同比减少 6.5 个百分点。

海外市场的营收弥补了国内市场下滑造成的损失。2018 年，福耀海外市场营业收入占总收入比较上一年高了 5.4%，总额增加了 16.9 亿元，而这其中有 12.6 亿元是由美国的汽玻工厂贡献的。

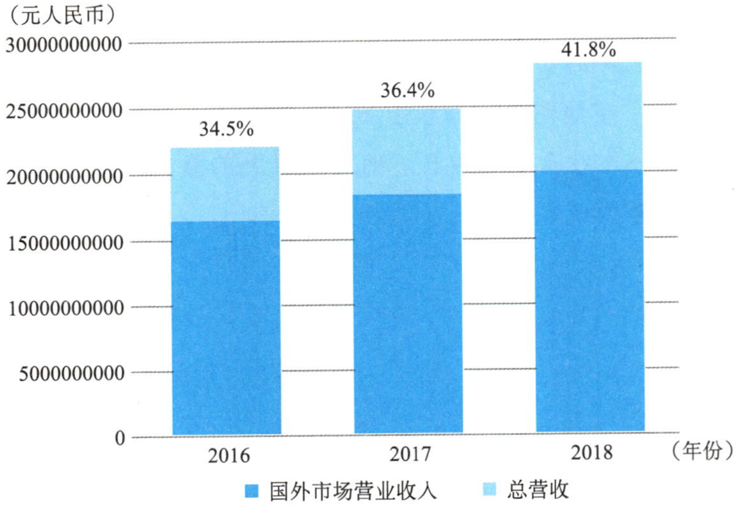

图 17－6 福耀国外市场营业收入占总收入比重

资料来源：福耀年报。

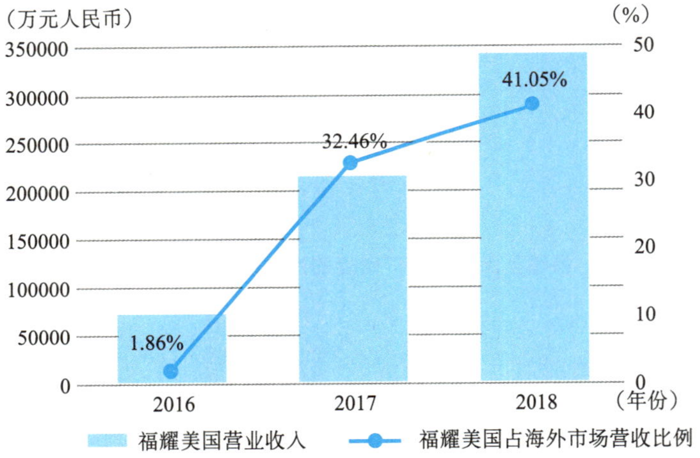

图 17－7 福耀 2016—2018 年经营情况

资料来源：福耀年报。

目前福耀在国内市场的占有率约 65%，全球市场占有率约 25%，美国目前年销售的汽车玻璃 19% 产自福耀，而福耀期望尽快将市场份额提高至 30%。这个目标看起来并不难，俄亥俄代顿工厂 2018 年释放的产能约为 310 万套，利用率为 56%，按国内标准来看，产能利用率要到 80%—85% 才算正常标准，可见随着中国管理经验的引进以及中美管理模式的不断磨合，美国工厂的产能还可以进一步提高。

五、结语

本文以福耀玻璃为例，探讨其赴美投资的历程，归纳出福耀玻璃海外投资成功的经验。通过分析福耀玻璃在美国的成长之路，了解制造业在进行海外直接投资的过程中所需要注意的问题，并对其在美国的国际化进程层层分析。为其他准备或正在进行海外投资的中国制造业企业如何突破贸易壁垒，提升企业自身的国际竞争力提供参考意见。

案例使用说明

一、教学目的与用途

1. 本案例的适用课程

主要适用于“国际商务”课程，也适用于“国际企业战略管理”“跨文化沟通”等相关课程。

2. 本案例的教学对象

国际商务专业本科生。

3. 本案例的教学目标

本案例通过介绍福耀玻璃在美国俄亥俄州投资建厂的过程，引导学生了解中国制造业企业在发达国家减产面临的问题、挑战与经验。使学生能够深入理解国际商务活动中涉及各个利益主体之间的关系，以及不同文化背景下企业管理和员工沟通涉及的问题。

二、启发思考题

1. 福耀在管理美工员工时遇到了哪些困难？福耀的策略是什么？
2. 美国工会与中国工会有何不同？
3. 美国员工是如何看待中国管理者的管理策略的？
4. 你认为克服文化差异的策略有哪些？
5. 中美之间的制度差异体现在哪些方面？

6. 从福耀玻璃的发展历程看，分析福耀对外投资的原因和动机。
7. 福耀集团投资海外的优势和劣势有哪些?
8. 从产品特质角度，分析福耀玻璃在美国建厂的原因。
9. 请从福耀海外发展历程中，总结战略前瞻性对品牌全球布局的重要作用。

三、分析思路

东道国的制度环境和文化环境是企业进行对外投资过程中需要考虑的重要因素。本案例中福耀美国工厂在生产管理过程中遇到的与美国员工、管理者以及政府官员的故事都说明了这一点。在投资决策前，企业就应该考虑东道国在制度、文化环境方面与中国和企业熟悉的环境之间的差别。而在正式进行国际投资之后，会在管理和运营过程中直面冲击。

教师可以结合案例中的细节实例，并结合《美国工厂》纪录片片段，引导学生探讨福耀在美国投资建厂，从文化和制度方面都遇到了哪些差异，福耀的策略是什么。

四、理论依据与分析

1. 从国际商务战略角度分析福耀玻璃在美国建厂的动机。
2. 运用比较优势等理论分析福耀玻璃拥有的优势与劣势。
3. 从跨文化沟通角度解释为何福耀玻璃会遇到员工管理和企业治理方面的问题。
4. 分析东道国政府在企业对外投资活动中的地位和作用。

五、关键点

1. 福耀玻璃美国建厂过程。
2. 建厂过程中遇到过的阻碍以及如何解决。
3. 福耀美国工厂管理过程中遇到的员工沟通问题。
4. 与当地政府的关系以及政府角色和作用。
5. 中美文化差异。

六、建议课堂计划

1. 引入案例（10 分钟）

教师通过结合纪录片《美国工厂》和本案例提供的相关资料，向学生介绍福耀玻璃美国建厂案例背景。

2. 分角色分析（20 分钟）

可以请学生扮演案例中不同的利益相关方，并从各自的角度主张自身权利，模拟福耀玻璃海外建厂过程。

3. 讨论成果展示（15 分钟）

请学生通过小组成果展示等方式，向大家分享各自案例分析的结果，并由老师进行总结和归纳。

4. 案例点评与总结（10 分钟）

由老师根据学生分析和讨论成果对案例进行进一步的点评和总结，提升知识点。

参考文献

[1] 韩永彩．美国再工业化对中国制造业国际竞争力的影响 [J]．国际经贸探索，2016（4）：51－62.

[2] 武振，王博然．提升“中国制造”国际竞争力的分析与思考 [J]．当代经济研究，2012（8）：42－46.

[3] 宾建成，詹花秀．美国重振制造业对我国的影响与对策 [J]．探索，2012（12）：93－97.

[4] 崔日明，张婷玉．美国“再工业化”战略与中国制造业转型研究 [J]．经济社会体制比较，2013（11）：21－30.

[5] 凌世华．中国制造应对贸易保护主义的策略研究 [J]．北方经贸，2015（6）：14－15.

[6] 清河．曹德旺和福耀玻璃 [J]．中国外资，1996（9）：58.

[7] 郑磊．福耀玻璃：国际化要走“碎步” [J]．新财经，2006（10）：89－91.

[8] 郑光生．知识产权成就今天的福耀玻璃帝国 [N]．福建日报，2007（6）：2.

[9] 张秀丹：后危机时代中小企业的生存与发展——福耀玻璃应对金融危机的启

示［J］．中国证券期货．2010（8）：95－96.

［10］李小稳．2011—2013年福耀玻璃的自主创新能力研究［J］．科技创新与应用，2014（9）：272.

［11］陈艺星．论“福耀玻璃厂”的国际化战略［J］．湖北科技学院学报，2016（1）：25－27.

［12］刘姝威．福耀玻璃：国际化战略下的智慧［N］．上海证券报，2005（1）：2.

［13］侯曙光．我国企业应诉国外反倾销的对策探析——以福耀玻璃集团为例的思考［J］．福建论坛，2007（2）：26－28.

［14］杨仕辉，吴哲．企业应对反倾销行为的个案剖析——以福耀集团为例［J］．长春市委党校学报，2008（4）：38－41.

［15］曾晓燕．福耀玻璃反倾销案对我国应对国际贸易摩擦问题的启示［J］．福州党校学报，2012（2）：37－41．

案例 18

华坚集团与全世界做生意*

华坚集团是世界最大女鞋生产集团之一，是一家集中了产品研发、出口贸易、代加工、皮革制造、工业园等于一体的国际化集团公司。本案例以华坚集团投资非洲设厂案例为研究对象，介绍华坚集团发展、转型和对外投资过程，由此反映我国经济结构调整和民营企业转型升级以及对外投资现状。并通过案例介绍民营企业对外投资与国有企业对外投资在面临环境、战略构架、组织方式以及应对策略等方面的差异。

* 本案例由中央财经大学国际经济与贸易学院张硕撰写。

案例正文

从改革开放期初开始，中国就以加工制造业闻名世界，尤其是轻工业产品，如服装、鞋帽等。大约有几十万件外资企业在中国制造产品，这其中大部分将生产的产品瞄准中国以外的市场，大部分订单也是为了满足外贸出口需要。长期以来，我国民营制造业企业主要集中在一些技术水平准入门槛较低的劳动密集型产品的生产商，订单多以代工（OEM）为主。尤其我国加入世贸组织之后，全球近1/3的OEM订单业务集中在我国。劳动力带来的人口红利曾经使一些民营制造业企业通过OEM积累了原始资本，并逐渐成长起来。

然而随着我国工业制造业的转型和劳动力成本的不断上升，OEM领域中我国制造业企业逐渐失去了成本优势，轻工业制造业近年来出现了向南亚和东南亚等周边地区转移的现象。这迫使一些民营制造业企业重新思考自身定位及转型问题。不断压缩成本已经无法争取到更多的生意。一部分制造业企业选择了退出市场，也有一些企业向中国内地和西部地区转移，继续追逐低人工成本带来的利润。而也有一些民营制造业企业开始将目光投向海外。在出海过程中，民营企业逐渐建立起自身优势，树立品牌意识，利用在国内经营和对外贸易中积累的经验寻找目的国，积极开拓海外市场，并在此过程中完成了自身的转型升级。

一、背景介绍

（一）我国民营企业对外投资概况

改革开放40年来，我国民营经济迅猛发展，从对经济的贡献率和吸纳就业人数来看，民营经济在我国国民经济中占有举足轻重的地位。根据统计局发布的《2019年国民经济和社会发展统计公报》，我国非金融类对外直接投资已经从2003年的17.38亿美元上升到2019年的1091亿美元，企业数更是超过6500多家，在2016年更是创下了1701.1亿美元的纪录，我国对外直接投资的规模性增长趋势已经形成。其中，民营企业是改革开放以来不可忽视的重要成长力量，已经成为推动中国对外直接投资过程与提升国际竞争力不可或缺的主要力量。根据国家信息中心发布的《“一带一路”大数据报告（2017)》，从“一带一路”影响力排名来看，排名前50名的企业中民营企业占了42%；从进出口总额看，与“一带一路”沿线国家进行贸易最大的是民营企业，占贸易总额的 43.0%，较 2016 年同比增长 12.1%；从对外贸易来看，民营企业占出口的比重最大，占出口额的 65.7%。

2013 年“一带一路”倡议的提出使我国与亚欧非及世界各国的经济联系逐步加强，拥有了更多不同但更加牢固的合作伙伴关系，不但带动中国经济走出疲软的囹境，也让“一带一路”沿线国家经济稳定发展迎来新的局面，更让中国经济向世界经济体系的深度融入迈出了坚实正确的一步。“一带一路”倡议也给长期依靠劳动和资本密集型产品为生的民营企业一个转型的机遇。经过 5 年的发展，中国政府与沿线各国政府颁布并实施了各项投资优惠政策，让我国企业在海外的投资更加便利，特别是对于那些亟需通过海外直接投资来改变他们的经营状况的民营经济，这既是机遇又是挑战。挑战在于“一带一路”沿线国家不乏劳动力成本低廉的国家和地区，对我国附加值较低的中低端加工贸易无疑是一大冲击，而这也是民营加工类企业转型升级的良好时机，主动的转变可能带来更大的生机。

正如报告也指出的，我国民营制造业企业出口产品以劳动密集型的中低端产品占大多数。随着“一带一路”合作的深入推进，民营企业迫切需要增加自身活力，促进和加速转型升级，增强自身的核心竞争力，抓紧时机进行重新定位和海外市场拓展。

另外，根据发改委于 2017 年 11 月发布的《中国对外投资报告》，2016 年的中国境外直接投资存量仅占同期 GDP 的 11.4%，从比率上看，远远低于世界的 34.6%、发达经济体的 44.8%、发展中经济体的 19.8% 和转型经济体的 22.6%。2017 年 12 月发布的《民营企业境外投资经营行为规范》也指出要鼓励企业“走出去”，逐步简政放权，针对民营企业提供更加实际的帮助，让民营企业能够更无后顾之忧地国际化。因此，不论是从投资的空间、市场潜力还是政策的扶持力度上来看，中国民营经济都存在较大的发展空间。

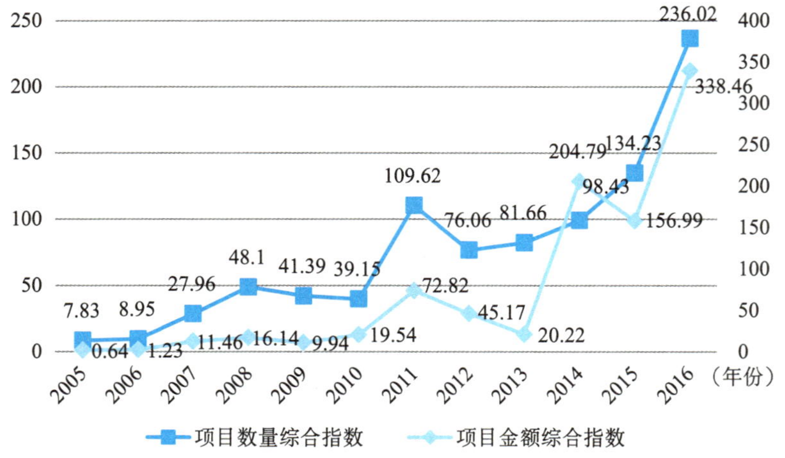

图 18－1　民营经济海外直接投资项目数量和金额

（二）企业背景介绍

华坚集团成立于 1996 年，总部位于广东省东莞市。华坚集团历经 20 多年的发展，已经成为世界最大女鞋生产集团之一，是一家集中了产品研发、出口贸易、代加工、皮革制造、工业园等于一体的国际化集团公司。旗下拥有广东东莞、江西赣州和非洲埃塞俄比亚三大事业群，以及东莞华瑞世界鞋业总部基地等 10 多家子公司，形成了集研发、贸易、成品加工、皮革制造、乳胶生产、鞋材制造、鞋机配套、物流配送、教育培训、鞋业总部基地、工业园于一体的国际化集团公司。现拥有 40 条现代化制鞋生产线，年产女鞋超过 2000 万双，员工 15000 余人。凭借着强大的产能优势、先进的工艺技术，以及优良的品质与服务，赢得了美国排名前 30 位的中高档女鞋品牌的青睐，其中包括 Gucci、Tory Burch、Guess、Marcfisher、Unisa、Coach、Calvin Klein Nina、Easy Spirit、NineWest 等，成为华坚合作多年的主要客户。

在埃塞的华坚国际鞋城被誉为“中国产能出海的成功典范”。成立 20 多年来，华坚集团不但以其“为社会而生存，为行业而努力”的企业使命回报社会，提供了几万个工作岗位，而且始终秉承“以人为本，服务人类”的企业宗旨，带领并协助政府帮助其他中小企业的“出海”发展。

表 18－1　　华坚集团大事记

华坚大事记
1996 年 10 月，江西华坚鞋业有限公司董事长张华荣先生率领 80 余名公司同仁来到东莞市厚街镇白濠工业区，于 10 月 16 日成立“东莞华坚鞋业有限公司”，开设 2 条生产线，专业生产女鞋，总人数 600 人
1997 年 10 月，华坚首次承接派诺蒙订单，从此建立长期合作伙伴关系
1999 年 5 月，集模具开发、PU、TPR、ABS、鞋跟、底台生产为一体的华坚鞋材分部成立，总人数 450 人
1999 年 8 月，华坚生产四部正式成立，设立成型生产线两条及配套部门，总人数 650 人
2000 年 6 月，华坚生产二部正式开业，设成型生产线 3 条及生产配套部门，工厂总人数 1280 人。与此同时，公司开发部，技术部也相继成立
2000 年 11 月，鞋材二部成立，以中底生产、大底组合加工、鞋材贴合为主
2002 年元月 20 日，投资兴建“华坚国际鞋城”项目签字仪式在江西赣州市赣南宾馆隆重举行。五年计划用地 600 亩，固定投资 3.29 亿元人民币
2002 年 4 月，华坚第四家制鞋厂正式投产，设立成型生产线及配套部门，总人数 930 人
2002 年 6 月，华坤工贸有限公司成立。主要经营鞋材贸易、乳胶生产、源材料进出口
2003 年 7 月 11 日，江门裕华皮革有限公司成立
2004 年 4 月，华坚集团总部即东莞华宝鞋业有限公司（石鼓）成立

续表

华坚大事记
2004 年 11 月 19 日，时任全国政协副主席、中央统战部部长刘延东参观了企业的生产车间和员工宿舍，她对华坚鞋城以人为本，重视人才和企业文化的做法表示赞赏
2005 年
2005 年 8 月 29 日，赣州华坚国际鞋城二期工程正式开工，总投资 3.5 亿元人民币
2005 年 9 月 15 日，河南项城华丰国际皮革城正式开工建设，总投资 1200 万美元
2006 年
2006 年 4 月 21 日，华宝鞋业有限公司 ISO9001：2000 国际质量体系认证工作获得初步通过
2007 年
2007 年 11 月 29 日，由华坚集团发起，由中国轻工业联合会、中国轻工工艺进出口商会、广东省外贸厅、东莞市厚街镇政府、台湾制鞋工业同业公会、亚洲鞋业协会等联合举办，东莞市华瑞实业投资公司承办的世界鞋业论坛，在东莞厚街的国际会展中心隆重举行
2008 年
2008 年 4 月 3 日，由华坚集团控股、华坚和香港保威集团投资的东莞华瑞实业投资公司在华坚总部四楼挂牌成立。全力打造“世界鞋业总部基地”项目
2008 年 7 月 19 日下午 4 点，时任中共中央政治局常委、国务院总理温家宝在时任中央政治局委员、广东省委书记汪洋、省长黄华华等领导陪同下，来到华坚集团华宝鞋业调研，陪同温家宝总理的还有国务委员、国务院秘书长马凯等其他中央部委领导
2009 年
2009 年 4 月 28 日，张华荣董事长荣获“全国五一劳动奖章”，并出席了在北京人民大会堂举行的表彰大会
2009 年 6 月 18 日，为期三天的广东省首届外商投资企业产品（内销）博览会在东莞厚街举行，华坚集团及世界鞋业总部基地参展。时任中共中央政治局委员、广东省委书记汪洋、省长黄华华参观了华坚集团及世界鞋业总部基地展位，对公司的发展和总部基地项目的营运给予了充分的肯定和殷切的期望
2009 年 7 月 3 日，第四次全国自强模范暨扶残助残先进集体和个人表彰大会在北京隆重开幕，张华荣董事长荣获“全国扶残助残先进个人”荣誉称号
2010 年
2010 年 3 月 18 日，华坚国际汽车城在赣州隆重开业
2010 年 4 月 27 日，张华荣董事长荣获“全国劳动模范”荣誉称号，并于当日上午出席了在北京人民大会堂举行的 2010 年全国劳动模范和先进工作者表彰大会
2010 年 9 月 18 日，华坚科技学校隆重举行揭牌仪式暨开学典礼，中共赣州市委领导莅临并和张华荣董事长为科技学校揭牌
2011 年
2011 年 5 月 31 日，广东省产业转型升级试点龙头项目、东莞市 2011 重点建设项目——世界鞋业总部基地奠基典礼暨东莞市厚街鞋业转型升级战略合作签约仪式在厚街举行
2011 年 11 月，华坚国际鞋城（埃塞俄比亚）有限责任公司成立
2011 年 12 月 8 日，第三届世界鞋业发展论坛在东莞厚街喜来登大酒店隆重举行

续表

华坚大事记
2012 年
2012 年 10 月 31 日，第四届世界鞋业发展论坛成功举办
2013 年
2013 年 9 月 12 日，华坚集团与埃塞俄比亚政府相关部门签署建设埃塞 - 中国华坚国际轻工业城正式协议
2015 年
2015 年 1 月 20 日，第六届世界鞋业发展论坛成功举办
2015 年 4 月 16 日，埃塞俄比亚—中国华坚国际轻工业城奠基，时任埃塞总理海尔马里来姆出席并主持奠基典礼
2017 年
2017 年 1 月 31 日，张华荣出席“非盟峰会——非洲第一夫人联合会第 18 届大会”
2017 年 3 月 23—26 日，著名经济学家林毅夫出席博鳌亚洲论坛 2017 年年会，重点提到埃塞俄比亚因华坚投资成功而改变了国际影响
2017 年 4 月 24—26 日，时任中央政治局委员、国务院副总理刘延东出访非洲，出席“第二届中非青年大联欢”和“中国—南非高级别人文交流机制”系列活动。张华荣在会上作主旨演讲
2017 年 9 月 1 日，张华荣被埃塞俄比亚联邦民主共和国政府授予“埃塞工业之父”荣誉称号
2017 年 9 月 2 日，时任埃塞俄比亚总理海尔马里亚姆在总理府亲切接见张华荣董事长
2017 年 9 月 9 日，卢旺达总统卡加梅在卢旺达万豪酒店会见了由华坚集团董事长张华荣率领的深圳市企业联合会代表团
2017 年 9 月 10 日华坚集团董事长张华荣与卢旺达投资发展理事会 CEO 克莱尔女士，在基加利会议中心签署合作备忘录
2017 年 10 月 26 日，江西省人民政府在省政府授予张华荣“江西省首届赣鄱慈善奖最具爱心慈善楷模”奖项
2017 年 11 月 27 日，张华荣董事长连任第十二届全国工商联常委
2017 年 11 月 28 日，张华荣出席联合国工发组织 2017 年大会
2018 年
2018 年，张华荣董事长获得“改革开放 40 周年 100 名杰出民营企业家”的荣誉称号，并先后两次受到习主席的接见
2018 年 10 月 24 日入选“改革开放 40 年百名杰出民营企业家”
2018 年 10 月 28 日入选“中国民营经济 40 年风云人物”
2018 年 11 月 9 日在第十四届中国工业论坛（国家工信部指导，中国工业经济联合会和中国企业联合会支持，中国工业报社主办）上获得“中国工业榜样人物之中国改革开放创新先锋人物”荣誉称号
2019 年
2019 年 10 月，荣获中共中央、国务院、中央军委颁发“庆祝中华人民共和国成立 70 周年”纪念章

二、华坚的“走出去”过程

华坚集团创立伊始，其所在的珠三角地区的制鞋业基本上全部被台资企业掌控。华坚开设2条生产线，专业生产女鞋，购买二手设备，利用相对廉价的劳动力优势来获得成本优势，从加工制造环节中获取微薄利润。然而，单纯靠价格和成本上的优势来获得发展并不是企业长期稳定运营的长久之计。华坚集团的老总张华荣很快发现，单纯依靠降低成本来实现的微薄利润并不是长久之计。必须利用原有的积累不断打造和完善产业链，将企业从低成本、低利润、低附加值的加工企业转型为开发和自主品牌型企业。华坚集团相继成立集模具开发、PU、TPR、ABS、鞋跟、底台生产为一体的生产一部，到如今，已经拥有51条生产线。并且还进行车间的精益化改造，每个工人负责一条流水线上的一个加工环节，大大提高了整体的劳动生产效率。更重要的是，华坚还成立了技术开发部，经过多年的技术积累和研发队伍的培养，依托完善的制鞋产业链，华坚集团目前已打造出CRAVEEOR等独立品牌，而且专门聘请了全球各地知名设计师为公司进行产品设计。从一个自主创立的小型企业开始，华坚集团逐步引进先进的管理经验和技术设备、适应国际市场的需求、追求良好的产品品质和信誉，最终成为我国最大的女鞋生产集团。

（一）国内发展

当我国处于经济发展转型期，大力推进加工贸易产业的转移进程时，华坚具有行业敏感性，2003年在江西赣州投资建设鞋业生产基地，及时向中西部地区进行梯度转移，将产业链中的四大环节——设计、生产、加工、贸易分地区进行，将中西部地区在资源、成本上的优势同东部沿海地区在技术、规模上的优势相结合，公司的贸易、采购、业务技术以及高档产品订单在东莞完成，而大规模且价格比较有竞争优势的订单在赣州生产。由于劳动力成本上的优势以及员工的本土化，赣州生产基地投入运营后，其运营效益甚至超过东莞，成功实现华坚集团在产业转移上的第一步。

（二）转战海外

随着国内经济的快速发展，建立在中西部地区的生产要素和劳动力成本优势也逐步消失，加之中西部地区的大部分劳动力已向发达的东部地区转移，因此华坚集团开始将部分生产制造环节向海外进行转移，而研发、财务结算等核心的业务仍然留在国内。

考虑到东南亚在地理位置上的便利性以及成本价格上的优越性，2004 年华坚将首次的转移目标和地区设在东南亚的越南，然而不久后便因经营亏损而宣告失败。华坚在越南设厂最终失败，主要是由于原材料大多由广东供应，而越南基础设施远不及关东，运输生产成本高，而生产效率低，这使越南工厂的综合成本并不低于珠三角地区。

2011 年，华坚在总结了自身越南设厂失败的经验后，决定将目光转向非洲。华坚到埃塞俄比亚投资建立了华坚国际鞋城（埃塞俄比亚）有限公司，在非洲进行贴牌生产。之所以选择埃塞俄比亚的原因之一是靠近生产所需的原材料。埃塞俄比亚是畜牧业发达的国家，主要牲畜为牛，存栏量达到近 4000 万头，而牛皮正是制作女鞋的重要原材料。

从开工建设到投产 3 个月的时间内当地的皮革出口就增长到之前的 1.5 倍多，成为埃塞俄比亚最大的出口企业。随后，华坚集团又在我国政府和埃塞俄比亚政府的帮助下建设产城一体的“华坚国际轻工业园”，该工业园以轻工业制造为主，集出口加工、商贸、服务等功能于一体，不仅承接埃塞俄比亚华坚鞋厂自身扩大生产的部分，同时也主动承接国内纺织服装、鞋帽、电子等劳动密集型产业转移，争取将我国国内出口到欧美的生产制造环节转移至此，是“一带一路”中非国际产能合作的重要平台，也是广州与非洲进行工业合作的先行区。华坚轻工业园园区位于埃塞俄比亚首都亚的斯亚贝巴的城市副中心，距离中国承建的亚吉铁路（亚的斯亚贝巴—吉布提）始发站（客运站和货运站）仅 1.5 千米，是亚吉铁路经济走廊的门户节点，可以通过亚吉铁路连接到吉布提港，货运物流十分便利。随着环城快速路非洲大道的建设完善，从园区出发，20 分钟内即可抵达亚的斯亚贝巴国际机场。园区离非盟总部和首都行政中心区域仅 6—8 千米。为推动广东企业“走出去”，广东积极谋求在非洲设立经济贸易合作区或工业园区，广东省决定以现有华坚轻工业园为埃塞俄比亚—广东工业园起步区，谋划进一步发展。截至 2016 年年底，华坚公司在埃塞俄比亚经营了 5 年左右，员工数量超过 6000 人，其中中方员工仅 160 余人，利润率高达 10%，累计出口创汇 800 万美元。

（三）华坚轻工业城

华坚集团在非洲投资取得初步成效的基础上，于 2019 年 5 月 31 日，与埃塞俄比亚工业园区开发公司（IDPC）签署协议，由华坚集团接管季马工业园的运营，并将工业园改名为华坚轻工业城。华坚集团获得了该工业园总计 40 年的运营权，助力园区服装、鞋业工厂落地，且将在园内新建咖啡加工设施。整个季马工业园占地 75 公顷，其中已经开发建设的是 35 公顷，已经建设了 9 栋厂房，厂房面积达 3.9 万平方米。华坚已经租下了所有 9 个工厂，预计将在当地创造 12000—15000 个工作岗位。此前租出去的园区空置了半年多，直到华坚接手，埃塞政府已投资 6100 万美元用于园区建设和基础设施开发。

图 18－2　亚的斯亚贝巴在埃塞俄比亚的位置

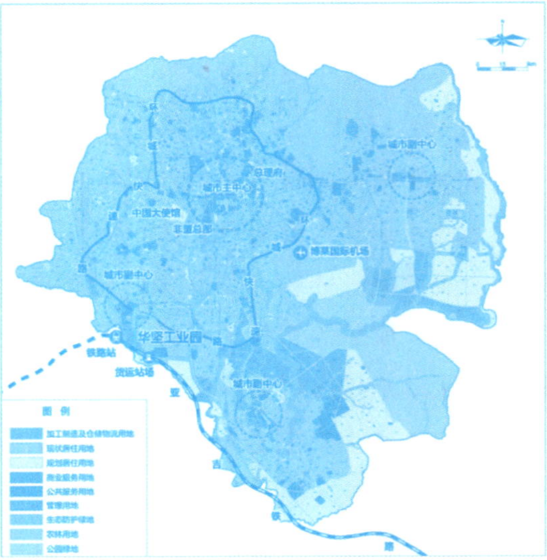

图 18－3　华坚轻工业园在亚的斯亚贝巴的位置

三、华坚出海非洲原因分析

（一）国内比较优势变化与加工业转移浪潮

我国的加工贸易发展到现在，建立在资源禀赋和劳动力成本基础上的比较优势出现了变化。一方面，国内很多资源型产品的价格随着资源消耗量的提高而急剧升高，已经接近甚至超过了国际市场价格；另一方面，虽然我国中西部地区与东部地区相比存在成本优势，但大部分中西部劳动力已经转移至东部沿海地区。再加上近几年国内交通基础设施建设飞速发展，各地区劳动力成本趋近，因此国内产业转移空间较小，向海外逐渐转移符合当前的经济发展规律。与此同时，与我国较临近的越南、柬埔寨、缅甸等国劳动力人口有限，市场相对狭小，工资上涨飞快。作为全球最后和最大的“劳动力成本洼地”，非洲众多低收入国家是我国加工贸易产业中劳动密集型生产制造环节转移的重要选择范围。非洲埃塞俄比亚制鞋业的工资水平几乎为越南的 50%，但该地的劳动生产率和越南相近。

（二）与埃塞俄比亚优势互补

如上文中提到的，埃塞俄比亚是一个农业大国，畜牧业是其经济重要支柱之一。其重要的牲畜产品牛更是为制鞋业创造了重要的原材料供应。另外，华坚入驻的轻工业园位于埃塞俄比亚的首都亚的斯亚贝巴，交通便利，方便原材料和成品运输。还有重要的一点，埃塞俄比亚人口数量超过 1 亿，且人口结构年轻，15—64 岁劳动人口比例高达 56. 16% 。埃塞俄比亚的劳动力成本偏低，其制鞋业的工资水平大致在我国工资水平的 10% —12. 5% 之间，劳动生产率约为我国的 70% 。从制成品出口来看，原产埃塞的出口美国、欧盟、东南非共同体享受免关税、免配额待遇，这也使在埃塞俄比亚建厂制作出口欧洲的产品具有很大的成本优势。

（三）政策支持

随着“一带一路”建设不断深入推进，中非经贸合作正值发展机遇期，非洲是中“一带一路”的重要延伸。埃塞俄比亚作为“21 世纪海上丝绸之路”的重要枢纽，是加工贸易企业转移的最佳选择地区之一。2011 年华坚便在埃塞俄比亚投资设厂，随着“一带一路”倡议的提出，华坚集团更是积极响应国家号召，2014 年便着手在埃塞创立工业园区，得到了我国政府及埃塞俄比亚政府的大力支持。

2011 年 10 月，时任埃塞总理的梅莱斯在亚的斯亚贝巴接见中国广东商业代表团。期间，他对华坚集团董事长张华荣说，中国领导人会在 2012 年 1 月来埃塞参加非盟总部的移交典礼，希望能看到中国企业，能到非洲投资制造业，解决就业，出口创汇，共同参与埃塞的经济发展。梅莱斯总理的邀请，让华坚集团的董事长张华荣非常激动。回到中国以后，张华荣与美国鞋业贸易商 GUESS 品牌商量，他们愿意给华坚在非洲埃塞俄比亚的工厂下订单。3 天后张华荣决定在埃塞俄比亚投资建立华坚国际鞋城。

也正是随着“一带一路”政策的提出与落实，各级政府也越来越多地给予华坚集团各种实质性的帮助。例如，在华坚埃塞俄比亚工业园建设期间，中国国家政府、各级地方政府以及埃塞俄比亚政府及州市级别的政府之间建立了友好城市联盟，并在此期间举行了多次领导人会晤，建立了良好的沟通信任机制，搭建了政策、法务等平台，并在海关、税务、金融、法律、社会职能服务等领域颁布了相应措施与政策，为华坚在非洲的投资提供了全方位的支持与保障。

四、华坚集团的本土化困难与策略

（一）授人以渔

华坚能够顺利投资非洲并实现工厂盈利，经历了重重困难，但也总结出华坚特有的一些经验。其中重要的一点就是华坚一直坚持授人以渔，坚持融入埃塞俄比亚当地经济，实现产业和文化的本土化。

在央视拍摄的纪录片《与全世界做生意》中，华坚集团作为案例在第一集中就有所体现。华坚集团以华坚中国的企业文化来管理非洲工厂，但是同时坚持聘用当地员工。并将中国文化以及管理理念潜移默化地传达给当地员工，并会定期选派非洲优秀的员工回东莞总部参观学习，让当地员工在思想与情感上都对华坚的企业文化产生认同。

22 岁的弗雷泽已在华坚工作了 6 年。由于表现优异，他曾被选派到中国的东莞总部接受培训，并在两年培训结束后，回到埃塞的工厂，目前在工厂一车间的评估管理部负责人员管理的工作。他每次谈起自己的中国生活都非常兴奋：“我中文名字叫广州。”“以前什么都不懂。做鞋子的技术不懂，讲中文也不懂。去了中国以后，在那边有很多老师，一个一个教我们。比如说刷胶怎么刷，贴底怎么贴，针车怎么车，裁断怎么裁，全部都是在中国学的。”今年 21 岁的当地姑娘斯蒙也已经在这里工作 5 年，她有一个好听的中文名字“小花”。这位爱笑的姑娘高兴谈起自己在华坚的工作和生活：“我生在附近的社区，高中毕业后就在华坚工作，这是我的第一份工作，非常感谢华坚。在这里，我努力工作，学习劳动技能，获得报酬，过着体面的生活。我对自己的工作感到非常自豪。”

（二）融入当地

华坚当年在埃塞俄比亚建厂时遇到的困难多半与如何融入当地国情有关。以物流为例，国内制造业的物流成本一般控制在 2% 左右，但到了埃塞俄比亚，这一比例一下子提高到 8%。制鞋毕竟是劳动密集型产业，利润率一般保持在 5%—10%。埃塞俄比亚的物流成本居高不下是个系统性的问题，虽然埃塞俄比亚政府鼓励外资投资，但在相关部门执行过程中，存在着操作效率低下以及贪污腐败等问题。政府的部长们都会表明态度支持外资投资，但是进口原材料的时候，手下的执行人员并不一定能够完全按照指示进行。

此外，当地的交通运输状况是另外一个大的挑战。从邻国吉布提港的码头到华坚位于东方工业园区的工厂约 800 千米，但双向一共只有两条车道，一旦有车子坏在路上，整条马路也就被封住没法通行。而且因为道路使用频率高，路况也越来越差。

此外，文化上的巨大差异也使华坚在建厂初期遇到了一些意想不到的问题。埃塞俄比亚整个国家没有经历过工业文明的过程，从农业文明直接被拉入现代化社会。工人们也就缺乏工业文明的理念。当地工人对于时间、工作等的理解还停留在农业社会时期，这些理念无法适应工业社会的要求，这导致工人存在组织性、纪律性和服从性差以及责任心不强等问题。在当地的很多工厂，大概有 30% 的工人在领完薪水后第二天就没了人影，一般 15 天后工资花得差不多了，这些人再回到工厂继续上班。

由于非洲人和中国人的工作理念不同，华坚在埃塞俄比亚的起步阶段也曾交了不少学费。建厂初期，埃塞员工的效率和中国国内工人相比大打折扣，作出的鞋子报废率极高。为了应对这个问题，华坚在员工培训方面下足了功夫。华坚国际鞋城（埃塞）有限公司副总经理宋一平介绍，对于新员工的培训，他们建立了专门的培训教室，由经验丰富的中方老师手把手教学；对于表现优异的本地员工，更为他们提供去中国总部学习的机会，让他们在中国接受华坚的企业文化、专业技术和管理技巧培训。

在华坚埃塞工厂里，埃塞籍员工分工明确，各司其职。员工们能够熟练地完成皮革切割、黏合、缝纫等制鞋工序，每天能够出产女鞋 8000 双以上，已然是一派生机勃勃、井然有序的企业景象。这些都是经过华坚集团董事长张华荣亲自组织全员培训之后才有的成效。

五、结语

本案例介绍了华坚集团转型升级，出海非洲的过程。华坚集团作为中国民营制造业的代表，在与非洲的合作中，华坚集团逐步形成了有自身特色的经营理念，这种理念既有中国特色，也有非洲元素。概括来说：一是要了解当地政府的发展战略以及政府对投资企业的期望，让企业的发展方向与所在国发展规划“向而行”；二是积极接触所在地社区，与社区开展招工、民生改造等合作，传递企业“正能量”；三是加入当地商会并加强合作，为企业在当地发展，寻找“朋友”和“后盾”；四是与当地学术机构、媒体合作，提供并开展企业调研，通过当地智库，听取发展建议。以上结论为中国企业如何更好地出海经营提供了宝贵的借鉴经验。

案例使用说明

一、教学目的与用途

1. 本案例的适用课程

主要适用于"国际商务"课程，也适用于"国际企业战略管理""跨文化沟通"等相关课程。

2. 本案例的教学目标

本案例介绍了华坚集团转型升级，出海非洲的过程。华坚集团作为中国民营制造业的代表，在我国经济结构调整和产业升级的过程中，积极转变自身战略，调整定位，将工厂搬到千里之外的非洲埃塞俄比亚，创造了利润并提升了自身品牌价值。同时，华坚集团在埃塞俄比亚建厂，并采取本土化战略，积极雇佣和培训当地员工，有效带动了当地就业，并且帮助当地建立起全面的产业链。

二、启发思考题

1. 民营经济的地位和作用?
2. 民营制造业企业的困境与出路。
3. 民营企业的出海之路。
4. 民营企业在海外。
5. 中非经贸合作对于我国的重大意义。

三、分析思路

可请学生自查资料，对改革开放以来民营经济在我国国民经济中的地位和作用进行分析，分析要点可包括但不局限于：民营经济的体量、吸纳就业率、优势和劣势、在经济改革中民营经济面临的困境和策略等。

基于上述民营经济的地位和作用问题，请学生分析民营制造业企业作为改革开放初期中国对外贸易的中坚力量，如何在初期获得利润，而同样是这批企业，又是如何在经济转型过程中面临劳动力成本上升和产业转移等背景下，面临何种挑战。可以鼓励学生以具体行业为例，结合本案例，对民营制造业企业面临的困境与出路作出分析和总结。

民营企业从企业性质、发展路径、行业背景以及组织架构等方面都与国有企业有比较大的差异。而这些差异必然导致民营企业的出海之路与国有企业的出海之路大不相同。请学生结合本案例，分析国有企业与民营企业的区别，这些区别又导致了两种所有制结构的企业如何在在“走出去”战略的选择上有所区别。可以鼓励学生收集一个国有企业出海的战略，并与本案例做比较分析，可以得出更加直观、具体的结论。

基于上述问题，民营企业由于自身的所有制结构、组织架构以及决策方式等与国有企业不同，这也导致了民营企业在东道国所采取的策略与国有企业不同。请结合问题 2 和问题 3，并根据本案例的内容，请学生分析民营企业应该如何利用自身优势实现国际化和本土化。

非洲是“一带一路”的重要延伸，也是承接中国产能转移的重要地区。中非产能合作对于我国经济的转型升级和非洲经济的发展具有重大作用。请学生结合“一带一路”倡议等相关政策，阐述中非经贸合作的前景和重大意义。

四、理论依据与分析

1. 民营经济的主要理论。
2. 民营经济发展的主要优势与劣势。
3. 我国民营经济进行海外投资的主要历程。
4. 民营经济出海战略选择。
5. 民营经济海外投资行为与国有经济异同点。

五、关键点

1. 民营经济在我国国民经济中的地位和作用。
2. 民营经济面临的主要问题。
3. 民营经济在选择出海时与国有企业考虑有何不同。
4. 民营经济战略选择与国有经济的差别。
5. 民营企业与国有企业在与东道国关系上存在什么差别？

六、建议课堂计划

1. 引入案例（10 分钟）

教师通过结合纪录片《与全世界做生意》和本案例提供的相关资料，向学生介绍华坚制鞋投资埃塞俄比亚的案例。

2. 角色分析（20 分钟）

可以请学生扮演案例中不同的利益相关方，并从各自的角度主张自身权利，模拟展现华坚制鞋海外扩张过程。

3. 讨论成果展示（10 分钟）

请学生通过小组成果展示等方式，向大家分享各自案例分析的结果，并由老师进行总结和归纳。

4. 案例点评与总结（10 分钟）

由老师根据学生分析和讨论成果对案例进行进一步的点评和总结，提升知识点。

参考文献

[1] 李晓，李俊久．“一带一路”与中国地缘政治经济战略的重构［J］．世界经济与政治，2015（10）：31－34，53－58.

[2] 易纲．中国企业“走出去”的机遇、风险与政策支持［J］．中国市场，2012（37）：31－37.

[3] 黄锐．莞企打造“一带一路”园区合作样本［N］．东莞日报，2017－09－25（A06）．

[4] 金国军．华坚集团：践行“一带一路”把“中国方案”带到埃塞惠及非洲［N］．中国工业报，2017－05－11（004）．

[5] 李红阳．埃塞华坚：从“中国制造”到“非洲制造”［N］．中国贸易报，2016－06－02（004）．

[6] 苏杭．“一带一路”战略下我国制造业海外转移问题研究［J］．国际贸易，2015（3）：18－21.

[7] 卢锋，姜志霄，周俊安．从“华坚现象”看中国对非投资类型演变［J］．国际经济评论，2013（5）：67－76，6.

[8] 林毅夫．中非合作与华坚现象［J］．上海经济，2013（12）：11.